Heinz Spielmann
Aus der Nähe

Heinz Spielmann

AUS DER NÄHE

Mein Leben mit Künstlern
1950 – 2000

Geschichten für Hans und Henri

Oskar Kokoschka, Heinz Spielmann, Kreidezeichnung, 1.7.1976

Verlag und Autor danken einem ungenannten Förderer vielmals
für seine Unterstützung dieser Publikation.

© 2014 Wachholtz Verlag – Murmann Publishers, Neumünster / Hamburg

Das Werk, einschließlich aller seiner Teile, ist urheberrechtlich geschützt.
Jede Verwertung ist ohne Zustimmung des Verlags unzulässig. Das gilt
insbesondere für Vervielfältigungen, Übersetzungen, Mikroverfilmungen
und die Einspeicherung und Verarbeitung in elektronischen Systemen.

Lektorat: Werner Irro, Hamburg
Umschlaggestaltung: Wiebke Buckow, Jesteburg
Satz: Das Herstellungsbüro, Hamburg
Printed in Germany

ISBN 978-3-529-03433-6

Besuchen Sie uns im Internet:
www.wachholtz-verlag.de

Inhalt

Frühe Begeisterung 9
Emil Schumacher 14
Willi Baumeister 24
Henry Moore 37
Ludwig Mies van der Rohe 46
Alberto Giacometti 48
Ernst Wilhelm Nay 51
Stuttgarter Bohème 53
Max Bill 62
Jan Bontjes van Beek 67
Erich Heckel und Karl Schmidt-Rottluff 76
Oskar Kokoschka 85
    Meine erste Kokoschka-Ausstellung – Der Gobelin »Die Zauberflöte«, Portraits und Druckgraphik der sechziger Jahre – Die Fächer für Alma Mahler – Das Adenauer-Portrait, Ansichten von New York, London und Berlin, die graphischen Zyklen »Frösche« und »Penthesilea« – Die Mosaiken, Israel und Golda Meir – »Comenius«: Lithographien zu den »Troerinnen« – Letzte Gemälde, Lithographien und Zeichnungen
HAP Grieshaber 135
Max Ernst 146
Töpfer in Europa und Japan 161
    Antoni Cumella – Bernard Leach und seine Nachfolger – Lucie Rie, Hans Coper, Ruth Duckworth – Gilbert Portanier – Nihon Yakimono, Japanische Keramik – Ursula, Karl, Sebastian Scheid und ihr Freundeskreis
Hans Martin Ruwoldt 199
Gustav Seitz 205
Hans Wimmer 210
Hamburger Bildhauerfreunde 223
    Edgar Augustin – Jörn Pfab – Manfred Sihle-Wissel

José Vermeersch **240**

Gerhard von Graevenitz und Günter Haese **246**

Joseph Beuys – ein Exkurs **250**

Horst Janssen **256**
 *Entdeckungen im und für das Museum – Vorgeschichte einer Janssen-Retrospektive –
 Die »Retrospektive auf Verdacht« und ihr Epilog – Schüler, Lehrling, Geselle, Meister –
 Zeitgenossen des »Angeber X« – »Mein Mausoleum aus Papier«*

Paul Wunderlich **270**

Philip Rosenthal **279**

Siegfried Lenz **282**

Photographen **290**
 Fritz Kempe – Ulrich Mack – Karin Székessy – Japanische Photographen

Goldschmiede und Glasbläser **299**
 *Ragna Sperschneider – Wolfgang Tümpel – Andreas Moritz – Gerda und Wilfried Moll –
 Erwin Eisch*

Tatsumura Ken **307**

Huang Zhou **309**

Klaus Fußmann **310**

Walter Stöhrer **317**

Künstler im Jüdischen Museum **319**
 Rudi Lesser – Berthold Goldschmidt – Josef Hebroni

Wilhelm Loth **325**

Günter Kunert und Reiner Kunze **327**

Statt eines Epilogs: Fälscher, Geheimdienste und Friseure **330**

Kurzbiographien **343**

Namenregister **371**

Abbildungsverzeichnis **383**

Frühe Begeisterung

»Der Zufall macht die schönsten Sachen«
WILLI BAUMEISTER WÄHREND DER ENTWICKLUNG
SEINES LETZTEN BILDMOTIVS

Manche Zufälle zeigen ihre Bedeutung erst später – so für mich der Kauf eines Buches im Frühjahr 1949 für 4,50 DM und von einigen Kilogramm Altpapier in einer Hagener Buchhandlung. Sie war nach der Zerstörung der Stadt in einer Baracke untergekommen und bot ein den Umständen entsprechend gutes Sortiment; sie wies auf Neuzugänge hin, die 18- und 19-jährige Primaner interessieren konnten. Dazu gehörte eine gerade erschienene Publikation »Die Kunst der letzten dreißig Jahre«; sie bezog sich auf das erste Drittel des 20. Jahrhunderts und enthielt die Vorlesungen Max Sauerlandts an der Hamburger Universität im Sommersemester 1933. Einige Monate davor, gleich nach dem Beginn von Hitlers Diktatur, war der engagierte Direktor des Hamburger Museums für Kunst und Gewerbe entlassen worden. Das Buch mit den Vorlesungen wurde von der Gestapo umgehend beschlagnahmt, aber nach der Währungsreform neu verlegt, dank eines ehemaligen Schülers von Erwin Panofsky, des bescheidenen und kenntnisreichen Kurt Sternelle. Ich konnte nicht ahnen, dass ich 1960, elf Jahre später, den Versuch machen würde, die von Sauerlandt gesammelten, als »entartet« beschlagnahmten Werke der deutschen Moderne zu restituieren, dass ich einundzwanzig Jahre später seine Reiseberichte und Aufsätze und 2013, also vierundsechzig Jahre später, einen Teil seiner Korrespondenz edieren würde.

Sauerlandts Vorlesungen faszinierten mich als Schüler, der gerade die Moderne kennengelernt hatte, nicht wegen ihrer Systematik oder intellektuellen Analyse: Ich begegnete einem von Urteilsvermögen getragenen Charakter, der seine Überzeugung ohne Wenn und Aber vertrat. Sauerlandt hatte bereits 1913/14 als junger Direktor des Städtischen Museums Halle mit dem Ankauf von Emil Noldes »Abendmahl« den Zorn des allgewaltigen Berliner Generaldirektors Wilhelm von Bode herausgefordert, er hatte seit 1919 das Hambur-

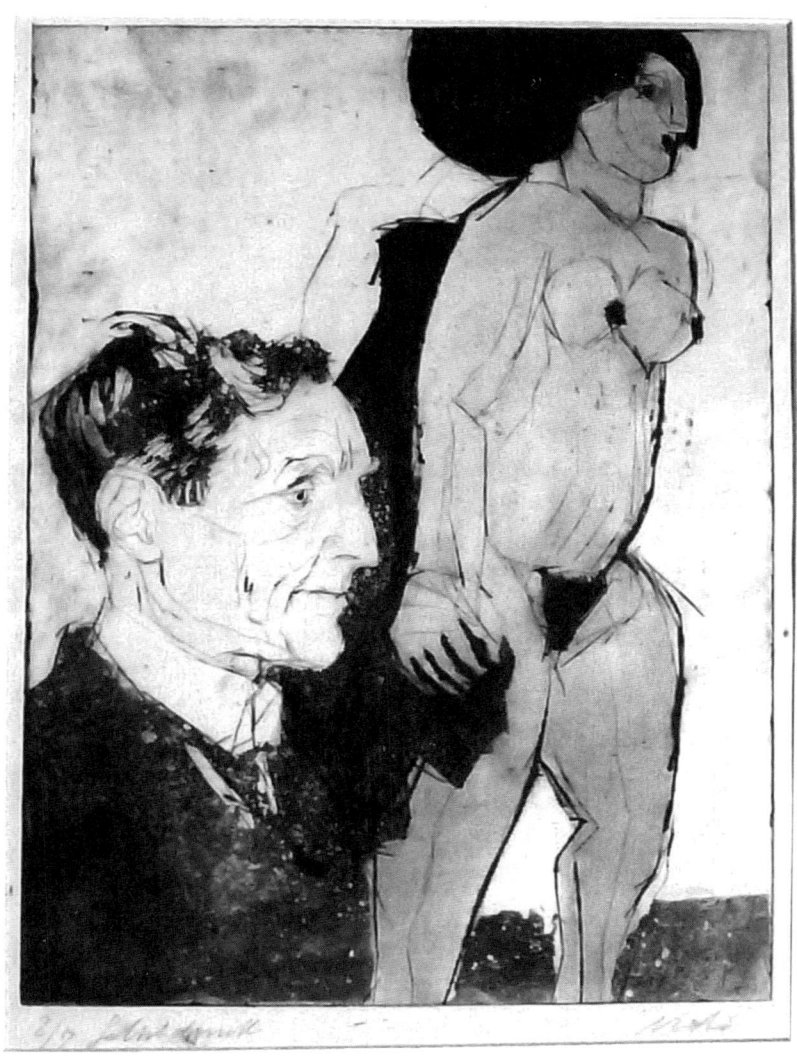

Rolf Nesch: Max Sauerlandt (neben einer Figur von Ernst Ludwig Kirchner).
Farbradierung 1931

ger Museum für Kunst und Gewerbe geleitet und es mit unkonventionellem Kunstverstand auf die Zukunft hin ausgerichtet, etwa mit Erwerbungen von sumerischer Kunst bis zum ersten Museumsankauf von Werken Henry Moores. Er hätte, international hoch geschätzt, 1933 sein Amt zurückerhalten können, wenn er bereit gewesen wäre, sich nicht mehr für die Kunst der Gegenwart einzusetzen. Er verschmähte diese Offerte und hielt stattdessen seine Vorlesungen, die ihn in den Augen des Regimes endgültig desavouierten. Einige Monate später starb er an einem Magenkarzinom.

1949 konnte ich nicht wissen, dass mich dieses Buch ein Jahrzehnt nach seinem Kauf dazu bewegen sollte, meine noch offene Berufsentscheidung zu treffen und auf eine Tätigkeit in den von mir studierten Fächern – Architektur, Universitäts-Kunstgeschichte, Philosophie – zugunsten der Kunstgeschichte als Museumsarbeit zu verzichten. Die mir gebotene Chance, der Moderne in dem Haus, das Max Sauerlandt hatte verlassen müssen, wieder einen Platz zu geben, vom Fin de Siècle bis heute, bestimmte meine nächsten Jahrzehnte.

Meine Museumstätigkeit erstreckte sich in Hamburg zunächst auf die Zeit vom Jugendstil bis zur Gegenwart, später auch auf Ausstellungen der älteren europäischen Kunst, der antiken und ostasiatischen Hochkulturen; darüber hinaus ließ sie persönlichen Neigungen zur europäischen Volkskunst wie zur Kunst Japans und Afrikas Platz. Kunstgeschichte ohne den ständigen Umgang mit Künstlern galt mir stets als fade. Wenn es Sinn machte, habe ich den unmittelbaren Umgang mit Künstlern in meine Vorlesungen und Seminare an der Universität einbezogen.

Das Verständnis der Geschichte benötigt als Korrektiv die kritische Anteilnahme an der Gegenwart mit der Intention, dem Nachdruck zu geben, was nicht aktuellen, also vergänglichen Trends entspricht, sondern für die Zukunft virulent werden kann.

Das ebenso nonchalant wie intensiv fortgesetzte Gespräch mit Künstlern, das für meine Frau und mich seit der Mitte des vergangenen Jahrhunderts zur ständigen Bereicherung des eigenen Lebens wurde, führt zu Einsichten abseits obligater Meinungen, abseits von gerade angesagten Klischees.

Als Beispiel für das Abweichen von der Einbahnstraße »Urteil als Konvention« möchte ich eine Anekdote anführen. Sie wurde uns 1963 von dem holländischen Architekten Mart Stam in Amsterdam erzählt. Er war um 1930 u. a.

durch sein Haus in der Stuttgarter Weißenhofsiedlung bekannt geworden. Was er berichtete, klingt wie ein Spott auf alle Theorien der Stijl-Bewegung. Als Stam seinen Freund Piet Mondrian während des Zweiten Weltkriegs in New York besuchte, habe der Maler, dessen Gemälde aus dem Umfeld seines »Broadway Boogie Woogie« kaum ein Echo fanden, in seiner Malstube melancholisch an einem Gemälde mit einer verwelkenden Sonnenblume gearbeitet. Auf die mitfühlende Bemerkung Stams, dass er die Melancholie seines Freundes gut verstehe, da er gezwungen sei, wegen des Gelderwerbs traurige Sonnenblumen zu malen, habe er geantwortet: »Das ist es nicht, ich bekomme wieder Lust, Sonnenblumen zu malen.«

Wie beiläufig und subjektiv die Anekdote auch erscheinen mag, sie verrät doch, wie unzutreffend und unzureichend sich manche gebetsmühlenartig repetierten Theorien der Kunst des 20. Jahrhunderts und der Gegenwart erweisen, schaut man genauer hin. Nicht alles daran ist falsch, aber vieles simplifiziert. Der Wunsch etwas von solchen Vereinfachungen zurechtzurücken, gab den Anstoß, eine Reihe meiner Begegnungen mit Künstlern niederzuschreiben.

Die Reihe der hier veröffentlichten Begegnungen nimmt keine Rücksicht auf den Verlauf der Kunstgeschichte, sie entspricht der Chronologie, in der mir die Künstler erstmals begegneten, sie folgt der persönlichen, biographisch geordneten Perspektive mit der Intention, die Subjektivität von Anlass und Augenblick zu objektivieren.

Um 1949 mehr von der Moderne zu erfahren, musste ich mich vor allem in Antiquariaten umschauen. Neue Gesamtdarstellungen von Kunst des 20. Jahrhunderts, Einzelveröffentlichungen und Kataloge waren damals noch rar. Die Wiederentdeckung der kurz zuvor noch als »entartet« Geschmähten glich für jemanden, der durch Eltern oder Schule noch nichts von ihnen gehört hatte, einem Pfadfinderunternehmen. Es gab keinen Zeichenlehrer, der uns etwas von der Kunst der Verfolgten vermittelte, wenngleich das von mir seit 1939 besuchte Gymnasium sich während der Nazizeit weitgehend seine Maßstäbe bewahrt hatte. So erfuhren wir schon 1943, dass der neue katholische Religionslehrer beim Betreten des Kollegiumszimmers mit »Heil Hitler« gegrüßt und vom Musiklehrer über dessen Lesebrille hinweg die Antwort erhalten hatte »In Ewigkeit, Amen«. Ein anderer unserer Lehrer musste sich – erfolgreich – verteidigen, weil er während seines Unterrichts über Wahlfälschungen mit dem Zeigestock allzu offenkundig auf das in jedem Klassenzimmer obligat hängende Hitlerbild gewiesen hatte. Wir spürten, dass gegenüber dem Regime eine von Ironie getragene Distanz herrschte. So gab es im privaten Gespräch der Lehrer mit den Eltern – mutig genug – offene Warnungen, etwa gegenüber der Absicht, uns Kinder zum Schutz vor den zunehmenden Luftangriffen nach Ostdeutschland zu schicken, weil dort bei Kriegsende mit russischer Besatzung zu rechnen sei.

Kunst der Gegenwart lernten wir seit etwa 1949 durch das von der jungen Museumsdirektorin Hertha Hesse-Frielinghaus umsichtig geleitete Hagener Museum kennen. Unser gegenüber der Moderne indolenter Zeichenlehrer sah sich immerhin verpflichtet, uns nachmittags ins Museum zu führen. Das Haus, das zum Andenken an den großen Sammler und Mäzen Karl Ernst Osthaus dessen Namen trägt und seine Arbeiten nach Kriegsende aufgenommen hatte, besaß nach den Eingriffen der Nationalsozialisten zwar noch keine nennenswerte eigene Sammlung, zeigte aber doch bereits bemerkenswerte Ausstellungen. Eine der ersten besuchten wir gemeinsam mit unserem Zeichenlehrer, der uns damit einstimmte, dass er uns mitteilte, es handele sich um einen Maler der kürzlich noch als »entartet« geltenden Kunst. Er selbst hielt es mit der Kunst bis zum Impressionismus, welchen er uns auf seine Weise erklärte: »Wenn Sie mit den Augen knibbern, und es flimmert – das ist Impressionismus.« Was wir vor uns sahen, ließ sich auf diese Weise nicht verstehen. Es handelte sich um Aquarelle von Karl Schmidt-Rottluff aus der Zeit seiner Verfemung, kräftige, damals und nach einer Zeit ihrer Verkennung heute wieder geschätzte Blätter mit strahlenden, durch dunkle, bleirutenartige Konturen gesteigerten Farben. Es dauerte kaum eine Stunde, bis uns ohne erläuternden Kommentar die Augen geöffnet waren – reiner Enthusiasmus, unvorbereitet, bar jeder Vorstellung von der Moderne, einschlagend wie ein Blitz.

Unsere Kenntnisse von moderner Kunst bestanden allerdings weitgehend aus Lücken, die sich nur allmählich schlossen. Die Begeisterung besaß kein Äquivalent in ausreichendem Wissen. Ausstellungen halfen uns weiter, wie eine in Hagen gezeigte Auswahl aus der Sammlung des Kölner Rechtsanwalts Haubrich, der seiner Vaterstadt mit seiner generösen Schenkung eine führende Position unter westdeutschen Häusern mit Kunst der Moderne verschaffte. Unseren Blick weiteten die Themenausstellungen der Ruhrfestspiele Recklinghausen und andere wiedereröffnete Museen. Antiquarisch erworbene Publikationen wie Hans Hildebrandts »Kunst des 19. und 20. Jahrhunderts« im »Handbuch der Kunstwissenschaft« oder eben die Vorlesungen Max Sauerlandts stellten für uns die Verbindung an die Zeit vor 1933 her. Den Anschluss an die Gegenwart aber brachte, weitaus lebendiger, die erste Begegnung mit einem Künstler.

Emil Schumacher

Der tägliche Weg vom Hagener Hauptbahnhof zu unserem Gymnasium durch die von Trümmern noch nicht völlig freigeräumten Straßen bot uns jungen Leuten Gelegenheit zu lebhaften Gesprächen über dies und das. Die Moderne, die wir 1949 entdeckten, wurde zu einem unserer Hauptthemen.

Einer meiner Weggenossen wusste, dass es in unserer Stadt einen bemerkenswerten Maler gäbe. Er werde seit Längerem von Dr. Fritz Breuer, einem angesehenen Chirurgen, geschätzt und gefördert. Meine Neugier auf einen Künstler von Rang ließ sich leicht befriedigen, bald war ich mit Fritz (Werner) Breuer, dem Sohn des Sammlers, bestens befreundet; wir besuchten, um zwei Jahrgänge getrennt, dieselbe Schule mit ihren kleinen Klassen, in denen Latein und Griechisch vor Englisch und Französisch unterrichtet wurde; alle Schüler der Oberklassen kannten sich mithin gut.

Die erste Begegnung mit einem Künstler war ein Besuch in dem Atelier von Emil Schumacher. Der Maler, der von der Mitte der fünfziger Jahre an einen stetig wachsenden internationalen Zuspruch erfahren und in vielen europäischen Ländern, in Südamerika wie auch in Japan mit zahlreichen Preisen geehrt werden sollte, war zu jener Zeit nur wenigen Kennern in Hagen und einigen Eingeweihten im Ruhrgebiet bekannt. Schumacher hatte als junger Künstler von vierundzwanzig Jahren noch den 87-jährigen Christian Rohlfs kennengelernt, der sich vor der Nazi-Barbarei in sein Atelier des ehemaligen Hagener Folkwang-Museums zurückgezogen hatte; heute steht in seiner unmittelbaren Nachbarschaft das Emil Schumacher Museum.

Eine Beeinträchtigung des Hörvermögens hatte Schumacher vor dem Einzug zum Militär bewahrt. Jetzt wohnte und malte er in einem von seinem Vater geerbten kleinen Haus eines tristen Hagener Vororts. Hier blieb er sein Leben lang, den Raum nur bescheiden um ein Schwimmbad in einem schöner gewordenen Garten erweiternd. Damals befanden sich in diesem Hinterhof ein Küchengarten und kleine Taubenställe, wie in vielen Arbeiterhäusern des Ruhrgebiets.

Hier hatte Schumacher, von der Entwicklung der Kunst in der Welt zwölf Jahre lang isoliert, seine dem Gegenstand verpflichteten Bilder gemalt, für die es allenfalls bei den Holz- und Linolschnitten gewisse Vorstufen in der Graphik des Expressionismus gab. Der Maler führte seinen eigenen Dialog mit dieser einfachen Welt. Aus seinen frühen Bildern sprechen eine herbe Poesie, abseits alles Literarischen, eine unbekümmerte Freiheit des Darstellungsmodus mit lebendigen Lineaturen und verhaltenen Farbklängen. Die Poesie als Flucht in die Freiheit aus der Einengung durch die Realität, die Poesie als Rettung des Ich – sie bestimmt das Selbstverständnis Ostasiens, wo Emil Schumacher Jahrzehnte später auf besonderes Verständnis treffen sollte. Doch den fernen Wahlverwandten war der junge Maler nicht beggenet, er hatte nur den alten Rohlfs kennengelernt. In dessen Zeichnungen der letzten Lebensjahre finden sich erstaunliche Vorgriffe über den Expressionismus hinaus, zukünftige Darstellungsmodalitäten vorwegnehmend. Mit heutigen Augen erkennt man manche Gemeinsamkeiten zwischen dem alten Rohlfs und dem jungen Schumacher. Die Kunstgeschichte behauptet ihre Kontinuität gelegentlich nur durch eine einzige Begegnung abseits des Mainstream, so auch im Fall von Rohlfs und Schumacher.

Ein alter Küchenherd, einige bunte Konservendosen, eine im Herbst verlassene Gartenbank, vor sich hin rostende Ackermaschinen wie ein Roder, solche einfachen Gegenstände aus dem Alltag genügten Emil Schumacher für Bilder, die außer seiner Frau Ulla und einer Handvoll Hagener Sammler sowie der spröden, ungemein verdienstvollen Hagener Museumsdirektorin Hertha Hesse-Frielinghaus kaum jemand sah. Schumacher malte sie wie ein Kalligraph, mit Farben, die den Koloristen mit Sinn für dunkle wie helle und heftige Klänge zu erkennen gaben. Gegenüber einer desolaten Gegenwart galt ihm eine zeitlose Welt als Parameter, die sich wenig verändernde Alltäglichkeit ebenso wie die Beschäftigung mit dem sumerisch-babylonischen Gilgamesch-Epos.

Ohne Kenntnis von Baumeisters Zeichnungs-Zyklus zu Gilgamesch, der gegen Kriegsende entstanden und noch unbekannt war, schnitt Schumacher nur wenig später Illustrationen hierzu in Linoleum und Holz. Er malte einen Stausee der Ruhr wie ein Gewässer der Urzeit, verwandelte die nächtlichen Feuerreflexe der Hüttenwerke in Milchstraßenmagie. Als nach 1980 wieder eine an Höhlenmalereien erinnernde Zeichenwelt in Schumachers Bildern und Blättern auftauchte, als kurz vor seinem Tod die in Israel edierten Blätter zur Genesis entstanden, rückten manche der späten Arbeiten auf einer neuen Ebene in eine erkennbare Nähe zum Frühwerk; sie belegen, wie homogen das gesamte Œuvre über sechs Jahrzehnte hinweg blieb.

Als ich 1949 Emil Schumacher kennenlernte, stand dieser Prozess des Aufgebens von Erreichtem, von Neuanfang und Synthese noch bevor. Die Bilder spiegelten zeichenhaft, aber leicht ablesbar, einen Lebensraum, der dem eines Arbeiters glich und in den wenig von außen hereindrang.

Schumacher sprach lebendig und ohne erkennbare Scheu, sich mitzuteilen, aber er machte meist nur einfache Aussagen; so blieb es auch in der Zeit seines Weltruhms. Was ihn bewegte, schrieb er gelegentlich in Aphorismen nieder, auf eine poetische Weise die Quintessenz seines Selbstverständnisses in Worte fassend. Wenn er ein Interview gab, sprach er lieber über Handfestes als über eine simplifizierende Deutung seiner Bilder. Über die Werke anderer Künstler urteilte er zurückhaltend, es sei denn, ihre niedrige Qualität stellte sie außer Diskussion, und dann blieben sie für ihn ohne Interesse.

Zur Erinnerung an meinen Besuch erhielt ich von Emil Schumacher – als mein erstes Kunstwerk – eine Lithographie geschenkt; sie zeigt Tauben in einem Käfig, eine Hommage an jene Brieftauben, die mancher Kumpel und Hüttenarbeiter von seiner Dachluke aus als gefiederte Boten in die Welt schickte. Auf dem Blatt vom Oktober 1949 ist ihnen durch die Käfigstäbe dieser Flug in die Welt noch verwehrt – ein Gleichnis von Schumachers Situation in der Mitte seines Lebens.

Der Maler fand seine ersten Sammler in Hagen. Zu ihnen gehörte an vorderster Stelle der Vater meines Freundes, Dr. Fritz Breuer, Chirurg, ein bemerkenswerter, allseitig gebildeter, bei allem bürgerlichen Habitus völlig unkonventioneller Mann. Seine in ästhetischen, vor allem literarischen Fragen ungemein sichere Frau Maria verband Bestimmtheit mit bezauberndem

Charme. Im Haus der Breuers begegnete man stets inspirierenden Zeitgenossen, die als Vortragsgäste nach Hagen kamen. Ich erinnere mich neben vielen anderen an Fedor Stepun, der als Mitglied der Kerensky-Regierung 1922 Lenin entkommen war und an der Münchner Universität russische Geistesgeschichte lehrte. Wie auch seine Frau von respektabler Körperfülle, beobachtete er einen anderen, schlanken Gast, der eine der damals schicken Zigarettenspitzen mit langem Mundstück und scheibenförmigem Halter für den senkrecht darin aufragenden Glimmstängel zwischen seinen Lippen balancierte. Stepun fragte mit seiner gedehnten russischen Intonation: »Herr Dooktor, was haben Sie da für eine Bettpfanne im Mund?« Auf die eloquente Erklärung hin, wie gesund gerade dieses Filtersystem sei, schaute der Fragesteller nachdenklich seine Frau an und sagte: »Natascha, Genuuss mit Soorge – was ist daas?«

Gäste im Breuer'schen Haus sahen meist neue Bilder und Blätter Schumachers, der mit seiner Frau Ulla regelmäßig zu Besuch kam. Nicht wenige davon wurden an die Gastgeber und deren Freunde verkauft, für den Maler eine wirksame Hilfe. Sobald es die Umstände erlaubten, bauten Fritz und Maria Breuer wieder eine private Sammlung auf; die erste war mitsamt dem Haus während eines Bombenangriffs verbrannt. Werke Emil Schumachers bildeten zunächst die weitaus wichtigste Gruppe, bald sollten Bilder von Baumeister, Bronzen und Zeichnungen von Moore und Marini, Druckgraphik von Picasso folgen. Der Hagener Maler, gerade vierzig Jahre alt, sah sich bald in bester Gesellschaft.

Mein Freund Fritz Werner und ich waren durch diese in einem Ort wie Hagen sonst kaum anzutreffende geistige Umgebung angeregt. Wir malten und zeichneten, was uns begeisterte – Blätter, in denen die uns bekannte Moderne sich spiegelte. An unserem Gymnasium wirkten diese Exerzitien wie eine Revolte gegen den obligaten Zeichenunterricht, sie machten Furore und wurden deshalb als Ausstellung an den Pinnwänden des Zeichensaals befestigt, von Schülern und einigen Lehrern bestaunt. Aber es gab auch einen Besucher von draußen. Wir durften uns – nicht ohne heimlichen Stolz – sagen, dass wir zwar außer Lehrern und Mitschülern nur einen Besucher hatten, aber dieser einzige Besucher war Emil Schumacher. Mit freundlichem Gleichmut sah er sich die dicht behängten Wände an. Allerdings war mir die Güte unserer Produktion schnell bewusst; ich verschenkte alle meine Blätter zum Abitur an Lehrer und Schulfreunde.

Schumacher gehörte zu der von ihm mitbegründeten Gruppe »Junger Westen«, die ihren Sitz in Recklinghausen hatte. Dort entstand dank der Ruhrfestspiele und eines rührigen Kunsthallenleiters ein künstlerisches Zentrum. Wer seine Augen nur ein wenig gebrauchen konnte, erkannte sofort, dass Schumacher der mit Abstand wichtigste Künstler der Gruppe war, was mich anregte, dies auch öffentlich kundzutun. Ulla und Emil Schumacher erinnerten mich mehr als vierzig Jahre später daran, dass ich offenbar einen kleinen Aufsatz mit meiner Konfession in einer lokalen Zeitung oder in der Studentenzeitschrift »Aachener Prisma« veröffentlicht hatte.

Schumachers Namen nannte man außerhalb des Ruhrgebiets bis zu den frühen fünfziger Jahren kaum. Als er um 1949 in Ascona war, traf er dort den in jenen Jahren ungleich bekannteren Maler Ernst Schumacher, der in Berlin an der Hochschule der Künste lehrte und ihn weinselig mit den Worten begrüßte: Er habe herausgefunden, dass es noch einen E. Schumacher gäbe, »und das Schwein malt nicht mal schlecht …« Das war ein Kompliment jener großen weiten Welt, als die Berlin sich damals sah, ohne es zu sein.

Der so Gelobte wusste, dass es für ihn in der Bundesrepublik wenig Herausforderndes zu entdecken gab. Eine Reise nach Paris führte ihn auf den Weg, den er suchte, ohne das Ziel zu kennen. Unter denjenigen, die er dort traf, stand ihm Pierre Soulages am nächsten; in einigen wenigen Bildern, die in der Zeit gleich nach der Paris-Reise um 1951/52 entstanden, ist die Wirkung dieser Begegnung zu beobachten. Für nahe Freunde war zunächst keine rechte Verbindung mit seinen zuvor entstandenen Arbeiten erkennbar. Die gegenständliche Darstellung von Schumachers Bildern verlor sich innerhalb kurzer Zeit, aber bald auch die Festigkeit von abstrakten Strukturen, die für einige Jahre an die Stelle der Gegenständlichkeit traten. Er fand die wie aus Farbnebeln und als Analogien zur organischen Natur gebildeten Bildmetaphern in einer Sprache, die den Künstler bald international zu einem festen Begriff machen sollte: ein aus Kolorit und Material gewonnener Bildraum, für mich heute ein Gleichnis kosmischer Urmaterie. Den Weg dahin ermöglichten vom Maler selbst geschaffene Objekte als Katalysator; er nannte sie »Tastobjekte«, frei zusammengefügte, reliefhafte Gebilde aus Spinnfäden und Löchern von unbestimmter Begrenzung und mit einem hellen, Farbklänge modulierenden Kolorit. Sie brauchen keinen Rahmen, schweben schwerelos im Raum.

Möglicherweise waren diese »Tastobjekte« für Schumacher mehr Mittel zum Zweck, jedenfalls beschäftigten sie den Maler nur relativ kurze Zeit. Wohin sie ihn führten, zeigte 1958 eine Hagener Ausstellung. Sie umfasste, neben einigen Tastobjekten, die wichtigsten neuen Bilder, die mir als bedeutsamer Schritt in der Entwicklung des Künstlers und zugleich als eine herausragende Leistung zeitgenössischer deutscher Malerei erschienen. Als ich der damals tonangebenden Zeitschrift »Das Kunstwerk«, die mich kurz davor mit einem Kritikerpreis ermuntert und mehrfach um Beiträge gebeten hatte, einen Aufsatz darüber anbot, lehnte sie ab – das sei doch wohl nichts weiter Bemerkenswertes.

Dies war eine der Demonstrationen von Mangel an Kunsturteil, der sich immer wieder im Verkennen des Bedeutenden und in Elogen auf das jeweils »Aktuelle«, doch künstlerisch wenig Relevante äußert. War es verwunderlich, dass Jahre nach dieser Ausstellung ein Hagener Ratsherr das generöse Geschenk des inzwischen international geehrten Malers an seine Heimatstadt, ein großes Gemälde, damit kommentierte, das Bild könne er sich in den Keller über seine Kartoffelkiste hängen? Es dauerte einige Zeit, bis die politischen Honoratioren erkannten, dass Hagen einen Bürger von internationaler Bedeutung besaß, und ihn zum Ehrenbürger machten. Bis es zum Anbau an das Hagener Museum zur Aufnahme von Schumachers Stiftung seines Lebenswerks kommen konnte, waren noch viele Stolperstufen zu bewältigen.

Als der Maler während der späten fünfziger Jahre einige Semester lang in Hamburg als Gastprofessor unterrichtete, lebte ich in Stuttgart; als er eine Professur in Karlsruhe übernommen hatte, zogen meine Frau und ich nach Hamburg, weshalb wir uns über einen längeren Zeitraum nur gelegentlich sahen. Die Ausrichtung der von mir geleiteten modernen Abteilung des Museums für Kunst und Gewerbe ließ die Aufnahme von Bildern nicht zu, ausgenommen Bücher Schumachers mit Originalgraphik; sie bereicherten bald die Bestände ebenso wie die Malerbücher von Picasso, Braque, Chagall, Ernst, Miró, Moore und Kokoschka.

Ein Zufall gab den Anstoß, die alten Verbindungen zu intensivieren. Die in Chicago und London ansässige St. James Press hatte mich 1980/81 um eine Reihe von Kurzviten für ein Lexikon der Künstler des 20. Jahrhunderts gebeten, u. a. um die Biographien von Oskar Kokoschka und Emil Schumacher. Als ich die Beiträge schrieb, las ich in der Zeitung, dass Emil Schumacher gerade zum

Emil Schumacher: Glückwunsch zum 60. Geburtstag von Heinz Spielmann, Deckfarben und Farbstift, 1990

Nachfolger meines im Februar 1980 verstorbenen Freundes Oskar Kokoschka in den Orden Pour le Mérite gewählt worden war – Anlass für einen spontanen Gruß und Glückwunsch an Emil Schumacher, dem bald ein weiterer folgen konnte, als auf meinen Vorschlag hin Emil Schumacher den erstmals nach einer längeren Pause vergebenen Jerg-Ratgeb-Preis erhielt. Zwar war er es inzwischen gewohnt, überall auf der Welt geehrt zu werden, aber hier sah er sich in eine deutsche, noch junge Tradition gestellt.

Wie wenig Schumacher die zahlreichen Ehrungen bei aller Befriedigung über den ihm erwiesenen Respekt tangierten, sah man an seinem Äußeren. Er zeigte sich bei Feiern und Empfängen salopp, oft ohne Krawatte, aber auch ohne jede demonstrative Bohème-Attitude jüngerer »Malerfürsten«, nicht anders, als würde er zu Besuch bei Freunden für einige Stunden das Haus verlassen. So unberührt von der Außenwelt, führte er seinen Dialog mit der Natur und mit Zeugnissen früher und fremder Kulturen. Der Dialog konnte kalligra-

Emil Schumacher bei der Verleihung des Jerg-Ratgeb-Preises, Reutlingen 1987
(mit dem Oberbürgermeister der Stadt)

phisch ausfallen wie auf einem Blatt zu meinem 60. Geburtstag, das um eine blaue Monade herum nur seinen und meinen Namenszug trägt.

Wie oft werden Gegensätze zum Stimulans künstlerischer Kraft! Das Naturfeindliche einer Industriestadt mit ihrem ständigen Qualm von Hochöfen und Bessemer Birnen, der bis zu den siebziger Jahren für die Täler der damaligen Industriestadt alltägliche Realität war – der denkbar krasseste Gegensatz zur unberührten Natur –, mag die Erlebnisfähigkeit des Malers ihr gegenüber geweckt und so gesteigert haben, dass er sich die Quintessenz ihrer Vielfalt und Dauer in einem langen Leben zu eigen machte. Seine Bilder, die wegen der stofflichen Schönheit ihrer Farbe als »Materialbilder« gelobt, aber auch zu oberflächlich gedeutet wurden, verstand er – mit seinen eigenen Worten »der Erde näher als den Sternen« – als leuchtende Metaphern, das Rot als Feuer und Magma, das Grau und Ocker als Erdformationen und Gestein, das Blau als Wasser und Ozeane. In seinem Grün paraphrasiert er die organische Natur der

Pflanzenwelt. Von diesen Elementarformen des Lebens führte ihn ein direkter Weg zu archetypischen Zeichen vorgeschichtlicher Zeiten. Er malte keine gedachte – er paraphrasierte eine gesehene Welt.

Nicht lange vor seinem Lebensende sagte Emil Schumacher im Gespräch vor seinen in der Küche aufgehängten Bildern auf Schieferplatten mit zeichenhaften Vögeln und Fischen beiläufig, wenn er male, habe er immer etwas vor Augen, er ginge immer von etwas aus. Seine Bilder spiegeln, wenn auch meist in metaphorischer Übersetzung, eine erlebte Wirklichkeit. Unbehelligt von intellektualisierender Programmatik und dozierender Theorie verwandelte er Natur zu selbstverständlich hingeschriebenen Zeichen. In der Ambivalenz von Erkennbarkeit und Metapher begründet sich deren Faszination. Auf die stoffliche Schönheit seines Materials zu verweisen, die Freiheit, Lebendigkeit und Vitalität seiner Bilder hervorzuheben ist sicher nicht falsch. Aber es reicht nicht aus. Schumacher hatte bei seiner künstlerischen Arbeit das Glück, in der Begegnung mit der Welt niemand anderen als sich selbst zu benötigen. Er führte eine sehr persönliche Zwiesprache mit dem, was er vor Augen hatte, mit dem alltäglichen Umfeld einer wenig attraktiven Industriestadt genauso wie mit der Kuppel eines Marabu-Grabes, mit Gewölberuinen in Hatra, mit Gestein, Feuer und Wasser, mit Vögeln und Fischen. Die Subjektivität seiner Erlebnisse war die Grundlage seiner Bild-Poesie.

Während der achtziger Jahre fand eine Reihe von Schumacher-Ausstellungen im deutschen Norden statt, u. a. in Hamburg und Flensburg. In ihnen trat eine archetypische Urwelt immer deutlicher in Erscheinung; Figuren wie auf Höhlenwänden, Tiere wie in Versteinerungen; einfache Landwirtschaftsgeräte und Leitern wie auf ungelenk gezeichneten Papyri. Seine Keramik, die zum Besten dieses Genres aus den Händen von Malern zählt, macht diese archetypische Welt haptisch wie optisch erfahrbar. Für das Museum auf Schloss Gottorf konnten wir eine gewisse Zahl seiner bildhaft-großen Serigraphien und Radierungen erwerben, eine als Schumachers Geschenk zu meiner Verabschiedung aus dem Amt.

Auf dem Weg nach Flensburg besuchten der Maler und seine Familie 1998 das Gottorfer Landesmuseum mit seinen neuen, umfangreichen Stiftungen; dies führte ihn dazu, mich wegen seiner eigenen Stiftung um Rat zu fragen. Er wolle, so erklärte er uns bei einem Besuch in Hagen, während er uns im sommerlichen Garten hinter seinem Atelier auf einem seiner schönen, nach seinem Entwurf dekorierten Porzellangeschirre Kaffee und Kuchen servierte, eine für Hagen bestimmte Stiftung gründen. Sie solle einen Querschnitt durch sein Lebenswerk bilden, mit großen, mittleren und kleinen Gemälden, mit Gouachen und Zeichnungen, mit einer Auswahl von Keramik und der gesamten Druckgraphik, dazu ausgestattet mit einem adäquaten Stiftungskapital. Es war seine Intention, seiner Vaterstadt, die er trotz verlockender Angebote nie aufgegeben hatte, eine weitere Ausstrahlung zu geben, eingebunden in ihr recht junges, auf die Zeit um 1900 zurückgehendes Erbe, separat ausgestellt neben dem Karl Ernst Osthaus-Museum. Die Realisierung schien zunächst einfach. 1997, zum 85. Geburtstag Emil Schumachers, verkündete Ministerpräsident Johannes Rau die baldige Realisierung des Projekts zum 90. Geburtstag des Künstlers, doch bedachten offenbar weder er noch der ihm nachfolgende Peer Steinbrück, was an bürokratischen Hindernissen ausgedacht werden kann. Schließlich fand sich nach einem Wettbewerb mit gut 300 Entwürfen ein passables Konzept. Wer weiß, wie lange sich dessen Verwirklichung hingezogen hätte, wenn mein Freund Ulrich Schumacher, der unirritierbar das Vermächtnis seines Vaters Wirklichkeit werden lässt, nicht ernsthaft eine Alternative zur Hagener Lösung gesucht hätte. Bis zur Grundsteinlegung der Museumserweiterung sollte seit der ersten Besprechung mit dem Künstler ein volles Jahrzehnt vergehen.

Die Bürger dankten, unbeschadet der politischen Querelen, dem Künstler auf ihre Weise. Die Grundsteinlegung des Museumstraktes im Sommer 2006 wurde dank ihres Stolzes auf den Sohn der Stadt ein Fest der demonstrativen Zustimmung; an der »Farbe Blau«, mit der sie den Maler ehrten und die alles überstrahlte, hatten die Kleinsten ebenso ihr Vergnügen wie die Älteren.

Emil Schumacher erlebte die Verwirklichung seines generösen Angebots nicht mehr. Er starb, noch voller Vitalität, unerwartet und sanft entschlafend in seinem Haus auf Ibiza im Oktober 1999. Sein 100. Geburtstag konnte in seinem Museum gefeiert werden.

Willi Baumeister

Als ich 1950 erstmals vor einem Bild Baumeisters stand, war ich mir sicher, Malerei von Rang vor mir zu haben. Ich konnte allerdings diese Ahnung kaum artikulieren. Diese Bildwelt war zu neu, entsprach nicht den Modalitäten des Sehens, vor allem nicht der von Abbreviaturen getragenen Vehemenz des Expressionismus, den wir gerade kennengelernt hatten; doch vielleicht erschienen mir gerade deshalb die Ruhe der Malerei, ihre spukhafte, in Klarheit der Form integrierte Rätselhaftigkeit als ungewöhnlich. Das Gemälde, das wir sahen, war die »Stehende Figur mit blauer Fläche« von 1933. Ein ähnliches, etwas früher entstandenes Bild einer schwebend-transparenten Gestalt mit amöbenhaften Umrissen kannte ich aus dem Illustrationsteil von Max Sauerlandts Vorlesungen, doch hatte der eloquente Museumsmann das Bild wenig mehr als behelfsmäßig kommentiert; auch ihm war es offenbar als bedeutsam erschienen, ohne dass er dafür treffende Begriffe gefunden hatte. Die »Stehende Figur mit blauer Fläche« gehörte zu der Sammlung Haubrich. Man konnte einen Teil davon, mangels geeigneter Räume in Köln, auch andernorts sehen, so in Hagen.

Dass meine Mitschüler von dem, was ich ihnen von einem neuen Raum, von einer schwebenden Figur und abstrakter Zeichensprache zu erklären suchte, wenig überzeugt waren, konnte ich ihnen angesichts meiner unzureichenden Worte nicht verdenken. Also versuchte ich es ein zweites Mal in einem Schulaufsatz, dessen Thema uns freigestellt war, und machte mich an die Deutung einiger Werke der Sammlung Haubrich, darunter die leichter zu bewältigende Büste des Kunsthistorikers Heinrich Wölfflin von Edwin Scharff, und an das schwieriger zu deutende Gemälde Baumeisters.

Man sah zu jener Zeit im Ruhrgebiet selten neue Baumeister-Bilder im Original. Am ehesten begegnete man ihnen an Orten, wo man sie nicht erwartete. Das kleine Museum in Witten etwa erwarb eines davon gleich nach seiner Entstehung, die »Turbulenz« von 1950. Die ersten Blätter seiner Serigraphien, einer für Europa damals völlig neuen Technik, stellte ein großes Hagener Textilkaufhaus ins Schaufenster. Langsam begannen wir, gestützt auf solche sporadischen Zeugnisse und Veröffentlichungen in Zeitschriften – es gab sogar einen »Spiegel«-Titel –, nicht nur Form und Ideen seiner Bilder zu begreifen, wir sahen in der Beobachtung des Erreichbaren auch, wie konsequent und in welch schneller Folge die Phantasie den Maler zu immer neuen Resultaten führte.

Wir konnten nach und nach eine Vorstellung von seinem bis dahin entstandenen Werk gewinnen. Es hatte, von Cézanne ausgehend, zunächst mit den Mitteln des Konstruktivismus die Welt von Sport und Maschine gefeiert, hatte, wie sein Freund Oskar Schlemmer, dem Apoll von Belvedere *more geometrico* gehuldigt und seine Figurationen in einen nicht der klassischen Perspektive entsprechenden, sondern aus Illusionen der Flächenschichtung gebildeten Scheinraum gestellt. Baumeister war zu Beginn der Nazi-Zeit aus dem Lehramt entlassen worden. Er war seitdem seinen sich bereits kurz zuvor ankündigenden kontemplativen Intentionen gefolgt. Ihn inspirierten die Felsbilder Spaniens und Afrikas, die Urformen des Lebens in Blatt und Früchten des Gingko-Baums und in Amöben, die er in seinen »Eidos« genannten Gemälden zum Bildbegriff machte. Ihn faszinierte während der Kriegsjahre, die er in Wuppertal mit einem ihn schützenden Forschungsauftrag der Lack- und Farbwerke Herberts überlebte, das Gilgamesch-Epos. Die vergebliche Suche Gilgameschs nach Unsterblichkeit verstand er als Erfahrung einer Gegenwart, in der das Leben täglich enden konnte. Nach dem Krieg erkannte man bald, dass er unter den in Deutschland gebliebenen Malern mit seinen Bildern so weit wie niemand sonst in unbekanntes Terrain vorgestoßen war; er hatte seine Erfahrung und Erkenntnis 1943 zum Thema seines 1947 erschienenen Buches »Das Unbekannte in der Kunst« gemacht.

Zum vehementen Verteidiger der Moderne wurde Baumeister 1950 auf dem legendären Darmstädter Gespräch mit dem Thema »Das Menschenbild in unserer Zeit«. Er bezog Position gegen den der Zeit vor 1945 verpflichteten Kunsthistoriker Hans Sedlmayr und dessen von scharfsinnigem Unverstand getragene Schrift »Verlust der Mitte«. Er galt seitdem als führender Sprecher der Moderne und der abstrakten Malerei. Deshalb – und in Erwartung weiterer Deutungen seiner Bilder – warteten wir 1953 an einem Sonntagvormittag im Osthaus-Museum gespannt auf den Maler und seinen Vortrag.

Mittelgroß, durchaus stattlich, aber ohne viel Aufhebens zu machen, begann er sein mit Lichtbildern veranschaulichtes Referat. Es ging ihm, mit einem Wort gesagt, darin um ein unverstelltes Sehen, um ein im Schiller'schen Sinn naives Verständnis der Natur und ihrer Formen, um die Entdeckung des zuvor Unbe-

Willi Baumeister an der Staffelei, Karikatur eines Studenten?, roter Farbstift, um 1960

kannten als Prinzip der Entwicklung und Entfaltung von Kunst. Bei allem Ernst blitzte zwischen den Sätzen der Humor durch, der für Baumeister ein Lebenselixier war und der ihm geholfen hatte, die Zeit der Verfolgung zu überstehen. In seinem Vortrag zeigte er u. a. Diapositive mit Wellen am Strand oder einen Bachlauf eines in Überlingen am Bodensee lebenden Photographen: »Er heißt Lauterwasser und photographiert lauter Wasser.« Die Aufnahme des Rinnsals zeigte Baumeister zwei Mal, zunächst den Abzug Lauterwassers, dann mit einem darübergeklebten Stückchen Papier. Im richtigen Moment musste der Vorführer dieses Papier vom Diapositiv abreißen, und es erschien, von Baumeister durch eine in die Wellen gezeichnete Skizze hervorgehoben, die Grimasse eines Männergesichts. »Weil er so grimmig schaut, erinnert er mich an Schopenhauer«, kommentierte Baumeister die Demonstration seiner These, dass man auch in abstrakte Strukturen das Bild eines Gegenstandes hineinsehen könne.

Etwa anderthalb Jahre später, als mein Kontakt mit dem Künstler während des Studiums enger geworden war, fragte ich ihn, ob er für das »Studium Generale« einen Vortrag halten könnte. Die Organisation und der Ablauf dieser Abende war an der Technischen Hochschule Stuttgart Studenten übertragen worden – ich war für den Bereich »Moderne Kunst« zuständig. Nach dem Architektur-Vordiplom hatte ich die Stuttgarter Hochschule gewählt, weil sie eine kleine, aber vorzügliche geisteswissenschaftliche Abteilung besaß. Baumeister bejahte meine Bitte gleich, fragte jedoch vorsichtshalber: »Kennen Sie meinen Vortrag?« Die positive Antwort schien eine gute Voraussetzung für die Zusage zu sein, führte aber zu einem kleinen Malheur. Da ich die Dias zu projizieren hatte, wusste ich, wann Schopenhauer in lauter Wasser erscheinen sollte, riss den Zettel jedoch zu früh ab, sodass Baumeisters Überraschung, an der er sein Vergnügen hatte, nicht ganz aufging. Er nahm dies jedoch nicht übel. Bald durften wir nicht nur als Gäste bei seinen Korrekturen an der Stuttgarter Kunstakademie zuhören, sondern auch an seinem Jour fixe bei ihm zu Hause teilnehmen.

Es handelte sich dabei um halbwegs regelmäßige Treffen am Sonntagvormittag zwischen etwa 11 und 13 Uhr mit unterschiedlichen Teilnehmern; unter ihnen befand sich häufiger der Stuttgarter Kunstkritiker Kurt Leonhard. Natürlich musste man sich anmelden, sah sich dann an der Haustür in der Regel von einer der attraktiven Töchter Christa und Felicitas empfangen und mit einem Glas Campari und Gloria-Zigaretten bewirtet. Mit diesen Zigaretten hatte es eine besondere Bewandtnis. In Illustrierten erschienen um 1953/54 wöchentlich Anzeigen mit Prominenten, die sich aus der vornehmen, im Diagonalmuster weiß-gelb bedruckten Schachtel bedienten. In einer dieser Annoncen sah man Willi Baumeister, die Zigarette in der Hand (obwohl er lieber Zigarren rauchte). Darauf angesprochen, kommentierte er sein Engagement für die feine Filterzigarette. Man habe ihn angerufen und gefragt: »Herr Professor, rauchen Sie nur die gute Gloria?« Er habe geantwortet: »Was bekomme ich dafür?« Mit dem Angebot sei er einverstanden gewesen, immerhin 200 Mark. »Die habe ich meinen Studenten gegeben, damit die sich einen Rotwein leisten können.«

In der Regel holte Willi Baumeister während seiner privaten Matineen neue Gemälde hervor, oft solche, die in der zurückliegenden Woche entstanden waren. Er liebte es, mit seinen Gästen darüber zu reden, über deren unperspektivischen Raum, über das Schweben der Zeichen und Gestalten, über Metamorphosen der Formen. Während der Entstehung der Montaru-Bilder mit ihren großen schwarzen Flächen verwies er häufig auf die Genesis schwarzer Flächen in seinem Œuvre über drei Jahrzehnte hinweg, die in den neuesten Gemälden kulminierten. Es lag ihm daran, uns Jüngeren, durch die er sich verstanden fühlte, die Sicht seiner selbst zu vermitteln. Er verlor während dieser Unterhaltungen jedoch so gut wie nie ein Wort über Gehalte, die ihn beschäftigten. Erläuterungen hierzu las ich später in den Briefen, die er in den vierziger und frühen fünfziger Jahren an den Architekten Heinz Rasch gerichtet hatte, einen Freund, den er bei der modernen »Bauausstellung Stuttgart 1924« kennengelernt hatte; er hatte als Bauführer Mies van der Rohes beim Bau der Stuttgarter Weißenhofsiedlung mitgewirkt und war während der Zeit der Verfolgung einer von Baumeisters wichtigsten Gesprächspartnern geworden.

Heinz Rasch gab uns eine Erklärung dafür, warum Baumeister sich nicht zu Gehalten und Motiven seiner Bilder äußere, was er im Gedankenaustausch mit ihm doch so freimütig getan hatte. Eines Tages, so berichtete er, hätten einige der jüngeren »abstrakten« Maler wie Georg Meistermann, Fritz Winter, Heinz Trökes dem von ihnen verehrten Kollegen eine in weinseliger Laune geschriebene Karte geschickt, mit den Zeilen, sie hätten ihn gerade zum Führer der deutschen Abstrakten gewählt. Diese Karte gibt es tatsächlich, aber dass Baumeister sich durch sie hätte abhalten lassen, seine Bildideen in Worte zu fassen, darf als wenig wahrscheinlich gelten. Er befürchtete offenbar, eine zwangsläufig vereinfachende Erklärung würde der Vielschichtigkeit seiner Bildideen nicht gerecht – den Entsprechungen zu Wachstumsmorphologien, den Einsichten in Mikro- und Makrokosmos, dem Entdecken früher Epen und Bildwelten für die Gegenwart. Er befürchtete vor allem Simplifikationen als Folge verständlicher Aussagen zu Bildgehalten. Er wollte ihre Vieldeutigkeit bewahren.

Nicht ohne inneres Vergnügen ließ er es deshalb geschehen, dass andere zu seinen individuellen, ambivalenten Erfindungen etwas sagten, selbst Seltsames oder Ungereimtes. Eines Tages dozierte der als Kunsthistoriker verdienstvolle, als Kritikerpapst einflussreiche Will Grohmann, der die erste Baumeister-Monographie schrieb, vor einem privaten Zirkel in Anwesenheit des Künstlers über solch eine für die meisten Zeitgenossen schwer verständliche Bildwelt. Heinz Rasch, der sich unter den Zuhörern befand, meinte leise gegenüber seinem Freund: »Aber Willi, du kannst doch nicht zulassen, dass er solchen

Willi Baumeister: Montaru. Serigraphie, 1953

Quatsch redet.« Die Antwort war entwaffnend: »Lass ihn, lass ihn, so wird es doch noch geheimnisvoller.«

Baumeister war ein Figurenmaler. Figur war für ihn jede Lebensform, von der Amöbe bis zum Menschen. Er wusste, dass Herkunft und Ziel des Lebens rätselhaft blieben, dass es ihnen gegenüber keine einfachen Antworten gab, auch nicht in seinen Bildern, die ihm als Spiegel des Lebens galten. Vehement verwahrte er sich in seiner Entgegnung auf Hans Sedlmayr beim Darmstädter Gespräch dagegen, dass die sogenannte abstrakte Malerei keinen humanen Impetus besäße. Aus dieser Überzeugung heraus forderte er von seinen Bildern, es müsse darin »spuken«, sie müssten geisterhaft erscheinen oder Rätsel aufgeben, die ein Betrachter selbst zu lösen und zu beantworten habe. Deshalb verweigerte er vereinfachende Erklärungen, in der Überzeugung, dass jedes Kunstwerk von einiger Bedeutung zu verschiedenen Zeiten und von verschiedenen Zeitgenossen unterschiedlich gesehen werde.

Er verfocht die Freiheit jedes Künstlers, voll Anerkennung auch für solche, die anderen Intentionen folgten als er selbst, und konzidierte zugleich, dass nur die schwächeren unter ihnen objektiv sein könnten; ein Künstler von einigem Rang könne nicht objektiv sein, da er seinen eigenen Weg verfolgen müsse. In der Praxis brachte er viel Verständnis für andere auf, wie in der ersten Jurysitzung des Deutschen Künstlerbunds nach dem Krieg, die HAP Grieshaber stets in Erinnerung blieb. Es sei, so erzählte er später, ein abstraktes Bild hereingebracht worden, für das Hans Purrmann die Hand gehoben habe. Auf die erstaunte Frage, warum er dafür stimme, habe er mit seiner hohen Stimme geantwortet, das sei doch modern. Kurz darauf habe Baumeister in sonorem Ton für ein Bild mit einer Windmühle plädiert, mit der Begründung: »Windmühle haben wir noch nicht gehabt, die Windmühle muss rein.«

Warum geriet ein Maler von so liberaler Gesinnung zwischen die Fronten der heftigsten Diskussion verschiedener Richtungen? Den Anstoß dazu gaben andere. Die Diskussionen um Sedlmayrs »Verlust der Mitte« hatte bereits die Atmosphäre belastet. Diese Belastung verschärfte sich, als Will Grohmann, der an der Berliner Hochschule der Künste als Lehrer das nach seiner Meinung einzig richtige zeitgenössische Kunstverständnis propagierte, seinen Rektor Carl Hofer wegen seiner Berufungspolitik angriff. Hofer hatte fast ausschließlich Vertreter der gegenständlichen Malerei berufen und unter ihnen kaum einen von überragender Bedeutung; er wurde deshalb von Grohmann wiederholt heftig angegriffen, der die Abstraktion besser vertreten sehen wollte. Ein Pamphlet gab das andere, bis Hofer sich in der Frauenzeitschrift »Konstanze« zu der polemischen Bemerkung hinreißen ließ, er sehe jetzt, wie leicht es sei, ein abstraktes Bild zu malen. Als Präsident des deutschen Künstlerbundes gab er dadurch die gebotene Neutralität auf, deshalb kündigte Willi Baumeister seine Mitgliedschaft in dieser noch jungen Vereinigung. Deren eben gewonnene Freiheit endete in einem neuen Grabenkrieg, dem zu viel Beachtung geschenkt wurde und der bis heute ein klischeehaftes Verständnis der deutschen Kunstszene nach dem Zweiten Weltkrieg zementiert.

Einer der häufigeren Gäste der Sonntagsmatineen, der Stuttgarter Kunstkritiker Kurt Leonhard, hatte 1948 ein Bändchen publiziert, das den reichlich pathetischen Titel »Die heilige Fläche« trug. Es enthält fiktive Gespräche mit einem Maler, der offenbar teils mit Willi Baumeister, teils mit dessen Kollegen Max Ackermann identisch ist; die darin beschriebenen Dialoge dürfen jedoch nicht als Gesprächsprotokolle gelten, wenngleich es sich bei ihnen um angeblich wörtliche Zitate eines Malers oder seiner Gesprächspartner handeln soll. Zu diesen Gesprächspartnern gehörte der Kunsthistoriker Hans Hildebrandt, der vor 1933 einer der ersten die Moderne systematisch behandelnden Kunsthistoriker gewesen war, zwei Jahrzehnte später aber nur noch als Emeritus gelegentlich ein Kolleg hielt. Wenn es sich auch um eigene Texte Leonhards handelt, so findet sich doch manches darin, was dem Sinn nach wahrscheinlich so gesagt wurde.

Baumeister sprach durchaus ernst, nicht nur über Kunst und seine Wahlverwandten der Vergangenheit, sondern auch über moderne Physik und Philosophie oder über die moderne Gesellschaftsstruktur des demokratischen Nebeneinanders. Seine Diktion war nie pathetisch. Lieber nahm er, wenn ein Gespräch eine Wendung zum allzu Emotionalen zu nehmen drohte, Zuflucht zu Scherz, Humor, Satire. Er liebte Wilhelm Busch, dessen Humor ebenso wie die filmartigen Bewegungsabläufe seiner Zeichnungen. Wie dieser konnte er seine tieferen Einsichten, Kritik und Zuneigung in Komik und Wortspielen verbergen, holte dabei auch weit aus, mit ernstestem Gesicht, wenn ihm kindliche oder dümmliche oder auch nur von ihm ungern beantwortete Fragen gestellt wurden. Dies geschah wiederholt, wenn er Gruppen durch die große Retrospektive seines Lebenswerks führte, die zu seinem 65. Geburtstag Anfang 1955 im Stuttgarter Kunstverein zu sehen war. In der seriösen Erscheinung im gut geschnittenen Kamelhaarmantel mit dazu passender Schirmmütze, in der von allen respektierten Persönlichkeit hätte niemand den Schelm vermutet, gewiss nicht eine Gruppe von Damen der guten Stuttgarter Gesellschaft, die ihn vor den Montaru-Bildern in bestem Schwäbisch fragten: »Ha, Herr Professor, was isch denn des?« Sie erhielten in ähnlichem Schwäbisch etwa folgende Antwort: Das ist eine Kuh, die hat einen Ofen im Leib, sie hat schon ein Landeseil ausgeworfen und will landen. Das Echo der so Belehrten lautete: »Ha, so isch des, Herr Professor.« Hätte Baumeister vor diesen Zuhörerinnen sagen können, was ihn inspirierte – Vorstellungen vom makro- und mikrokosmischen Entstehen des Lebens, von der ehemaligen und künftigen Bildung neuer Weltkörper, der Evolution der Lebenskeime zu vielfältigen Gestalten, vom Urgrund weiblicher Lebenskraft in der großen, schwarzen Form und männlicher Fruchtbarkeit in dem ihr gegenüber kleinen Phallus in einer roten Höhle? Hätten sie es verstanden? Was wären die Folgen solcher Erklärungen gewesen? Was wäre aus rationalen Angaben in den Köpfen der Zuhörer, was daraus im Wortschwall der Interpreten geworden? Also verbarg Baumeister Ernst in Heiterkeit, seine Bildideen in camouflierendem Humor.

Ein halbes Jahrhundert danach, in meiner Hamburger Ausstellung zum 50. Todestag des Malers, habe ich durch eine ehemalige Schülerin Baumeisters von einer der Anregungen erfahren, die Baumeister in seinen Montaru-Bildern zitierte, indem er sie verwandelte. Er habe sie als junge Studentin während der Nachkriegszeit verschiedentlich besucht und dabei ihren Ofen beobachtet, aus dessen gebogenem Rohr rote Funken gestoben seien. Diese zu einem immer wiederkehrenden Element seiner »Montarus« gewordene Anregung kam ihm mit dem Wortspiel vom »Ofen im Leib« wohl in Erinnerung, als er den Stuttgarter Damen eine skurrile Deutung der erkennbaren Phallusform lieferte; aber mit diesem Alltagsobjekt steht das Element der Montaru-Bilder in keinem semantischen Bezug. Die gesehenen Anregungen und ihre Funktion für den Gehalt sind nicht identisch, noch weniger als bei Baumeisters ganz der Moderne zugehörenden Bildern, in denen er prähistorische Artefakte und frühgeschichtlich-archaische Kunstwerke übersetzte.

Baumeister wusste genau, wem er sich verpflichtet sah. Als ich ihm bekannte, dass mir seine dunkeltonigen Gemälde noch wichtiger seien als seine farbigen, stimmte er mir zu: »Ich bin näher bei Leonardo.« Solche Anmerkungen blitzten auf, nie ohne leichtes Lächeln und Schmunzeln, blieben dem Zuhörer aber umso nachdrücklicher in Erinnerung.

Noch weniger sagte Baumeister zu Bildgehalten während seiner Korrekturen an der Stuttgarter Akademie. An die Wand der Klasse hatte er groß geschrieben: »Wir malen keine Bilder, wir studieren.« Hierin – dass es darum gehe, das Sehen, nicht aber die Kunst zu lehren – traf er sich mit Oskar Kokoschka und dessen Intentionen in seiner Salzburger »Schule des Sehens«. Was ich in den frühen fünfziger Jahren noch nicht wusste, erst bei der Edition von Kokoschkas Briefen drei Jahrzehnte später erfuhr, war eine recht enge Beziehung zwischen den beiden Malern während des Ersten Weltkriegs und danach. Sie hatten sich bei Adolf Loos in Wien getroffen und einander gelegentlich Karten geschrieben. Als rund zehn Jahre später Kokoschka seine Dresdner Professur Knall auf Fall aufgegeben hatte, sich um seine ehemaligen Schüler aber sorgte, empfahl er mehrere von ihnen Willi Baumeister, der an der Städelschule lehrte. Beide, in ihren künstlerischen Intentionen so weit voneinander entfernt, dachten später nicht mehr an diese Kontakte, aber die erhaltene Korrespondenz belegt sie als Beweis dafür, dass der allzu stringente Ordnungsglaube heutiger Kunstgeschichte nicht als verbindlich gelten kann.

Zu den Korrekturen hatten Baumeisters Studenten die Arbeiten mitzubringen, mit denen sie gerade beschäftigt waren; gemeinsam wurden sie besprochen, freundlich kritisiert, belobigt, wenn etwas gelungen war. Er hatte eine Art methodischer Ordnung der Elemente und Faktoren geschaffen, die ihm für ein Bild wichtig erschienen: Flächenstrukturen, das Prinzip der »Dekomposition«, des seitlich unbegrenzten Bildraums von unbestimmter Tiefe. Er stellte der ebenmäßigen Struktur den »Solisten« gegenüber, eine akzentuierende Kontrastfigur. Er sprach aber immer nur von den kontrollierbaren Elementen, nie über den Anlass für ein Bild, weil er wusste, dass man Berufung zur Kunst nicht lehren kann, sondern nur die Beherrschung der Mittel des Handwerks in Kenntnis der formalen Bildordnung. Er trennte das Lernbare in aller Eindeutigkeit vom nicht Lehrbaren, aber er legte ebenso Wert darauf, dass seine Schüler ein Handwerk lernten, um mit dessen Hilfe ihr Leben bewältigen zu können. Er war in dieser Hinsicht ein Antipode des heute gängigen Akademiebetriebs. Er selbst hatte vor dem Malereistudium bei Adolf Hölzel eine Lehre bei einem Dekorationsmaler absolviert, und während der Jahre der Verfolgung hatte er längere Zeit davon gelebt, dass er gebrauchsgraphische Aufträge übernahm, ein »Doppelleben« wie sein Zeitgenosse Gottfried Benn führend. Etwas von dieser Lebenstüchtigkeit wollte er seinen Studenten mit auf den Weg geben.

Wenn nur wenige Gäste zu einer der sonntäglichen Matineen kamen, nahm Baumeister sie gelegentlich mit in sein Atelier. Es befand sich in der im Krieg weitgehend zerstörten, nur notdürftig benutzbar gemachten Nachbarsvilla an der Stuttgarter Gerokstraße mit einem Nebeneingang zur Gänsheidestraße. Man nannte diese Villa kurz »die Ruine«. Ihre Travertin-Verkleidung hatte durch die SS einen Tarnanstrich erhalten, der in den fünfziger Jahren allmählich zu verbleichen begann. Hier hatten sich mehrere Einrichtungen etabliert, u. a. eine Ballettschule, die Baumeister eine intensive Beobachtung von Körpern in Bewegung erlaubte.

Man betrat das provisorisch hergerichtete Haus durch einen alten Nebeneingang und gelangte über ein repariertes Treppenhaus mit kahlen Betonstufen und einem Handlauf aus rohem Holz in den ersten Stock, wo sich Baumeisters Atelier befand. An der Brettertür klebte neben anderen Papierchen ein Billett mit dem Aufdruck: »Eintritt zum Hochaltar 50 Pfennig«.

In dieses Allerheiligste ging Baumeister jeden Morgen gegen neun Uhr und begann zu malen, wie ein Handwerker seine Arbeit angeht. Er war sich seiner Phantasie, seines Erfindungsreichtums, seiner handwerklichen Fähigkeiten zur Übersetzung seiner Ideen ins Bild so sicher, dass er nicht auf den *kairos*, den inspirierten Augenblick, warten musste. Die Entdeckung des Unbekannten, das er in seinem unter größter Einengung geschriebenen Buch belegt, gedeutet und anschaulich gemacht hatte, war für ihn eine tägliche, sich wie selbstverständlich ergebende Erfahrung.

Der größere Teil von Baumeisters druckgraphischem Werk stammt ebenfalls aus den wenigen Jahren zwischen 1947 und 1955. Je mehr man von diesem ungemein reichen Œuvre kennenlernt, umso größer wird der Respekt vor einer Leistung, deren Grundlage nie ein erkennbar schnelles Agieren war. In dem auf individuelle *peinture* verzichtenden Duktus spürt man die Kontemplation und Ruhe des Malers.

Der Verzicht auf jede sichtbare Spur der Hand musste Baumeisters Begeisterung für die neue Technik der Druckgraphik, die Serigraphie, wecken. Sie gestattete es ihm nicht nur, Farben deckend zu drucken, sondern ermöglichte ihm auch, reine Flächen ohne jede Struktur zu erzeugen. In seinen Lithographien der zwanziger und dreißiger Jahre hatte er ein ähnliches Ergebnis fast nur mit dem Verzicht auf Vielfarbigkeit erreichen können. Es traf sich günstig, dass Baumeister in der »Ruine« unter seinem Atelier eine dort neu eingezogene Siebdruck-Werkstatt fand. Sie wurde von dem deutschen Pionier des Verfahrens, Luitpold (Poldi) Domberger, geführt. Und mit Erich Mönch von der Stuttgarter Akademie kannte Baumeister einen versierten Lithographen. In der Werkstatt in der Gerokstraße wurden zwischen 1950 und 1955 Baumeisters heute hochgeschätzte Serigraphien gedruckt; die meisten von ihnen tragen auf der

Rückseite den Klebezettel »Atelier Poldi Domberger« mit der Adresse Gänsheide 26; während der Nachkriegszeit eine glückliche Voraussetzung für seine Produktivität in beiden Disziplinen der Druckgraphik.

Zur Begegnung mit Poldi Domberger kam es, wie dieser berichtete, weil Baumeister, wie immer neugierig, auf dem Weg ins Atelier einen Blick in dessen Werkstatt warf und fragte: »Was machen Sie denn da?« Er ließ sich die Technik erklären und versuchte sich umgehend damit. Kurz zuvor hatte er in einer Wanderausstellung der Amerika-Häuser die ersten Serigraphien gesehen. Nun konnte er selbst damit experimentieren, musste jedoch zunächst Erfahrungen sammeln. In den ersten Abzügen der ersten Serigraphie, der »Kosmischen Geste« von 1950, entdeckt man bei genauem Hinsehen, dass einige kleine Farbflecken nicht gedruckt, sondern mit dem Pinsel aufgetragen sind. Dies blieb die Ausnahme, bald wurden alle Partien von den Sieben gedruckt. Die wirtschaftlichen Voraussetzungen waren zunächst schwierig, denn der junge Drucker musste seine Materialien selbst bezahlen, und auch Baumeister musste mit seinen Möglichkeiten haushalten. Domberger erzählte später, er habe entsetzt zugesehen, wie Baumeister ein bestimmtes Blau anrührte, um die letzte Nuance zu treffen. Die teure Farbmenge wuchs dabei immer mehr an, weit über die benötigte Menge hinaus.

Der Verkauf der Blätter konnte gerade den Aufwand decken. Es ging Baumeister jedoch nicht um wirtschaftlichen Gewinn. Sein Hauptziel war, seine Kunst für einen größeren Kreis erschwinglich zu machen. Generös überließ er uns Studenten seine Serigraphien für Beträge zwischen 5 und 25 DM, nicht mehr als damals die reinen Druckkosten. Für ihre Motive wählte er zunächst überwiegend bereits realisierte ältere oder neuere Gemälde. Erst nach drei bis vier Jahren inspirierte ihn die Arbeit an Serigraphien zu eigenen Formen und Sujets. Dazu zählt die wegen seines plötzlichen Tods unvollendete farbige Folge zum Gilgamesch-Epos, vor allem auch sein letztes Zeichen, das »Han-I«. Er fuhr bei dessen Erfindung mit der Druckwalze über eine Folie, sagte: »Der Zufall macht die schönsten Sachen«, präzisierte die Kontur mit der Schere und fand so das rätselhafte Zeichen, das oft als Memento mori gedeutet wird. Als Felicitas Baumeister und ich zum 50. Todestag des Malers eine gründlich bearbeitete Edition seiner Druckgraphik herausgaben und Felicitas Baumeister den alten Luitpold Domberger kurz vor seinem Tod besuchte, erwähnte er nochmals diese Episode und schenkte seiner Besucherin die ein halbes Jahrhundert lang unbeachtete, fast unversehrt erhaltene Folie für das Baumeister-Archiv – eine noble Geste, mit der die Entstehung einer Inkunabel der Serigraphie dokumentiert bleibt.

Da die meisten Kenner der Druckgraphik damals jedoch keine ausreichende Vorstellung von der neuen Technik und ihrer manuellen Handhabung durch Baumeister besaßen, verbreiteten sie die Meinung, es handele sich bei diesen Blättern um rein mechanische Reproduktionen. Mein Ankauf einer geschlossenen Suite für das Hamburger Museum für Kunst und Gewerbe, die darauf gestützte erste Edition eines Werkkatalogs und die danach spürbar steigende Nachfrage nach den Blättern eliminierten nach und nach diesen Irrtum. Heute erzielen die meist nur in kleiner Auflage gedruckten Blätter auf Auktionen und im Handel stetig steigende Preise.

Baumeister hatte, seitdem er sein zum Glück nur wenig beschädigtes Stuttgarter Haus nach Kriegsende wieder beziehen konnte, sich eine eigene Welt eingerichtet. Nach außen bürgerliche Solidität wahrend, lebte er mit und zwischen rund 250 Werken früher und fremder Kulturen. Ihre Anordnung blieb bis heute erhalten. Gipsabgüsse von Steinzeit-Artefakten, die Baumeister selbst patinierte, stehen neben den Originalen, neben Kykladen-Idolen, afrikanischen Statuetten, mexikanischen Tonfiguren, steinzeitlichen Beilen oder mesopotamischen Rollsiegeln und ägyptischen Uscheptis – ein Kompendium von Zeugnissen jener Kulturen, die für Baumeister die gleiche Bedeutung besaßen wie die europäische Kunst der Vergangenheit. Seine Bilder, die heute noch über dieser sehr persönlich geprägten Sammlung hängen, paraphrasieren sie, gelegentlich erkennbar, vorwiegend jedoch auf eine sehr freie, die ursprüngliche Anregung vergessen machende Weise. Einer der Beweise dafür, dass die Revolutionäre der Moderne sich ihrer Traditionen bewusst und sicher sind.

Baumeisters Vitalität, sein schöpferisches Vermögen und seine künstlerische Phantasie erschienen als so virulent, dass niemand damit rechnete, es könnte damit plötzlich ein Ende haben. Unbekümmert tat er seine Arbeit. Wir konnten ihn mit einigen Freunden an einem heißen sonntäglichen Sommermorgen des Juni 1955 dabei beobachten. Er saß vor der Staffelei und meinte, als wir durch die Tür mit dem Hochaltar-Billett eintraten, beiläufig, wir könnten uns mit kaltem Wasser erfrischen; ein Schlauch läge auf dem Balkon. Unsere

Sorge, dass der Balkon zum Schutz vor Blicken von außen durch vorbereitete Malgründe auf Spanplatten und große Montaru-Bilder verstellt sei, wischte er nonchalant zur Seite – die Bilder seien noch nicht fertig. So zogen wir uns aus, bespritzten uns mit dem Schlauch, hüllten uns in Decken, als meine Freundin und spätere Frau Angelika hinzukam, und hatten einige Tage darauf die Photographien in Händen, die Baumeister von diesem nicht alltäglichen Sommervergnügen gemacht hatte. Niemand dachte daran, dass dieser Besuch einer der letzten gewesen sein konnte.

Am 31. August 1955 hörte ich in Hagen die Abendnachrichten und stockte, als der Sprecher sagte, der Maler und Bühnenbildner Willi Baumeister sei verstorben. Wenig später erfuhren wir, dass er nach dem Mittagessen in sein Atelier gegangen war, um an einem Bild noch etwas zu tun. Als seine Schülerin Luisa Richter ihn kurz darauf besuchen wollte, fand sie den Künstler tot vor der Staffelei.

Gleich nach der Radiomeldung ging ich zu der nicht weit entfernt wohnenden Familie Breuer, die hervorragende Baumeister-Bilder erworben hatte, um ihnen die unerwartete Botschaft zu bringen. Eine Flasche Champagner, die wir auf Baumeister tranken, brachte uns für den Augenblick über den Schock hinweg. Aber die durch seinen Tod entstandene Leere konnte lange nicht gefüllt werden.

Henry Moore

Im Sommer 1952 reisten mein Freund Fritz Breuer und ich mit seiner Mutter nach England, um London und die englischen Kathedralen kennenzulernen. Maria Breuer wollte ihrem Mann als Überraschung eine Zeichnung Henry Moores mitbringen. Der Bildhauer war zwar schon berühmt, aber selbst in der Londoner Tate Gallery nur mit wenigen Werken vertreten. In öffentlichen oder privaten Sammlungen Deutschlands sah man ihn kaum. Dass Max Sauerlandt bereits 1931 – als erster Museumsleiter überhaupt – eine kleine Steinskulptur und einige Zeichnungen Moores für sein Museum gekauft hatte, wusste niemand mehr.

In der Bundesrepublik galten nach dem Zweiten Weltkrieg zunächst andere Bildhauer, die nach der Befreiung rehabilitiert und als Lehrer an Kunstschulen berufen wurden, als Repräsentanten der Zeit; sie fanden zu Recht überall bald ein Echo. Zu ihnen zählte Gerhard Marcks. Seitdem er von Hamburg nach Köln in die ihm dort generös bereitgestellte Villa gezogen war, galt es in der rheinischen Gesellschaft als angebracht, etwas von ihm zu erwerben. Auch der Besitzer des Kölner Kiepenheuer-Verlags Josef Caspar Witsch besaß einige seiner Bronzen. Als wir um 1954 darüber sprachen, nannte ich Marcks zwar einen guten Bildhauer, wagte jedoch anzumerken, dass Henry Moore wohl ungleich bedeutender sei. Wütend sprang Witsch auf, er lasse sich nicht beleidigen, und rannte aus dem Zimmer. Doch bereits 1956, also nur zwei Jahre nach diesem Ausbruch, brachte er die erste deutsche, von Josef P. Hodin geschriebene Moore-Monographie heraus.

Ein zutreffendes, wenn auch satirisch verkleidetes Urteil über Moores Skulptur besaß Oskar Kokoschka, der seinem Hamburger Sammler Edgar Horstmann schrieb: »Moore ist wie Schweizer Käse. Das Beste daran sind die Löcher.«

Nicht ohne Zagen, Scheu und Respekt rief ich 1952 von London aus den Bildhauer mit der Frage an, ob es möglich sei, von ihm für einen deutschen Sammler eine Zeichnung zu erwerben. Nach der wie selbstverständlich gegebenen Zusage beschrieb er unkompliziert und sachlich, wie man von Liverpool Street Station mit Zug und Taxi nach dem in Somerset abseits gelegenen Much Hadham komme. Er bewohnte bereits dasselbe bescheidene Cottage, das er später vergrößerte und um weitläufigere Werkstätten erweiterte, dessen Kern aber bis zum Tod des Künstlers seinen Charakter nicht veränderte.

Bei der Ankunft trat uns jemand gegenüber, der mehr dem Leiter einer angesehenen englischen Bankfiliale als einem Bildhauer glich; er trug eine Wollkrawatte und ein elegantes englisches Jackett, begrüßte uns freundlich und sachlich, ähnlich wie ein Bankier einen ihm noch nicht bekannten Kunden. Allmählich – eigentlich erst nach mehreren Besuchen – entdeckte man hinter dem korrekten Äußeren und der sachlichen Diktion die im Schiller'schen Sinn naive, sich unmittelbar äußernde Emotionalität des Künstlers.

Henry Moore vor seinem Werkplatz, Much Hadham, 1955

Nachdem Maria Breuer Henry Moore wegen des Kaufs einer Zeichnung angesprochen hatte, nahm er uns mit in einen eigenen Raum, in dem sich, bereits ordentlich gerahmt, die verkäuflichen Zeichnungen befanden. Beiläufig erzählte er, dass er jeweils eine besonders schöne Zeichnung aus einer Folge seiner Frau Irina schenke, die mithin im Laufe der Jahre eine ausgewählte Kollektion besaß. Vermutlich befindet sie sich heute in der von Moore gegründeten Stiftung. Meinen Künstlerfreunden habe ich immer wieder empfohlen, es mit ihren Blättern wie Moore zu halten und eines der besten in gewissen Abständen der Lebensgefährtin zu übereignen.

Auf dem Weg zum Raum mit den Zeichnungen gingen wir durch den Garten hinter dem Haus und kamen an einer kleinen Gartenlaube vorbei, in der ungerahmte Blätter Moores in buntem Durcheinander zusammen mit Kinderbildern seiner damals vierjährigen Tochter auf dem Boden lagen. Sein nur für ihn bestimmtes Reich blieb der Arbeitsraum, in dem er seine kleinen Figuren modellierte; dieses für andere normalerweise nicht zugängliche Refugium besaß eine Faszination, die sich jedem Eintretenden unmittelbar mitteilte. Es sollte drei Jahrzehnte unverändert so bleiben, wie wir es beim ersten Mal sahen. In seiner Mitte stand ein praktischer runder Tisch von etwa 1,5 Meter Durchmesser mit einem umlaufenden erhöhten Randstreifen, der die in bunter Mischung darauf befindlichen kleinen Objekte, Knochenteile, Fragmente von Bozzetti, vom Wasser ausgewaschene Steine, vor dem Herabfallen bewahrte. In kleinen Regalen an den Wänden standen kleine Terracotten, Gipse und Bronzegüsse, mit leichtem Arbeitsstaub bedeckt. Der Tisch barg Moores Reservoir an Ideen und Inspirationen, er brauchte zur Anregung selten größere Modelle oder Objekte. Die im Mondlicht wie versteinerte Giganten erscheinenden Monolithe, mit denen er, seine Jugenderinnerungen erneuernd, 1971 bis 1973 auf seinen Stonehenge-Lithographien die Stelen als archetypische Kolosse deutete, hatten eine Parallele in den Knochen, Steinen und Artefakten auf seinem Arbeitstisch; ebenso der Elefantenschädel, den ihm 1968 der Biologe Julian Huxley zum 70. Geburtstag schenkte und der danach einen Eckplatz in dem kleinen Studio fand. Nach ihm entstand die wohl eindrucksvollste Radierfolge Henry Moores.

Was an Formen einer elementaren Natur, was Archetypisches und Vorgeschichtliches in Moores Bildwerken steckte, wurde für uns zwei Jahre später anschaulich, als meine künftige Frau und ich auf unserer ersten gemeinsamen Reise in Much Hadham einen Besuch machten – ohne mit unserem schmalen Studentenbudget etwas kaufen zu können. Moore empfing uns sehr freundlich, sicher auch deshalb, weil der ersten Erwerbung für die Breuer'sche Sammlung bald weitere gefolgt waren; der einen oder anderen davon begegnet man heute gelegentlich in deutschen Museen. Moore, der uns wieder durch seine Räume führte und die dort befindlichen Arbeiten zeigte, empfahl uns dringend, in das nahe von Dumfries im Süden Schottlands gelegene Gut Glenkiln zu fahren; dort habe der Sammler William Keswick einige seiner Bronzen in der freien Landschaft, in einem kahlen Hochmoor, aufgestellt.

Es handelt sich um ein stattliches freies Areal, damals nur notdürftig mit einem einfachen Drahtzaun umgeben. Autos hatten vor dem Gatter zu bleiben. Ein Feldweg führte an kahlen Hügeln vorbei zu den in Distanz voneinander aufgestellten Bronzen. Doch bevor man zu Moores Sitzgruppe »König und Königin« oder seiner »Stehenden Figur« mit ihren dreieckigen Schulterblättern kam, passierte man relativ kleine Bronzen von Rodin, Renoir, Jakob Epstein, darunter Portraits, die so niedrig standen, dass sie aus dem Erdreich kommenden Gnomen glichen. Dass Epstein 1931 als einer der Ersten Moores Bedeutung erkannt und gesagt hatte: »Für die Zukunft der Skulptur in England ist Moore lebenswichtig«, wussten wir noch nicht. Doch relativierte sich der uns nicht ganz überzeugende Eindruck der relativ kleinen, auf der Erde platzierten Bronzen Epsteins, sobald man vor Moores Figuren stand. Er hatte selbst die Stellen für sie ausgesucht und sein Königspaar so aufgestellt, dass es wie archaische Herrscher über ein kahles, hügeliges Land schaute; die stehende Figur mit ihren dreieckigen Schultern tauchte wie ein einsamer Wächter hinter einer Wegbiegung auf. In der Sprache der Gegenwart wurden Idole der Vorzeit lebendig. Später hat Moore hier auf einem Hügel seine drei Stelen aufgerichtet, die er »Glenkiln Cross« nannte – eine auf die Gegenwart bezogene Paraphrase von Kunst der Urzeit und von den Kreuzen auf Golgatha.

Die Inspiration durch Spuren der Erdgeschichte und der prähistorischen Kunst, auch ferner Hochkulturen wie der mexikanischen, teilte Moore mit Baumeister, doch hörte er – wie fast alle Künstler – von solchen Parallelen nicht gern. Auch nicht von einem deutschen Bildhauer, der ähnliche Intentionen wie er selbst verfolgt hatte und der Max Sauerlandt schon 1931 auf den jungen Moore verwiesen hatte: Gustav Heinrich Wolff. 1886 in Wuppertal geboren und nach dem Ersten Weltkrieg in Berlin tätig, zählte Wolff zu denjenigen, die Sauerlandt nach Kräften förderte. Er sah in ihm zu Recht ein Talent, das der Bildhauerei ein neues Terrain erschloss. Bereits um 1924 zeichnete er in seine Skizzenbücher Figuren, die an ausgewaschene Steine erinnern, bald auch solche, für die der leere, umschlossene Raum wichtiger wurde als die ihn begrenzenden Volumina.

Sauerlandt schickte Wolff nach England und empfahl ihn dem mit ihm gut bekannten Kollegen Herbert Read. Read wiederum, der Wolffs Eigenart umgehend begriff, führte ihn zu einem Wahlverwandten, zu dem um zwölf Jahre jüngeren Henry Moore. Begeistert von ihm schickte Wolff eine Karte an Sauerlandt: »Der Bildhauer Moore ist durchaus nicht zu vernachlässigen, Sie müssen ihn aufsuchen, so ein lauterer, ernster Charakter. Ich möchte wünschen, dass verschiedene seiner Sachen in Deutschland bekannt würden. Er hat herrliche

Zeichnungen, die ich möchte, er schicke sie Ihnen. Schreiben Sie mir, ob Sie bald nach London kommen, sonst veranlasse ich Moore nämlich, Ihnen was davon zu schicken ... Er ist sehr ungleich – sehr naiv – London muss doch so etwas wie eine intellektuelle Provinz-Atmosphäre haben.«

Es waren also zwei Bildhauer, Epstein und Wolff, die auf Moores herausragendes Talent hinwiesen, als dieser gerade 33 Jahre alt war. Während seiner nächsten England-Reise besuchte Sauerlandt 1931 den jungen Bildhauer und erwarb spontan für wenige Pfund einen abstrakten Steinkopf und einige Zeichnungen. Wegen des frühen Zeitpunkts, aber auch wegen der Anfang 1933 verfügten Entlassung Sauerlandts wurde dieser Museumsankauf in der Öffentlichkeit kaum bekannt. Die Arbeiten selbst gingen in Hamburg durch die Aktion »Entartete Kunst« verloren. Die einzige Erinnerung an sie bleiben eine Portraitaufnahme Sauerlandts an seinem Schreibtisch, auf dem der kleine Steinkopf steht, und die Photographien der skizzenhaften Zeichnungen.

Bei meinem Versuch, für die von mir geleitete moderne Abteilung des Hamburger Museums für Kunst und Gewerbe wieder Arbeiten Moores zu gewinnen, zum Ersatz der 1937 beschlagnahmten, wandte ich mich Mitte der sechziger Jahre auch an Henry Moore. Er reagierte wie immer sehr freundlich und lud uns Museumsleute ein, ihn zu besuchen und etwas für das Museum auszusuchen. Da nach dem Zweiten Weltkrieg das Museum für Kunst und Gewerbe möglichst keine freien Arbeiten mehr erwerben sollte, fragte ich Henry Moore nach einer Studie für eine an Architektur gebundene Skulptur, etwa eines seiner Modelle für die monumentale Reliefwand des Bouwcentrums in Rotterdam. Zwar war das Arbeitsmodell nicht mehr verfügbar, aber die Zahl der Güsse nach den Vorstudien hatte das vorbestimmte Auflagenlimit noch nicht erreicht. Nach kurzem Überlegen entschieden wir uns für zwei voneinander verschiedene Bronzereliefs. Moore rief seine Sekretärin und fragte sie, wie viele Güsse noch frei seien und was sie zuletzt gekostet hätten. Der letzte dieser Ankäufe lag länger als ein Jahrzehnt zurück. Inzwischen waren die Preise Moores auf dem internationalen Markt erheblich gestiegen, doch er beschied: »The same price as last time«, und fügte hinzu: »In the memory of Doktor Sauerlandt.« Ich erzählte ihm dann, dass wir auch von Gustav Heinrich Wolff inzwischen wieder eine Werkgruppe hatten erwerben können, doch ging er nicht darauf ein. Ebenso lehnte er nicht viel später ab, ein Vorwort für ein Wolff'sches Werkverzeichnis von Agnes Holthusen zu schreiben. Sosehr er Sauerlandt schätzte – die Kenntnis der Tatsache, dass er einen unabhängig von ihm zu einem ähnlichen Verständnis der Bildhauerei gelangten Vorgänger gehabt hatte, wollte er, ganz ein auf sich selbst konzentrierter Künstler, nicht verbreiten.

Gern sprach er bei diesem und den folgenden Besuchen darüber, dass merkwürdigerweise die englische Bildhauerei seit Jahrhunderten keine Bedeutung besessen habe, jetzt aber plötzlich wieder im Mittelpunkt des Interesses stehe. Ohne es explizit zu sagen, sprach er in englischem Understatement von sich – nicht zu Unrecht. Dass es neben ihm auch andere englische Bildhauer gäbe, beschränkte er auf seine ehemaligen Schüler wie Lynn Chadwick und Kenneth Armitage. Er fügte gern, auf leise Weise abschätzig, aber durchaus dezidiert, hinzu, Damen sollten keine Bildhauerei betreiben. Seine Sottise zielte auf Barbara Hepworth, die für ihre meist aus stereometrischen Formen gefügten, recht dekorativen Bildwerke mit dem Ehrentitel »Dame« ausgezeichnet worden war.

Meine Frau und ich wollten in den frühen siebziger Jahren während einer unserer Reisen nach Cornwall zu dem uns inzwischen gut bekannten Töpfer Bernard Leach in St. Ives die Probe auf Moores Exempel machen. Leachs Frau Janet war mit Barbara Hepworth eng befreundet. Die beiden Ladys pflegten gemeinsam ihren Abendwhisky zu trinken, ohne dabei sonderlich zurückhaltend zu sein. Als wir mit Janet Leach zu Barbara Hepworth kamen, sahen wir die Folgen. Die Bildhauerin war nach einer der täglichen Exerzitien so schwer gestürzt, dass sie mit Gips eine Zeit lang nicht arbeiten, wohl aber sicher ihr Glas halten konnte. Also sahen wir uns um, während wir eine weitere Flasche zu leeren halfen. Im beginnenden warmen Abendlicht gewannen die überall zwischen den fast subtropisch anmutenden Pflanzen und Büschen des Gartens aufgestellten Bronzen von Barbara Hepworth ihren eigenen Charme. Die Blätter verdeckten Teile der geometrischen Formen. Garten und Bildhauerei wurden zu einem Gesamtkunstwerk. Nie wieder haben uns die Arbeiten der Bildhauerin so überzeugt wie in der Garteninszenierung ihres Anwesens von St. Ives.

Henry Moore erweiterte im Laufe der Jahre sein Terrain immer mehr. Zwar blieben Cottage und Garten der Lebensmittelpunkt, und last but not least blieb das Studio mit dem runden Arbeitstisch als Zentrum der Arbeit erhalten, aber für die größeren Modelle hatte man in einiger Entfernung eigene Hallen errichtet. Die Liegenschaft war so weitläufig geworden, dass man mit einem Auto vom Haus zu den Hallen fuhr, wo man von Assistenten des Künstlers in Empfang genommen wurde. Moore hatte, um Gästen gegenüber zuvorkommend zu sein, jedoch gleichzeitig seiner Arbeit nachgehen zu können, den Rundgang für die immer häufiger kommenden Besucher bestens organisiert. Nach dem Empfang konnten sie sich, zwanglos geführt, frei bewegen. Auf dem Gelände standen die aus Styropor und Gips bestehenden, gegen die Verwitterung durch eine dünne Kunststoffschicht geschützten Gussmodelle seiner monumentalen Bronzen. Ganz in der Nähe übertrugen Assistenten die kleineren Modelle in die geplante Dimension. Hinter dem begrenzenden Zaun weideten die Schafe, welche Moore um 1972 zu unserer anfänglichen Überraschung realitätsnah zeichnete; später übersetzte er das Konzentrat ihrer Form in Großbronzen, die er »Sheep Piece« nannte.

Wie gut er seinen Arbeitsbereich organisiert hatte, erfuhr ich bei zwei Besuchen in den siebziger Jahren. Ein deutscher Verleger wollte in einer wohlfeilen, von mir als Herausgeber betreuten Reihe farbiger Tafelbände auch ein Buch über Moore edieren. Kommentiert werden sollten die Abbildungen auf meinen Vorschlag hin von Texten des Künstlers. Der Künstler war von der Idee, dass ein ungewöhnlich kostengünstiger Band über sein Werk in hoher Auflage publiziert werden sollte, sehr angetan und regte an, alles Notwendige mit ihm in Much Hadham zu erörtern. Als ich bei der zweiten dieser Besprechungen am frühen Nachmittag ankam, besprachen wir Layout, Texte und Abbildungen, gemeinsam mit seinem Sekretär David Mitchinson, der später Direktor der Henry Moore-Stiftung werden sollte. Mit der Auswahl seiner eigenen Texte war Moore sehr einverstanden, holte ergänzend einige seiner unedierten Typoskripte und ließ mich am kommenden Morgen gemeinsam mit David Mitchinson aus seinen selbst aufgenommenen Farbdiapositiven mittleren Formats auswählen, was uns für einen Querschnitt durch sein Werk als repräsentativ erschien.

Nach dem Lunch, den, wie täglich, die Familie mit Sekretärin, Sekretär und Assistenten an einer langen Tafel einnahm, ging Moore mit uns die Auswahl durch, korrigierte oder ergänzte das eine oder andere, sodass wir im Laufe eines Tages einen sehr authentischen Band zusammenstellen konnten. Vor der Abfahrt blieb am späten Nachmittag noch Zeit für einen gemeinsamen Whisky in Moores Wohnzimmer, wo einige seiner *Favourites* hingen, darunter zwei

Zeichnungen von Seurat und ein Gemälde von Courbet, vom dem er erklärte, er sei einer der wichtigsten Maler überhaupt – für ihn wohl deshalb, weil in seinen Bildern, etwa in den Stillleben mit Äpfeln, die Illusion der stereometrisch-plastischen Illusion perfekt ist, fast so, wie die Griechen es von Zeuxis berichteten. Er habe so täuschend gemalt, dass die Tauben nach seinen Bildern gepickt hätten.

Als meine Frau und ich gemeinsam das nächste Mal nach Much Hadham kamen, waren seit unserem ersten Besuch fünfundzwanzig Jahre vergangen. Die Veränderungen fielen meiner Frau, die mich während der zwischenzeitlichen Besuche Moores nicht begleitet hatte, verständlicherweise besonders ins Auge. Nach der Begrüßung für eine Weile allein gelassen, bewegten wir uns im Licht eines Sommerabends frei über das Gelände, sahen in die Hallen, blickten über den Zaun auf die Hügel mit den weidenden Schafen und trafen überall auf die mit sicherer Hand platzierten monumentalen Gussmodelle.

Moore verstand es wie kaum ein anderer, seine Ausstellungen zu einem räumlich-künstlerischen Ereignis zu machen, aber nie gelang ihm das so großartig wie 1972 auf dem Areal des Belvedere in Florenz. Die nach Michelangelos Entwurf errichteten Bastionen hatte er mit seinen Bronzen und Steinskulpturen in ein unübertroffenes Freilichtmuseum verwandelt, dem Genie der Renaissance auf diese Weise seine Reverenz erweisend. Für das Plakat der Ausstellung zeichnete er eine seiner Figuren auf die Reproduktion eines Michelangelo-Entwurfs zur Fortezza des Belvedere.

In Much Hadham war es nicht die gebaute Architektur, sondern die unverstellte englische Landschaft, die er zum Freilichtmuseum machte. Dessen Kern blieb der kleine, normalerweise für Besucher unzugängliche Arbeitsraum, in dem wir ihn am Ende unseres Rundgangs wie verabredet trafen. Er nahm uns von dort mit in ein danebenliegendes Studio, wo er einige neue Farblithographien größeren Formats an die Wand geheftet hatte. Sie waren für eine Edition von Baudelaires »Fleurs du Mal« bestimmt. Im sinkenden Tageslicht, ungestört durch die Betriebsamkeit des Tages, zog der 82-jährige Henry Moore vor diesen Blättern wie in einem Monolog, nur durch kurze Anmerkungen seiner Gäste unterbrochen, ein Resümee seines Lebenswerks. Er war sich seiner Bedeutung für die europäische – nicht nur für die englische – Bildhauerei bewusst, wobei er im Rückblick auch auf die ihm unbekannte Zukunft seines Metiers zu sprechen kam. Als wir gingen, war es fast dunkel. Er verabschiedete uns mit der höflichen Einladung, bald wiederzukommen. Doch es sollte unsere letzte Begegnung mit dem großen Bildhauer bleiben.

Ludwig Mies van der Rohe

Die Zeit des Aufbruchs zur Moderne erschien uns jungen Architekturstudenten zu Beginn der fünfziger Jahre wie die Vorgeschichte einer anderen Welt, zu der unsere Lehrer an der Technischen Hochschule Aachen keine Verbindung hatten. Nur einer von ihnen, der für Bauaufnahmen zuständig war, hatte Marcel Breuers Wassily-Sessel in seinem Büro stehen, er hatte ihn über die Nazizeit gerettet. Die anderen für unsere Entwürfe zuständigen Lehrer hielten nicht viel vom Bauhaus. Der eine gelangte über das Bauen mit Sandstein und die Konstruktion von Pfettendächern nicht hinaus; von einem anderen hieß es, er sei ehemals »Architekt des Führers« gewesen, jüngst aber als politisch Verfolgter eingestuft worden; wenn er sein Credo der Architektur formulierte, beschwor er das »Bauen mit Licht«, indem er monumentale Eckrisalite mit schweren Schlagschatten hervorhob (also so, wie sich Hitler die wehrhafte Architektur des Großdeutschen Reiches wünschte). In Stuttgart, das sich fortschrittlicher gab, lehrten ehemalige Schüler Schmitthenners, eines von Hitlers Blut-und-Boden-Architekten. Der einzige Baumeister, der die Tradition des »Neuen Bauens« während der Jahre der Weimarer Republik in seiner Person vertrat, war in Stuttgart Richard Döcker, doch lagen dessen produktive Jahre deutlich erkennbar hinter ihm. In einem solchen Umfeld musste der angekündigte Besuch Ludwig Mies van der Rohes an der Technischen Hochschule Aachen wie eine Visite von einem anderen Stern erscheinen.

Gab es sie wirklich, die lebende Legende? Trafen die Geschichten zu, die man von ihm erzählte, etwa, er habe während seiner Berliner Jahre ein sogenanntes Postzimmer besessen, in das er alle eingehenden Sendungen geworfen habe, um es von Zeit zu Zeit leeren zu lassen? Führte er seine Gäste in Chicago tatsächlich zunächst in sein Apartment der Häuser am Lake Shore Drift, das im perfekten Mies-Stil möbliert war mit dem berühmten, für seinen deutschen Pavillon der Weltausstellung in Barcelona entworfenen Sessel, und war es wahr, dass er einen ihm sympathischen Gast nach dem offiziellen Teil dorthin einlud, wo er wirklich wohnte: in ein neoklassizistisches Haus mit Gemälden von Juan Gris? Angesichts solcher Legenden waren wir gespannt, was er uns zu sagen hatte.

Alles an Mies erschien elegant und distinguiert, sein dunkler Anzug mit einem blütenweißen Taschentuch in der Brusttasche, seine Haltung, sein Stock, auf den er sich stützte, selbst sein durch eine Verwundung aus dem Ersten Weltkrieg behinderter Gang. Mit leicht gerötetem Gesicht stand er ebenso lässig wie straff da und erzählte, wie er in seiner Heimatstadt Aachen auf dem täglichen Gang zur Bauschule an dem Gebäude der Architekturabteilung der TH vorbeigekommen sei, ein wenig neidisch auf diejenigen, die dort studieren konnten. Danach berichtete er von seiner Arbeit in Chicago, seinen Planungen und dem Architektur-Department am Illinois Center of Information Technology – für uns mehr Phantome als greifbare Realitäten. Einer von uns stellte die Frage, ob Ganzglasgebäude wie Mies van der Rohes berühmtes Farnsworth House nicht zu viel Wärme verbrauchten. Ungerührt lautete die Antwort, dann müsse man die Ölheizung eben etwas höher drehen.

Viel mehr als solche Antworten beschäftigte uns ein Problem in der Nähe, zu dessen Lösung wir uns einen Beitrag Mies van der Rohes erhofften: Der von Schinkel errichtete Aachener Elisenbrunnen war durch Bomben zerstört worden. Nur noch einige Säulenstümpfe und ein Rest der Rückwand waren zu sehen. Nun sollte er wiederaufgebaut werden. Wie alle radikalen Puristen waren wir Studenten, alle etwa Anfang zwanzig, davon überzeugt, dass man Zerstörtes nicht rekonstruieren, sondern nur in neuem Geist wieder errichten dürfe. In Mies sahen wir einen Kronzeugen dieser Radikalität, also fragten wir ihn nach seiner Meinung. Zu unserer ungemeinen Enttäuschung nahm er auf unerwartete Weise Stellung: »Ach, wissen Sie, Schinkel ist ein alter Freund von mir. Ich habe nichts dagegen, dass der Brunnen nach seinem Plan wiederaufgebaut wird.« Als er unsere fassungslosen Gesichter sah, fügte er beschwichtigend hinzu: »Natürlich kann ich mir auch eine moderne Lösung vorstellen.«

Einige seiner frühen Villen atmen diesen Schinkel'schen Geist. Er baute sie um 1908/10, zu der Zeit, als er Peter Behrens nahestand und in dessen Büro arbeitete. Bei einem Besuch in Hagen erzählte er 1954 von den Aufträgen, die Karl Ernst Osthaus und sein Kreis erteilten, von der Begeisterung, mit der Behrens aus Florenz zurückgekommen sei, voller Anregungen durch Brunelleschi, die sich in den Wänden des Hamburger Krematoriums mit ihren schwarzen Quadratrahmen auf weißem Grund wiederfanden; er erwähnte das Schinkel-Studium, das Behrens bewogen habe, sich vom floralen Jugendstil abzuwenden und eine orthogonale Form von Architektur und Möbeln zu suchen. Er selbst war von der Schinkel-Begeisterung ergriffen worden und bewahrte sie, wie seine Aachener Äußerung uns zeigte.

Nur ein Jahrzehnt nach der Begegnung mit Mies van der Rohe konnte ich für das Hamburger Museum eines der seltenen Zimmer nach Entwurf von Peter Behrens aus der von Mies in Erinnerung gerufenen Zeit erwerben; es stammte aus einem Wohnhaus in Wetter bei Hagen und belegt die Anregung durch Schinkel, stellt aber auch vor Augen, welche Bedeutung der preußische Klassizismus für die geometrische Architektur der Moderne besitzt – eine Tradition, die sich erneuerte, indem man ihre Quintessenz, nicht die äußere Erscheinung begriff.

Alberto Giacometti

Im Stillen, gelegentlich auch im Gespräch mit Freunden, zweifelt mancher Künstler an sich selbst, aber niemand von denen, die ich kennenlernte, war sich und seinen Arbeiten gegenüber so erbarmungslos skeptisch wie Alberto Giacometti. Als wir ihn im Frühjahr 1955 trafen, war diese Skepsis noch genauso ungebrochen wie 1948, als ihn Pierre Matisse gegen alle Vorbehalte zur ersten großen Einzelausstellung in seiner New Yorker Galerie nach dem Zweiten Weltkrieg bewogen hatte. In seinen Zweifeln an sich selbst war der Bildhauer,

Zeichner und Maler seinen Gästen gegenüber ganz offen. Eine Anfrage von uns deutschen Studenten (wir waren ihm völlig unbekannt) hatte er spontan mit einer Einladung beantwortet und ein Treffen noch für denselben Nachmittag vorgeschlagen. Zu uns gehörte Hal Busse, die die Initiative ergriffen hatte. Sie besuchte, wie ihr späterer Mann Klaus Bendixen, eine Malklasse an der Stuttgarter Kunstakademie, die Klasse des ehemaligen Kokoschka-Schülers Manfred Henninger, Klaus Bendixen dagegen die Klasse Willi Baumeisters.

Dank Giacomettis genauer Beschreibung fanden wir ihn leicht in seinem Atelier südwestlich vom Gare Montparnasse in der Rue Hippolyte-Maindron, in dem er seit 1926 arbeitete. Von dem ärmlichen Banlieue-Viertel, in dem er wohnte, hat heute wohl jeder seiner Bewunderer dank der berühmten Photographie von Henri Cartier-Bresson aus dem Jahre 1963 eine Vorstellung: die Rue d'Alésia, die der Bildhauer auf seinem Weg zum Frühstück überquert, sich durch einen über den Kopf gezogenen dünnen Mantel gegen den Regen schützend. Er erlebte in diesem Augenblick, was er bereits 1947 modelliert hatte: »l'homme qui marche sous la pluie«.

Leicht irritiert um sich blickend und Schutz suchend – dieser Eindruck teilte sich als ein Wesenszug Giacomettis aus seinen dunklen, melancholischen Augen mit, wenn man ihm begegnete. Schutz fand er in seiner durch ihre zweckmäßige Unaufgeräumtheit faszinierenden Werkstatt. Der Bildhauer, von Jean Genet 1958 mit den Worten »Seine ganze Erscheinung hat die graue Farbe seines Ateliers« beschrieben, tauchte klein und fast immer gestikulierend wie ein unruhiger Gnom aus dem Halbdunkel dieses Raumes auf, vor Wänden mit unbestimmter Patina und großformatigen Skizzen. In der Erinnerung erscheint mir dieses Interieur als mäßig hell, in einigen Partien als dunkel; dies vielleicht deshalb, weil am fortgeschrittenen Nachmittag die Schatten der allmählich einsetzenden Dunkelheit die Werkstatt zu füllen begannen.

Tische, Arbeitsböcke, andere Ablageplätze waren voll mit Handwerkszeug, Schüsseln, Drahtgestellen, Gipsskizzen. Am Boden standen Gipsmodelle und Bronzen neben alten, bis zum Rand mit Gipsabfällen und leeren Gipstüten gefüllten Wannen und einigen Stühlen. Gips war überall, dazwischen hatte sich der Abfall einer Bildhauerwerkstatt angesammelt, Holzlatten, verschmutzte Tücher – aber das Ensemble vermittelte die Suggestion, man bewege sich in Giacomettis Bildern und Zeichnungen, sei selbst ein Teil seiner Bilder.

Alberto Giacometti sprach ständig, ohne Aufdringlichkeit, mit rauer Stimme ein unperfektes, aber gut verständliches Deutsch mit italienischem Idiom, wie ein Bergbauer aus Graubünden, seiner Heimat. Ständig brannte eine Zigarette in einer seiner Hände, oft waren es zwei, und es konnte geschehen, dass er bereits zur nächsten griff, während die eine zu Ende brannte und er eine zweite mit vollen Zügen inhalierte. Es gab während der beiden Stunden, die wir bei ihm waren, zwischen mehreren Zigaretten nie eine Pause. Geschickt hantierte er so, dass ihm nie eine Zigarette aus der Hand fiel, während er uns seine Arbeiten vor Augen rückte. Fast nie waren seine Hände still, seine Gesten begleiteten seine Worte, flatternd oder energisch zustoßend, vor allem dann, wenn er Lob abwehrte, um zu erklären, dass alles, was er mache, nicht seinen Vorstellungen entspräche. Sein Thema sei der Raum um die Figuren, aber geglückt sei noch nichts so recht, es seien nur unvollkommen gelungene Hervorbringungen. Hätte, so bekannte er, Pierre Matisse, der Galerist, ein Sohn des Malers, ihm nicht mehrfach zugesetzt, hätte er keiner seiner Arbeiten in der Öffentlichkeit gezeigt. Dass er ein Echo, ja Bewunderung fand, tat er mit einer Handbewegung ab. Was er selbst war, blieb ihm verschlossen: »Bin ich ein Komödiant, ein Filou, ein Dummkopf oder ein überaus gewissenhafter Knabe – ich weiß es nicht.« Er glaubte nur zu wissen, was ihm nicht gelänge, und identifizierte das für ihn Ungenügende mit dem, was er modelliert hatte. Seine Zeichnungen und Bilder fanden wohl eher Gnade vor seinen Augen. Nichtsdestotrotz war er ein unermüdlicher, sich bis an die Grenze der Erschöpfung aufreibender und durch Nikotinrauch aktionsfähig haltender Arbeiter.

Mit Zuneigung und Liebe sprach er von den Bildern seines Vaters Giovanni und seines Onkels Augusto, mit Respekt und Bewunderung, ja mit Passion von dessen abstrakten, leuchtenden Blumenbildern. In deutschen Worten und Begriffen unbeholfen, machte er uns bewusst, dass solche unbeschwerten, heiteren Paraphrasen einer blühenden Welt ihn betörten, weil sie ihm verwehrt waren. Die sichere Gelassenheit dieser Gemälde galt ihm offenbar als Gegensatz dessen, was ihn bewegte: die poetische Tristesse von Menschen in einem für sie unergründlichen Raum. So hatte es bereits 1947 Jean-Paul Sartre umschrieben, als er zusammen mit Simone de Beauvoir den Bildhauer besucht hatte, so klingt es als Quintessenz aus dem Essay von Genet. Waren es die Gestalten aus Gips und Bronze, welche berühmte Schriftsteller zur Deutung von Giacomettis

Kunst bewogen, oder war es seine Persönlichkeit, die sich als eine unsichere Existenz in einem ihr ganz und gar entsprechenden Raum unverstellt mitteilte? Beckett war ihm bereits 1937/38 begegnet, als ein Wahlverwandter. 1961 sollte Giacometti Becketts »En attendant Godot« mit Bühnenbildern ausstatten.

Wir haben erst später aus Beschreibungen von Schriftstellern, die bald in schneller Folge erscheinen sollten, erfahren, dass es offenbar ein Privileg gewesen war, Alberto Giacometti zu besuchen. Gern wären wir noch einmal gekommen, vor allem als es hieß, er habe, um eine große Figur modellieren zu können, einfach ein Loch in die Decke gemacht. Doch wir fragten nicht noch einmal an, es blieb bei diesem einen Besuch.

Ernst Wilhelm Nay

Von den deutschen der »abstrakten Kunst« zugerechneten Malern schätzten manche Museumsleute und Sammler in den fünfziger und sechziger Jahren niemanden so hoch ein wie Ernst Wilhelm Nay. Er hatte sich vor 1933 bereits einen Namen gemacht. Die abstrahierenden Formen seiner »Lofotenbilder« (mit Fischern in ihren Booten) galten als Brücke zwischen Expressionismus und Abstraktion. Nays Kolorit entsprach der leuchtenden Farbigkeit des Expressionismus. Der Maler war deshalb für die dieser Kunst verbundene Generation der Repräsentant der »Abstraktion« schlechthin. Die ihm zu Beginn des Jahres 1960 gewidmete Ausstellung im Baseler Kunstverein bestätigte ihm seine Wertschätzung über Deutschland hinaus.

Zusammen mit Nays Arbeiten zeigte Arnold Rüdlinger, der Direktor des Kunstvereins, auch eine Baumeister-Retrospektive. Von Nays Bildern waren noch keine Hinweise auf sein Spätwerk zu sehen, in dem er seine Formmotive auf Augenzeichen und bunte Kreise reduzierte. Ungeachtet seiner nicht geringen Selbsteinschätzung stand Nay, wie seine Reaktion verriet, vor der Gegenüberstellung mit dem Werk Baumeisters unter spürbarer Anspannung.

Die Einführungsrede hielt Werner Haftmann, der gefeierte, die Zuhörer mit seinem Temperament und seiner emotional aufgeladenen Sprache begeisternde Kunsthistoriker, dessen Buch über die Kunst des 20. Jahrhunderts lange als Standardwerk in Ansehen stand. In Basel sprach er – für die Schweiz wohl richtig und wirksam – mehr vom Schicksal der beiden so verschiedenen Maler während der Nazi-Zeit als von deren Bildern.

Nach der Eröffnung traf sich in einem Lokal der Altstadt eine kleinere Gruppe mit Frau Baumeister und ihren Töchtern, mit Georg Schmidt, dem Direktor des Basler Kunstmuseums, mit Nay und seiner Frau sowie einem Freundeskreis. Es waren die Winterwochen, in denen maskierte Gruppen mit Trommeln umherzogen, um bereits vor dem »Morgenstreich«, gegen Mitternacht, lautstarke Proben ihres Könnens abzugeben. Zwei der Trommlergruppen beehrten uns im Restaurant, das jedes Mal von einem unbeschreiblichen Lärm erfüllt wurde. Danach nahmen sich die Unterhaltungen trotz gewisser Phonstärken wie Flüstern in einem Kartäuser-Kloster aus.

In einer dieser Ruhepausen wurde es lauter. Nay bestand darauf, mit Georg Schmidt über Philosophie zu diskutieren – eine, gelinde gesagt, sehr private Philosophie. Die Anspannung der Vernissage, die ihm vor der Eröffnung deutlich anzumerken war, ließ nach Wein und Trommelwirbeln spürbar nach; Nay entspannte sich mit dem, was er als Philosophie begriff. Georg Schmidt wollte das Thema wechseln und hoffte, seine Suada gütlich zu Ende bringen, als er ihm vorschlug: »Herr Nay, wir treffen jetzt ein Abkommen: Ich male keine Bilder, und Sie verzichten auf Philosophie.« Wie von einer Tarantel gestochen sprang Nay auf und schrie durch das Lokal: »Ihr verdammten Schweizer Schweine, den größten deutschen Maler so zu beleidigen!«, fand irgendwie seinen Mantel und stürmte nach draußen, um dasselbe noch einmal laut durch die inzwischen ruhige Basler Winternacht zu brüllen, bis das Taxi kam und seine Frau den noch im Auto lauthals Agierenden mühsam ins Hotel bringen konnte. Dabei fiel etwas mit leisem Klick auf das Pflaster; ob das Geräusch von einem abgesprungenen Knopf oder von einem ausgeschlagenen Zahn kam, ließ sich in der Dunkelheit nicht feststellen. Am kommenden Morgen erschien der »größte deutsche Maler« zum Frühstück mit gesenktem Kopf, schritt unseren Kreis ab und blickte von unten nach oben, sich fragend, ob er gerade jemanden begrüßte, dem er in der Nacht zuvor wenig konventionell begegnet war.

Die Nacht war mit Nays Abfahrt im Taxi nicht zu Ende gewesen. Rüdlinger nahm Werner Haftmann und einen restlichen Trupp mit sich in seine Wohnung, wo einige junge Schweizer Künstler und deren Freundinnen mit einer von ihnen veranstalteten Party schon ein Stück weit vorangeschritten waren. Haftmann, der während des Auftritts von Nay bereits wenig in Erscheinung getreten war, machte es sich unter dem Teetisch bequem und verbreitete, nicht sonderlich genau, Nietzsche-Zitate. Auf Korrekturen hin protestierte er mit schwerer Zunge: »Ist wohl wahr.« Die meisten Gäste nahmen davon kaum Notiz. Sie warteten wohl darauf, dass etwas sie Erheiterndes passierte.

Rüdlingers Wohnung lag in einem der Häuser oberhalb des Rheins. Von ihren Fenstern aus ging es steil in die Tiefe und in den Fluss. Aus einem Fenster sei, so wurde mit Vergnügen verbreitet, bei ähnlicher Gelegenheit jemand vor nicht allzu langer Zeit die etwa fünfzehn Meter hinunter ins Wasser gefallen. Diese lebensgefährliche Unterhaltungsaktion blieb dieses Mal aus. Alle kamen heil ins Bett und wir, um belebende Schweizer Erfahrungen bereichert, zurück nach Stuttgart.

Stuttgarter Bohème

Von allen technischen Hochschulen der Bundesrepublik leistete sich in den fünfziger Jahren nur Stuttgart eine nennenswerte geisteswissenschaftliche Abteilung. Sie sollte künftigen Pädagogen die Möglichkeit bieten, neben Mathematik und Naturwissenschaften sowie den an der benachbarten Akademie gelehrten künstlerischen Disziplinen Germanistik, Philosophie und Kunstgeschichte zu studieren, ohne nach Tübingen oder Heidelberg fahren zu müssen. Deshalb war sie für mich die ideale Hochschule.

Die geisteswissenschaftliche Abteilung war so klein, dass an den Seminaren meist nicht mehr als sechs bis zwanzig Studenten teilnahmen – eine Idylle, fern vom heutigen Massenbetrieb der Universität. Mit Fritz Martini gab es einen angesehenen Germanisten. Hans Wentzel gehörte zu den wenigen deutschen Kunsthistorikern, die den Anspruch ihres Fachs an den großen deutschen Emigranten, vor allem an Erwin Panofsky, maßen; er sammelte, ohne davon viel Aufhebens zu machen, die Werke der »Brücke« und hielt mit deren noch lebenden Malern Verbindung, bestimmt durch sein wissenschaftliches Interesse an der noch ungeschriebenen Geschichte der Künstlervereinigung.

Für Philosophie war Max Bense zuständig, ein eloquenter und geistigen Experimenten gegenüber aufgeschlossener Mann, dem Pascal und Descartes ebenso viel galten wie Hegel, Kierkegaard und Marx, Whitehead, Russell und Wittgenstein. Als einer der Ersten lehrte er an einer deutschen Hochschule mathematische Logik und Informationstheorie, bevor sie zu Modefächern wurden. Bense besaß zudem einen ausgeprägten Spürsinn für Malertalente. So erfuhr ich um 1957 durch ihn zum ersten Mal etwas über zwei Hamburger Maler, über Paul Wunderlich und Armin Sandig. Wunderlich sollte wenig später weltbekannt werden, Sandig die »Freie Akademie der Künste in Hamburg« zu einer geachteten Institution machen.

Man kennzeichnet Max Bense am besten mit einer Paradoxie: Für ihn geriet jede philosophische Disziplin zur Ästhetik. Paradoxien kennzeichneten auch sein Verhältnis zur Linken – er argumentierte gern marxistisch, war aber ein Individualist par excellence, voller Abneigung gegenüber allem Anonymen und Kollektiven. Seine Frau Ria Bense bezeichnete ihn mir gegenüber einmal als einen Mann voller Widersprüche. Ich möchte ihr Urteil modifizieren: Bense war ein Dialektiker, der These, Antithese und Synthese in sich selbst austrug – und das mit ästhetischem Vergnügen. Er war gleichsam ein Künstler im Medium Philosophie und vielen seiner Kollegen deshalb verständlicherweise suspekt. Aber er wurde von den unterschiedlichsten Künstlern geschätzt, von Gottfried Benn ebenso wie von Max Bill; er fand deshalb außer in Stuttgart auch an den Kunsthochschulen in Hamburg und Ulm ein begeistertes Auditorium.

Als er in den späten fünfziger Jahren selbst Gedichte – vorwiegend mit je zwei Hauptworten spielende »konkrete Poesie« – zu schreiben begann und darin eine gewisse Sentimentalität anklang, überschritt er, nicht zu seinem Vorteil, die ihm gesetzten Grenzen. Seine Emotionalität konnte er hinter seiner programmatisch vorherrschenden Rationalität nicht verbergen, weder in der Begeisterung wie im zornigen Affekt, und auch das Sentiment kam zu seinem

Recht. Als wir uns am Abend seines 50. Geburtstags zu unserem und dann auch zu seinem Vergnügen heimlich hinter einer Reihe von fünfzig Bierflaschen zur Gratulationscour aufstellten und ihm seine letzte, heimlich aufgenommene Vorlesung mit gedrosseltem Tempo vorspielten, sodass seine Stimme wie der Bass von Theodor Heuss klang, war er über diesen von Zuneigung getragenen Ulk gerührt und zitierte Nietzsche: Man müsse vom Leben scheiden mehr segnend als fluchend …

In Straßburg geboren und in Köln aufgewachsen, hatte Bense 1937 über das für ihn kennzeichnende Thema »Quantenmechanik und Daseinsrelativität« promoviert. Ein Jahr später hatte er mit achtundzwanzig Jahren ein Buch veröffentlicht, »Vom Wesen deutscher Denker«, das unter diesem Titel als Werk eines unbekannten Autors keinen Anstoß erregte, dessen Untertitel sich jedoch erkennbar gegen den braunen Zeitgeist richtete: »… oder zwischen Kritik und Imperativ«. Einige Kapitelüberschriften verrieten mehr von seinen Überzeugungen: »Martin Luther oder vom Geist der Sprache oder des Protestes« – »Friedrich Nietzsche oder Philosophie und Verführung«. Andere Kapitel gaben die Richtung der Interessen an, die ihn später intensiv beschäftigen sollten – das Verhältnis von Philosophie und Mathematik, etwa »Gottfried Wilhelm Leibniz oder zwischen Mathematik und Musik«, »David Hilbert oder die Rechtfertigung der Mathematik«. In einer von der herrschenden Ideologie sich frei haltenden Haltung war er politisch völlig unbescholten über den Krieg gekommen und gleich nach dessen Ende, nur fünfunddreißig Jahre alt, zum Kurator der Universität Jena bestellt worden. Weil er sich bei allen linken Überzeugungen nicht mit dem Regime der DDR identifizieren wollte, gab er diese Tätigkeit jedoch bald auf. Eingeschränkt und unbekümmert lebte er einige Jahre in Boppard und veröffentlichte in dieser Zeit den Essay-Band »Technische Existenz«.

Vermutlich war diese Publikation ausschlaggebend dafür, dass er an den neu gegründeten Lehrstuhl für Philosophie der Technischen Hochschule Stuttgart berufen wurde. Hier fand er ein ihn erfüllendes, seine Studenten stimulierendes Arbeitsfeld und neue Freunde wie Willi Baumeister. Er genoss es, zwischen Heidehofstraße und Schlossplatz, den Straßenbahnstationen der von beiden regelmäßig benutzten Linie 10, mit dem Maler über Philosophie zu diskutieren, der sich für diese Dialoge mit einem Bild revanchierte. Er knüpfte Fäden nach Frankreich, das ihm als geborenem Elsässer und Wahl-Kölner nahestand.

Bei allen Vorlieben für Themen außerhalb seines Fachs war er in ihm ein brillanter Lehrer. Er nahm seine Aufgabe nicht als »Philosoph« wahr, sondern nannte sich lieber »Professor für Philosophie«. Er verstand es, auf mitreißende Weise in einer Doppelstunde ebenso Fichte oder Schelling zu behandeln, wie über Semester hinweg, ohne uns zu ermüden, Hegels Ästhetik und Wittgensteins Traktat, die Phänomenologie Husserls und die Spielarten der Existenzphilosophie. Den Wechselbeziehungen zwischen Mathematik und Philosophie widmete er sich ebenso intensiv wie den »Pensées« von Blaise Pascal und Sören Kierkegaards »Entweder – Oder«. In dem erwähnten Essayband »Technische Existenz« lautete der erste Satz seines kurzen Vorworts: »Der Verfasser und Herausgeber dieser Essays und Reden ist der Meinung, dass in dieser Welt mehr Dinge verträglich sind, als es den Anschein hat.« Mit einer solchen Überzeugung weckte er das Bewusstsein für voneinander verschiedene Methoden, die jeweils in sich Bestand haben und für einen Teilbereich etwas leisten können, ohne für andere Bereiche maßgebend zu sein. Eine Gesellschaft, die nach dem Zusammenbruch ein möglichst homogenes Rezept für die Überwindung ihres Desasters suchte, sah in dieser Freiheit von Unisono-Zwängen allerdings kaum ein für sie brauchbares Rezept.

Max Bense genoss den Widerspruch zu dieser Gesellschaft, er liebte es, sie bei passenden Gelegenheiten zu provozieren, etwa indem er als Regulativ eine »Diktatur der Intellektuellen« proklamierte oder vorgab, Sympathien für den Attentäter zu hegen, der Pius XII. zu töten versucht hatte. Er kam nach den zu erwartenden Protesten gegen einen solchen Hochschullehrer dank einiger Fürsprecher wohl deshalb ungeschoren davon, weil man erkannte, dass seine Exaltationen nur ein Spiel waren. Sie hatten jedoch ein Nachspiel, als es 1961 darum ging, den a. o. Professor, den außerordentlichen Professor, auf Vorschlag des Hochschulsenats zum Ordinarius zu ernennen. Dagegen wandte sich der zuständige Hochschulreferent des Ministeriums mit dem Argument, Bense sei Atheist, also Kommunist. Die Debatte darüber weitete sich aus, zunächst in regionalen Zeitungen, dann in der Hamburger Wochenzeitung »Die Zeit«. Unter dem Zischen der Studenten musste der Referent seinen Widerstand aufgeben. Zum 80. Geburtstag Benses kommentierte Manfred Rommel als Stuttgarter Oberbürgermeister die fast drei Jahrzehnte zurückliegenden Vorgänge souverän und liberal: »dass es für das kulturelle Klima der Stadt ein Vorzug war, dass ein Philosoph vom Range von Max Bense in ihr wirkte und wirkt ...« Er »hat vielfach dazu beigetragen, dass das Grundsätzliche durchdacht wurde, und sei es auch durch die Formulierung von Thesen, die Widerspruch herausforderten ...« Im Rückblick stellt man sich die Frage: Hätten die mir immer recht pubertär erscheinenden Achtundsechziger eine Chance gehabt, wenn von Benses revoltierendem Aufbegehren etwas mehr in die Hörsäle deutscher Universitäten gelangt wäre? Aber sie fanden leicht Gefolgschaft, solange man einem allzu würdigen Gebaren Reverenz erweisen sollte und – pars pro toto – an der Technischen Hochschule Aachen bei Semesterbeginn die Professoren im Talar zur Meistersinger-Ouvertüre einzogen.

Benses Ausstrahlung brachte einen bunt gemischten Kreis von Jungen und Älteren zusammen, darunter mancher, der sich gerade einen Namen machte, Literaten wie der junge Hans Magnus Enzensberger oder Helmut Heißenbüttel, Maler wie Georg Karl Pfahler, Bildhauer wie Emil Cimiotti. Nicht wenige von ihnen führten eine Bohème-Existenz. Sie saßen weniger in den Vorlesungen und Seminaren als in dem von Bense geleiteten Arbeitskreis »Geistiges Frankreich«, durch den das bei unseren Nachbarn Aktuelle in Schwaben ständig gegenwärtig war, mit so unterschiedlichen Repräsentanten wie Francis Ponge, Jean Giono, Henri Michaux, Ferdinand Lion. Wir begegneten, auch auf Initiative von Fritz Martini hin, Lyrikern, deren Namen man damals in neuen Lexika oder Anthologien vergeblich suchte, unter ihnen Paul Celan, der im verdunkelten Hörsaal beim Licht von zwei Kerzen seine »Todesfuge« las.

Neben den Literaten kamen natürlich auch Wissenschaftler nach Stuttgart, darunter um 1956 Repräsentanten der Kybernetik und Informationstheorie wie Norbert Wiener; sein Ruhm ließ im Auditorium Maximum selbst die Stehplätze knapp werden. Es war eine Vorlesung im Rahmen des »Studium Generale«. Sicherheitshalber hatte man Wiener gebeten, er möge daran denken, dass nur wenige der Hörer vom Fach seien, ob er seine Vorlesung allgemeinverständlich halten könnte? Wiener sagte zu und hielt sinngemäß etwa folgenden Vortrag: »Wenn Sie spazieren gehen, hören Sie oft ein Summen. Es kommt von Telefondrähten. Die Summtöne sind Informationen, die man mit bloßem Ohr nicht verstehen kann. Sie zu ordnen und verständlich zu machen – damit beschäftigt sich die Informationstheorie.« Zwar geruhte Wiener, einige Worte mehr zu äußern, aber die gesamte Vorlesung dauerte nach Benses mit Elogen gespickter

Begrüßung kaum zehn Minuten. Wiener hatte sein Wort eingelöst und war verständlich geblieben, soweit es ihm ohne die mathematischen Formeln seiner Theorie möglich war. Die allzu verständliche Enttäuschung über die Kürze seiner Vorlesung löste sich jedoch in Beifall des Auditoriums. Am kommenden Morgen, im kleinsten Kreis von Benses geräumigem Amtszimmer, ging Wiener ins Detail, doch jetzt blieb den meisten von uns das Verständnis verschlossen.

Manchen Autoren, von denen sich einige häufiger sehen ließen, aber auch anderen bot Bense 1954 ein Forum in einer Zeitschrift, die er »Augenblick – Aesthetica, Philosophica, Polemica« nannte, den Titel nach Sören Kierkegaards gleichnamigen Flugblättern wählend. Der Titel wurde allerdings auch zum Synonym eines allzu kurzen Bestehens. Unter den Autoren waren Francis Ponge, Martin Walser, Arno Schmidt, Heinrich Böll, Jean Genet. Mein Freund Fritz Breuer und ich steuerten für die erste Nummer auf Benses Anregung hin den Verriss eines gegen die Moderne gerichteten Pamphlets bei, das der Komponist Alois Melichar zu Papier gebracht hatte; Bense gab unserem Duo das Pseudonym J. F. Spreuer.

Eine andere Lehre zogen wir aus Max Benses Versuch, die Informationstheorie auf die Malerei anzuwenden. Dazu musste man sich auf gleiche, zählbare Elemente stützen, doch auf welche? Bei Worten und Silben war dies leicht, Wortverbindungen und Satzkonstruktionen ließen sich auf diese Weise in ihrer Eigenart erfassen. Das Verfahren konnte durchaus zu überzeugenden Resultaten führen. So fiel im Vergleich der Silbenzahl, der Worte und Satzstrukturen ein häufig als nicht authentisch angesehener Paulus-Brief aus der Reihe der gesicherten Briefe, und nach denselben Kriterien fand sich Hans Carossa teils bei Goethe, teils bei Hedwig Courths-Mahler wieder.

In der Malerei gab es keine vergleichbaren abgegrenzten Elemente. Bense glaubte, was vordergründig als einleuchtend erschien, man könne mathematische Strukturbeschreibungen von Bildern »annähern«, denn die Ungenauigkeiten der strukturellen Vereinfachung würden sich gegenseitig aufheben, sodass man doch zu vergleichenden Werten kommen könne. Auf die nicht von ihm angestellten Versuche der Sprachanalyse gestützt, machte sich Bense an die Malerei und an die auf sie bezogenen Berechnungen der Bit-Zahl und Negentropie (also die Messung von »ästhetischer Information«). Enthusiastisch empfing er uns eines Tages mit der Mitteilung des Ergebnisses: »Wir haben heute einen

Rubens angenähert und einen Rembrandt angenähert. Ich habe euch ja immer gesagt, dass Rubens besser ist als Rembrandt. Bei Rubens kommt eine hohe Negentropie heraus, bei Rembrandt nicht mehr als bei einem alten Putzlappen.« Auf unseren Einwand, das läge doch wohl nicht an Rembrandt, sondern an der Methode, fuhr er uns lauthals an: »Das liegt nicht an der Methode, ihr Arschlöcher.«

Ein der Norm entsprechender Universitätsbeamter war Max Bense nicht. Das zeigte sich auch bei einer seiner Prüfungen, zu der ich frühmorgens wegen eines nicht funktionierenden Weckers zu spät kam – für den immer präzisen Professor der Philosophie ein Sakrileg, das er umgehend ahndete: »Ich prüfe Sie nicht, denn dann bekommen Sie eine Eins. Sie kriegen, weil Sie zu spät hier sind, nur eine Zwei.« Wir schlossen damit Frieden, dass ich ihm sagen konnte, die Noten meines Diplomzeugnisses stünden ohnehin fest, und so sei seine Zensur irrelevant. Danach blieben wir weiter miteinander in bestem Einvernehmen. Gern hätte ich nach einer Dissertation über Palladios Antiken-Rekonstruktionen bei Bense noch über Wittgensteins Sprachtheorie und eine von ihr ableitbare Ästhetik promoviert, doch standen die neuen Aufgaben nach meiner Entscheidung für das Museum einer zweiten Promotion entgegen.

Am 7. Februar 1980 erinnerte mich eine Zeitungsnotiz daran, dass an diesem Tag Max Bense seinen 70. Geburtstag feierte. Spontan, im Flugzeug nach Zürich, dedizierte ich ihm meine Polemik gegen Joseph Beuys, deren Umbruchkorrektur ich mit auf die Reise genommen hatte. Es war, wie sich herausstellte, die einzige Publikation zu diesem Anlass. Sie bereitete ihm, dem ungebrochen sein rationales Urteil wahrenden Aufklärer, Vergnügen.

Manche der Künstler aus dem Kreis um Max Bense gewannen zueinander näheren Kontakt. Vier der Maler schlossen sich 1957 zur »Gruppe 11« zusammen. Den Namen wählten sie nicht wegen der Zahl ihrer Mitglieder, sondern wegen der Nummer des Mietshauses, in dem sie ihre kleine Vereinigung gründeten. Es war einer der Versuche, gemeinsam der Leere zu entgehen, die mit Baumeisters Tod für die meisten jungen Maler in der Stadt entstanden war, und zugleich für sich selbst eine Perspektive zu finden. Inzwischen hatte eine Kunst den ersten Platz besetzt, die sich auf den früh verstorbenen Maler Wolfgang Schulze zurückführte und als »informel« – formlos – von sich reden machte. Die vier Maler der »Gruppe 11« – Attila Biró, Günter C. Kirchberger, Georg

Karl Pfahler und Friedrich Sieber – nahmen sich der neuen Möglichkeiten an, waren bald in Brüssel, München und London zu sehen; doch nur Pfahler, der Talentierteste unter ihnen, fand für längere Zeit ein Echo, indem er sich vom Mode-Informel abwandte und sich für festere, aber auch plakativere Formen entschied, die er »Farbfelder« nannte; sie wurden sein Markenzeichen. Pfahler wie seine Freunde fanden trotz ihrer kosmopolitisch ausgeweiteten Ausstellungsaktivitäten damals kaum Käufer. Da ich mit Architekturwettbewerben inzwischen etwas Geld verdienen konnte, gab ich dem finanziell besonders benachteiligten Karl Pfahler etwas davon ab, sodass ich in den Besitz einiger seiner Frühwerke gelangte. Meine Frau und ich schenkten das größte davon zwanzig Jahre später der Kieler Kunsthalle, als sie eine Abteilung mit Kunst des Informel aufzubauen suchte.

Unter den Künstlern des Kreises um Bense wurde in Stuttgart einer von seinesgleichen viel umworben, der Maler Klaus Jürgen Fischer, ein Schüler Baumeisters. Sein Vater hatte den Agis-Verlag und die von allen Kunstbeflissenen quasi als Pflichtlektüre gelesene Zeitschrift »Das Kunstwerk« erworben; er hatte deren Redaktion übernommen, galt deshalb mehr als seine Bilder und musste erleben, dass er – den öffentlich bekundeten Respektsbezeugungen zum Trotz – im Geheimen mehr auf Häme als auf Zuspruch stieß, sogar bei Aufenthalten im Ausland. Nach der Eröffnung der Biennale in Venedig während des Frühjahrs 1960 gab der Maler Emilio Vedova einen Abendempfang auf der offenen Dachterrasse seiner Wohnung, unmittelbar bei Santa Maria della Salute. Einer der Gäste, der Sohn von Kurt Schwitters, dessen Werk neben dem Futurismus einen Schwerpunkt der Biennale bildete, war von vielen umlagert, als er unter lebhafter Anteilnahme berichtete, wie er mit seinem Vater Wasserkessel »zermerzt« hätte, indem sie diese mit Wasser füllten und aus dem Dachfenster des Hauses auf das Pflaster knallen ließen. Klaus Jürgen Fischer wollte den Erzähler gern sprechen, hatte aber trotz einiger Mühe damit keinen Erfolg. Während er verärgert seinen Versuch zu einem Kontakt fortsetzte, fiel aus dem dunkelblauen Nachthimmel über uns ein rohes Ei und zerplatzte auf Fischers Kopf. Der Inhalt spritzte über seinen eleganten dunklen Anzug. Wer die kleine Bombe geworfen und getroffen hatte, wollte im allgemeinen Vergnügen niemand herausfinden. War es der Mann, der auf Deutsch vernehmlich verlauten ließ: »Da hat der selige Schwitters wohl ein Ei zermerzt?«

Die Künstler, die nicht so privilegiert waren wie ihr Redakteurskollege, lebten, so gut es eben ging, von anderen Tätigkeiten als der Malerei, waren jedoch zumindest immer ausreichend mit Wein versorgt. Man traf sich häufig zum Essen bei der dicken Wirtin Else Dimitrow, deren Etablissement von den preiswerten Menüs allein nicht existieren konnte und die, ihre Einnahmen verbessernd, eine bescheidene Stundenmiete von nicht sonderlich attraktiven Damen einsteckte. In dieser nonchalant und mit ungebrochenem Optimismus ertragenen Bohème leuchtete plötzlich ein Hoffnungsstern auf, der Jung-Galerist Hans Jürgen Müller. In einer Etagenwohnung an der Stuttgarter Hohenheimer Straße mietete er eine relativ geräumige Wohnung und begann dort eine Ausstellungsfolge. Er ließ über Pfahler bei mir anfragen, ob ich alle seine Ausstellungen eröffnen würde, natürlich *just for fun*, denn über ein Startkapital verfügte er nicht. Für mich war es weniger eine Herausforderung als eine mit Vergnügen wahrgenommene Chance, selbst dann, wenn es um Künstler ging, die mich nicht ganz überzeugten.

Zu diesen gehörte der erstmals in Deutschland von Müller präsentierte Cy Twombly mit seinen skriptural-tachistischen Bildern. Nun konnte ich ihn in der Eröffnungsansprache natürlich nicht offen kritisch interpretieren. Das ließ sich jedoch unschwer mit dem für die meisten Zuhörer nicht verständlichen Bense-Vokabular bewerkstelligen – ich sagte mit ernstestem Gesicht, mit viel Bemühung von Redundanz und geringer Negentropie, was ich kritisch sagen wollte, und schaute in beeindruckte Gesichter: Niemand bemerkte den Spaß. Twombly hat bald Karriere gemacht, wenn er auch gegen Ende seines Lebens mit einer »Lepanto« genannten Großbildfolge demonstrierte, dass meine frühe Skepsis nicht unberechtigt gewesen war. Die Galerie Müller hielt sich entgegen den ersten Erwartungen eine Zeit lang, bis sie mir aus den Augen verschwand. Von Hans Jürgen Müller hörte ich in den achtziger Jahren wieder, als er ein luxuriöses Atlantis-Refugium für Künstler und Intellektuelle einrichten wollte.

Ein solcher Luxus war damals reine Utopie. Die Realität war 1960 ungleich anspruchsloser, als Angelika und ich einige Tage nach dem gesittet-konservativen Familienfest unsere Hochzeit gleich ein zweites Mal mit den Stuttgarter Freunden zu feiern planten. Darauf zu verzichten hätte uns Spott und Häme eingebracht, die Weggefährten hatten schließlich ein Anrecht auf eine angemessene Veranstaltung zu meinem Abschied von Stuttgart. Dazu bot sich Müllers Galerie an. Wir verschickten nur eine begrenzte Zahl von Einladungen, aber die Sache sprach sich herum, die Menge der sich meldenden und realistischerweise zu erwartenden Gäste nahm ein für unsere Finanzen bedrohliches Ausmaß an.

Schließlich blieb – da es in der Galerie nur ein oder zwei Tische gab – nichts anderes übrig, als dass die jungen Frauen auf über Tische ausgebreiteten Bettlaken Berge von belegten Brötchen stapelten. Daneben stand ein wohl mehr als ausreichender Stapel von Kartons mit erschwinglichem Rotwein. Das Fest ließ sich manierlich und ohne Exzesse an; als die Gäste miteinander warm geworden waren und die Lautstärke zunahm, schlief der Hausherr Hans Jürgen Müller friedlich im Badezimmer, denn er wollte früh am Morgen zu einer Reise aufbrechen. Die Weinvorräte reichten länger als gedacht, die Kartons bildeten noch eine Art von Podest, als meine Frau und ich uns wegen einer am kommenden Morgen beginnenden, von mir geplanten Barock-Exkursion einige Stunden nach Mitternacht zurückzogen. Nach unserer Rückkehr hörten wir, die restlichen Gäste hätten in den anders nicht zu beseitigenden Rotweinvorräten gebadet. Was daran wahr war, haben wir nie sicher feststellen können, denn die Zeit der Stuttgarter Bohème war vorbei. Uns erwartete in Hamburg hanseatische Seriosität.

Max Bill

Hätte Max Bill sich 1957 nicht endgültig mit den Trägern der Ulmer Hochschule für Gestaltung und einigen seiner Kollegen zerstritten, wären Angelika und ich möglicherweise nicht nach Hamburg gekommen. Bill war bei Gründung der Schule der Garant dafür gewesen, dass das legendäre »Bauhaus« in Deutschland seine Tradition auf neuem Horizont fortsetzen konnte. Er hatte den Hochschulkomplex oberhalb von Ulm wie ehemals Walter Gropius das Dessauer Werkstatt- und Lehrgebäude entworfen und einige mit dem alten

Bauhaus verbundene Künstler als Lehrer gewonnen, darunter den Maler Friedrich Vordemberge-Gildewart.

Der Lehrbetrieb glich in mancherlei Hinsicht dem früheren Konzept, wich aber durch eine erhöhte Ausrichtung auf ästhetische Theorien auch davon ab. Was das Bauen betrifft, war das Ulmer Experiment im Eklektizismus der deutschen Nachkriegsarchitektur ein Lichtblick. Jedoch enthielt das Programm, das 1953 auf einem Aushang in der Aachener Technischen Hochschule zu lesen war, die Forderung, man müsse, wenn man in Ulm Architektur studieren wolle, zuvor sein Diplom abgelegt haben. Dies erschien mir wegen des Verbrauchs an Zeit als unzumutbar. Statt an einer deutschen TH das Studium fortzusetzen, wäre mir ein Abschluss in Ulm nach dem Vordiplom durchaus verlockend erschienen. Von Stuttgart aus entwickelte sich dennoch eine Verbindung nach Ulm, wo 1955 der Lehrbetrieb in Bills eben fertiggestellten Neubauten begann. Da Max Bense dort einen Lehrauftrag wahrnahm und einige der Ulmer Dozenten zu Vorträgen nach Stuttgart einladen konnte, ergab sich ein ständiger Kontakt zur Technischen Hochschule, wenn auch nicht zu deren gegenüber den Bauhaus-Traditionen indolenten Architektur-Abteilung.

Im Rahmen des Arbeitskreises »Moderne Kunst« konnte ich Max Bill für einen Abend gewinnen, mit der nicht provokationsfreien Intention, einigen (von dem immer noch tätigen Blut-und-Boden-Architekten Schmidthenner herkommenden) Stuttgarter Architekturlehrern eine Alternative gegenüberzustellen. Bill, der sonst keinen Streit um die von ihm vertretenen Überzeugungen ausließ, hielt eine Auseinandersetzung mit seinen Stuttgarter Kollegen jedoch für überflüssig; er hatte seit seinen Dessauer Bauhaus-Jahren auf das Klarste seinen Weg verfolgt und sich als Maler, Bildhauer und Designer der »Konkreten Kunst« einen Namen gemacht. Mehr noch: »Konkrete Kunst«, eine Kunst ohne jede abbildende Funktion, war synonym mit dem Werk von Max Bill. Sein Talent erwies sich, so gleichwertig er die von ihm beherrschten Disziplinen auch sah, in keinem Bereich so überzeugend wie in der Skulptur.

Es dauerte nicht lange, bis in Ulm erste Streitigkeiten ausbrachen – auch darin blieb die Hochschule für Gestaltung der Bauhaus-Tradition treu. Man kämpfte nominell um Richtungen, in Wirklichkeit aber um Einfluss und darum, den Kontrahenten des universellen Max Bill eine Spielwiese zu bieten. Inge Aicher-Scholl, die gemeinsam mit ihrem Mann, dem Gebrauchsgraphiker Otl

Aicher, die Schule mithilfe der Geschwister-Scholl-Stiftung gegründet hatte, musste und konnte mit Vorträgen über den Widerstand und das Schicksal ihrer Geschwister immer wieder Geld auftreiben, um das Fortbestehen zu sichern. Aicher wollte gern mitreden, wenn es um die weitere Ausrichtung der Schule ging; Bill sollte nicht das alleinige Sagen haben. Als dann aus Argentinien der Maler und Theoretiker Tomás Maldonado kam, der kein überragender Künstler war, aber ein smarter Redner mit Talent zum Intrigieren, eskalierten die Spannungen. Max Bill, der nach einer der Debatten, die ihn um seine Stellung brachten, ein Ventil brauchte, startete nach den lautstarken Diskussionen im »kleinen Senat« der Ulmer Hochschule seinen Bentley und raste in weniger als einer Stunde von Ulm zu Max Benses Stuttgarter Wohnung, wo die mütterlich-resolute Ria Bense ihm zuhörte und ihn wie meist beruhigte.

1956 trat Max Bill als Rektor zurück, behielt aber die Leitung der Abteilung Architektur und Produktform für fortgeschrittene Studenten. Kurz vor meinem Diplom suchte er 1957 hierfür einen neuen Assistenten, mit dem er – paradigmatisch gesagt – sowohl Heizungsprobleme wie Wittgensteins Traktat diskutieren konnte. Dies klingt weniger merkwürdig, wenn man an das Haus denkt, das der Philosoph in Wien für seine Schwester errichtete, das damals aber ohne jedes Interesse war. Bills Angebot nahm ich gern an und sprach mit ihm noch über mancherlei Pläne. Den letzten Anlass dazu gab ein Essener Vortrag vor Industriellen. Bill referierte über »aktuelle probleme der gestaltung« und pries die Segnungen des aufziehenden Computerzeitalters, im festen Glauben, dass dadurch lediglich geistige Kräfte freigesetzt würden, da man die physischen nicht mehr benötige. Dass es Menschen gibt, die nur über physische Kräfte verfügten, war dem ebenso vitalen wie intelligenten Künstler unvorstellbar.

Wenige Wochen später war der Plan einer Assistenz in Ulm vom Tisch. Bill wurde nach neuen heftigen Debatten gekündigt. In seinem Bentley dieses Mal noch schneller als sonst zu Ria Bense rasend, meldete er nichts anderes als: »Sie haben mich rausgeschmissen.« Später schloss man Frieden. 1964 wurde der Vertriebene in den Stiftungsrat der Geschwister-Scholl-Stiftung aufgenommen.

Ich begegnete Max Bill nach einem Jahrzehnt erneut in Hamburg, wo er an der Hochschule der Bildenden Künste einige Jahre lang als Gastprofessor tätig war. Wir sahen uns um das Jahr 1968 herum bei den Sitzungen, in denen von Dozenten, Assistenten, Studentenvertretern und nicht ohne Abgesandte des

Reinigungspersonals die basisdemokratischen Entwürfe des Hochschulsystems debattiert wurden. Der liberale Max Bill, der sich daran ebenso wenig beteiligte wie ich, nahm sich eine Flasche Wein und leerte sie mit ständig neuen Gläsern, während ich diesen Ort der anspruchsvollen Tristesse verließ, um nie mehr an seinen Ritualen teilzunehmen. Bills Lehrtätigkeit in Hamburg erleichterte nicht nur Ankäufe für meine Abteilung, sie gab auch den Anstoß zur Übernahme einer umfassenden Retrospektive, die 1976 in beiden Kunstmuseen, der Hamburger Kunsthalle und dem Museum für Kunst und Gewerbe, gezeigt wurde. Bei der Druckerei Meissner entstand parallel dazu eine Reihe seiner schönen Serigraphien.

Es schien so, als würde mein 1986 erfolgender Wechsel von Hamburg nach Schleswig-Holstein zu keinen weiteren Begegnungen mit Max Bill führen, doch es kam ganz anders. Zu seinem 80. Geburtstag ehrte ihn 1989 eines der nördlichsten deutschen Museen, das kleine, von mir nicht lange zuvor in einem umgebauten Rathaus eingerichtete Richard-Haizmann-Museum in Niebüll, mit einer Ausstellung – niemand sonst hatte an das Datum rechtzeitig gedacht. Als er mich mit ausgestreckten Armen begrüßte, musste ich mich zunächst an seine völlig veränderte Erscheinung gewöhnen. An die Stelle des kurzen Bürstenhaarschnitts waren herabhängende Locken getreten. Dazu trug er einen Bart, sein Gesicht war weiß umrahmt. Seine Vehemenz war einer ausgeglichenen Milde gewichen, ohne dass seine Klarheit und Energie, seine ubiquitäre Aktivität und seine mit Respekt aufgenommene Autorität nachgelassen hätten. Mit kulturellen Aktivitäten in Deutschland blieb er in all diesen Jahren eng verbunden, u. a. mit Helmut Schmidt, der seinen Rat einholte, als er den Innenhof des neuen Bonner Bundeskanzleramtes verbessern wollte und die vom Kanzler selbst ausgewählte große Bronze Henry Moores aufgestellt wurde.

Diese Verbindung zwischen dem Politiker und dem Künstler führte dazu, dass Helmut Schmidt, nunmehr Bundeskanzler a. D., Max Bills Lebenswerk Respekt zollte, als er 1993 Vorschläge für die Verleihung des japanischen Praemium Imperiale unterbreitete und Bill einer der Preisträger war. Mich als einen der Berater freute es besonders, weil ihm die Ehrung für seinen Beitrag zur Skulptur des 20. Jahrhunderts zugesprochen wurde.

Wenige Monate später stand in Flensburg ein Wettbewerb um die künstlerische Bereicherung des neuen Arbeitsamtes an. Die Resultate waren nicht überzeugend, sodass man an einen weiteren Wettbewerb dachte. Stattdessen schlug ich vor, Max Bill um einen Entwurf zu bitten. Niemand mochte daran glauben, dass er nach Flensburg käme, doch als ich ihn fragte, sagte er sofort zu, an Ort und Stelle das Projekt zu erörtern.

Er hatte sich inzwischen einer erfolgreich verlaufenden Augenoperation unterziehen müssen und war fünfundachtzig Jahre alt, widmete sich jedoch der neuen Aufgabe kompetent, ungebrochen und entschieden. Als wir die Flensburger Baustelle betraten, schaute er sich gleich um, machte aber noch keine Vorschläge. Er hielt sein Wort, innerhalb einiger Monate seinen Entwurf vorzustellen. Er sah drei Tore aus schwarzem Granit an den Zugangswegen vor, die an strenge, in der Mittelachse unterbrochene Toris erinnern und als plastische Zeichen den Besucher begrüßen. Ihr Material entsprach dem des im parkartigen Areal an Ort und Stelle bleibenden Findlings; die Tore stellten die artifizielle Stereometrie der Naturform gegenüber – Kennzeichen zweier Weltalter. Präzis wie immer ließ Bill die Arbeiten nach dem schnell gefundenen Konsens beginnen, er erlebte jedoch die Aufstellung der Skulpturen nicht mehr. Er starb am 9. Dezember 1994 am Berliner Flughafen an einer Herzattacke.

Die Tore waren inzwischen weitgehend vollendet, sodass sie im folgenden Jahr unter Aufsicht seines Sohnes Dr. Jakob Bill, der von Kind an mit den Intentionen seines Vaters vertraut war und als Prähistoriker wie Maler bestens ausgewiesen ist, aufgestellt werden konnten. So sachlich, wie es Max Bills Selbstverständnis entsprach, konnte sein letztes großes Werk Ende 1995 präsentiert werden.

Hamburg und Norddeutschland haben dem Entwerfer, Bildhauer und Maler während seiner letzten Lebensjahrzehnte mehrfach Reverenz erwiesen und damit seinem Verständnis von Welt und Kunst, das er nicht ohne optimistische Polemik gegen Alternativen formulierte: »Es war nie meine Absicht, die Realität des Chaos darzustellen. Ich halte solche Bemühungen für wirklichkeitsfremd und unwirksam. Das Gegenteil zu einer ›Welt noch in Ordnung‹ wäre die ›Welt im Chaos‹, und der Gegensatz zu beidem ist der Vorschlag einer neuen Welt. Deren Bestandteile können heute schon im Rahmen der Kunst vorgestellt werden.«

Jan Bontjes van Beek

Bis heute lernt man auf deutschen Universitäten so gut wie nichts von dem Bereich, der seit dem 19. Jahrhundert »Kunstgewerbe« heißt. Wer sich mit »großer Kunst« beschäftigt, dünkt sich selbst als herausragend – und als genial, wenn er sich an Michelangelo oder Rembrandt heranmacht. Deshalb hatte ich, wenn auch durch die Ausrichtung meines Architekturstudiums auf Technik und Handwerk etwas besser vorbereitet, in Hinblick auf eine ausreichende Kenntnis der am Museum für Kunst und Gewerbe gesammelten Werkkünste von null an zu beginnen.

Der Bestand der von Sauerlandt so exemplarisch gesammelten Moderne war weitgehend als »entartet« beseitigt worden. Was ich mit der Zeit nach längerem Suchen, von dem mutigen Hausmeister Erich Pfeiffer versteckt, davon noch fand, füllte allenfalls drei Vitrinen und etwa zehn Meter Hängefläche. Von 1945 bis 1960 war nicht viel an Neuem hinzugekommen. Erich Meyer, der durch das Berliner Kunstgewerbemuseum geprägte Direktor, hatte mit seinem Freund Carl Georg Heise, dem Direktor der Kunsthalle, die Vereinbarung getroffen, dass die Bildhauerei ab 1800 nur in der Kunsthalle gesammelt werden sollte – ein Arrangement, das er für großartige Erwerbungen von Skulptur und Kunstgewerbe des alten Europa sowie der Antike, Ostasiens und des Islam nutzte. Für mich und die mir übertragene Sammlungsaufgabe blieben unter diesen Voraussetzungen, ob ich wollte oder nicht, jedoch zunächst nur »Kunstgewerbe« und Design des Jugendstils und des 20. Jahrhunderts übrig. An die Restitution einer universellen modernen Sammlung im Geist Max Sauerlandts durfte ich erst später denken.

Auch für Museumsleute gilt als ein gutes Prinzip, was ein kluger Engländer – war es George Bernard Shaw? – proklamierte: Wenn man nicht das haben könne, was man möchte, solle man das mögen, was man hat. Was meine Aufgabe in Hamburg betrifft, war dies nicht allzu schwer; Design ließ ich dem Museum von Firmen schenken. Zu den Werkkünsten gelangte ich vor allem dank eines Keramik-Künstlers von hohem Rang, des Töpfers Jan Bontjes van Beek. Er hatte, bereits einundsechzig Jahre alt, die Keramik-Klasse der Hamburger Hochschule für Bildende Künste übernommen (zum gleichen Zeitpunkt wie ich die Museumsabteilungen Jugendstil und Moderne). Als ein Mann von Charakter und Vitalität, dem sich jede chemisch-physikalische Technologie als künstlerisches Substrat darstellte, hatte er nach Jahren des Ruhms einen Tiefpunkt seines Lebens erreicht. Als ich nach und nach erfuhr, was ihm und seiner Familie widerfahren war, verstand ich nur allzu gut, warum er sich über Jahrzehnte hinweg kaum fangen konnte. Ich begriff aber auch, dass nur Anforderungen an seine Fähigkeiten und künstlerischer Erfolg ihn aus diesem Tief herausführen konnten.

»Bontjes«, wie Freunde, Sammler und Museumsleute ihn kurz nannten, stammte aus einer 1907 naturalisierten holländischen Familie. Sein Großvater war Kaufmann und Maler gewesen, ein Freund des hervorragenden niederländischen Impressionisten Josef Israels. Der junge Jan diente im Ersten Weltkrieg bei der Marine; er gehörte 1918 zu den revoltierenden Matrosen, war eine Zeit lang ein ungebärdiger Kommunist und begann eine Töpferlehre bei einem pfälzischen Meister in der traditionsreichen Region der rheinischen Steinzeugkeramik. Er gründete danach in Fischerhude bei Bremen selbst eine Werkstatt und erweiterte seine Kenntnisse durch das Studium an dem bestens ausgewiesenen, nach dem legendären Chemiker Hermann Seger benannten Berliner Keramik-Institut. Die Qualität seiner Arbeiten, ihre Bestimmtheit, die Vielfalt und Subtilität ihrer Glasuren machten ihn bald bekannt, zunächst vor allem in Hamburg. Als er 1932 in zweiter Ehe die Tochter Rahel des jüdischen Kunsthistorikers Wilhelm Weisbach heiratete, zog er nach Berlin.

Gefäßkeramik galt nach 1933 nicht als entartet, selbst wenn sie nicht im Blut-und-Boden-Stil ausgeführt war. Es gab immer Freunde, die Bontjes van Beek und seine halbjüdische Frau schützten, was auch deshalb gelang, weil er international bald sehr geschätzt wurde. 1938 erhielt er etwa die Goldmedaille der Mailänder Triennale, er galt zu Recht als das überragende deutsche Talent seines Fachs. Ebenso fand seine Arbeit im Ausland ein Echo; so stellte er u. a. kurz vor Kriegsausbruch zusammen mit Henry Moore in der Londoner Leicester Gallery aus. Nach dem Krieg erhielt er von dort die korrekte Abrechnung über seine Verkäufe, was er als nobles Verhalten der Engländer wiederholt erwähnte.

In seiner Berliner Werkstatt versteckte er während der späteren dreißiger Jahre manche jüdische Keramik-Künstler, darunter die aus Hamburg stammende und später nach Haifa emigrierte Hanna Charag-Zuntz. In den siebziger Jahren konnte ich ihre erste deutsche Ausstellung zeigen, die sie sich mit der ebenfalls aus Hamburg stammenden Ruth Duckworth (einer geborenen Windmüller) teilte. Sie berichtete über die Arbeit in der Berliner Werkstatt das Gleiche wie Bontjes. Während die Öfen brannten, spielte er mit seinen Schützlingen, soweit sie ein Instrument beherrschten, Quartett. Er selbst übernahm den Bratschenpart. Zu den von ihm besonders geliebten Kompositionen gehörte Mozarts Bearbeitung von Wilhelm Friedemann Bachs Adagio und Fuge c-Moll KV 546, das wir ihm bei fast jedem Besuch auf einer Schallplatte vorspielen mussten.

1942 wurde Bontjes von der Gestapo verhaftet; seine Tochter war als Mitglied der »Roten Kapelle« enttarnt worden. In der Zelle sitzend und in der Erwartung, dass beim nächsten Türöffnen die Henker kämen, habe er, so erzählte er mir, um sich mit irgendetwas zu beschäftigen, Glasuren berechnet. Keramik war für ihn mehr als ein Handwerk – sie blieb ein Medium seines Lebens. Dank einflussreicher Freunde, darunter dem zu seinen Sammlern zählenden Industriellen Carlfritz Petersen, kam er frei, aber die blutjunge Tochter Cato, deren Widerstand allzu offenkundig war, konnte nicht gerettet werden. Sie wurde 1943 in Plötzensee enthauptet.

Aus der Haft entlassen, hatte Bontjes verwundete Offiziere zu betreuen. Er baute mit ihnen einen Abzug zu einem nahe gelegenen Fabrikschornstein, sodass sein neuer Ofen einen ungemein starken Zug besaß. Gleich der erste Brand gelang perfekt – aber beim nächsten Bombenangriff auf Berlin wurde am 23. November 1943 die Werkstatt zerstört. Man kommandierte ihn zum Einsatz in ein Lazarett der Tschechoslowakei, wo er die Verletzten mit keramischer Arbeit beschäftigen sollte, bis ein verantwortungsloser Arzt sie wieder kriegsfertig hergerichtet hatte. Diejenigen von ihnen, die mit dem Leben davonkamen, blieben nach einiger Zeit des Gebrauchs ihrer Glieder Krüppel. Wenn er von dieser Zeit erzählte, war er aufgewühlter als bei der Schilderung der Gestapo-Haft. Das Kriegsende erlebte er in Ostpreußen als Infanterist, kam aber nach relativ kurzer Zeit aus sowjetischer Gefangenschaft frei, als bekannt wurde, dass seine Tochter Mitglied der »Roten Kapelle« gewesen war und er sie im Widerstand gegen Hitler verloren hatte. Er wurde zum Direktor der Hochschule für freie und angewandte Kunst in Berlin-Weißensee ernannt, das im russischen Sektor lag.

Ein den Regeln halbwegs entsprechender Beamter war Bontjes van Beek sicher nicht; nach allem, was geschehen war, hatte er seine schöpferische Energie verloren. Zur Betäubung der Misere waren ihm hochprozentige Alkoholika wichtiger als Akten, eine systematische Arbeit in seinem Metier war ihm durch die Erinnerungen und Erlebnisse noch verleidet. Dass er 1950 die Direktion der Schule aufgab, war jedoch nicht nur durch seine Indolenz gegenüber jeder Verwaltungstätigkeit, sondern in erster Linie dadurch bestimmt, dass er den ihn einengenden Staatsdirigismus verabscheute. Wieder half ihm der Freund Carlfritz Petersen, indem er ihm die Entwurfs- und Entwicklungsarbeiten als Industrie-Designer im Oeynhausener Werk von Alfred Ungewiss vermittelte. Hinzu kam eine neue Direktorenstelle an der Westberliner Meisterschule für das Kunsthandwerk. Beide Aufgaben, die Konzentration auf typisiertes Industriedesign und, erneut, die stereotypen Verwaltungsaufgaben, ließen ihn kaum zu dem kommen, was er besser konnte als jeder andere. Deshalb nahm er das Angebot an, in Hamburg die zuvor von dem ehemaligen Bauhausmeister Otto Lindig geleitete Keramik-Klasse zu übernehmen, wo er endlich von ungeliebten Beschäftigungen frei war.

Bontjes startete mit einer seine Schülerinnen und Schüler in Verzweiflung stürzenden Methode: Er steckte den ausgestreckten Arm in die Regale und schob alle darin stehenden Arbeiten auf den bald mit Scherben übersäten Zementboden. Als Lehrer fand er so einen radikal neuen Anfang, aber noch nicht für sich selbst. Sein Ruf war verblasst; man kannte von ihm nur noch seine Industrieproduktion, die es an Subtilität und Variabilität nicht mit seinen früheren Gefäßen aufnehmen konnte. Teils warnte, teils ermunterte man mich, von dem so despektierlich Angesehenen etwas für den von mir zu verantwortenden Hamburger Stand auf der Münchner Handwerksmesse des Frühjahrs 1961 zu verlangen. Unbefangen, wie man mit dreißig Jahren ist, suchte ich ihn auf, in der Hoffnung, er könne etwas zur Präsentation in München beitragen. Bontjes van Beek zögerte, war skeptisch; er kenne den Ofen nicht, er habe das Material noch nicht erprobt, noch keine Versuchsbrände unternommen. Ich entgegnete, die Zeit dränge, in vierzehn Tagen müsse ich die Objekte für die Messe haben. »Na gut«, reagierte er, »kommen Sie in acht Tagen mal wieder. Vielleicht schaffe ich was.« Nach einer Woche ging ich wieder hin – und fand etwa zwanzig Gefäße, jedes von anderer Form, jedes mit einer anderen Glasur, ein beeindruckendes Ensemble. Seit ich dieses Resultat sah, weiß ich, dass man Talente in Phasen der Krise fordern muss.

Mein Kollege Erich Koellmann, der Direktor des Kölner Kunstgewerbemuseums, besuchte den Stand, auf dem in München eine ausgewählte Gruppe der Stücke zu sehen war. Er hatte mir wiederholt versichert, mit Jan Bontjes van Beek sei es vorbei. Er blieb bewundernd und verwundert stehen, fragte: »Was habt ihr in Hamburg denn jetzt für einen guten Keramiker?« Die Antwort, es handele sich um neue Arbeiten des Geschmähten, beschränkte sich auf ein »Ach so«. Er kaufte sofort eine der Vasen für sein Museum. Es gibt – oder gab – also durchaus noch Museumsleute, die sehen und jedes Vorurteil spontan aufgeben können. Dass unser Stand mit einer Auszeichnung bedacht wurde, war ebenfalls dem Eindruck dieser überzeugend schönen Arbeiten zu verdanken.

Nach diesem Erfolg gewann Bontjes van Beek seine Vitalität zurück. Zwar sprach er immer wieder vom Vergangenen, aber er dachte an Gegenwart und Zukunft, wollte zeigen, was er konnte. Eine solche Herausforderung ergab sich, als wir im Museum das erstaunliche, im Nachlass weitgehend verborgene Werk des früh verstorbenen Albrecht Hohlt erstmals geschlossen zeigen konnten. Er hatte mit Systematik und mit selbstzerstörerischer Energie an Reduktionsglasuren gearbeitet. Es handelt sich dabei um Glasuren, deren metallischen Bestandteilen beim Brand die Oxide entzogen werden, sodass an die Stelle der Oxidfarbe das ursprüngliche Metallkolorit tritt – aus Rostrot wird dann ein hellblau bis olivgrün und grau erscheinendes Seladon, aus Kupfergrün ein leuchtendes Rot. Solche Glasuren, deren Systematik die Chinesen seit der K'ang Shi-Zeit perfekt beherrschen, hatte Bontjes zuletzt zwei Jahrzehnte zuvor in dem Ofen hergestellt, der beim Bombenangriff auf Berlin zerstört worden war. Jetzt sah er sich durch die unbezweifelbar perfekten Arbeiten des jungen Albrecht Hohlt herausgefordert.

Bontjes begann mit zahlreichen Glasurexperimenten, um auf einer von mir geplanten Museumsausstellung moderner deutscher Keramik angemessen vertreten zu sein. Die Arbeiten des älteren und des jung verstorbenen Töpfers standen hier einander gegenüber, zwischen sich die erste Präsentation der im Ausbau befindlichen, bald Maßstäbe setzenden Sammlung des Hamburger Staatsanwalts Dr. Hans Thiemann, daneben die jüngst begonnene, noch begrenzte, aber bereits vorzeigbare Museumskollektion. Bontjes van Beek galt in diesem Miteinander wieder als der respektierte Meister seines Fachs. Es war meine erste Ausstellung, für die ich, noch ohne Erfahrung und Routine, alles erledigen musste, Auswahl und Beschreibung der Objekte, Präsentation und Katalog. Seit dieser Erfahrung empfehle ich jedem jungen Kollegen bei seinen ersten Exerzitien eine ähnliche Rosskur. Bald erfuhr ich auch erstmals die Vergeblichkeit mancher didaktischen Bemühungen. In der Ausstellung war das Thema »Reduktionsglasuren«, insbesondere die Kupferreduktion des berühmten Ochsenblutrots, zum beherrschenden Thema geworden. Im Katalog war das Verfahren beschrieben und in vielen Führungen von mir erläutert worden. Nun musste ich – unbeobachtet – hören, wie eine Hamburger Dame einer anderen die physikalisch-chemischen Rezepturen der Glasur beschrieb: »Weißt du, das Ochsenblutrot ist schwer herzustellen. Man muss das Blut ganz langsam rühren, damit die Farbe richtig herauskommt.«

Der Hamburger Ofen mit seinen nicht befriedigenden Temperaturen erlaubte Bontjes van Beek keinen regulären Reduktionsbrand. Deshalb entwickelte er die Technik einer Reduktion bei oxidierender Atmosphäre. Den Zettel mit seiner Glasurberechnung und den Massenangaben für diese Methodik habe ich als ein rares Dokument dafür aufbewahrt, wie ein chemisch-technisches Konzept zu einem künstlerischen Ziel führen kann. Die Verwandlung technisch-wissenschaftlicher Methodik in subtile, ästhetische Phantasie trieb Bontjes während der ihm verbleibenden Jahre stetig voran. Als ich 1976 in Japan zusammen mit anderer deutscher Keramik der Gegenwart diese Arbeiten zeigen durfte, schrieb einer der an das Naturverständnis der fernöstlichen Keramik gewohnten kenntnisreichen Kritiker, diese Glasuren hätten bei ihm einen Schock ausgelöst.

Bei allen Versuchen war Bontjes sich selbst der unnachgiebigste Kritiker, etwa bei seiner Entwicklung einer dicken, cremig weißen Glasur. Als ich ihn eines Tages besuchte, hatte er einige kleine Probschalen vor sich, die sein Ideal nach meinem Verständnis voll erfüllten. Mein Lob tat er unwirsch ab – Weiß müsse sein wie Muttermilch (seine Wortwahl war ungleich drastischer); er ließ es zu, dass ich eines der Schälchen kaufte, die anderen warf er in einen Korb mit misslungenen Stücken. 1966 räumte er sein Atelier auf, bevor er die Schule verließ. Ich ging in dieser Zeit zu ihm, um das eine oder andere für das Museum und uns persönlich zu erwerben. Nachdenklich stand er vor einigen der weißen

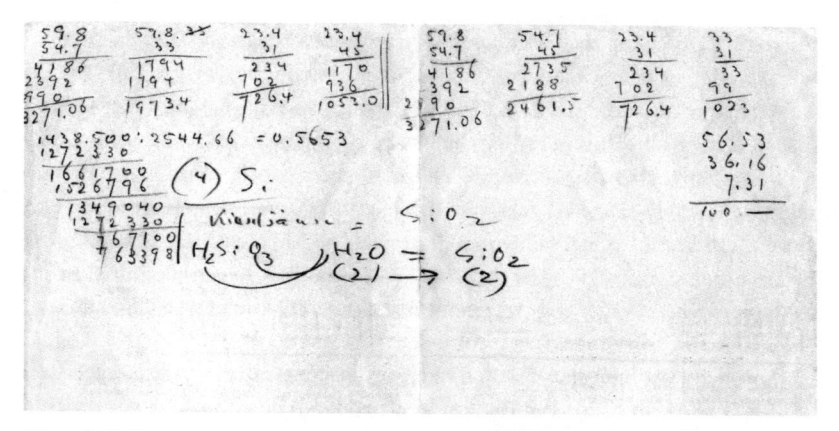

Glasurberechnung von Jan Bontjes van Beek, um 1964. Schema einer Reduktion bei oxidierendem Brand

Schälchen und meinte: »Das habe ich vor einigen Jahren gemacht, ist gar nicht so übel.« Ich konnte nur antworten: »Das habe ich Ihnen schon damals gesagt.« Das Fazit liegt auf der Hand: Künstler sollten mit ihrem Urteil über ihre neuen Arbeiten warten und das ihnen Missbehagende nicht sofort zerstören.

Der Töpfer hatte sich in seiner Werkstatt eine Schlafgelegenheit eingerichtet. Hier verbrachte er die Tage und Nächte, seine straffe Gestalt immer in weißes Bauwollzeug gekleidet. Das Bocciaspiel im Hof vor seinem Atelierfenster mit Gustav Seitz, Horst Janssen und Edgar Augustin war eine ihm liebe Unterbrechung der Arbeit. An den Wochenenden fiel ihm, wie er am Telefon sagte, in der leeren Schule aber oft »die Decke auf den Kopf«. Er kam dann zum Tee, war stets gleich in seinem Element. Es konnte geschehen, dass unter seinem zupackenden Griff eine Kuchengabel aus weichem Silber plötzlich einen rechten Winkel bekam und seine Frau, die zu Besuch aus Berlin gekommen war, ihn mit leichtem Tadel fragte: »Aber Jahn'chen, was machst du denn da?« Wir hätten die Gabel als Zeichen ungebrochener Vitalität nicht wieder zurechtbiegen sollen!

Wenn die Teezeit vorbei war und es zu dämmern begann, fragte Bontjes stets vorsichtig nach etwas Trinkbarem, so auch im Dezember 1962. Er bevorzugte Cognac und machte sich daran, die Flasche, von uns nur zurückhaltend unterstützt, in knapp zwei Stunden zur Neige gehen zu lassen. Zum Schluss bewies er, wie gut er noch steppen konnte. Während der vorher verstreichenden Zeit erbat er Mozart-Musik, natürlich Adagio und Fuge c-Moll nach Johann Friedemann Bach. Unsere erst ein halbes Jahr alte Tochter Claudia schlief derweil ungestört. Dienstags erreichte uns Post, die er noch vom selben Tag geschrieben hatte: »... es war schön bei Ihnen, und dieses Fugenquartett, das ich vor 20 Jahren mit so viel Leidenschaft gespielt und heute gehört habe, ist eine Entdeckung ... Bin tief in der Arbeit ... Wann endlich zeigen Sie mir Ihre sagenhafte Tochter? Oder war das Ganze nur Comédie? Gut gespielt, Spielmann! Herzlichst Ihr Bo.« (2.12.62)

Eine Zeit lang hielt sich Bontjes van Beek bestens aufrecht, wenn auch sein Lungenemphysem – eine bei Töpfern häufige, durch den Tonstaub verursachte Krankheit – sich mehr und mehr bemerkbar machte. Er musste sich immer häufiger mit einem Ballon Atemluft verschaffen.

Von der Mitte der sechziger Jahre an, Bontjes war inzwischen sechsundsechzig Jahre alt, nahmen trotz wachsender Anerkennung seine Melancholien zu. Uns erreichten deprimierte Briefe, zumal nach der Übernahme der Direktion am Lerchenfeld durch den Freiherrn von Buttlar, in der sich die kommenden Fehlentwicklungen im Bereich der Werkkünste bereits abzeichneten: »Es war so viel zu tun – ich war so vertieft in meine Arbeit – ich hatte keinen Platz auf den Tischen z. Schreiben vor lauter Proben ... Da ich mit der Leitung nicht zurechtkomme, ist die Arbeitsstimmung ganz hoch und ganz tief zugleich. Ach, was ist man doch für eine hilflose Kreatur als Mensch mit Empfindungen. Sie ahnen ja nicht, was dieses Scheißwirtschaftswunder das wegfrisst, was den Menschen zum Menschen macht. Er bleibt der wohlhabende Geistesverstümmelte.« (30.8.65)

Ein Jahr später war die Hamburger Zeit vorbei, an deren Ende einige wenige, diese Jahre krönende Gefäße mit lebendigsten Glasuren entstanden waren. Auf die Einladung zur Teilnahme an der jährlichen Museumsmesse des Kunsthandwerks antwortete er: »Nun bin ich abwesend von Hbg nach 6 Jahren u. war 1966 so viel krank, dass ich nichts zum Ausstellen habe. Vielleicht im nächsten Jahr?!« (16.11.66) Ein wenig konnte Bontjes sich im folgenden Jahr erholen; deshalb entschied er, wieder zu arbeiten. Als einzige Möglichkeit dazu war ihm die Oeynhausener Fabrik geblieben. Er lebte von einer kleinen Rente in einer bescheidenen Pension. Als wir ihn dort am Bußtag 1967 besuchten, sahen wir, was unter diesen eingeengten Bedingungen entstanden war; die wenigen Schalen übertrafen die letzten Hamburger noch an Intensität und lebendiger Glasurfarbe.

Etwa zwei Monate danach kam Bernard Leach, der in Japan und in englischsprachigen Ländern hochgeschätzte Töpfer, zu seiner ersten Ausstellung nach Hamburg. Er landete morgens gegen fünf Uhr, über Anchorage kommend, in Fuhlsbüttel, war sich nicht mehr sicher, ob es Tag oder Nacht war.

Wir erwarteten ihn gegen sechs Uhr morgens zum Frühstück. Beim Eintreten ging er, trotz Müdigkeit und Zeitverschiebung, gleich auf eine große clair-de-lune-farbene Schale zu und fragte, von wem sie sei. Auf unsere Antwort »Von Bontjes van Beek« sagte er, Lucie Rie, von der noch zu berichten ist, habe ihm von diesem Töpfer erzählt. Er kannte den Widerstand seines Kollegen gegen den Nazi-Terror, seine Leidensgeschichte und seinen Rang, nahm eine Kaki-Frucht, die ihm sein Freund Hamada Shoji, Japans größter Keramik-Künstler des 20. Jahrhunderts, beim Abschied in Mashiko in die Hand gedrückt hatte, und legte sie in die Schale: »In the honour of Bontjes van Beek.« Wir ließen die orangefarbene Frucht respektvoll so lange liegen, bis sie zu faulen begann. In der Schale blieb von dem durch das Craquelé gezogenen Saft ein bis heute sichtbarer Fleck zurück, der uns an den Respekt des einen großen Töpfers vor dem anderen erinnert.

Als wir Bontjes van Beek im Januar 1969 zu seinem 70. Geburtstag anriefen, klang er wenig hoffnungsvoll, aber immer noch trotzig. Er bekam nur noch mithilfe eines kleinen Ballons Atem, die Anfälle wiederholten sich in immer kürzeren Abständen. Ein Trost war ihm, dass wir den anfangs nur drei kleine Arbeiten der Vorkriegszeit umfassenden Museumsbestand seiner Arbeiten erheblich erweitern konnten, um ganz frühe Objekte, um die schönsten Stücke der Sammlung seines Freundes Carlfritz Petersen und um die neuen Erwerbungen, sodass er in Hamburg systematischer und umfangreicher vertreten ist als irgendwo sonst; eine zweite, wenn auch kleinere Gruppe seiner Gefäße konnte ich aus seinem Nachlass zwei Jahrzehnte später auf Schloss Gottorf zusammentragen.

Kurz vor der Eröffnung der Hamburger Abteilung fragte ich ihn, ob ihn eine mit uns befreundete Galeristin besuchen könne. Er forderte: »Sie soll möglichst morgen kommen, denn ich krepiere.« Sie folgte diesem makabren Wunsch. Jan Bontjes van Beek starb, atemlos geworden, wenige Tage darauf.

1961 hatte er für den Hamburger Museumskatalog seine autobiographischen Notizen aufgeschrieben und dazu notiert: »Hier schicke ich Ihnen meine Naturgeschichte. Da ich so alt bin, kann sie nicht kurz sein, und insofern bleibt wenig Raum für pittoreske Exkursionen, an denen mein Leben so reich ist. Sie würden recht tun, wenn Sie streichen würden auf Deubel und Engel komm heraus – oder wie sagt man das? Enfin, machen Sie daraus oder damit, was Sie möchten.« Mit diesen Notizen will ich seinem Vorschlag folgen.

Erich Heckel und Karl Schmidt-Rottluff

Im Zentrum von Max Sauerlandts Engagement standen die Maler der Künstlergemeinschaft »Brücke«. Die erste Hamburger Ausstellung, mit der ich mich Ende 1960 zu beschäftigen hatte, umfasste – neben anderen Zeugnissen von Plastik und Kunsthandwerk des deutschen Expressionismus – als Schwerpunkt Holzskulptur, Tapisserie und Schmuckkunst. Die Ausstellung stand bereits, als ich in Hamburg eintraf; ich hatte sie lediglich abzubauen, ohne etwas davon für die mir eben überantwortete Abteilung festhalten zu können – ich konnte Erich Meyer, meinen neuen Chef, nicht dazu bewegen, einige der vielen für einen Ankauf verfügbaren, noch preiswerten Objekte zu erwerben, von drei kleinen Stein- und Knochenschnitten Schmidt-Rottluffs abgesehen. Meyer scheute offensichtlich eine Grundsatzdiskussion mit Carl Georg Heise. Dieses Arrangement wollte ich für die Zukunft nicht hinnehmen, musste aber noch auf eine Chance warten, es zu konterkarieren. Sie kam 1966.

Fünf Jahre davor besuchte ich eine Zeitzeugin der frühen »Brücke«-Zeit, die bereits in ihren Neunzigern stehende Luise Schiefler; zu ihrem 100. Geburtstag sollte Heckel für sie 1967 einen schönen Holzschnitt mit einem weiten Regenbogen über einer norddeutschen Landschaft drucken. Luise Schiefler lebte mit einer ihrer Töchter zwischen vielen der Kunstwerke, die ihr Mann gesammelt hatte – Werken von Munch, Nolde, den Malern der »Brücke«. Gustav Schiefler, ein Hamburger Landgerichtsdirektor, den Alfred Lichtwarks Eintreten für eine künstlerische Bildung der Gesellschaft begeisterte und der später mit Max Sauerlandt gute Verbindung hielt, hatte die bis heute weitgehend immer noch gültigen Werkverzeichnisse der Druckgraphik Hamburger Maler der Zeit um 1900 sowie von Liebermann, Nolde und Kirchner publiziert. In seinem Haus, das unweit einer von Heckel mehrmals gemalten Schleuse im Alstertal bei Mellingstedt lag, gingen die Revolutionäre des Expressionismus ein und aus, hier malten mehrere von ihnen während ihrer Besuchstage, hier fanden sie einen Förderer, der nicht nur von Anfang an zu den passiven Mitgliedern der »Brücke« gehörte, sondern mit klarem Urteilsvermögen die Blätter für seine Sammlung auswählte, dabei von seinen Nachbarn argwöhnisch oder hämisch betrachtet. Die weißhaarige, zarte Luise Schiefler erzählte mit ruhiger, heller und fester Stimme, in gleichem, leicht gedehntem Ton und in einer Diktion ohne Hebungen, aber immer noch spürbar empört, wie Nachbarn zu einem beiläufig eingeleiteten Besuch gekommen seien und sich dabei verstohlen umgesehen hätten. Ohne es zu erwähnen, habe ihr Interesse offensichtlich vor allem Munchs Portrait ihres Mannes gegolten. Sie habe gehört, wie die Frau zu ihrem Mann gesagt habe: »Aber so schlimm finde ich es gar nicht.« Auf meine Frage berichtete sie auch das eine oder andere von ihren ehemals jungen Malerfreunden, die sich so oft wild und ungebärdig äußerten. Kirchner etwa habe geschrien: »Wer mich mit Heckel verwechselt, gehört erschossen«, und Heckel habe lauthals postuliert: »Es gehört alles ausgerottet, alles ausgerottet.« Da habe ihr Mann geantwortet: »Herr Heckel, wenn Sie alles ausrotten, was kommt als Erstes wieder? – Das Unkraut!«

Der gleichmäßige Klang, mit dem die alte Dame uns ihre Erinnerungen vortrug, stand zur Vehemenz dieser ein halbes Jahrhundert zurückliegenden Ausbrüche in denkbar größtem Gegensatz. Ebenso augenfällig war der Unterschied zwischen ihrer und Erich Heckels sowie Karl Schmidt-Rottluffs Erscheinung, als ich sie 1966 kennenlernte. Beide hatten die achtzig überschritten, verbrachten unprätentiös ihre letzten Jahre mit ihren etwa gleichaltrigen Frauen. Mich erinnerten sie an Philemon und Baucis, die in diesem Fall jemanden von der Art eines um ein halbes Jahrhundert jüngeren Merkur empfingen. Abgewogen im Urteil, sicher in dem, was sie wollten, auf zurückhaltende Weise generös, waren sie bereits damit beschäftigt, für sich und ihre Weggefährten ein eigenes Museum einzurichten. Vor allem Karl Schmidt-Rottluff, der seit den frühen Jahren der »Brücke« so oft die Initiative für ein gemeinsames Handeln ergriffen hatte, verfolgte dieses Ziel mit umsichtiger Tatkraft.

Konnte in einem solchem Moment noch ein Erfolg versprechender Versuch unternommen werden, Sauerlandts Museumserbe mit einigen Zeugnissen von Skulptur und Kunsthandwerk der »Brücke« wenigstens in Teilen zu restituieren? Ich machte einfach die Probe aufs Exempel. Mit Zustimmung des Jubilars sammelten wir Spenden zum 70. Geburtstag von Eberhard Thost, dem Vorsitzenden der Justus Brinckmann Gesellschaft (die noch als »Kunstgewerbeverein« firmierte). Thost hatte Sauerlandt gekannt und bewundert, sein Haus am Hamburger Leinpfad hatte er um 1930, nicht zuletzt durch den Museumsmann angeregt, vom Bauhaus-Meister Marcel Breuer einrichten lassen. Sein runder Geburtstag würde, so hoffte ich, statt der Anhäufung von obligaten Geschenken eine Summe für die von mir ersehnten Ankäufe erbringen. Das Resultat der Aktion erschien als nicht sonderlich bemerkenswert. Gemessen an heutigen Kunstpreisen nimmt sich der 1966 zusammengekommene Betrag von etwa 20 000 DM wie eine Lappalie aus. Dass damit etwas Respektables – nach heutigem Wert ein Hundertfaches in Euro – zu gewinnen war, ließ sich nicht erwarten. Allerdings habe ich es immer so gehalten, dass man zur rechten Zeit und auf die richtige Weise sehr gute Erwerbungen auch mit geringeren Mitteln ermöglichen kann.

Nachdem ich 1966 zunächst Werke einiger Künstler, die Sauerlandt favorisiert hatte, erwarb – Zeichnungen und Bildwerke von Gustav Heinrich Wolff, Moissey Kogan, Richard Haizmann, sogar (aus dem 2013/14 öffentlich bekannt gewordenen Bestand von Hildebrand Gurlitt) eines der 1938 beschlagnahmten Aquarelle von Otto Dix mit anderen seiner frühen Blätter – und daneben auch einige weitere der im Museum inzwischen heimisch gewordenen Künstler wie Oskar Kokoschka, Willi Baumeister, HAP Grieshaber hinzugewonnen hatte, blieben noch etwa 9000 Mark übrig. Mit ihnen ging ich das Schwierigere an: den Ankauf von Arbeiten der »Brücke«. Der erste Künstler, dem ich deshalb schrieb, war Erich Heckel. Er war offenbar über meine gut begründete, aber mit einem schmalen Budget ausgestattete Initiative erfreut und lud mich umgehend ein, ihn am Bodensee zu besuchen. Am Abend dort angekommen, ging ich am folgenden Vormittag zu ihm. Kühn hatte ich für die kommende Nacht bereits ein Schlafabteil gebucht, um, darin eingeschlossen, mit etwaigen Schätzen unbesorgt nach Hamburg zurückfahren zu können.

Als Erich Heckel und seine Frau Sidi mich begrüßt und in ihr schlichtes Wohnzimmer gebeten hatten, musste ich zunächst einmal schlucken, denn zur Vorbereitung meiner beabsichtigten Erwerbung standen alle Holzfiguren da, die Heckel nach dem Brand seiner Berliner Wohnung noch besaß. Ich wusste zunächst nicht, wem ich mich zuwenden sollte, dem ruhigen, ernsten, äußerlich emotionslos scheinenden Maler und seiner Frau oder den etwa zwölf Holzfiguren, von denen ich eine Reihe beim Abbau der Ausstellung 1960 in Händen gehabt hatte. Sie standen da wie primitive Göttergestalten zwischen anspruchslosen Wohnmöbeln einer aufgeräumten Kleinbürgerwohnung; dieses Ambiente besaß nichts vom künstlerischen Fluidum der Dresdner »Brücke«-Ateliers zu Jahrhundertbeginn.

Während Sidi Heckel schweigend zuhörte, kam der Maler gleich zur Sache, nachdem ich ihm meine Intention wiederholt hatte. Welche Figur ich am liebsten hätte. Ich zögerte nicht lange, nannte die schönste und größte von allen, eine stehende Aktfigur aus hellem Ahornholz mit einem sie durchziehenden, ihre elementare Kraft steigernden Trockenriss, denn sie erinnerte mich an die verlorene. Heckel reagierte sachlich zustimmend: »Die würde ich an Ihrer Stelle auch nehmen.« Auf mein realistisches Bedenken, den Kaufpreis könne ich wohl nicht darstellen, fragte er: »Wie viel Geld haben Sie zur Verfügung?« – »Etwa 9000 Mark.« – »Gut, dann 6000.« Er erzählte, die Figur sei 1912 aus demselben Ahornstamm geschnitten wie die einst von Sauerlandt erworbene; den vor seinem Haus in Mellingstedt gefällten Stamm hätte Gustav Schiefler ihm und Kirchner geschenkt. Schwerlich hätte ich einen besseren Ersatz finden können.

Mutig geworden, fragte ich Erich Heckel, ob er noch ein Exemplar des Selbstbildnis-Holzschnittes von 1917 habe, das Sauerlandt in einem anderen Abzug gekauft hatte und das beschlagnahmt worden war. Er brachte nach wenigen Minuten einen schönen frühen Druck dieses Blattes, zusammen mit zwei neueren graphischen Selbstbildnissen und dem bestens bekannten, gleichzeitig entstandenen Portrait Ernst Ludwig Kirchners, das den Titel »Roquairol«

trägt; diese Gestalt aus Jean Pauls »Titan« sei ihm, Heckel, immer wie ein Alter Ego seines verstorbenen Weggefährten erschienen. Er sähe diese Deutung des Freundes gern neben seinen Selbstbildnissen. Für die vier Blatt rechnete er 600 Mark.

Anscheinend fand Erich Heckel, dass die Gruppe seiner Arbeiten zur Erfüllung meines Ziels nicht ausreiche, hatte wohl auch in einem klugen, sachlichen Gesicht sein gut verborgenes Vergnügen an meinem Enthusiasmus und brachte ergänzend zunächst eine weitere, die früheste erhaltene seiner Figuren, der Rest eines Trägerpaares mit Schale – die übrigen Teile seien verbrannt. Mir war klar, dass dieses früheste Zeugnis von 1906/08 ein Rarissimum war, und ich sagte dies offen. Die Replik lautete: »Ist ja nur ein Stück Holz – 800 Mark.« Noch günstiger war eine geschnitzte Holzschale von 1912, und als Ergänzung ein neuerer Farbholzschnitt, auf dem ebendiese Schale zu sehen war. Als der Maler mich während der folgenden Pause im Gespräch einlud, einen Blick auf den Raum zu werfen, sah ich, unauffällig auf einen kleinen Schrank platziert, einen faustgroßen weißen Stein mit einem Portrait, offensichtlich ein Selbstbildnis neuerer Zeit, das zu den im Handel damals wenig geschätzten neueren Arbeiten zählte. Davon entgegen der gängigen Meinung sehr angetan, kommentierte Heckel mein Lob: »Sie sind der Erste, dem dieser Stein von Sylt gefällt. Geschenkt.«

Als ich nach der Mittagspause wie vereinbart zurückkam, hatte Heckel inzwischen noch einige seiner frühen Plakate, andere gebrauchsgraphische Arbeiten und Holzstöcke geholt, mit denen er das Ensemble vervollständigte, während Sidi Heckel einen Anhänger, eine Brosche und einen Armreif aus getriebenem, mit Schwefelleber geschwärztem Silberblech brachte, Schmuckstücke, die er 1912 für seine damalige Freundin und Gefährtin gemacht hatte. Nie hätte ich gewagt, nach solchen persönlichen Objekten zu fragen, doch Sidi Heckel wollte sie in einem ihr und ihrem Mann zusagenden Museum wissen; später schickte sie mit der Post noch drei weitere dieser Schmuckstücke.

Nun hatte ich einige gewichtige Pakete mit auf die Reise zu nehmen und war froh, dass ich das abschließbare Abteil gemietet hatte. Nachdem ich mit demselben Taxi wie am Morgen nach Singen gefahren war und mithilfe eines Gepäckträgers das Abteil bezog, fragte mich der Schaffner neugierig: »Was haben Sie da in der Rolle, einen Teppich?« – »Nein, Sie werden lachen, ein nacktes

Mädchen.« – »Soll die ins obere Bett?« – »Nein, die kann ins Gepäcknetz.« Lange vor dem Frühstück kam ich in der Morgendämmerung mit meinem Schatz zu Hause an, denn das Museum war so früh noch geschlossen. Unsere dreijährige Tochter, die vom Auspacken und Erzählen wach wurde, kam, ihre Augen reibend, ins Wohnzimmer, stand vor der sie überragenden Holzfigur und kommentierte sie nach ihrem Verständnis der Helden Karl Mays: »Die sieht ja aus wie Winnekuh.«

Auf andere Weise waren meine damalige Chefin und die Kollegen verwundert, als Heckels Skulptur – erkennbar seine Frau, die junge Tänzerin Sidi Riha – mit den weiteren Werken im Museum ausgepackt wurde. Der relativ schmale Erlös aus den Spenden hatte dem Museum neben anderem fünfzehn Arbeiten von Heckel beschert, darunter ein Hauptwerk seiner Skulptur. Es blieb sogar noch ein wenig Geld für weitere Ankäufe übrig, einige kleine Beträge kamen hinzu, sodass schließlich nach dem 70. Geburtstag Eberhard Thosts, wie es sich gehört, siebzig Bildwerke, Aquarelle, Zeichnungen, druckgraphische Blätter und Schmuckstücke der als »entartet« Geschmähten als neue Erwerbungen gezeigt werden konnten. Jedoch waren dreimal so viele 1937 beschlagnahmt worden.

Es galt also, wollte man die Lücken schließen, noch mehr zu tun, neben dem systematischen Ausbau von Deutschlands wichtigster Jugendstilsammlung und neben Ankäufen von Kunst der Gegenwart. Die Sammlung sollte sich nicht in der Retrospektive erschöpfen. Durch Heckels Bericht über den Ahornstamm und seine Verwendung neugierig geworden, machte ich mich an die Durchsicht der erhaltenen Korrespondenz, die Sauerlandt mit den Künstlern bereits um 1930 bei den Ankäufen der »Brücke«-Skulpturen geführt hatte. Darin stand zu meiner Überraschung, dass er von Schieflers Geschenk bereits gewusst hatte. Kirchner hatte die Frage, ob etwa die kleinere seiner ins Museum gelangten Arbeiten auch aus Schieflers Ahornstamm geschnitten sei, in dem barschen Ton beschieden, den er bei allen Antworten nach seinen alten Weggefährten anschlug. Offenbar immer noch verärgert, erläuterte er, Heckel habe ja den Hauptteil des Stammes erhalten, er nur Kopf- und Fußende. Aus einem dieser Stücke habe er lediglich eine Schale schnitzen können.

Weitaus herzlicher als Kirchner um 1930 reagierte Oskar Kokoschka am 22. Juli 1968 auf meinen Hinweis, dass Erich Heckel wenige Tage darauf seinen

85. Geburtstag feiere. Er schrieb ihm: »… dass auch Sie ein höherer Jahrgang sind und Ihren Geburtstag zu feiern Grund genug haben, weil Sie, wie ich, rüstig und voll Lebensmunterkeit die Misere des kulturfeindlichen Jahrhunderts so weit überstanden haben. Ich wünsche Ihnen recht herzlich … auch weiterhin gute Laune und Gesundheit, um den Widerwärtigkeiten als Philosoph, der seine Deutschen kennt, widerstehen zu können. Ihre Leistungen als Künstler werden auch in Zukunft richtig gewürdigt …«

Was meine Intention betraf, die Werke der »Brücke« im Hamburger Museum zu mehren, so konnte ich an den Ankauf von Kirchner-Arbeiten nach Erschöpfung meines kleinen Spendenertrags nicht denken. Anders stand es nach einiger Zeit mit Schmidt-Rottluff, als ich wieder über einige Reserven verfügte. Einige von Schmidt-Rottluffs Arbeiten waren erhalten geblieben, ein schmaler Grundstock. Zu ihm gehörten eine Gruppe von Schmuckstücken sowie einige zwischen Zirkusplakaten versteckte Holzschnitte und Holzschnitt-Plakate, aber die wichtigsten Werke waren von den nationalsozialistischen Häschern und dem willfährigen, jedoch nur als »geschäftsführend« bestellten Museumsdirektor der Nazi-Zeit, Konrad Hüseler, 1937 beseitigt worden; darunter die ausdrucksstarken, kantigen, aus Holzblöcken geschnittenen und farbig gefassten Köpfe, ein Gobelin, auch der dazugehörige Originalkarton sowie ein Mosaik Schmidt-Rottluffs. Nichts davon oder von den Holzskulpturen Heckels und Kirchners ist bis heute aufgetaucht; ihre Spuren ließen sich nur bis in ein Münchner Filmstudio verfolgen; sie hatten als Dekoration eines antisemitischen Hetzfilms gedient.

Da die alten Freunde Heckel und Schmidt-Rottluff sich ständig austauschten und ich die Erwerbungen des Jahres 1966 inzwischen publiziert hatte, war Karl Schmidt-Rottluff bereits über meine Intentionen und deren erste Früchte unterrichtet, als ich mich in den späten sechziger Jahren an ihn wandte. Er antwortete wie Heckel mit einer Einladung, und wenig später trafen wir ihn in seiner Berliner Wohnung an der Schützallee. Sie begrenzte, wie die Erich Heckels ähnlich einfach möbliert und auf sympathische Weise kleinbürgerlich anmutend, seinen enger gewordenen Lebens- und Arbeitsbereich; er verließ ihn kaum, nur über Jahrzehnte hinweg während des Sommers, um einige Monate an der Ostsee bei Sierksdorf zu verbringen. Von den während dieser Aufenthalte entstandenen Stein- und Knochenschnitten waren einige 1960 nach

Hamburg gelangt, aber keine größere Skulptur, die ich natürlich als einen bevorzugten Wunsch zur Sprache brachte.

Mit dem herben und kantigen, kein unnötiges Wort machenden Karl Schmidt-Rottluff etwas zu besprechen war nicht einfach. Er erschien zunächst wie die Sprödigkeit selbst. Er hörte, ebenso wie seine Frau, genau zu, sagte jedoch kaum etwas. Ich empfand mich wie ein Störenfried. Dass er sich gern ansprechen ließ, habe ich erst drei Jahrzehnte später erfahren, als mir aus Anlass ihrer Ausstellung im jüdischen Museum Rendsburg seine ehemalige Schülerin Janne Flieser einen Brief der Zeit meiner Besuche in der Schützallee zeigte, in dem er den »famosen Herrn Spielmann« erwähnte. Dies zu zitieren mag unbescheiden klingen, beweist jedoch, wie schwer aus Schmidt-Rottluffs Reaktion sein Gegenüber erschließen konnte, ob er höflich zuhörte, sich ablehnend verhielt oder ob man seine Sympathie gewann.

Ich erzählte ihm zunächst von meinem Erlebnis, dem Besuch seiner Aquarell-Ausstellung in Hagen um 1949, der mir die Augen nicht nur für ihn, sondern für die gesamte Moderne geöffnet hatte, sprach mit ihm über die Intention, Sauerlandts Gedächtnis wachzuhalten. Meine Frage nach einer seiner Skulpturen beschied der alte Maler zunächst abschlägig, erbat sich Bedenkzeit. Beim wiederholten Besuch erklärte er mir 1970, er besitze nur noch wenige plastische Arbeiten; diese habe er für das von ihm geplante Berliner »Brücke«-Museum bestimmt. Doch dann holte er einige kräftige farbige Holzgefäße, eine rote und eine gelbe Schale sowie eine grüne Deckeldose mit einem lapidar geschnittenen, zentral symmetrisch verdoppelten »S D Gl« – Soli Deo Gloria. Er habe sie in den letzten Jahren des Zweiten Weltkriegs dank einer Brennholzzuteilung schnitzen können. Er wolle sie dem Museum schenken.

Während er aus den Jahren der »Brücke« erzählte, u. a. wie er und seine Freunde Farben erprobt und der Sonne ausgesetzt hätten, kam die Rede auf seine neuere Druckgraphik. Drei der in sattem Schwarz gedruckten Lithographien bot er uns zu freundlichsten Bedingungen an, darunter ein Stillleben, auf dem eine seiner Skulpturen zu sehen war; ihren Bronzeguss konnte ich 1992 auf einer Auktion für das Schleswiger Museum ersteigern. Wieder war während unseres Besuchs ein Rundgang durch einige Räume der Wohnung ein lohnendes Unternehmen. Im Korridor hing, von einer gegenüberliegenden Tür aus gut sichtbar, eine mit großzügig-vehement geführten Wollfäden im Kloster-

Karl Schmidt-Rottluff: Motiv im Taunus, Wandteppich, 1963/1970, Museum für Kunst und Gewerbe, Hamburg

stich ausgeführte Tapisserie. Ihr Duktus spiegelt die kräftige und lebendige Malerei im textilen Medium. Dass diese ungewöhnliche Form eines expressiven Bildteppichs mir gefiel, weckte Schmidt-Rottluffs weitere Hilfsbereitschaft. Die Tapisserie sei, erläuterte er, nach seinem Entwurf und nach seinen Angaben von seiner Schülerin Janne Flieser ausgeführt worden. Wenn wir wollten, würde er sie fragen, ob sie noch einmal so etwas zu machen bereit sei. Er würde uns Nachricht geben. Die Antwort war positiv, also wiederholten wir bald unseren Besuch. Schmidt-Rottluff zeigte uns ein Gemälde »Motiv im Taunus«, er habe es seines dekorativeren Charakters wegen von Anfang an zur Übersetzung ins Textil vorgesehen. Er verzichtete auf ein Honorar, wir hatten lediglich Janne Flieser für ihre Arbeit zu bezahlen.

Eine so generöse Kondition war leicht einzuhalten. Es dauerte nur einige Monate, bis die Tapisserie eintraf. Sie bildete, gut ein Jahr nachdem ich die moderne Abteilung des Museums für Kunst und Gewerbe hatte vorstellen können, in dem zu Max Sauerlandts Gedächtnis bestimmten Raum neben Heckels Ahornfigur und einer umfangreicher gewordenen Gruppe mit Kunst des deutschen Expressionismus einen Schwerpunkt. Die Scharte von 1937 war nicht völlig ausgewetzt, erschien aber als weniger schmerzhaft.

In der seitdem verstrichenen Zeit hat mein Freund Wilhelm Hornbostel die Sammlung der von Sauerlandt geförderten Künstler weiter verdichten können, vor allem durch Werke von Moissey Kogan, Gustav Heinrich Wolff und Richard Haizmann; hinzu kam, als ein Schritt darüber hinaus, Kunst der Hamburgischen Sezession mit Bildern und Blättern ihrer führenden Maler, Werke aus einer neu aufgebauten Sammlung der Hamburger Sparkasse. Den nächsten Anlass für die Restitution von Kunst der »Ära Sauerlandt« gab erneut ein 70. Geburtstag – dieses Mal mein eigener. Meine Frau und ich konnten dem Museum siebzig Arbeiten von Wolff aus unserer eigenen Sammlung übergeben.

Oskar Kokoschka

Nie wieder traf ich einen Menschen mit einer so intensiven, jeden unmittelbar erreichenden Ausstrahlung wie Oskar Kokoschka. So wie er von sich sagte: »Ich bin Reaktionär, denn ich reagiere immer«, forderte er auch die Reaktionen anderer heraus: Man ließ sich von ihm mitreißen und wurde durch ihn bereichert, oder man wehrte sich gegen seine Suggestion. Er war ein Mensch des Entweder-Oder, man sah sich mit ihm konform, oder man lehnte sich gegen ihn auf. Im Urteil über ihn spiegelt sich diese Antinomie bis heute – in einer dem Entertainment ergebenen konformen Gesellschaft ist ein Individualist par excellence unwillkommen. Für das Verhalten zu ihm galt und gilt Goethes Erkenntnis der »Maximen und Reflexionen«: »Gegen große Vorzüge eines anderen gibt es kein Rettungsmittel als die Liebe.«

Meine erste Kokoschka-Ausstellung

Nach allem, was wir von ihm gehört hatten, klingelten wir respektvoll und ein wenig unsicher gegenüber dem, was uns erwartete, während eines sonnigen Februarmorgens 1965 an Kokoschkas Haustür in Villeneuve am Genfer See. Sein noch nicht zwei Jahre altes Bronzerelief »Der Töpfer« hatte am Eingang seinen Platz gefunden hatte. Wir waren mit dem Sammler Edgar Horstmann gekommen, der uns den Wunsch des Künstlers übermittelt hatte, ausgewählte Arbeiten der jungen Leute aus Kokoschkas Salzburger »Schule des Sehens« in einer Ausstellung bekannt zu machen. Wir wollten aber darüber hinaus weitaus mehr zeigen – alle zweckgebundenen Arbeiten, die Illustrationen, Plakate, Bühnenentwürfe aus sechs Jahrzehnten.

Oskar Kokoschka galt – wohl seiner zahlreichen Angriffe auf die abstrakte Malerei, aber auch seiner die herrschenden Kunstkonventionen verachtenden Haltung wegen – als schwer einschätzbar, als schwierig und wild, noch immer, seit seiner Jugend. Jeden Augenblick erlebend, ganz von ihm besessen, konnte er ebenso passioniert seine Zuneigung bezeugen wie in Zorn ausbrechen. Die Vorstellung, uns erwarte ein unberechenbarer Mensch, war ein Irrtum, wie sich zeigen sollte, sobald man mit ihm zu tun bekam und ihn verstand.

Mit den schönsten der neueren Arbeiten, seinen Bühnenbildern, denen Martin Hürlimann gerade in der Zeitschrift »Atlantis« einen enthusiastischen Aufsatz gewidmet hatte, brauchten wir, hieß es, nicht zu rechnen. Die einige Jahre zuvor entstandene Salzburger Tapisserie mit »Amor und Psyche« habe im Festspielhaus ihren festen Platz, auch sie könne man nicht ausleihen. Es liefe alles darauf hinaus, lediglich die für das Ausstellungskonzept relevante Druckgraphik zu zeigen, und die gebe es in der privaten Sammlung Horstmann. Ich ließ mich jedoch nicht irritieren.

Von Olda Kokoschka empfangen, trafen wir ihren Mann im unteren Teil seines auf den See hin gelegenen Gartens, als er gerade Äste und Zweige verbrannte. In seinen Geschichten aus der Kindheit hat er erzählt, wie er als Knabe den Brand Trojas nachspielte, indem er einen Ameisenhaufen ansteckte. Ohne sich durch die Besucher stören zu lassen, war er jetzt wiederum mit seinem Feuer beschäftigt. Er hatte sich jene phantasievolle – von Max Ernst in seiner Hamburger Dankrede zum Lichtwark-Preis als Voraussetzung künstlerischen

Oskar Kokoschka nach der Verleihung des Hamburger Lichtwark-Preises mit den gleichzeitig ausgezeichneten Stipendiaten. Von l. nach r.: Jörn Pfab, Volker Detlef Heydorn, Ursula Querner. Ganz rechts: Horst Janssen. 1952

Vermögens proklamierte – »zweite Kindlichkeit« bis in sein höheres Alter bewahrt, ein im Schiller'schen Sinn naives Verständnis der Welt.

Der Maler hatte sich, nach Jahrzehnten der Unstetigkeit und der Flucht vor Hitler, erst 1953 am Genfer See seine eigene Welt eingerichtet, ein bescheidenes Haus mit dem Atelier, das er wegen der darin untergekommenen Bücher seine Bibliothek nannte. Zwei Stufen höher und durch eine Schiebetür mit japanischen Kupfergriffen verschlossen, lag der kleine Wohnraum, von dem aus eine offene Treppe ins Obergeschoss mit den Schlafräumen führte. Hier hatten zwei Sessel neben einem Teetisch, einige Stühle und ein Klapptisch, ein Gläserschrank, ein ebenfalls Gläser enthaltender Hängeschrank, eine Kommode und ein Regal mit einigen Büchern und Schallplatten Platz gefunden. Auf etwa 25 Quadratmetern war ein ungemein sympathisches, englisch möbliertes Zimmer entstanden, in dem neben kleinen Andenken ein unvollendet gebliebener spätklassischer Athena-Kopf aus Marmor auf einem Regal stand; Kokoschka zeichnete ihn 1964 oder 1965 als Titelbild seiner Lithographien-Folge zur Odyssee. An den Wänden hingen einige wenige seiner Arbeiten, unter anderem ein Gemälde mit einer Ansicht des Genfer Sees, und, Jahre später, an einer weiteren freien Stelle eines seiner letzten Gemälde, »Peer Gynt«, eine gleichnishafte Deutung seines verflossenen Lebens.

In diesem Raum, der über eine Terrassentür in den Garten mit Blick auf den See führte, wurden Gäste empfangen, hier saßen Olda und Oskar Kokoschka abends oder am Nachmittag einander gegenüber, um zu lesen oder Musik zu hören, hier nahmen sie an einem Klapptisch ihren stets bescheidenen Lunch ein. Gelegentlich wechselten sie in einen zweiten, etwas weiter bemessenen, von der kleinen Diele aus zugänglichen Raum, den Kokoschka als Reich seiner Frau ansah; in ihm befand sich die Bibliothek, u. a. mit den Publikationen über den Maler; hier gab es Schubladen für dokumentarische Photographien und für Zeichnungen sowie einen von Olda benutzten Schreibtisch, ferner einen – selten brennenden – offenen Kamin. Über den Regalen standen einige griechische Vasen, hingen eine Lithographie von Delacroix und eine Radierung von Munch.

Kokoschka ließ nur wenige Besucher in sein Atelier ein, es war ein Vorzug, dass er uns nach der Begrüßung gleich die Tür dazu öffnete. In ihm herrschte dieselbe mit Sinn für Form gepaarte Ökonomie, mit der auch die beiden anderen Erdgeschossräume eingerichtet waren. Nichts verriet den emotional hoch gespannten Künstler, alles war auf eine nicht penible Weise aufgeräumt. Unter einer Version des Amor-und-Psyche-Gobelins ohne Bordüren stand der Schreibtisch, an dem Kokoschka seine vielen Briefe schrieb und später sein »Schriftliches Werk« redigierte; daneben befand sich eine Lade mit verschlossenen Fächern für Farben und Stifte, auf ihr lag über einer Kaschmirdecke ein Akademie-Diplom. Ergänzt wurde die Einrichtung um einige Lehnstühle und einen kleinen runden Tisch. Als Wasserhahn diente ein barock anmutender silberner Delphin, den Kokoschka bei einem Antiquar gefunden und nach dem er sein Haus »Villa Delphin« genannt hatte. Neben den nach Norden und Westen ausgerichteten Fenstern hatte die Staffelei Platz gefunden; solange Kokoschka an keinem anderen Bild arbeitete, sah man darauf das Gemälde mit einer Entführung, einer Paraphrase der Marmorgruppe von Theseus und Antiope aus dem Apollo-Tempel in Eretria auf Euböa, deren Photographien über der

Tür zum Atelier hingen. Das sich im Laufe der Jahre ständig verändernde, mit immer dickeren Farbschichten bedeckte Gemälde war gleichsam seine *pièce de résistance*, an dem er vor jedem Beginn eines neuen Bildes eine Zeit lang arbeitete. Bescheidener, zweckmäßiger, auf selbstverständliche Weise schöner hätten die drei Erdgeschossräume der kleinen »Villa Delphin« nicht eingerichtet sein können. Leider ließ sich nach Olda Kokoschkas Tod das Anwesen nicht erhalten; das Haus hat heute andere Besitzer. Deshalb habe ich es aus meiner über fünfundzwanzig Jahre hinweg lebendig gebliebenen Erinnerung noch einmal zu beschreiben versucht.

Oskar Kokoschka mochte keine Bohème-Atmosphäre, er trug bequeme, auf englische Weise elegante, immer unauffällige Anzüge, statt des Jacketts meist eine dunkelblaue Strickjacke und band sich, wenn er malte, eine blau gestreifte Metzgerschürze um. In seinem Habitus hielt er sich, wie er sagte, an seinen Wiener »Lehrer und Entdecker« Carl Otto Czeschka, der 1907 nach Hamburg übergesiedelt war; der habe ihm beigebracht, dass man gut angezogen sein müsse. Er hielt nichts von einer zur Schau getragenen Künstlererscheinung. Die Zeiten, in denen er sich aus Protest gegen die Gesellschaft den Kopf hatte scheren lassen, lagen 1965 um mehr als ein halbes Jahrhundert zurück. Die kurz gehaltenen, inzwischen weiß werdenden Haare aber ließen wie damals die straffe Form des Schädels hervortreten. Seine Augen waren der Fokus jeden Raums, den er betrat, und beherrschten alles. Seine Erscheinung brauchte weder Attitude noch Staffage. Wenn ich daran denke, wer in Kokoschkas Haus zu Besuch war, dass hier viele Gäste Platz finden und sich sogar Fernsehteams ausbreiten konnten, wie viel Intimität diese Räume aber trotz allem bewahrten, dann spüre ich noch heute in der Erinnerung die selbstbestimmte Sicherheit eines Mannes, der davon überzeugt war: Die Welt bin ich, die Welt ist das, was ich von ihr wahrnehme, was mein Bewusstsein füllt.

Olda Kokoschka hatte an der Einrichtung des Hauses ihren nicht zu unterschätzenden Anteil, machte davon jedoch kein Aufhebens. Gemeinsam mit ihrem Mann war sie während des Krieges und danach durch Londoner Antiquitätengeschäfte gezogen, um nach der Flucht und dem Verlust von allem mit wenigen Mitteln allmählich wieder eine Wohnung einzurichten. Ihre Umsicht gab Kokoschka eine ihm in seinen vorangegangenen Lebensjahrzehnten unbekannt gebliebene, allerdings auch nicht entbehrte Sicherheit. In Villeneuve

Olda und Oskar Kokoschka, 1960er Jahre

sorgte sie dafür, dass er ungestört blieb, wenn er es wollte; ohne diese ganz auf ihn und seine Freiheit ausgerichtete Regulierung des Alltags hätte er schwerlich die umfangreichen Zyklen zur Weltliteratur und zum Theater zeichnen können. Olda bereitete die gemeinsamen Reisen vor und kümmerte sich um den Tee oder den Wein für die Gäste, sie hielt ihm unerwünschte Störenfriede vom Leibe. Sie besaß einen untrüglichen Sinn dafür, ob jemand aus zweifelhaften Gründen, aus Neugierde oder aber mit konstruktiven Ideen kam, hielt sich jedoch bei Unterredungen zurück, allenfalls mit missbilligendem Schweigen sich von diesem oder jenem distanzierend. Mit schlichten Worten erklärte sie ihre Zurückhaltung: Es könnten nicht alle die erste Geige spielen.

Kokoschka zeigte uns zunächst ein wenig das Haus, vergnügte sich dabei mit einer in Indien aus Leder genähten, ihm gerade geschenkten Fußbank in Form eines Ferkels, knurrte unwirsch über sein gerade im Entstehen begriffenes Stillleben mit einer Obstschale und einer darum herumschleichenden Katze. Dann besprachen wir das Konzept der Ausstellung. Entgegen allen negativen Prophezeiungen war Kokoschka gleich mit von der Partie, als er begriff, worum es ging, und erfuhr, dass die Arbeiten seiner Schüler ebenfalls zu sehen sein sollten.

Als wir am selben Tag nachmittags zum Tee kamen, fanden wir bereits überall die Passepartouts mit den schönsten Theaterzeichnungen der fünfziger und frühen sechziger Jahre; sie lagen auf dem Boden und dem Tisch, standen an der Wand entlang und die offene, ins Obergeschoss führende Treppe hinauf – all das, was er zuvor noch nie ausgeliehen hatte. Er hatte schnell Vertrauen zu uns gewonnen und stellte alles zur Verfügung, allerdings unter einer Bedingung: Der Zoll durfte die Blätter nicht in die Hände bekommen, denn er hatte bereits einmal seine Stempelspuren hinterlassen. Das zu verhindern war nun unsere Sorge. Ich schockte die Zöllner mit der Höhe des Schadens, den sie mit Stempeln anrichten könnten und den sie hätten bezahlen müssen, lernte dabei, was die für Grenzbeamte unverzichtbare »Nämlichkeit« ist, die Identifikation einer Sache mit sich selbst. Für einen der Herren war sie offenbar auch ohne Stempel festzulegen, wenn er achtmal »Oberon O Kokoschka« oder gut dreißigmal »Raimund« in sein Formular schrieb.

Die Tapisserie, die Kokoschka mit einem persönlichen Schreiben an den Salzburger Landeshauptmann Klaus erbat, sollte, so entschied er, unbedingt in die Ausstellung einbezogen werden, vor allem deshalb, weil im Salzburger Exemplar die obere Bordüre fehlte; die Raumhöhe hatte für eine vollständige Ausführung des Gobelins nicht gereicht. Jetzt hing diese obere Bordüre mit Sonne und Mond als separater Bildteppich in Wilhelm Furtwänglers Haus über seinem Flügel. Gern sagte Elisabeth Furtwängler sie uns zu, bevor sie uns durch Vevey fuhr, von Napoleons Spuren im Stadtbild erzählte und erneut zu OK brachte – diese Anrede hatte er sich statt des »Herr Professor« schon in der ersten Stunde unseres Besuchs erbeten.

Wir trafen ihn am kommenden Tag noch vergnügter an als zuvor. Auf dem Stillleben, das ihm tags zuvor noch nicht behagt hatte, jagte jetzt rund um die Obstschale die Katze hinter einer Maus her, aus der ihm zu ruhigen Komposition war ein kleines Drama geworden, etwas Lebendiges, zugleich ein Bild in der Tradition der Vanitas-Darstellungen mit ihrem Krabbel- und Nagegetier.

Wir konnten den Maler sogar dafür gewinnen, für die Ausstellung ein lithographisches Plakat zu zeichnen – sein erstes Originalplakat für eine eigene

Ausstellung nach 42 Jahren! So fuhren wir mit ungetrübter Freude über alles Erreichte und Vereinbarte nach Hamburg zurück.

Kokoschka war nie bewusst geworden, wie umfangreich sein Werk sich im Bereich der von uns gewählten Thematik entfaltet hatte, denn er lebte stets in der Gegenwart und gefiel sich nicht in der Rekapitulation des Vergangenen. Umso überraschter war er Ende April in Hamburg darüber, dass seine Plakate, seine Blätter zu eigenen und fremden Dichtungen und Theaterarbeiten alle sechs Säle der Ausstellungssuite füllten, mit einem Mittelraum, in dem auf schwarzen Wänden und in schwarzen Passepartouts die Bühnenbilder aufleuchteten. Erstmals sah er im hohen Treppenhaus des Museums beide Teile seines Amor-und-Psyche-Gobelins vereint, las außen an der Museumsfassade in großen Versalien seinen Namen; er traf viele der Hamburger Freunde. Als er sie begrüßte, nahm er in seinem Enthusiasmus zwei Treppen auf einmal.

Seine Begeisterung übertrug sich einen Tag später während seiner Eröffnungsansprache auf das ihn umdrängende Auditorium. Im Mittelpunkt seiner relativ kurzen Rede stand eine 1962 in Hamburg spielende Geschichte. Als er damals, ohne die bald folgende Sturmflut zu ahnen, ein Fischstillleben beginnen wollte, habe er am Hafen bei einem Fischhändler seine Modelle ausgesucht. Ein Hummer habe wie flehend seine Arme ausgestreckt, es sei ihm zu Herzen gegangen, doch der Fischhändler habe ihm versprochen, das Tier schmerzlos zu töten. Bewegend schilderte er das Erbarmen mit dem Tier, deutete dessen Todeskampf als eine Vorahnung des Elends der Flut, die Hamburg heimgesucht hatte, vor der er aber nicht aus der Stadt geflohen war. Die Zuhörer nahmen an seinem Erlebnis unmittelbar teil, empfanden es als Zeugnis von Kokoschkas Humanität, und er sah sich verstanden.

Der Gobelin »Die Zauberflöte«, Portraits und Druckgraphik der sechziger Jahre

Überglücklich, weil der Gobelin erstmals so hing, wie er ihn erdacht hatte, sagte er zu uns Museumsleuten, er möchte, dass wir für die Sammlung eine vollständige Ausführung der Tapisserie bekämen. Er sähe an diesem Abend den

Sammler Wilhelm Reinold, einen Sammler seiner Arbeiten. Auf ein Honorar für den Gobelin-Entwurf verzichtend, teilte der Maler uns am nächsten Vormittag lakonisch mit: »Der Reinold macht es.« Gemeinsam mit Olda, die vom Besuch ihrer Eltern in Prag etwas später zu uns gekommen war, stießen wir auf das Projekt an. Alles schien problemlos geregelt, doch ergaben sich bald unvorhersehbare Schwierigkeiten.

Die Kartons des Gobelins befanden sich in der Wiener Gobelin-Manufaktur, in der die bisherigen Tapisserien Kokoschkas entstanden waren. Sie war unter dieser Kondition die einzige Werkstatt, die den Wandteppich realisieren konnte. Doch schon nach wenigen Wochen rief Kokoschka an und teilte uns mit, es würde nichts: »Die Frauen kriegen alle Kinder.« Was tun? Mit dieser Frage fuhr ich während der Laufzeit der Ausstellung nach Villeneuve, weil zwei der ausgestellten Farbzeichnungen zu Giuseppe Verdis während des Florentiner Maggio Musicale aufgeführten »Un ballo in maschera« für eine französische Edition reproduziert und deshalb gegen andere Blätter der Ausstellung ausgetauscht werden mussten. An ihre Stelle traten zwei frisch gedruckte Farblithographien mit Paraphrasen zu den Hauptfiguren der Oper, ein klagender Schwan für Amelia und ein angeschossener Hirsch für den König (nicht den von der Zensur erfundenen Gouverneur). Erst später, als Olda Kokoschka uns ein Skizzenbuch nach Kunstwerken des Museums für Kunst und Gewerbe geschenkt hatte, fand ich heraus, dass diese beiden Lithographien nach einer Renaissance-Statuette und einem Fayence-Brunnen des Museums entstanden waren – der Maler hatte wieder einmal spontan »reagiert«, nach dem Besuch in Hamburg sein sieben Jahre altes Hamburger Skizzenbuch in die Hand genommen und die beiden Paraphrasen gezeichnet. Marcel Jouhandeau schrieb dazu die sie interpretierenden Verse.

Parallel zum Fortschreiten der »Maskenball«-Edition war Kokoschka mit einer umfangreicheren Lithographien-Folge zu Saul und David beschäftigt; sein 80. Geburtstag stand bevor. Er sah im alten Saul sich selbst, blickte mit dem jungen David zugleich auf seine frühen Jahre zurück, vor allem in dem Blatt »David spielt vor Saul«, und erklärte mir, als er mir die Andrucke zeigte: »Ich bin wütend auf mich selbst, dass ich jetzt so alt und da so jung bin.«

Kokoschka, mit dem ich während meines Besuchs allein im Atelier saß, war im Augenblick ganz der alte Saul, skeptisch mit sich selbst, voller Zweifel. Olda hatte meinen Besuch genutzt, um schnell etwas einkaufen zu können. Besorgt fragte er schon nach kurzer Zeit, wo sie bliebe, ob ihr etwas passiert sei, ob sie ihn nicht verlassen würde. Das nun war die denkbar absurdeste Unterstellung, doch konnte ich ihn nicht davon abbringen, bis sie vom Einkauf zurückkehrte, der wenig mehr als eine Stunde gedauert hatte. Zufrieden über ihre Rückkehr, wandte Kokoschka sich der ungelösten Tapisserie-Frage zu. Auf der Staffelei und an die Wand gelehnt standen zwei farbige Zeichnungen mit paradiesisch-ursprünglichen Landschaften. Auf meine Frage hin erfuhr ich, dies seien die Entwürfe für Seitenkulissen einer Genfer »Zauberflöte«-Inszenierung; sie bildeten eine Einheit mit dem Vorhangentwurf. Mich durchschoss eine Idee: »OK – das wäre ein Gobelin!« Seinen Einwand, das ergäbe doch ein Querformat, kein Hochformat wie der Gobelin mit Amor und Psyche, konnte ich leicht entkräften: »Aber der Rubens-Gobelin, der Ihrer Tapisserie im Museum augenblicklich gegenüberhängt, ist auch ein Querformat.« Weiterer Argumente bedurfte es nicht. Dass der neue Gobelin das Motiv der Zauberflöte zeigen solle, war gleich beschlossene Sache. Ich konnte erneut mit einem guten Ergebnis nach Hamburg zurückfahren. So sollte es fast fünfzehn Jahre lang bleiben. Während fast jedes Besuchs in Villeneuve kam von nun an etwas zur Sprache, was Perspektiven eröffnete und Kokoschka forderte, das Beste, für einen Künstler zwischen achtzig und neunzig Jahren und für denjenigen, der dabei als Katalysator wirken konnte.

Bei unseren Besuchen erzählte Kokoschka gern von der Entstehung neuer Portraits. Dabei erwies sich, welch ein guter Schauspieler er war, etwa in seinem Bericht über den Besuch von Ezra Pound. Gotthard von Beauclair hatte die Anregung gegeben, dass Kokoschka zum bevorstehenden 80. Geburtstag des Dichters eine Bildnis-Lithographie zeichnen solle. Natürlich kannte er gut die Verstrickungen Pounds in die faschistische Propaganda, aber nicht dieser gravierende Irrtum bestimmte sein Urteil; Irrtum galt ihm als eine sich täglich wiederholende Kondition des Menschen.

Als unverzeihbar galt ihm nur die Verstrickung in Mord und Brutalität. Nach dem Ersten Weltkrieg hatte er manchem Mann kaum die Hand geben können, weil er unterstellte, dass daran Blut klebte. Irren allein bedeutete ihm wenig, zumal nicht bei Künstlern von Rang wie Ezra Pound und Knut Hamsun, auch als er noch nicht wusste, dass Hamsuns Eintreten vielen norwegischen

Widerstandskämpfern das Leben gerettet hatte, ohne dass nur einer von ihnen es ihm gedankt hätte.

In Pound sah er vor allem den geschundenen, im Käfig unter Scheinwerferlicht an den Pranger gestellten genialen Dichter, dessen unheilbare Verstörung er jetzt erlebte. In bewegten Worten, den Ausdruck seines Gesichts genau treffend, seine hohe Stimme nachahmend, machte Kokoschka uns Pounds Besuch am 4. Dezember 1964 geradezu gespenstisch gegenwärtig, die durch niemanden, auch durch ihn selbst nicht aufzubrechende Wortlosigkeit, die er nur einmal unterbrach, als die Gefährtin des Dichters um ein Glas Wasser bat. In der ersten der Zeichnungen ist Pounds Gesicht eine weltabweisende Maske, in der zweiten, für die Lithographie gewählte, bricht aus den Augenspalten ein heimliches Feuer. Kokoschka war von Pounds psychischer Erkrankung so erschüttert und mitgenommen, dass er den völlig zerstörten Menschen nicht ein zweites Mal sehen mochte, obwohl Pound, den er wohl angerührt hatte, anfragen ließ, ob er wieder zu Besuch kommen könne.

Heiterer schilderte er die Begegnung mit Agatha Christie und ihrem Mann, dem Archäologen Max Edgar Mallowan, im April/Mai 1969. Kokoschkas, die durch ihren Freund Dennis Haines, den Keeper klassischer Archäologie im Britischen Museum, die englische Literatur zur antiken Kunst recht gut kannten, hatten Mallowans Bücher gelesen, wussten aber nicht, dass er mit Agatha Christie verheiratet war. So ergaben sich während der Sitzungen lebhafte Gespräche, mehr über Archäologie als über Hercule Poirot; gern ließ sich Kokoschka dadurch von dem unter dem Rock hervorblitzenden Unterrock der alten Dame ablenken, von etwas, das ihm nach seinen Worten »unangenehm« war, ihn aber dennoch im Stillen erheiterte.

Agatha Christie hat 1973 in einem kleinen Beitrag für eine Pöchlarner Festschrift ihre Erinnerungen an das Zusammentreffen mit Kokoschka festgehalten: »I still remember the opening of the occasion and Kokoschka's words: ›Should I be able to hold a pose?‹ He spoke: ›No ... you will just do as you please. You will laugh, you will talk, you will get up and walk about, you will stay silent ... feel free and happy.‹ – After all my apprehensions, I began to enjoy myself enormously. Only in one aspect did I disappoint him – I refused to drink whisky. ›But it will keep you looking happy and as you enjoy life.‹ I assured him that whisky or any alcohol would have the opposite effect. ›But you must learn to like to drink before it is too late.‹« Kokoschka berichtete mir von dem Portrait aus London am 12. Mai: »Ich habe ein gar nicht schlechtes Portrait von der Agatha Christie gemalt, die entzückend unterhaltsam war, und ihr Gemahl, der große Archäologe Mallowan, einfach herrlich. Beim ersten Blick rief er: ›Das ist sie! Ich kenne sie seit 32 Jahren, ich habe ein Urteil.‹ Gestern gab er uns einen Zeremonienlunch mit Champagner, und wir sind wirklich Freunde.«

Das Tapisserie-Projekt spielte während unserer nächsten Besuche in Villeneuve immer wieder eine Rolle. Gern ließ der Maler sich dazu bewegen, für die geplante, im Hauptfeld lang gestreckte Tapisserie deren Proportionen verbessernde Bordüren zu zeichnen, auf der unteren die durch die Musik bezauberten Tiere rund um einen melancholischen Faun, auf der oberen etwas für Kokoschka zuvor Undenkbares – einen abstrakten Fries.

Statt der Wiener fanden wir in Mindelheim die dort ansässige Münchner Gobelin-Manufaktur. Den dort nach Kokoschkas Entwürfen ausgeführten Karton nahm ich in einer gut verpackten Rolle in Empfang, um ihn nach Villeneuve zu bringen. Als wir im Atelier das Paket öffneten, breitete sich vor uns eine Katastrophe aus. Von Kokoschkas Duktus war nichts, aber rein gar nichts übrig geblieben, der Karton war ein dekoratives Ungefähr der Vorlage. Wütend darüber, brach mein Zorn so unbeherrscht heraus, dass Kokoschka mehr damit beschäftigt war, mich zu besänftigen, als sich zu ärgern. Mit seiner Hilfe fanden wir mit dem Wiener Restaurator und Maler Hans Jörg Vogel jemanden, der sein Metier beherrschte; er lieferte ein Meisterwerk von Karton, von dem Kokoschka sagte, er könne ihn signieren. Bis die Tapisserie vollendet war, vergingen insgesamt fünf Jahre.

Die Fächer für Alma Mahler

Wir nutzten die Zeit zum Ausbau der Kokoschka-Sammlung des Museums für Kunst und Gewerbe. Ich erfuhr, dass Anna Mahler, die in Spoleto lebende Bildhauerin, von ihrer Mutter Alma Mahler die ihr von Oskar Kokoschka geschenkten Fächer geerbt habe. Vergeblich fuhren wir nach Spoleto, sie war verreist. Die sechs Fächer waren inzwischen von Marlborough Fine Art erworben worden, die sie uns als Ersten anbot. Zum Glück gelang der geschlossene Ankauf zu einem heute märchenhaft günstig erscheinenden Preis. Kokoschka freute sich darüber ungemein und war gleich bereit, uns die zahlreichen Fragen nach der in mancher Beziehung nicht ohne Weiteres entschlüsselbaren Ikonographie seiner »Liebesbriefe in Bildersprache« zu beantworten. Zu seiner Erleichterung machte ich nach dem Eintreffen der Fächer farbige Diapositive, sodass wir sie stark vergrößert projizieren konnten. Nie wieder erlebte ich Kokoschka so erregt wie während dieser Stunden. Die manische Exaltation seiner Beziehung zu Alma Mahler war wieder gegenwärtig, er atmete hörbar, sprach mit stockenden Pausen, gab stoßweise manche Auskünfte.

In seinen Aufzeichnungen über die englischen Jahre, »Party im Blitz«, hat Elias Canetti dasselbe beschrieben, was wir erlebten. Während des Krieges, wohl um 1943/44, hatten der Schriftsteller und seine Frau auf Bitten von Anna Mahler die Fächer in Verwahr genommen. Bei einem seiner Besuche sah Kokoschka sie erstmals wieder; Canetti erinnerte sich: »Er saß in einer Ecke ... nahm die Fächer der Reihe nach vor, und seine frühe grafische und farbige Darstellung mit Worten beschwörend, bewegte er sich auf eine Weise, wie ich es noch nie bei einem Menschen erlebt hatte. Da geschah alles noch einmal, oder (das geschah *wirklich*) es kam mir wirklicher vor als auf den Fächern ...« Genau so erlebte Kokoschka die 55 Jahre zurückliegende Zeit erneut während unseres Besuchs in Villeneuve.

Manche Szenen erklärten sich von selbst, andere gaben Fragen auf. Wir erfuhren, dass der Junge mit Kokoschkas Zügen das von ihm erhoffte, von Alma Mahler abgetriebene Kind sei, dass es mit einem traumhaften Spielzeug, mit Städten, Brücken, einem weißen Elefanten hantiere, dass es auf einem Hahn mit langem Hals reite. Er erzählte vom Besuch in Neapel, vom Blick auf den Vesuv während eines Sturms, der ihn zu seinem Gemälde »Die Windsbraut« inspiriert hatte, vom Besuch im Teatro San Carlo mit Alma Mahler, aber er verweigerte Antworten auf andere Fragen, murmelte Unklares wie im Traum.

Man sieht auf dem fünften der Fächer ihn selbst als Georgsritter, der mit seiner Lanze auf ein dreiköpfiges Drachenungeheuer mit karikierend-portraithaften Gesichtern einsticht; es gibt einen jungen Mann mit Kokoschkas Zügen in einem rosafarbenen Gewand, der einem alten Mann in die Augen schaut – beide knien über dem in Uniform schwer verwundeten Kokoschka mit dem

Bajonett in der Brust. Kokoschka sagte von ihm, das sei natürlich er selbst – eine Teilerklärung. Ich wollte mehr wissen: »OK, der junge Mann in einem rosa Gewand gleicht Ihnen ebenfalls, der alte sieht so aus wie Sie heute, falls Sie einmal einige Tage lang nicht rasiert wären.« Darauf gab er keine Antwort als, er wisse es nicht.

Am ehesten hätten sich die drei menschlichen Drachenköpfe erklären lassen, ohne Zweifel handelt es sich bei ihnen um Gesichter von Rivalen, die um Alma Mahlers Gunst buhlten oder sie gewannen. Kokoschka verweigerte die Auskunft, um wen es sich handele.

Dass die eifersüchtige Rivalität nicht nur für ihn kennzeichnend war, sondern auch für die Nebenbuhler, ließ mich Walter Gropius, Almas Ehemann nach der Affäre mit Kokoschka, spüren. Es hatte in einem Bericht des »Time Magazine« über den Kauf der Fächer geheißen, Gropius habe einen weiteren – wohl den ursprünglich fünften, ein Gedicht tragenden Fächer – wütend ins Feuer geworfen. Als ich dies verlässlich erfahren wollte, erhielt ich aus Cambridge, Massachusetts am 13. Mai 1969 umgehend eine kurze, aufschlussreiche Antwort: »Dear Dr. Spielmann, In reply of your letter of May eight, I state that the report as given in TIME Magazine regarding the fan by Oskar Kokoschka is correct. Sincerely yours Walter Gropius.«

Die Idee des gegen den Drachen kämpfenden Georgsritters übernahm Kokoschka, ihm wohl unbewusst, von einem russischen Volksbilderbogen aus dem Almanach »Der Blaue Reiter«. Doch die beiden einander gegenüber knienden Gestalten über dem Gefallenen mit dem Bajonett in der Brust konnte oder wollte er nicht erklären. Sind es vorausahnende Deutungen seines Schicksals, des beinahe tödlich Getroffenen, gegenüber seinem Alter Ego als alter Mann? Kokoschka hatte die Vorahnung der Verwundung durch einen Stich in die Brust bereits 1912 auf seinem Plakat mit der Ecce-Homo-Geste vorgestellt. Ende 1914, als er den Fächer malte und Alma Mahler zu Weihnachten schenkte, schien ein solches Ende wahrscheinlich, denn, so bekannte er, »ich wollte draufgehn«. Er ließ es, nachdem ihn ein russischer Soldat in den Kopf geschossen hatte, geschehen, dass er ihm danach das Bajonett in die Brust stieß – und überlebte die doppelte Verwundung wider alle Erwartung.

In einem Brief vom 10. März 1968 erklärte Kokoschka mir, was ihn neben den Bildern seiner Liebe in den auf »Schwanenhaut«, einem dünnen Pergament, gemalten Fächern beschäftigt habe: Er sei beeinflusst worden von der Ornamentik irischer Inkunabeln, von der Phantasie der romanischen, keltischen, langobardischen und gotischen Figuren. Gegenüber großer Kunst sei er zu demütig gewesen: »In dieser seelischen Verhaftung blieb ich noch lange, bis mich eine Frau weckte und mich in den Spannungsbezirk von Ich und Du, von Mann und Weib holte. Eigentlich sind diese Fächer für mich so wichtig, weil ich vorher nur ein zeitloses, vegetatives Dasein kannte und nachher, mit der ›Lebenszeit‹ konfrontiert, das Drama des Seins, Werdens und Vergehens erlebend, dessen bewusst wurde, handelnd aktiv mit dem Leben einig zu werden, das heißt in meinem Fall, künstlerischen Ausdruck für meine Existenz zu suchen.« Eine zweite Deutung gab er bildhaft, als er kurz nach seinen Radierungen zu Kleists »Penthesilea« eine Umschlag-Lithographie für meine Publikation über die Fächer zeichnete, »Achill am Abgrund« – er selbst, vor dem Absturz gerade noch gerettet.

Unter den zahlreichen Besuchern, die eigens der Fächer wegen ins Museum kamen, meldete sich eines Tages Josef von Sternberg, der Regisseur des »Blauen Engels« und Entdecker von Marlene Dietrich. Die Fächer erzählten ebenfalls von einer Femme fatale, im Unterschied zum Film aber nicht von der Zerstörung einer Persönlichkeit, sondern von einer alle künstlerischen Energien freisetzenden Passion. Aus dem früher meist etwas herablassend blickenden Dandy Josef von Sternberg war nun ein distinguierter Gentleman mit grauem Schnurrbart geworden, der mit leiser Stimme von seiner Kunstsammlung erzählte; er habe gerade seine expressionistischen Bilder verkauft und an ihrer Stelle Werke der Pop-Art erworben. War es ein vergeblicher Versuch, mit neuen Bildern wieder jung zu werden? Der gefeierte Filmmann verabschiedete sich ohne weitere Erklärung so leise, wie er sprach, voller Melancholie.

Ein weiterer Gast, der die Fächer sehen wollte, war der Kunsthändler Adolf Loevi. Alma Mahler erwähnt ihn in ihren Erinnerungen; er hatte 1934, während der tödlichen Erkrankung von Manon Gropius in Venedig, für die 18-jährige Tochter sehnlichst erwartete Medikamente beschafft – vergebens – und für einen schnell notwendigen Transport des tödlich erkrankten Kindes sein Motorboot bereitgestellt. In Kalifornien, wohin er emigrierte, habe er, so sein Bericht, mit seiner Frau wiederholt die alte Alma Mahler besucht. Nach einem dieser Besuche habe seine Frau ihn gefragt: »Was hat die Frau eigentlich, dass sie einen gescheiter schwätzen macht, als man ist?« Diese in einfache Worte gebrachte Erklärung machte mir wie keine andere Interpretation verständlich, warum Alma Mahler so viele bedeutende Künstler an sich fesselte.

Das Adenauer-Portrait, Ansichten von New York, London und Berlin, die graphischen Zyklen »Frösche« und »Penthesilea«

Oskar Kokoschka malte in den späten sechziger Jahren New York, Berlin, mehrmals erneut London, zeichnete großformatige Lithographien dieser Städte; nach den umfangreichen Zyklen zur Odyssee, zu »Saul und David« und zu einer Marrakesch-Reise begann er nach einer Pause von etwa vier Jahrzehnten erstmals wieder zwei Folgen von Radierungen; er malte Agatha Christie und Konrad Adenauer. Von den 567 druckgraphischen Blättern seines Lebenswerks erschienen 176 zwischen 1965 und 1970. Im Alter von achtzig Jahren erreichte er einen neuen Höhepunkt seiner Tätigkeit, ganz auf die Gegenwart gerichtet und alles Übrige zurückdrängend, wenn auch dem ihn erwartenden Lebensende stoisch, selten larmoyant, häufiger sarkastisch entgegensehend. Es entstanden zahlreiche Aquarelle, die er nonchalant »Fingerübungen« nannte.

In dieser Zeit gab es für Kokoschka zwei gegenüber allem anderen vorherrschende Themenbereiche, die sich zu einem verbanden: die Bedrohung der Freiheit in einer von Ideologien bedrohten Welt und das notfalls im Scheitern konsequente Beharren auf Freiheit nach dem Selbstverständnis der Griechen. Seine großen Triptychen »Prometheus« und »Die Thermopylen« waren ein Aufruf dazu gewesen. Für Wilhelm Furtwängler hatte er deshalb Beethovens »Fidelio« ausstatten wollen; der große Dirigent hatte ihn nur mit ziemlicher Mühe für Entwürfe zu Mozarts »Zauberflöte« gewinnen können. Im Kampf um die Freiheit war der Maler auf das Äußerste erregt, als der »Prager Frühling« begann. Er verfolgte fast stündlich alle Radionachrichten. Seine Prager Jahre, in denen er, von Hitler verfolgt, in der Tschechoslowakei seine Freiheit behalten hatte, wurden ihm wieder gegenwärtig. Er ergriff wie zuvor im Ungarn-Aufstand in gleichnishaften Bildern Partei.

Olda und Oskar Kokoschka fuhren im Spätsommer oder Frühherbst häufig für einige Wochen zu dem von Villeneuve nicht weit entfernten Gstaad, wo sie Pablo Casals getroffen hatten und jetzt mehrfach Yehudi Menuhin begegneten. Olda freute sich stets auf ein Wiedersehen mit Peter Ustinov und delektierte sich besonders an dessen Nachahmung eines Zusammentreffens mit einem norwegischen Zöllner.

1967 zeichnete Kokoschka während eines solchen Aufenthalts eine herrliche Folge farbiger Blätter mit Kröten, die teils bedrohlich, teils komisch dreinschauen. Etwa gleichzeitig fragte ihn der Verleger und Buchgestalter Gotthard de Beauclair, der zuvor der Insel-Bücherei ihre Form gegeben hatte, ob er für seinen Verlag eine Folge von Radierungen zu den »Fröschen« des Aristophanes zeichnen würde. Während er diese Folge Anfang 1968 zu Ende führte, begann in Prag der Aufstand gegen die Sowjets. An den Kröten und Fröschen demonstrierte Kokoschka seinen Protest, der nicht nur gegen die Sowjetunion gerichtet war. Im Frühjahr des Vorjahres hatten griechische Schauspieler die »Frösche« in London aufgeführt. Als sie während der letzten Verse ihre Masken abnahmen und, Aristophanes getreu, die Machthaber in Athen aufforderten, sich zum Nutzen des Staates selbst zu entleiben, hielten die Zuschauer den Atem an, denn der Aufruf war unzweideutig an das 1967/68 in Griechenland herrschende Militärregime gerichtet. Jeder fragte sich, was mit den Schauspielern in Athen geschehen würde. Erregt berichtete Olda Kokoschka davon ihrem Mann, der die Aufführung nicht besucht hatte.

Der Bericht beschwor seine Phantasie. Die Kröten in Gstaad, der Auftrag Beauclairs, die Freiheitsberaubungen in Athen und in Prag verdichtete er in einem Gemälde und in den Radierungen. Auf das Bild mit dämonischen Kröten im Nebel unter einer sinkenden Sonne schrieb er »Europa's Sunset – Prague 23.8.68«, und in den Blättern zu den »Fröschen« geißelte er die Dummheit der Demokraten, die nicht zu urteilen wagten. Er reagierte damit auf das aktuelle Desaster in Prag genauso wie dreißig Jahre früher bei der Kapitulation Chamberlains vor Hitler – sein Zorn traf nicht nur diejenigen, die die Freiheit bedrohten, sondern auch diejenigen, die sie nicht mannhaft genug verteidigten. Am Rande galt sein Spott in den Radierungen dem Disput zwischen Aischylos und Euripides, der nur durch den Spruch eines Gottes zu erzwingenden Korrektur des Kunsturteils. Kokoschka wollte, wie schon während des Krieges mit seiner nach mehreren Seiten hin kritischen Haltung, auch dieses Mal nicht, wie er des Öfteren zu sagen pflegte, als »Tafelaufputz« dienen, sondern eine unverwechselbare Position beziehen. Wenn man mit ihm die zwölf Blätter zu den »Fröschen« anschaute, erfuhr man, worum es ihm ging. Zwar zeigte er die Drehbewegung der Szene, in der Herakles und Xanthias wechselweise verprügelt werden; er erfand die unheimliche Erscheinung der dämonischen liebes- und fleischsüchtigen Empuse; vor allem aber verspottete er das unbelehrbare Volk, dem Athene auf dem Tempelgiebel ihr nacktes jungfräuliches Hinterteil zuwendet.

Natürlich freute es mich, dass ich für die Mappe mit Separatdrucken der Radierungen die Einführung schreiben durfte und Kokoschka für deren Umschlag ein imaginäres Bildnis des Aristophanes zeichnete, in dem seine eigenen Züge verborgen sind.

Zwei Jahre zuvor, 1966, vollendete Kokoschka sein 80. Lebensjahr, als er mit Konrad Adenauer einen von ihm als Garanten der Freiheit verstandenen Politiker portraitierte. Der ehemalige deutsche Bundeskanzler war ein Jahrzehnt älter als der sich vor der Begegnung fürchtende Maler. Am Tag vor der Abreise nach Cadenabbia, Adenauers Sommerwohnort, war er ängstlich und unwirsch, weil er glaubte, einen gebrechlichen Greis anzutreffen. Umso enthusiastischer berichtete er uns von seinen Eindrücken nach seiner Rückkehr: Adenauer habe kein einziges weißes Haar, er habe sich politisch mit ihm bestens verständigt, ja er rede politisch nur noch mit ihm, er habe trotz aller Skepsis schließlich sogar das Portrait begriffen, entgegen der Abneigung von Adenauers Sekretärin Fräulein Popinga habe er sogar mit ihm einen winzigen Schluck Whisky getrunken und ihm zum Dank eine Kiste 59er-Spätlese geschickt (ein Spitzengewächs). Was er nun damit anfangen solle, denn er trinke keinen süßen Wein. Ich riet ihm, die Flaschen bis zu Adenauers geplantem Besuch in Villeneuve aufzuheben. Dazu kam es jedoch nicht mehr. Im Jahr nach der Entstehung des Portraits erkrankte der Kanzler. Der Maler blieb optimistisch: »Der Adenauer, der macht es.« Als tags darauf die Todesnachricht kam, meinte er, seine Rührung lakonisch verbergend: »Na ja, ich hab ihn ja auch schon als gotischen Heiligen gemalt.«

Als das Bild 1966 in Bonn übergeben werden sollte, reiste Kokoschka in die Bundeshauptstadt mit der Absicht, den Abgeordneten ernsthaft vorzuschlagen, anstelle von Ludwig Erhard wieder Adenauer zum Kanzler zu machen. Er wusste, dass Erhard sein Portrait von 1959 nicht schätzte, auf dem er ein wenig zerknittert und ohne jede Ausstrahlung erscheint, und kommentierte dessen Missvergnügen: »Den habe ich wohl zu gut getroffen.« Das Honorar für das Adenauer-Portrait stellte er, wie häufig, für einen humanen Zweck zur Verfügung, in diesem Fall für ein Kinderhilfswerk. Erst einige Zeit später kam heraus, dass der Godesberger Kunstmanager Wasmuth, der den Künstler mit der Bitte um die Kinderhilfe für das Projekt gewonnen hatte, Geld für sein stets defizitäres Lieblingsprojekt, den »Kulturbahnhof« in Rolandseck, abgezweigt hatte.

Kokoschkas politisch reges Bewusstsein war nicht nur durch Tagesereignisse bestimmt, es schloss eine darüber weit hinausführende Kritik an der Gesellschaft ein. Er hatte sie bereits 1947 in seiner »Bittschrift um einen gerechten Frieden« als durch und durch reformunwillig gescholten; er ahnte ihre zum Kollektivismus führende Entwicklung voraus. Er sah das fortschreitende Aufgehen des Einzelnen im Obligaten: »Wenn jeder er selbst wäre, wären wir alle besser dran.«

Zwei seiner Städtebilder zeigen die bewohnte Welt als Spiegel einer gesellschaftlichen Misere – die Ansichten von Berlin und New York. Das von Axel Springer in Auftrag gegebene Berlin-Bild sollte, nur wenige Monate nach dem Adenauer-Portrait, vom neuen, direkt neben der Mauer errichteten Hochhaus des Verlages angemalt werden. Wie vor dem Portrait empfand der Maler auch hiervor eine gewisse Angst. Das Berlin, das er gekannt hatte, existierte nicht mehr. Er würde auf eine Stadtwüste blicken, die ein Todesstreifen von der Freiheit trennte. Er malte auf dem Bild den Ostteil der Stadt als ein von einem märkischen Himmel überwölbtes Ruinenfeld mit wenigen aufrecht stehenden Häusern. Mittendurch zieht sich die Mauer, deren Jahrestag am 25. August in Erinnerung gerufen wurde, auf Seiten der DDR mit einem herbeikommandierten, von Kokoschka einbezogenen Jubelzug. Kokoschka, der an der Erfüllung seines Auftrags fast verzweifelte, fand eine Lösung für seine desparate Suche nach einem adäquaten Bild in einer Szene, die er beobachtete: Ein Grenzsoldat der Volksarmee hetzte einen Wachhund. Auf dem Bild erscheint er klein und ist doch dessen Bezugspunkt.

Als das fertige Gemälde auf der Staffelei stand und übergeben werden sollte, verzögerte der Verleger listig seine Ankunft. Walter Schultz-Dieckmann, der für Springer viele künstlerische Aufträge betreute, wusste von diesem Trick und hatte bereits ein Blatt Umdruckpapier aufgespannt. Kokoschka nutzte die kurze Wartezeit für eine lithographische Variante der Berlin-Ansicht, sodass Springer bei seiner Ankunft neben dem Gemälde auch die Zeichnung vorfand.

Einem geschickten Arrangement verdankt auch die 1967 folgende Suite »London from the River Thames« ihre Entstehung. Nach der Vollendung eines weiteren London-Gemäldes lieh die englische Königin Kokoschka ihre Barkasse. Er konnte sie wie ein Atelier benutzen. Einen ganzen Tag lang fuhr er die Themse hinauf und hinunter und zeichnete mehrfach das Parlamentsgebäude, den Hafen, die Tower Bridge. Auch New York hatte er kurz zuvor zunächst gemalt, später in bildhaften Lithographien gezeichnet.

Während London für ihn immer der an einem belebten Strom gelegene Stadtorganismus blieb, galt ihm New York als ein architektonischer Moloch, dessen Wesen er unbewusst-naiv, nicht tendenziell bewusst enthüllte. Er malte den Blick auf die Hochhäuser wie die Ansicht eines riesigen archäologischen Grabungsfeldes aus der Vogelperspektive, als Ruinenstätte mit unbelebten Riesentürmen.

Zwar fesselten Kokoschka die Außenwelt und die Politik, aber letzten Endes blieben sie für ihn außerhalb der Grenze zum eigenen Ich, das sich in seinen Bildern zur Weltliteratur spiegelte. Unter den der Literatur gewidmeten Folgen galt jede einer anderen Erfahrung seiner selbst: Lear und Saul als Paradigma des Alters und des verrinnenden Lebens, Odysseus als Alter Ego seines lange unsteten Umhertreibens, Penthesilea und Achill als die Erfahrung einer zum Tod führenden Liebe. Das Wiedersehen mit den Fächern bestimmte ihn, den klug gewählten Vorschlag Gotthard de Beauclairs zur Illustration von Kleists Drama aufzugreifen. Erst später fand ich heraus, dass er sich durch seine Skizzen nach dem Fries von Bassae mit dem Kampf zwischen Griechen und Amazonen anregen ließ. Kaum hatte er die ersten, Beauclairs typographischem Konzept entsprechenden, im Hochformat angelegten Skizzen ausgeführt, als er seinen Plan änderte. Spitzbübisch erläuterte er mir, warum er das Querformat bevorzuge, es entspräche dem prozesshaften Charakter von Kleists Dramatik, die filmartige Bilder erfordere. Dabei amüsierte ihn die voraussehbare Enttäuschung des vorplanenden Buchgestalters, wozu er anmerkte: »Das Leben ist ein Risiko und gleichfalls das Verlegergeschäft.« Er notierte diese Randbemerkung in einem Brief an mich als Kommentar zu einem Zeitungsausschnitt über Sophia Loren und ihren Sohn Carletto, den er gerade portraitierte: »Ich muss einen 18 Monate alten Fratzen malen, Mama und Papa sitzen dabei (kritisch? Wie Eltern meist?) und die Gouvernante führt den Fratzen ein- oder zweimal hinaus, wie man Hunderln außer Haus führt. Dies mutet mir Marlborough in meinen alten Tagen zu, wenn ich lieber rauchen, Whisky trinken und vorgeben möchte (vor Olda) dass ich meine gottverfluchte Biographie schreibe.«

Während die »Penthesilea«-Edition entstand, wurde auch der »Zauberflöten«-Gobelin vollendet. Wir konnten seine Präsentation für den 26. Juni 1970 vorbereiten. Als wir mit Kokoschka Bilanz zogen, erwies sich, dass die damit verbundene Ausstellung mit Arbeiten aus fünf Jahren genauso umfangreich würde wie die fünf Jahre zuvor gezeigte mit Werken aus sechzig Jahren. Einen Schwerpunkt erhielt sie dadurch, dass wir für das Museum in Konkurrenz mit dem New Yorker Museum of Modern Art die für London begonnenen und für Genf vollendeten »Zauberflöten«-Entwürfe erwerben konnten, seine schönste und umfangreichste Bühnenbildfolge. Kokoschka hatte beschieden, dass sie für uns 100 000 DM statt 100 000 Dollar kosten solle (nach damaligem Kurs ein Viertel der Dollarsumme). Sie bildete das Zentrum der stolzen Hamburger Werkschau, die am 25. Juni 1970 zu Kokoschkas Überraschung von einem im Nebensaal verborgenen Orchester mit der Ouvertüre zur »Zauberflöte« eröffnet wurde.

Die Mosaiken, Israel und Golda Meir

Als der danach sofort einsetzende Andrang auf den Künstler sich nach fast zwei Stunden verlaufen hatte, sagte er überglücklich zu mir: »Wir müssen was Neues zusammen machen, das verlängert mein Leben.« Ich entgegnete spontan: »Wenn das so einfach ist, machen Sie doch ein Mosaik.« Er war von der Idee begeistert, sagte gleich zu und erklärte mir noch am selben Tag, wie er sich die Lösung vorstelle: Es solle ihn selbst zeigen, wie er durch eine Tür gehe – ein in Stein gelegtes Abschiedsbild von der Welt. Da heute jeder meine, ein Mosaik müsse flächig angelegt sein, werde er es natürlich mit räumlicher Illusion entwerfen. Eine Idee davon zeichnete er noch Ende 1971 in ein für unsere Tochter Claudia bestimmtes Kinderbuch von Maurice Sendak, dessen schaurige Geschichten er liebte: Kokoschka steht so in einer Tür, als wolle er eintreten oder rückwärts hinausgehen, und überreicht ein Blümchen. Wir waren zwar erfreut darüber, dass die Mosaikidee lebendig blieb, aber zugleich gerührt über die mit dem Weihnachtsgruß verbundene Botschaft. Er realisierte diese Bildidee jedoch nicht im Mosaikentwurf, sondern in einem (jetzt der Londoner Tate Gallery gehörenden) Gemälde, auf dem ein Dämon die Tür öffnet oder schließt.

Zu Frühjahrsbeginn 1971 kam unser Bekannter Theodor Ganslmayr, der ebenfalls am Genfer See wohnte, aus Israel zurück und fragte mich, ob er ein Gemälde Kokoschkas für das neue, demnächst zu eröffnende Museum in Tel Aviv kaufen und dorthin stiften könne. Kokoschka, der Ganslmayr als Förderer der beiden von mir um 1969/71 besorgten Faksimile-Editionen zweier Skizzenbücher schätzte, sagte, er werde sein Gemälde »Saul und David« dem Museum selbst schenken; Ganslmayr könne die graphische Suite desselben Themas mit ihren 41 Lithographien dazu stiften. Als Gotthard de Beauclair davon hörte, steuerte er eine Suiten-Ausgabe zu den »Fröschen« bei, sodass Tel Aviv mit einem Mal mehr als fünfzig Arbeiten Kokoschkas erhielt. Ich sollte sie auf Kokoschkas Wunsch zur Museumseröffnung überbringen. Bis dahin blieben nur wenige Tage Zeit. Wann ich fliegen, wo ich wohnen würde, ergab sich erst in letzter Minute. Die Geschenke mussten rechtzeitig das von mir benutzte Flugzeug erreichen.

Kokoschka schrieb zur Begleitung seiner Schenkung einen Brief. Als er ihn mir überreichte, gab er mir auf: »Wenn Sie die Golda Meir treffen« – er sprach den Namen ›Golda Meier‹ aus –, »dann sagen Sie ihr, ich lasse sie grüßen; ich glaubte, ich könnte sie malen.«

An diesem Abend kam ich so spät abends in Tel Aviv an, dass der Zoll schon geschlossen war; so bezog ich mein Hotel, um am anderen Morgen um acht wieder zum Flughafen zurückzukehren. Nur mit Mühe konnte ich den Zöllner davon überzeugen, dass ich Geschenke bringe, hatte als Beleg aber nur Kokoschkas Brief. Zum Glück konnte er ihn lesen und erlegte mir als Zoll lediglich eine Summe von zwei israelischen Pfund auf (damals etwa 2 DM). Nun musste ich für die ziemlich voluminöse Bilderkiste ein Lasttaxi suchen und fand eines, dessen Fahrer mir versicherte, er heiße Israel Shalom. Kaum hatten wir alles auf dem Dachgepäckträger befestigt, als der Schelm mich fragte, ob ich gestatte, dass er einige Freunde mit in die Stadt nähme. Da im Wagen Platz genug war, stimmte ich zu, ohne zu ahnen, dass es sich bei den Freunden um Gemüsehändler handelte. Sie luden ihre Fracht kurzerhand auf die Bilderkiste, die unter dem Grünzeug verschwand.

Wo das Museum lag, war dem Fahrer offensichtlich unbekannt. Er brachte mich zunächst zu dem relativ kleinen Raum, in dem der Staat Israel ausgerufen worden war; dort hingen jetzt Bilder deutscher Maler, u. a. von Max Liebermann und Karl Schmidt-Rottluff, die aus einem mir unbekannten Grund nicht ins neue Museum aufgenommen worden waren. Es handelte sich um Geschenke deutscher, vor den Nazis geflohener Einwanderer. Unser Fahrer suchte weiter, fuhr zu dem Kulturzentrum, in dem das Museum zuvor gewesen war, und lernte hier endlich, wo der Neubau sich befand. Inzwischen war es etwa 11 Uhr geworden; die Museumskollegen, die nicht wussten, wo ich abgestiegen war, hatten mich hektisch in der ganzen Stadt gesucht und lediglich erfahren, dass ich das Hotel bereits verlassen hatte. Ratlos warteten sie auf mich und waren nun erleichtert, jedoch entsetzt, als ich sie zu dem Taxi mit der Gemüsefuhre führte. Schnell war alles geklärt; noch am Nachmittag wurden das Bild und die Blätter in einem für sie reservierten Raum für die am übernächsten Tag stattfindende Eröffnung gehängt. Kokoschkas Geschenk sprach sich herum; einer der Besucher war der in der Nacht aus Jerusalem kommende Moshe Dayan, Israels legendärer Verteidigungsminister.

Mein Kollege Chaim Gamzu, der Direktor des Museums, war elektrisiert, als er von Kokoschkas Botschaft an Golda Meir erfuhr – er sah das noch nicht gemalte Portrait der weltberühmten Ministerpräsidentin im Geiste bereits in seiner Galerie hängen und suchte eine passende Gelegenheit, mich mit ihr zusammenzubringen. Diese ergab sich bald, als sie einen Tag nach der Museumseröffnung zu einem von Leonard Bernstein dirigierten Konzert mit Mahlers Zweiter Symphonie einlud; es war die Zeit, in der Bernstein bei Höhepunkten zur Steigerung der Wirkung in die Luft sprang und taktgenau wieder auf dem Podium landete. Seine akrobatischen Übungen minderten nicht die Ergriffenheit der zu Tränen gerührten Zuhörer, insbesondere nicht während der Passagen aus »Des Knaben Wunderhorn«. Wie wir in der Pause bald spürten, stammten viele der israelischen Zuhörer aus Deutschland; sie sprachen unsere kleine deutsch redende Gruppe direkt an. Zu uns gehörten meine ebenfalls angereisten Kollegen Werner Haftmann und Werner Schmalenbach. Gamzu sah die Chance, mich zu Golda Meir zu bringen, die mich mit der kräftigen, rauen Hand einer Bäuerin begrüßte. Wörtlich richtete ich ihr auf Deutsch Kokoschkas Gruß aus und sein Angebot, er könne sie malen. Sie entgegnete, offenbar erfreut, in jiddischem Tonfall: »Aber ich bin doch gar nicht hibsch.« Dennoch geschmeichelt, war sie gern einverstanden, dass Kokoschka käme, wenn sie es einrichten könne. Da ihr Regierungsamt es ihr jedoch nicht erlaubte, ausreichend Zeit für Sitzungen frei zu machen, dauerte es fast zwei Jahre bis zur Einlösung des Versprechens.

Dass es zu einem Portrait kommen solle, erfuhr ich von Kokoschka, als wir 1973 vor einer unserer Türkei-Reisen miteinander telefonierten. Auch er reise bald ab. »Aber sagen Sie es keinem, ich male die Golda Meier.« Am 20. März teilte uns Olda Kokoschka auf einer Postkarte mit einem Knochenidol des 4. Jahrtausends aus Bersheba mit, was aus dem Bild wurde: »OK zeichnet alle wichtigen Leute für eine Mappe, denn die Zeit für ein Ölportrait findet man nicht. Es entstanden schon ein paar schöne Zeichnungen.« OK fügte hinzu: »Todmüde, aber gut gelaunt.« Zehn Tage lang blieb er Ende März/Anfang April in Israel, zeichnete dort fast jeden Tag ein neues Portrait für eine Lithographien-Mappe; ihren Erlös stellte er der Jerusalem Foundation seines alten Freundes Teddy Kollek zur Verfügung.

Die Auswahl der Lithographien entsprach ganz Kolleks Ziel einer Versöhnung zwischen den einander fremden Lagern. Neben Shimon Agranat, dem Präsidenten des obersten israelischen Gerichts, zeigt sie Sheik Mustafa Khalil el-Ansi, den Oberaufseher der Omar-Moschee, den griechisch-orthodoxen Patriarchen Benediktos I., neben Moshe Dayan auch Teddy Kollek und natürlich Golda Meir. Kokoschka und Olda berichteten uns auch von Episoden und Eindrücken des kurzen Aufenthalts in Jerusalem; er war beeindruckt von der dekorativen Erscheinung des Patriarchen, von der Güte des Sheiks, nicht zuletzt von Dayan. Kokoschka bekannte: »Ich liebe ihn, er ist ein Mörder, aber ich liebe ihn.«

Dass Golda Meir seine ganze Sympathie gewann, war kein Wunder, denn er schätzte starke, das Leben meisternde Frauen, die ihn an seine eigene Mutter erinnerten. Erst spätabends konnte sie ihren Besucher zu Hause empfangen.

Als die Haushälterin die Tür öffnete, erwartete sie von Kokoschka wohl ein gewichtiges, dem Anlass entsprechendes Wort, doch er sagte nur: »Hier riecht's aber nach Zwiebeln.« Unter dem Licht einer einfachen Glühbirne entstanden an diesem Abend zwei Bildnisse. Das eine zeigt die ehemalige Regierungschefin etwas erschöpft, skeptisch auf einen unbestimmten Punkt blickend, wie ihr nach dem Jom-Kippur-Krieg im Herbst 1973 und der ihm folgenden langen Regierungskrise wohl zumute war. Das zweite dagegen spiegelt die andere Seite ihrer Persönlichkeit, verrät im Blick der schönen Augen und in dem trotz aller Skepsis leicht lächelnden Mund eine liebenswerte Mütterlichkeit.

Acht Monate nach meinem Besuch in Israel hatte sich Kokoschka, wie aus seinen Briefen hervorging, erneut mit dem Mosaikentwurf beschäftigt. Am 27. Dezember 1971 schrieb er: »Ich muss nicht faul sein, die Jahre sind gezählt, muss jetzt sagen, was ich zu sagen habe, im Fegefeuer ist keine Gelegenheit mehr.« Im Postskriptum setzte er hinzu: »Hoffentlich helfen Sie mir, die Tür bald aufzuspannen, ich habe eine Idee!« Wir beeilten uns, in Villeneuve das Notwendige zu veranlassen, bestellten einen leichten Rahmen, der nach Kokoschkas Wunsch genau die Größe der Doppeltür zur Terrasse hatte, 220 cm hoch, 150 cm breit. Um sicherzugehen, dass im Fall des Misslingens oder Änderns ein zweiter Karton verfügbar wäre, spannten meine Frau und ich zwei Bögen übereinander auf. Als wir nach wenigen Tagen zurückfuhren, stand im Atelier eine herausfordernd den Raum beherrschende weiße Malfläche, und wir richteten uns darauf ein, bald den Mosaikentwurf zu sehen. Was wir darüber in Kokoschkas Brief vom 14. April 1972 lasen, war etwas völlig anderes als das Erwartete: »Am Karfreitag habe ich auf der von Ihrer lieben Frau und Ihnen mit so viel Mühe aufgespannten Tafel eine Kreuzigung gezeichnet, die zu übermalen schade wäre, und die vielleicht auch nicht in den Rahmen Ihrer Saalordnung passen würde.«

Das letztere Argument verschlug weniger, denn Axel von Saldern, der neue Direktor des Museums für Kunst und Gewerbe, besaß für dieses Projekt oder andere Malerentwürfe zu Tapisserien, Mosaiken und ähnlichen Arbeiten kein rechtes Verständnis. Deshalb musste ich im Stillen ohnehin eine Alternative für die Realisierung und Präsentation eines Kokoschka-Mosaiks überlegen, doch als Voraussetzung dazu galt es zunächst, den Karton kennenzulernen. Er stand, als wir kamen, frisch und in einem Zug gezeichnet auf der Staffelei. Kokoschka

Oskar Kokoschka: Time, Gentlemen Please, Öl auf Leinwand, 1972, Tate Gallery, London

Oskar Kokoschka: Ecce Homo, Kohlezeichnung, Karton für das gleichnamige Mosaik 1972, Kunststiftung Spielmann-Hoppe

hatte die Kreuzigung auf zwei Personen reduziert, auf Christus am Kreuz mit leicht selbstbildnishaften Zügen und den Soldaten, der ihm den Schwamm auf einem Rohr hinhält. An den Kreuzbalken und an den Wandbegrenzungen der Kreuzigungsszene war noch abzulesen, dass Kokoschka die Zeichnung mit den Umrissen einer Tür begonnen hatte und dass sein Entschluss für eine Kreuzigung nach den ersten Strichen spontan gefallen war. Als wir die großartige Zeichnung anschauten, kommentierte er sie mit wenigen, dem »Menschensohn« geltenden Worten: »Er lebt ja noch.«

Die Idee einer Kreuzigung mit nur zwei Personen war lange vorher entstanden, wie ich im Laufe der Zeit herausfand. Schon um 1912 spielte der Hauptmann in einem Kreuzigungsbild Kokoschkas eine Rolle. In einem Aufsatz über »Altdeutsche Malerei« hatte Kokoschka in einer Interpretation von Grünewalds Karlsruher Kreuzigung 1947 suggestiv die Gestalt des Hauptmanns beschrieben, doch ist er auf diesem Bild gar nicht zu sehen, es gab ihn nur in Kokoschkas Phantasie. Als er nun selbst eine monumentale Kreuzigung zeichnete, machte er den Hauptmann zur zweiten Hauptperson. Von der biblischen Überlieferung abweichend, sah er in ihm nicht den aus Barmherzigkeit handelnden Gläubigen, sondern den das Opfer quälenden, grinsenden Schergen. Auf dem oberen Kreuzesbalken stand statt der Inschrift INRI das Pilatuswort »Ecce homo«. Der Karton war mit schwarzer Kohle gezeichnet, doch stellten wir uns das Mosaik natürlich farbig vor. Es wäre falsch gewesen, die farbige Fassung über die großartige Kohlezeichnung zu malen, sie wäre verloren gewesen. Deshalb nahmen wir sie ab, befestigten sie vor der Bücherwand im Atelier und sicherten sie mit Fixativ, sodass Kokoschka einen zweiten Karton malen konnte.

Als wir uns während des frühen Herbstes im Burgund trafen, erwähnte er, dass der farbige Karton fertig sei und ich ihn gleich nach der Reise sehen könne. Er wich, mit hellen, leuchtenden Farben gemalt, in mancher Beziehung auch kompositionell von der ersten Version ab. Die Andeutung der Türumrahmung war verschwunden, der Soldat mit dem Schwamm als rüpelhaft dasitzender Grobian gegenüber dem Gekreuzigten noch antithetischer hervorgehoben. Kokoschka fragte gleich: »Wie heißt der Plural von Ecce-Homo?« Meine Antwort »Ecce-Homines« machte er zum neuen Bildtitel – so sind die Menschen, unbarmherzig gegenüber dem Opfer, hilflos gegenüber den Schergen. Sein Mosaik wurde für Kokoschka ein Aufruf zur Barmherzigkeit.

Ob das Museum dafür der rechte Platz wäre, stand nicht mehr zur Diskussion. Der richtige Ort war eine Kirche. Ich glaubte auch zu wissen, welche infrage käme. Der weitgehend zerstörte gotische Chor im Lübecker Dom Heinrichs des Löwen war wieder überdacht und trug erneut gotische Gewölbe, aber er war noch leer. Mitten darin stand in einiger Entfernung vom Lettner Bernt Notkes die auf eine nackte Wand reduzierte Ruine des ehemaligen barocken Hochaltars. Was hätte besser an dessen Stelle treten können als Kokoschkas expressives, dem barocken Erbe verpflichtetes »Ecce-Homines«? Mündliche Erkundigungen deuteten an, dass sich diese Idee verwirklichen lasse, zumal der Künstler abermals auf ein Honorar verzichtete und somit an Kosten nur die Ausführung des Mosaiks zu zahlen gewesen wäre. Der Maler war, wie sein Brief vom 27. November 1972 bewies, davon begeistert: »Diese Lübecker Angelegenheit wäre wahrlich eine gloriose Abschiedsvorstellung des Malers OK von der Welt! Neben Heinrich dem Löwen und Bernt Notke Platz zu nehmen wäre wahrhaftig eine unerwartete, selbstverständlich auch unverdiente Ehre für mich. Ihr Plan ist herrlich, lieber Freund ...«

Doch ich dachte nicht daran, dass die Urteilskraft der Lübecker sich seit den Zeiten der Buddenbrooks nicht verändert hatte und das Domkapitel diesem Parameter folgte. Das Gremium bekam, wie gewünscht, Aufnahmen des Entwurfs zur Ansicht und bildete sich auch gleich eine Meinung: Eine »impressionistische« Kreuzigung passe nicht in eine gotische Kirche. Als ich dieses Dokument des Unverstands in Händen hatte, dachte ich an eine Hamburger Lösung und sprach darüber mit zuständigen Freunden. Gemeinsam besuchten wir die Hauptkirchen der Hansestadt. Danach stand fest, dass in erster Linie die neue Nikolai-Kirche infrage kam, da sie eine ideale Wand für das Mosaik besitzt. Es war zugleich die Kirche des Landesbischofs Dr. Hans Otto Wölber. Sein Entschluss, für sie ein Kreuzigungsmosaik von Kokoschka zu bekommen, war schnell gefasst. In zwei Tagen ließ sich durch uns in Ravenna klären, dass sich die sowohl für die Restaurierung der alten wie für moderne Mosaiken ausgewiesenen Mosaicisti di Ravenna mit Leidenschaft der Sache annehmen würden. Bedenken, dass der Altar der Nikolai-Kirche bereits das kleine Bronzekruzifix meines Freundes Fritz Fleer trüge, dass der Architekt seine Wand unberührt lassen und deshalb das Mosaik in einem Bronzerahmen vor der Wand hängen sollte, waren bald überwunden.

Schließlich wurde nach langem Hin und Her entscheidend, dass das älteste Mitglied des Bedenken tragenden Presbyteriums den am Fuß des Kreuzes liegenden Helm als eine Teufelsfratze und Christus als deren Überwinder ansah – ein sehr nützlicher Irrtum. Während unserer Rundfahrt durch die Hamburger Hauptkirchen und der sich anschließenden Entscheidung für die neue Nikolai-Kirche schauten wir uns auch die neogotische Turmruine der alten Nikolai-Kirche an, die in Hamburg zum Denkmal der Kriegstoten geworden war. Im besten Einvernehmen mit der Stadt und ihrem damaligen Bürgermeister Peter Schulz kam es zu dem Beschluss, die schwarz-weiße Fassung des Kartons in ein entsprechendes Mosaik übertragen zu lassen. Sergio Cicognani, der Leiter der ravennatischen Werkstatt, lieferte kongeniale Proben.

Von da an ging alles schnell. An den Ostertagen 1974 konnte das farbige Mosaik in der Kirche, im Sommer darauf das Mosaik in der Turmruine vorgestellt werden. Zur Einweihung in der Kirche kamen Oskar und Olda Kokoschka erneut nach Hamburg, um am Karfreitagsgottesdienst teilzunehmen. Natürlich wünschte der Bischof sich eine Ansprache des Künstlers, doch was sollte er sagen? Bereits während eines vorbereitenden Fernsehinterviews hatte Bischof Wölber als lutherisch überzeugter Theologe Kokoschka bewegen wollen, seine Sicht der Gnade Gottes zu formulieren. Kokoschka wich diesem Wunsch des Bischofs geschickt aus. Er hatte mir in der Diskussion um die liturgischen Kirchenreformen unter Paul VI. anvertraut, warum er diese Änderungen ablehne: »Ich bin kein Christ, aber ich bin katholisch«; und am Weihnachtsabend 1973 hatte er mir geschrieben: »Den Bischof lasse ich herzlich umarmen, er ist glücklich, weil er noch an einen Gott glaubt, schließlich war Gott doch einer der fortschrittlichsten menschlichen Einfälle!«

Noch während des Gottesdienstes war er unschlüssig, ob er eine Ansprache halten und was er darin sagen sollte. Doch der Bischof ließ ihm keine Wahl und bat ihn nach dem letzten Amen um einige Worte. Etwas unwirsch bahnte sich Kokoschka mit einiger Vorsicht einen Weg durch die Kabel von Fernsehen, Rundfunk und Scheinwerfern und begann, erst zögernd, dann mit wachsender Leidenschaft, seine eigene Antwort zu geben. Er habe etwas angestellt und könne es nicht besser machen. Dann, wie im Zeitraffer verschiedene Ereignisse der beiden vergangenen Jahre in einer höchst persönlichen Kausalität zusammenfassend, erzählte er, er habe es nach einer Lungenentzündung im Bett nicht mehr ausgehalten, als man ihm einen vergifteten Specht gebracht habe. Er habe ihm die Augen geöffnet und ihn gemalt. Er schilderte mithin sein Erlebnis einer Auferstehung: »Und dann, nachdem ich aus dem Bett schon mal raus war, da hab ich diese Leinwand (den leeren Mosaik-Karton) angeschaut und gedacht, der Vogel, das war das Leben, und jetzt sieht er wieder aus wie lebendig. Mir geht's genauso ... Natürlich, was mach ich am Karfreitag? Kreuzestod ...« Ohne auf theologische Fragen nur im Geringsten einzugehen, schloss er einen Appell an: die Augen zu öffnen, sich selbst zu reformieren, die Hoffnung nicht zu verlieren: »Jeder von Ihnen ist ein Ich, ein vollkommenes Ich. Also nutzen Sie es.« Obwohl (oder weil) Kokoschka nichts von christlicher Lehre gesagt und alles andere als in pastoraler Diktion gesprochen hatte, war die Gemeinde mitgerissen, musste und wollte reagieren, mit einem damals für einen Kirchenraum und eine unkonventionelle Predigt ungewöhnlichen und kaum endenden Beifall.

»Comenius«: Lithographien zu den »Troerinnen«

Das Mosaik-Projekt war nicht das einzige, das uns in dieser Zeit beschäftigte. Wir hatten 1971/72 mit einer auf vier Bände angelegten Edition von Kokoschkas schriftlichem Werk begonnen. Hierfür gab er seinem letzten Drama »Comenius« die endgültige Form. Daneben zeichnete er eine neue Illustrationsfolge zu den »Troerinnen« des Eurypides und die »Jerusalem Faces«.

Alle diese Projekte hätten sich ohne die Hilfe mehrerer Hamburger Freunde nicht verwirklichen lassen. Kokoschka wusste, was er an ihnen hatte. Auf eine Zeitungsanfrage diktierte er mir während der Ostertage nach der Einweihung des Mosaiks, nachdem er für unsere Tochter ein Osterei bemalt hatte: »Hamburg ist eine Weltstadt, ein Fenster in die Welt. Hamburg ist eine so starke Kraft als Stadt, dass alle Bewohner, auch wenn sie nicht von hier sind, Hamburger werden. Es ist ein eigener Schlag, eine eigene Kultur. Es sind also nicht die Hamburger, die dieser Stadt das Gepräge geben, sondern die Stadt macht Hamburger.«

Die Idee einer Gesamtausgabe von Kokoschkas schriftlichem Werk entwickelte sich aus seinem Wunsch, eine neue Edition seiner längst vergriffenen

Dramen zu drucken und darin auch seine frühesten Dichtungen einzubeziehen. Als wir das Material durchsahen, musste ich feststellen, dass bisher niemand bemerkt hatte, wie verschieden die Fassungen seines aus dem Gedächtnis aufgeschriebenen berühmt-berüchtigten Erstlingsdramas »Mörder Hoffnung der Frauen« waren. Die beiden am meisten voneinander abweichenden nahmen wir auf. Als ich auch das legendäre, angeblich nur im letzten Akt vollendete Stück »Comenius« ansprach, erklärten Olda und Oskar Kokoschka unisono, es sei unfertig und könne nicht erscheinen, doch brachte Olda gern auf meinen Wunsch alles herbei, was es davon gab, einen etwa einen halben Meter hohen Stapel von Typoskriptseiten aus den Jahren von etwa 1935 bis 1945, deutsche und englische Fassungen, sogar eine tschechische Teilversion. Es war ein Chaos, das ich mit ins Hotel nahm, um es während der nächsten zwei Stunden zu ordnen. Sprache, Papiersorten, Schrifttypen, gelegentlich auch die Paginierung halfen, das Zusammengehörige zu sortieren. Es gab zweifelsfrei eine Fassung von vorerst letzter Hand. Alles nahm ich am gleichen Tag mit zum Tee und teilte als Resultat meiner Durchsicht mit, dass es eine letzte, handschriftlich nicht mehr ergänzte Version gebe. Kokoschka war begeistert, proklamierte: »Sie retten mein Drama«, und kam zu dem Schluss, es solle so gesetzt werden; er werde nichts mehr daran ändern.

Da der Verleger bereits eine Selbstbildnis-Radierung in einer limitierten und signierten Auflage zur Unterstützung des Drucks erhalten hatte, erheiterte es mich, dass es keineswegs bei der vorliegenden Form des »Comenius« blieb. Dreimal änderte Kokoschka seinen Text von Grund auf, ebenso oft musste er zum überwiegenden Teil wieder neu gesetzt werden. Hatte ursprünglich das Drama in zwei Zeitaltern gespielt, hatten sich die Landsknechte des Dreißigjährigen Krieges in die Feldgrauen des anbrechenden, von Kokoschka schon 1936 vorausgesehenen Zweiten Weltkriegs verwandelt, so stellte er nun die Einheit der Zeit (des 17. Jahrhunderts) her. Er strich und ergänzte viele Dialogpartien, zur Zufriedenheit seiner vom zuvor Vorliegenden noch nicht überzeugten Frau. »War zu viel Geschwätz und zu wenig Handlung«, merkte er selbstkritisch Ende November 1972 in einem Brief an, um einige Wochen später skeptisch hinzuzufügen: »Für die Bühne wird es sich kaum eignen.« Oskar Fritz Schuh, der damalige Intendant des Hamburger Schauspielhauses, interessierte sich zwar für das neue Stück, kam aber zu dem von Kokoschka geahnten Resultat.

Trotz mancher Kürzungen war auch die Endfassung noch zu lang, aber die wichtigsten Passagen ließen sich durchaus wirksam inszenieren, vor allem diejenigen, in denen Kokoschka seine eigene, phantasievolle Deutung des tschechischen Reformators gegeben hatte: die Explikation mit der vom Juden Shylock sarkastisch apostrophierten Geschichte des Habsburger Hauses; die Usurpation der Macht durch den eben noch zum Tode verurteilten Kaiser Ferdinand; die Rettung Drabiks, des Comenius-Schülers, vor dem Feuertod durch die Kaiserin; die beiden leidenschaftlichen Liebesaffären zwischen den tschechischen Adligen Trcka und Frau von Zerotin sowie zwischen Königin Christine und dem spanischen Gesandten, die sie gegenüber Comenius indolent bleiben lässt; schließlich die Schlussszene in Rembrandts Atelier vor der »Nachtwache« und der Tod des Comenius bei einem Pogrom – all diese Motive und Szenen des Dramas sind Kokoschkas freie Erfindung. Er wollte, geschichtliche Fakten nur sporadisch als Anhaltspunkte nehmend, mit seinem Stück die Diktaturen aller Zeiten geißeln.

Wie gut Kokoschkas Intention verstanden wurde, zeigte sich überdeutlich, als wir in Zusammenarbeit mit Olda Kokoschka in den frühen achtziger Jahren den Film in der Prager Botschaft der Bundesrepublik vorführten und mit der Einladung dazu einer Reihe von eigens durch den Botschafter eingeladenen Dissidenten damit für einige Stunden ein Fenster öffneten – man wagte nicht, ihnen die Teilnahme an der Vorführung eines Films über den berühmten Nationalhelden, zu der im Namen von Kokoschkas Frau eingeladen wurde, zu verweigern.

Ein rotarischer Mittagstisch hatte während des Spätsommers 1973 die Lösung für die Uraufführung des Dramas gebracht, und zwar in demselben Moment, in dem ich auch mit der Realisierung des Mosaik-Projekts ein gutes Stück vorankam. Der Freund, der daran mitwirkte, saß rechts von mir, links von mir Gyula Trebitsch, der Chef von Studio Hamburg. Ich hatte zufällig die gerade abgeholten letzten Umbruchkorrekturen des ersten Bandes von Kokoschkas »Schriftlichem Werk« neben meinem Teller liegen. Auf Trebitschs Frage hin, was ich da hätte, erzählte ich ihm von Kokoschkas neuem Drama. Gern gab ich ihm die Korrekturbögen zum Lesen.

Er reagierte nach wenigen Tagen wie elektrisiert, denn er sah in den Verfolgungen, im Morden, in der Intoleranz, den Pogromen des Dreißigjährigen

Krieges den Spiegel des 20. Jahrhunderts; er war als ungarischer Jude in einem Konzentrationslager gewesen und hatte es wider Erwarten überlebt. Mit seinem Entschluss, Kokoschkas Drama als Fernsehfilm aufzuführen, fuhren wir nach Villeneuve. Der Maler und der »kreative Kaufmann«, als der Trebitsch sich gern bezeichnete, fanden schnell zueinander. Kokoschka lieferte eine Reihe farbiger Szenenzeichnungen, die manche Filmpassagen authentisch übersetzen sollten.

Trebitsch gewann das Zweite Deutsche Fernsehen und dessen Programmdirektor Gerhard Prager, jedoch nicht gleich einen Regisseur. Mit Stanislav Barabas, der nach dem Prager Frühling sein Land verlassen hatte, schien noch im Sommer der richtige Mann gefunden, doch nach der ersten längeren Besprechung mit ihm gleich alles wieder verloren zu sein. Es herrschte die bis heute noch nicht beendete Mode, dass Regisseure die Stücke ummodeln. Barabas wollte es, das glaubte er sich wohl schuldig zu sein, nicht anders halten, aber wie hätte er sich mit Kokoschka darauf einigen können? Mit Kürzungen war dieser wohl einverstanden, aber nicht mit Eingriffen in seine Idee und seine Sprache. Barabas lernte schnell; vor allem verstand er bald, dass der Maler sich mit jeder seiner Figuren identifizierte und man diese Identifikation durch die Einbeziehung Kokoschkas in die Handlung sichtbar machen müsse, was man im Film leicht und authentisch realisieren konnte. Damit besaß er ein vom Üblichen abweichendes Konzept, das seinem Film eine Sonderstellung sicherte. Er fand vorzügliche Schauspieler, und mit dreien von ihnen, mit Evelyn Opela, mit Thomas Holtzmann und Traugott Buhre, reisten wir, begleitet von einem Aufnahmeteam, im Sommer 1974 zu einer Vorbesprechung nach Villeneuve.

Die Schauspieler waren, ebenso wie wir bei unserem ersten Besuch, befangen; Kokoschka übernahm selbst die Gesprächsregie, ohne zu ahnen, dass Teile der Unterhaltung in seinem Atelier in den Film aufgenommen werden sollten. Er brachte seine Partner zum Reden und verdeutlichte ihnen, dass jede Figur er selbst sei. Bewusst herausfordernd fragte ich ihn, wie das mit der Kaiserin, einer Frau, möglich sei. Seine Antwort war entwaffnend: »Sind wir nur Männer?« Dabei schlug er sich an die Brust. Von jetzt an gab es keine gravierenden Verzögerungen. Mir war bei den Dreharbeiten die Rolle zugefallen, täglich vor ihrem Beginn das Drehbuch durchzusehen, denn nachts pflegte der Regisseur die Dialoge neu zu schreiben, natürlich ohne Kokoschkas musikalischen

Rhythmus und seine Sprache zu treffen. Als ich eines Morgens wegen einer dringenden Museumsangelegenheit nicht rechtzeitig zu den Aufnahmen kommen konnte, nahm er seine Chance wahr; ich höre heute noch beim Abspielen der Aufnahme mit Missvergnügen die nicht gelungene Diktion dieser Passage. Gyula Trebitsch wollte im November seinen 60. Geburtstag im Kreis aller seiner Freunde, Stars und Mitarbeiter feiern; nun wollte er natürlich auch Kokoschka dabeihaben und bat ihn für diese Tage zu letzten Aufnahmen und Probeprojektionen, ohne seine in einer Aufnahmehalle von Studio Hamburg vorbereitete Riesenfete zu erwähnen. Bei den letzten Aufnahmen erwies sich tags zuvor, welch ein guter und geschickter Regisseur Barabas war. Er hatte die Requisiten der wichtigsten Szenen auf eine improvisierte Bühne gestellt. Kokoschka schaute sie sich an, ging von einer zur anderen und hantierte mit ihnen. Diese kurzen Sequenzen wurden, vom Maler unbeachtet, aufgenommen und in den Film ebenso geschickt eingeblendet wie einige Teile der vorangegangenen Diskussion mit den Schauspielern, sodass die Identifikation des Künstlers mit seinen Figuren für jeden verständlich wurde. Eine der Gestalten war Rembrandt, der von Paul Verhoeven gespielt wurde. Er kam am Abend der Geburtstagsfeier dazu, als Kokoschka sich gerade mit Helmut Schmidt unterhielt und sich von ihm über Breschnew unterrichten ließ, den der Kanzler gerade getroffen hatte. Verhoeven störte diese Unterhaltung nur kurze Zeit; Heinz Rühmann und Curd Jürgens saßen gelangweilt und etwas indigniert daneben.

Um Curd Jürgens nicht unbeachtet zu lassen, fragte meine Frau ihn, ob das große Goldkreuz, das er statt einer Krawatte trug, das Bundesverdienstkreuz sei. Der Star reagierte auf unwirsche Weise generös negierend, mit einer sehr knappen Verneigung.

Fragte man Kokoschka in den beiden Jahren, in denen ihn die Kreuzigungskartons und die Endfassung des »Comenius«-Dramas beschäftigten, nach deren Deutung, gab er stets eine sie verbindende Antwort. Sie waren für ihn ein Aufruf zur Barmherzigkeit – Barmherzigkeit gegenüber dem Opfer, Barmherzigkeit gegenüber unschuldigen Kindern. Er selbst leistete dazu immer wieder einen Beitrag, wie man gelegentlich von Olda erfuhr, die ihn hierin voll unterstützte. Manche seiner Honorare stifteten sie für die Unterstützung von Kindern, für Amnesty International oder andere Hilfsaktionen. Als Aufruf zur Barmherzigkeit verstand Kokoschka auch seine Lithographien-Folge zu den

»Troerinnen« des Euripides. Er reagierte damit auf den Terrorakt, dem israelische Kinder in ihrer Schule zum Opfer gefallen waren. Aber er sah für seine eigene Skepsis gegenüber dem Schicksal der Welt auch eine Parallele in den Vorahnungen der Kassandra.

Die ursprüngliche Idee für ein Mosaik, ein Selbstbildnis in der Tür, gab Kokoschka nicht auf; er machte sie zum Thema eines Gemäldes. Es gehört zu der letzten Gruppe seiner Bilder, in denen er als fast Neunzigjähriger alle »Jungen Wilden« übertrumpfte. Unsentimental gegenüber seinem mehr mit Zorn als mit Wehleidigkeit erwarteten Ende wählte er auch den Titel – »Time, Gentlemen Please«, die Worte, mit denen bis 2005 zur Sperrstunde die englischen Pubs geschlossen wurden.

Schon im September 1974 hatte das ZDF Aufnahmen geplant, mit denen der »Comenius«-Film angekündigt werden sollte. Sie erfolgten im Anschluss an das Gespräch mit den Schauspielern. Da sich keine andere Umgebung anbot, saßen wir in Korbsesseln vor dem Atelier, und ich versuchte, Kokoschka zum Reden zu bringen. Dies ließ sich nur zögernd bewerkstelligen. Nach dem ersten Filmrollenwechsel ging Kokoschka mit mir ins Atelier. Als ich ihn fragte, ob es an den vorangegangenen Tagen nicht etwas sehr turbulent zugegangen sei, schüttelte er nur den Kopf. Er wolle mit mir einen Whisky trinken, habe aber hier nur ein Glas, das nie gespült werde. Wenn er die Flasche Whisky nach draußen mitnähme, müsse er allen davon etwas abgeben. Also tranken wir beide allein aus dem dickwandigen Glas, gingen wieder hinaus und begannen mit der nächsten Rolle. Von Mal zu Mal wurde Kokoschka lebhafter und verkündete zum Schluss entschieden: »Die große Kunst geht die Leute nichts an.«

Nach der letzten Rolle war die Flasche fast leer. Zwar ergab sich aus den gedrehten Abschnitten kein Film, denn die Szenerie blieb wenig abwechslungsreich, aber das weitgehend von OK bestrittene Interview wurde auf einer Langspielplatte in einer Mappe veröffentlicht, zu der er Lithographien mit den wichtigsten Akteuren seines Dramas zeichnete. Die Mappe erschien 1976, fast ein Jahr nach meiner dritten Hamburger Kokoschka-Ausstellung. Er nahm an der Präsentation dieser Ausstellung in Madrid teil, äußerlich frisch, jedoch durch sein nachlassendes Augenlicht beeinträchtigt.

Wie er sich als Blinder mithilfe eines Spiegels gezeichnet hatte, vermochte auch Olda nicht zu sagen. Eine Operation wurde unvermeidlich; sie gab ihm für gut ein Jahr seine Sehfähigkeit zurück, ohne über wechselnde Abstände hinweg sehen zu können. Er beschränkte sich deshalb auf Zeichnungen. Zu ihnen gehörten neben Blättern zu einer Erzählung von Siegfried Lenz, über die an anderer Stelle zu berichten ist, eine Folge zu Hamsuns »Pan«.

Letzte Gemälde, Lithographien und Zeichnungen

Spätestens seit dem Ende des Ersten Weltkriegs bewunderte Kokoschka die große skandinavische Literatur des späten 19. und des frühen 20. Jahrhunderts. In einigen ihrer Gestalten sah er Ähnlichkeiten mit sich selbst. Als er mit fast neunzig Jahren auf sein Leben zurückblickte, beschäftigten ihn erneut Ibsens »Peer Gynt« und Hamsuns »Pan« als sein Alter Ego. Er malte Gynts Mutter Aase mit den Zügen seiner eigenen Mutter, sich selbst als den steile Felsen erklimmenden Gynt, sah in Solveig mit ihren ausgestreckten Armen ein Gleichnis jeder der vielen Frauen, die ihn geliebt hatten. Als wir im Herbst 1972 von einer gemeinsamen Reise aus dem Burgund zurückkamen, bei der die Magdalena vom ehemaligen Lazarus-Grab in Autun ihm besonderen Eindruck machte, legten wir über einem steil abfallenden Jura-Felsen eine Zigarettenpause ein. Die in die Tiefe führende Felswand habe ihn, wie er mir sagte, beschäftigt, weil er gerade sein neues Bild »Peer Gynt« begonnen habe.

Ich sah am folgenden Tag in seinem Atelier die erste Idee dazu, mit wenigen Zügen farbiger Pastellstriche auf der Leinwand angelegt, während noch die Mosaik-Kartons dort standen und er an seinem Schreibtisch die letzten Korrekturen zum »Comenius« las. In der Hamburger Ausstellung von 1975 hing es neben anderen Gemälden der gleichen Zeit wie »Mal Occhio« – Böser Blick – ein wörtlich als Bezeichnung für die schwindende Sehkraft verstandener Titel. Schon 1968 hatte er mir mit der Widmung seiner Erzählungen »Spur im Treibsand« in einem vorausahnenden Zusatz geschrieben: »Das Auge ist so rein, die geringste Beschmutzung hat unerträglichen Schmerz zur Folge.« Wie viel mehr musste ihm sieben Jahre später der langsame Verlust seiner Sehfähigkeit zusetzen? Aber er blieb realistisch. Auf tröstenden Zuspruch hin hatte er meist nur eine illusionslose Antwort: »Es ist der Kalender.«

Gleichzeitig mit Ibsens Hallodri wandte er sich dem »Pan« zu. Die Anregung für Lithographien dazu gab ihm Olda Kokoschka. Sie wusste, dass er von allen Romanen Hamsuns keinen anderen so hoch schätzte. Als er 1917 schwer verwundet nach Dresden kam und, kaum genesen, von vielen jungen Frauen geliebt wurde, sah er sich in einer ähnlichen Situation wie der einsame Reserveoffizier in seiner Waldhütte. Während der zwanziger Jahre unterschrieb er seine Briefe an eine seiner Freundinnen, an Alice Lahmann-Rosenlew, mit »Dein Leutnant Glahn«. Wenn er jetzt den von ihm wie von Olda geliebten Anfang des Buches las – »In den letzten Tagen dachte und dachte ich an des Nordlandsommers ewigen Tag« –, dann resümierte er sein langes, vor dem Ende stehendes Leben. Der im Wald hausende entlassene Soldat wurde eine der Gestalten, mit denen Kokoschka sich seit seiner eigenen Entlassung aus dem Militärdienst über Jahrzehnte hinweg identifiziert hatte. Auf mehreren der Lithographien sind unschwer die selbstbildnishaften Züge im Gesicht des Romanhelden zu erkennen. Als Kokoschka mir die Blätter erstmals zeigte und die letzte Lithographie an die Reihe kam, in der Glahn seinen Bekannten zum Todesschuss auf ihn provoziert, sagte er lakonisch: »So möchte ich auch draufgehn.«

Der Stil der letzten Lithographien und Zeichnungen mag durch seine Sehbehinderung bestimmt sein. Er zeigte sich erstmals in der Suite zu den »Troerinnen« – lapidar und chiffrenhaft, aber gerade dadurch einprägsam und eindrucksvoll, entsprachen diese expressiven Abbreviaturen doch seiner gleichzeitigen Malerei mit ihrem die Flächen heftig zusammenfassenden Duktus.

Die seit seiner Augenoperation entstandenen neuen Blätter, die zum überwiegenden Teil in Hamburg verlegt worden waren, präsentierten wir im März 1976 in der Bonner Vertretung der Hansestadt als Ehrung für den gerade neunzig Jahre alt gewordenen Künstler. Dazu schrieb Siegfried Lenz einen die Weltsicht und das Realitätsverständnis des von ihm bewunderten Malers einfühlsam deutenden Essay. Kokoschka hatte dazu ein seine Verfassung spiegelndes Plakat gezeichnet: einen wütend knurrenden Tiger. Seinen Geburtstagsfeiern war er stets entflohen, er hielt es jetzt ebenso. Wir trafen ihn und Olda zwei Tage nach der Bonner Eröffnung in Baden bei Zürich und brachten einen Stapel neuester Rezensionen mit. Er war an ihnen im Einzelnen nicht interessiert, sondern fragte nur trocken: »Ist es viel?« Ich habe meinen Künstlerfreunden seitdem wiederholt geraten, es genauso zu halten und Feuilleton-Meinungen lediglich zu quantifizieren.

Andere Themen beschäftigten Kokoschka ungleich mehr. In den siebziger Jahren, also im Alter zwischen 84 und 94 Jahren, waren es viele unterschiedlichster Art, von denen einige erwähnt seien. Nach dem Erfolg des »Comenius« wollte er mit »Charlotte Corday« ein weiteres Drama schreiben. Der Tyrannenmörderin galt seit Langem seine Sympathie. Sie war für ihn eine gleichnishafte Alternative zur blut- und fluchbeladenen Männerwelt, eine Heldin aus dem Geist des Matriarchats, von dessen mythischer Kraft er sich lange eine neue Weltordnung erhofft hatte. Doch mehr als erste Ideen zu diesem Drama verfolgte er nicht. Ähnlich verhielt es sich mit einer graphischen Folge zur römisch-katholischen Messliturgie. Voller Zorn über die Reformen des Zweiten Vatikanischen Konzils, denen sowohl das Latein als Sprache wie die architektonische Ordnung vieler Kirchen zum Opfer fielen, wollte er in einer solchen Suite seine deutlich erkennbare Kritik an den eingreifenden Veränderungen von Sprache und Riten vor Augen stellen. Vergeblich versuchte ich ihm das Projekt auszureden: »OK, wie wollen Sie etwas ohne Drama darstellen?« Doch er beharrte darauf. Auf seine Bitte hin notierte ich ihm die Abschnitte der Messfeier, der verschiedenen Plätze des Priesters am Altar. Was hätte er, auf solche Angaben gestützt, anderes zeichnen können als Illustrationen der ihm aus seiner Kindheit vertrauten Abläufe der Liturgie? Dies wurde ihm bei allem nicht abklingenden Zorn bewusst; langsam geriet das Projekt in Vergessenheit.

Des Öfteren unterhielten wir uns über künstlerische Aspekte der Mathematik und Geometrie, über die Proportionslehren der Renaissance und ihren Bezug zur Musik, über die Zahlensymbolik Bachs. Leo Kestenberg, ein Schüler Busonis, hatte ihm schon vor dem Ersten Weltkrieg Bachs kompositionelle Strukturen erklärt; das Ergebnis davon waren die Illustrationen zur Kantate »O Ewigkeit, du Donnerwort« gewesen, die er zur existenziellen Aussage über Verzweiflung und Hoffnung seiner tragischen Liebe zu Alma Mahler gemacht hatte. Jetzt, sechzig Jahre nach deren Ende, faszinierte ihn die Reinheit der Bach'schen Musik, eine Reinheit, die er ebenso in Kompositionen von Anton Webern bewunderte, während er sich von Arnold Schönberg wegen dessen Intellektualisierung der Musik mehr und mehr distanzierte. »Bach – mir erscheint er wie das ewige Muster in der abstrakt geometrischen islamischen

Kunst, wenn diese Harmonie sich zum vollen Kreis schließt«, hatte er 1966 in Cadenabbia während der Malpausen am Adenauer-Portrait dem Sohn von Darius Milhaud aufs Tonband gesprochen. Bachs Mathematik war für ihn kein Abstractum, er übersetzte sie für sich in die Anschauung.

Je intensiver die Gespräche wurden, desto häufiger rauchte Kokoschka eine Zigarette. Gelegentlich griff Olda ein, indem sie eine von ihm eben angezündete zu Ende rauchte. Ihrem tadelnden Blick beim Anzünden der nächsten begegnete er mit den Worten: »Das andere, das war doch keine Zigarette, das war nur Völkerkunde.« Nicht genug konnte er – auch eine Art von Völkerkunde – über Japan hören, wo ich im Laufe der Jahre mehrere Ausstellungen zeigte, darunter 1978 eine Kokoschka-Retrospektive in den Nationalmuseen von Kamakura und Kyoto. Er bewunderte seit seinen frühen Jahren in der Wiener Kunstgewerbeschule die japanischen Holzschnitte der Edo-Zeit, von denen er in London selbst einige erwarb, vor allem Blätter von Utamaro und dessen Zeit. Mit Vergnügen schaute er sich die Photographien des Wegs zum Hashiman-Schrein von Kamakura mit den Ausstellungsschildern an, auf denen sein Name japanisch zu lesen war. Mehrmals musste ich zum Spaß für ihn das Kabuki-Theater mit seinen monoton kommentierenden Sängern, mit den die Dramatik unterstreichenden Klappern, mit den rhapsodischen Dialogen nachahmen, ohne mehr als zehn bis zwanzig Wörter Japanisch zu beherrschen. Mehrere Abende lang schauten wir Diapositive der Zen-Gärten Kyotos an. Er hatte darüber nur wenig gelesen, aber aus der Anschauung begriff er sie sofort und artikulierte aus ihr heraus seine Einsichten in die fremde Kultur.

So vergingen manche Teenachmittage und Abende in Villeneuve. Die hellen Vormittage blieben für das Zeichnen reserviert, für Portraits und für Figuren seiner Phantasie. Zu den Letzteren gehörten zwei Lithographien für den Bund deutscher Ärzte, Asklepios und seine Tochter Hygieia. Den Gott der Heilkunst stellte er in dem Augenblick dar, in dem Zeus ihn mit dem Blitz erschlägt, damit die Zahl der Menschen nicht durch ärztliche Kunst ins Unermessliche steige. Er dachte dabei erneut an sein eigenes Lebensende, ohne zu ahnen, dass sein jüngerer Bruder Bohuslav plötzlich an einem Herzschlag sterben könnte. Olda erhielt die Nachricht telefonisch und übermittelte sie ihrem Mann mit Vorsicht, um den Schock zu mildern. Zufällig kamen wir wenig später nach Villeneuve und fanden ihn so desperat, wie wir ihn noch nie erlebt hatten. Mehr als alle

Worte verriet das Blatt mit dem Tod des Asklepios seine Verzweiflung über das Unerwartete; die Mitte füllt ein gleißender Blitz. Mehrere Monate lang war Kokoschka untröstlich, wenn er auch äußerlich zu seiner Heiterkeit zurückfand. Bei der Entstehung von drei der letzten Zeichnungsfolgen erlebten wir aus unmittelbarer Anschauung, wie passioniert, naiv, hingegeben Kokoschka bis in sein hohes Alter hinein zeichnete; es handelte sich – in dieser Reihenfolge – um Portraits von meiner Frau, von mir und von Carl Zuckmayer.

Im Oktober 1975 kamen meine Frau und ich mit einiger Verspätung nach Villeneuve, weil wir auf dem Oberalppass bei einem früh einsetzenden Schneefall für einige Stunden eingeschneit gewesen waren. Deshalb konnte Kokoschka mit den Zeichnungen Angelikas nicht gleich beginnen. Er kannte sie seit gut zehn Jahren, sodass er sich am Morgen nach unserer Ankunft gleich das erste Blatt vornahm. Sie blieb jedoch gerade wegen unserer Vertrautheit befangen, und es gelang Kokoschka nicht leicht, sie aufzulockern. Er sah prüfend zu ihr hin, sie durch leichte, hinweisende Gesten um Veränderungen von Haltung und Blickrichtung bittend, begann zögernd, wartete nach einigen kurzen Strichen ab. Ich begann indes zur Belebung der Szene laut die Korrekturen von Texten zu lesen, die im dritten Band des »Schriftlichen Werks« erscheinen sollten. Kokoschka setzte mit ihm genau im Gedächtnis gebliebenen Zitaten eines Aufsatzes ein, den er 1917 geschrieben hatte. Während meine Frau zuhörte, geriet Kokoschka ähnlich in Rage wie fast ein halbes Jahrhundert zuvor, zeichnete aber gleichzeitig die ruhige Gelassenheit seines Modells. Dem ersten Blatt ließ er gleich ein zweites folgen, dieses Mal die weit geöffneten Augen hervorhebend. Die beiden Bildnisse scheinen zwei unterschiedliche Lebensalter zu spiegeln. Das zweite zeigt Angelika in ihrem damaligen Alter, das erste wie vier Jahrzehnte später, völlig intuitiv erfasst.

Als Kokoschka mich zwischen dem 25. Juni und 1. Juli 1976 zeichnete, war er neunzig Jahre, ich gerade halb so alt. Ich notierte jeweils am selben Tag der Entstehung der letzten Zeichnungen: Von Gstaad, wo wir einige Wochen verbringen, im offenen Wagen mit verwehtem Haar ankommend, gehen wir gleich ins Atelier. »Hier bin ich zu Hause, hier fühl ich mich wohl, das andere sind Fremdenzimmer«, beginnt Kokoschka das Gespräch, nachdem er sich mit einem Schluck Whisky und einer Zigarette aufgemuntert hat. »Oh ja, hab ich eine Angst!«, fährt er mit Blick auf das leere Papier fort. Während wir laut Korrekturen des letzten Bandes vom »Schriftlichen Werk« lesen, schreit er plötzlich laut auf, um sich Luft zu machen. Olda, die Zeit zum Bügeln nutzend, kommentiert den Ausbruch lakonisch: »Aber sonst kommen die Schreie immer erst zum Schluss.« Kokoschkas Beteiligung am Gespräch lässt nach, vor allem seine Augen sind tätig, mit der Hand gibt er mir leichte Hinweise für meine Haltung, zeichnet etwa eine Stunde lang, dann gibt er das erste Blatt aus der Hand.

Ihn haben in erster Linie meine Augen und ihr Ausdruck, auch der Mund, wenig die Kopfform beschäftigt; die durch den Fahrtwind hochgewehten Haare gleichen einem spitzen Horn. Gleich beginnt er die zweite Zeichnung, rückt dabei näher an mich heran. Während Olda jetzt die Korrekturen liest und ich sie in die Fahnen eintrage, bewegen sich seine Hände wenig, fahren nur einmal heftig hin und her, als es um die Haare und eine Schattenpartie geht. Das Gesicht erscheint in die Breite gezogen, da er es von allen Seiten ansah. Er ist damit nicht unzufrieden, aber weil diese Zeichnung zu friedlich geriet, genügt ihm das Resultat noch nicht; für heute und für den folgenden Tag macht er eine Pause, in der er sich mit uns über Japan unterhält. Die zu den eindrucksvollsten Portraits der Kamakura-Zeit gehörende Sitzfigur des Minamoto no Yoritomo aus dem 13. Jahrhundert mit dem massiven Schädel und der scheibenartig aufragenden Mütze macht ihm besonderes Vergnügen – er warte nur darauf, dass sie herunterfalle. Ihn beschäftigt der dialektische Gegensatz der japanischen Kultur zwischen Kontemplation und Bereitschaft zur Gewalt bis in den späten Abend.

Am nächsten Morgen hält er sich nicht mit Präliminarien auf; während er mich aus der Diagonale anschaut, äußert er sich zu seinem Zeichnen; am besten, man schaue dabei gar nicht aufs Papier. »Jeden Schädel gibt's nur einmal auf der Welt, und das muss man herausfinden«, dabei zeichnet er weiter, obwohl er weiß, dass das neue Blatt kaum Überlebenschancen hat. Es ist als Abbild gelungen, aber bloße Ähnlichkeit reicht ihm nicht. Die zerrissenen Stücke des Blattes landen im Kamin.

Das vierte Blatt folgt nach dem dritten schnell, ohne kontrollierende Pausen, Kokoschkas Aufregung nimmt zu, steigert sich, kurz hervorgestoßene Worte und Laute begleiten die nächste Phase: »Da, da – jetzt hab ich ihn – oh, ist das schwer, na komm, – ei, ha – – verpatzt!« Die Zeichnung ist freier und lebendiger als die vorhergehende, aber das rechte Auge hat er im Eifer des Gefechts doppelt gezeichnet, vielleicht weil ich gerade eine Bewegung gemacht hatte; die Doppelstriche radiert er aus, was er sonst fast nie tut. Als er hört, dass es erst fünf Minuten nach eins ist, beginnt er das fünfte Blatt. Dieses Mal möchte er mich vehementer sehen, doch weiß ich nicht, wie ich ohne Anlass wütend werden könnte, wozu er mich auffordert. Klug und listig führt er daraufhin das Gespräch zur Politik. Ausgehend von dem Angebot, Helmut Schmidt zu portraitieren, das ich bereits über seine Frau Loki an den Kanzler weitergeleitet hatte, wendet er sich den Aggressionen Russlands zu; er schätzt Helmut Schmidt wegen dessen kompromissloser Haltung, aber er hält, wie ich, nicht viel von Willy Brandt. Mein von ihm geteilter Zornesausbruch über dessen Verhalten kommt Kokoschka gerade recht, schnell ist er fertig, signiert und datiert sofort, sich um einen Tag irrend, und ruft seiner Frau zu:»Hold, komm her, jetzt hab ich ihn!« Ein wenig ist diese Bildniszeichnung in die Nähe der Karikatur geraten, was er selbst ebenso erkennt wie die ersten Besucherinnen aus dem engeren Freundeskreis, denen er die ersten Blätter zeigt, unter ihnen Elisabeth Furtwängler und ihre Schwägerin Barbara Daelen. Danach lesen wir weiter Kokoschkas »Politische Äußerungen« Korrektur. Angesichts des heißen Sommerwetters folgen auch an den beiden nächsten Tagen keine Zeichnungen, wir verabreden uns deshalb für den Morgen des 1. Juli.

Zur Begrüßung schränkt Olda ein, OK sei etwas müde, aber dann gehe es oft besonders gut. Sie kennt ihren Mann und hat auch dieses Mal recht. Bevor er beginnt, kommt er erneut aufs Kabuki-Theater zu sprechen, ahmt einige Gesten und Haltungen nach, hört fast unmerklich damit auf und macht die ersten Striche, murmelt dabei, bald lauter werdend: »Oh ist das schwer, eh, uijuijui – oh, hab ich eine Angst – wenn das nur gelingen würde.« Er beschwichtigt sich: »Na, sei ruhig, mach keine Oper – ich mein mich selbst.« – »So ein Schädel! Aus Ihrem Schädel kann man viel machen.« – Auf die Frage »Warum?«: »Weiß ich nicht, na.« Unter solchen hingeworfenen Bemerkungen schließt er das Blatt ab. Es erscheint nicht sehr ähnlich. Ich frage mich im Stillen, ob ich so wohl in einigen Jahrzehnten aussehen werde. Bis heute – die Zeichnung befindet sich inzwischen in der Wiener Albertina – gibt es dafür noch keine Bestätigung.

Beim letzten Versuch beginnt er mit einer Armlinie, beachtet sie jedoch nicht weiter, sondern konzentriert sich auf den Kopf. Er fährt heftig mit der Kreide über das Papier – es geht um die Haare. Während ich in der wachsenden

Anspannung nichts mehr sage, spricht OK weiter: »Wenn ich es jetzt hinkriegen würde – aber man kommt immer nur auf fünf Millimeter bis zu dem, was man erreichen möchte.« Auf meine Frage, ob er immer gleich wisse, ob eine Zeichnung gut werde oder ob er Zweifel habe, antwortet er: »Nein.« Er wisse es immer sofort. Nach einigen folgenden Bemerkungen über die Falschheit von Photographien wird es so still, dass man nur das Kratzen der Kreide auf dem Papier hört, unterbrochen von kurzen Ausbrüchen: »Sie haben einen schönen Schädel – wenn man das nur hinkriegt! So ein Ohr hab ich noch nie gesehen, das krieg ich sicher nicht hin! – Herrgott! – Na, ich glaub, jetzt ist er's.« Er hält das Blatt auf etwas Distanz vor sich hin, signiert sofort und setzt das Datum dazu, dieses Mal das richtige.

Als ich auf die Uhr sehe, sind seit dem Beginn der letzten, zweifelsfrei besten Fassung gerade zwanzig Minuten vergangen. In ihr ist alles zusammengefasst, was er in den vorangegangenen Zeichnungen an diesem oder jenem entdeckte. Sofort zeigt er Olda das Ergebnis. Es sei ihm darum gegangen, dass die Augen den Schädel führen. »Seine Augen sind die Lokomotive für den Schädel.« Müde, entspannt und glücklich meint er launig, auf Angelika und Claudia gemünzt, die mich abholen: »Wenn die beiden Frauen jetzt aber noch nicht zufrieden sind, dann ziehe ich um!« Nochmals bricht auch in diesem Moment die Verzweiflung über den Tod seines Bruders durch, er fragt, wie lange er selbst noch leben werde. Er stimmt, wieder optimistisch, meiner Entgegnung zu, es komme auch darauf an, wie lange er leben wolle. Doch als wir uns zur Abreise nach Katalonien verabschieden und für den Herbst den nächsten Besuch verabreden, behauptet er: »Dann bin ich tot.« Wir wetten um eine Flasche Cutty Sark, seinen Lieblingswhisky, dass es nicht so sein würde, und gewinnen. Am 8. Oktober bekommen wir eine der Flaschen, die OK zu seinem 90. Geburtstag erhielt und die auf dem Etikett statt der Marke das Monogramm OK tragen; wir haben sie, geleert, zur Erinnerung behalten.

Der Bildhauer Hans Wimmer, der zunächst den Maler portraitierte und dann von ihm gezeichnet wurde, erzählte uns gelegentlich von Kokoschkas Neigung zum Whisky. Als Wimmer ihn zwischendurch fragte, ob es davon nicht etwas zu viel sei, lautete seine Replik: »Aber ich trinke ihn ja immer nur schluckweise.« Mit einem solchen Schluck begrüßt er im Oktober 1976 auch Carl Zuckmayer. Der Dichter, der eine gute Autostunde von Villeneuve entfernt in Saas Fee wohnte, hatte sich zu seinem bevorstehenden 80. Geburtstag auf die Frage von Bernhard Vogel, dem damaligen Ministerpräsidenten von Zuckmayers Heimatland Rheinland-Pfalz, eine Bildniszeichnung Kokoschkas gewünscht. Er bewunderte ihn seit der Uraufführung von dessen Drama »Orpheus und Eurydike« mit Heinrich George in Frankfurt 1921. Der Wunsch stand jetzt vor seiner Erfüllung, doch Kokoschka befürchtete, sein Modell könnte »zu fad«, also zu befangen sein. Der Bitte, dabei zu sein und Zuckmayer aufzulockern, kam ich nur zu gern nach.

Als wir uns am Tag zuvor über Eindrücke unserer Spanien-Reise unterhalten hatten, war OK auf Picasso zu sprechen gekommen. Er hatte ihn, was er längst vergessen hatte, 1910 mit drei Ausrufungszeichen Herwarth Walden für eine Ausstellung in der Berliner Galerie »Der Sturm« empfohlen, später sich jedoch kritisch von ihm distanziert. Jetzt habe er einen Film über ihn gesehen, der Picassos Verwurzelung in der Tradition anschaulich machte: »Der Picasso, der ist gar kein Moderner.« Jetzt, wo er nicht mehr lebe, bekenne er gern, dass er sich in ihm geirrt habe. Er habe die spanische Tradition nur fortsetzen können, weil er in Frankreich gewesen sei. Die Distanz habe ihm die Tradition seines eigenen Landes nahegebracht. Heute, nach Picassos Tod, sehe er es; und er wendet den Ernst in ein Apercu: »Der Picasso, der hat die Tradition – und ich, ich hab die Einfälle.«

Bei Spanien bleibend, wendet sich Kokoschka Juana la Loca, der um ihren Verstand gekommenen Mutter Karls V., zu. Sie sei die erste moderne Frau gewesen, durch eigenes Erleben wahnsinnig geworden. Sie habe in einer Zeit gelebt, als Bosch und Dürer die Hölle entdeckten. Sie habe die Hölle in sich entdeckt. Noch während wir am kommenden Morgen auf Carl Zuckmayer und seine Frau Alice Herdan-Zuckmayer warten, verfolgt ihn Juana la Loca. Warum sei sie die erste moderne Frau? Weil das Volk ihre Krankheit Wahnsinn und nicht Besessenheit nannte.

Als Zuckmayer am fortgeschrittenen Vormittag mit seiner Frau eintrifft, wirkt er angeschlagen wegen seiner »Kreislaufstörungen«, womit man ihm einen Infarkt umschrieb; man glaubte, ihn mit der Information trösten zu können, dass in der ihn behandelnden Wiener Klinik auch schon Bruno Kreisky und Curd Jürgens gelegen hätten. »Was heißt Kreislaufstörungen«, pariert OK Zuckmayers Introduktion, »Kreislaufstörungen hat jeder, der etwas auf sich hält. Ich habe von Jugend an Kreislaufstörungen.« Scheinbar nonchalant und sarkastisch beantwortet er danach Zuckmayers Frage, ob er den Dritten Weltkrieg noch erleben wolle, der sicher spätestens in einem Jahrzehnt ausbräche: »Eigentlich bin ich ja neugierig, was dann passiert, dann passiert so viel, es sterben Leute, die man kennt.« Was er nicht möge, sei, dass dann alles in Unordnung gerate. Während dieser makabren Unterhaltung schaut OK sein Gegenüber von allen Seiten an, versucht, sich die ihm seit Langem bekannten Züge einzuprägen, als sähe er sie zum ersten Mal. Zuckmayer bleibt steif, fühlt sich »wie ein Konfirmand« – so beschreibt er mir seinen Zustand wenig später in einem Brief. Er trägt einen dunklen Anzug, sitzt unbeweglich im Atelier, sodass auch Kokoschka untätig bleibt. Einen Schluck Whisky lehnt der Schriftsteller bis auf einen angedeuteten Tropfen auf dem Boden des Glases ab. Kokoschka überbrückt die Pause: »Ich brauche immer lange, bis ich anfange.«

Worüber soll ich reden, um die Atmosphäre aufzulockern? Zu Zuckmayers neuestem Stück »Der Rattenfänger von Hameln« möchte ich nichts sagen, denn es ist gerade in Wien durchgefallen. Welches Thema ich auch anschneide, der Schriftsteller sagt wenig und bleibt unbeweglich. Über Kokoschkas Schulter hinweg sehe ich, dass er den Umriss des Kopfes zeichnet, der wie ein Totenschädel wirkt. Während die Zeichnung zunächst so bleibt und ich einige Schnappschüsse mache, sprechen wir über den Film, den August Everding gerade über Zuckmayer dreht, doch er bleibt weiter ungerührt, auch als er bekennt, wie aufregend es für ihn sei, von Kokoschka gezeichnet zu werden. Der versucht ihn aufzumuntern; er sehe aus wie ein Indianer. Zuckmayer erinnert sich dadurch an eine Episode. Er habe mit Josef von Sternberg, den er seit der Verfilmung des »Blauen Engels« gekannt habe, einen Besuch bei den Navajos gemacht. Dort habe ein Medizinmann ein krankes Mädchen behandelt; er ahmt das Indianergeheul mit schnell vor den Mund geschlagener Hand nach. Während der Gesten, die er macht, kommt Kokoschka ein Stückchen weiter, bricht selbst in einen Schrei aus – doch der Totenschädel auf dem Papier ist nicht verschwunden.

Verzweifelt frage ich Zuckmayer, was er jetzt plane. In diesem Moment vergisst er alles andere, spricht lebendig von einem neuen Lustspiel oder einer Komödie. Diese wenigen Minuten nutzt Kokoschka, setzt in die Schatten von Augenhöhlen und Nase lebendig blickende Augen, schraffiert rasch die Haare, fügt einige letzte Striche in Augen- und Wangenpartie hinzu: »So – fertig – jetzt wird abgeschminkt«, bescheidet er fürs Erste, lässt Alice Herdan-Zuckmayer die Zeichnung sehen und verbleibt mit uns noch eine knappe halbe Stunde im Wohnraum. Als die beiden Gäste gegangen sind, meine ich vorsichtig: »War schwierig –?« Er: »Zu viel Goethe.«

Doch dabei bleibt es nicht. Am kommenden Tag, als wir schon abgereist waren, kam Zuckmayer im Jankerl, hatte alle Scheu verloren, Kokoschka fühlte sich frei, und so entstanden zwei großartige Portraits, nach denen sich die beiden Freunde gerührt voneinander verabschiedeten, wie die dabei entstandenen Aufnahmen Sven Simons dokumentieren. Die beiden Zeichnungen übertreffen die erste bei Weitem.

Nach einem solchen Ergebnis erschien es nicht riskant, dass Helmut Schmidt zu den seit Langem in die Wege geleiteten Portraitsitzungen kam. Nach der Bundestagswahl fand er im Oktober 1976 die Zeit dazu, aber die Stunden des Aufenthalts verliefen voller Unruhe; kurz vor der Regierungserklärung konnte es kaum anders sein, zumal die Presse von Schmidts Aufenthalt in Villeneuve Wind bekommen hatte. Unglücklicherweise schlug auch das Wetter um, es wurde Herbst. Kokoschka verließ erneut seine Sehkraft, er kam über eine wenig befriedigende Skizze nicht hinaus und nahm danach kein weiteres Blatt mehr vor.

Kurz danach erhielt ich unter dem 11. November einen Brief Zuckmayers, in dem er die Eindrücke von Anfang Oktober zusammenfasste: »Ich selbst war an diesem Tag völlig verzweifelt, weil ich das Gefühl hatte, diesen von mir so sehr geliebten und verehrten Menschen nun zu etwas zwingen zu müssen, was er gar nicht will. – Und mir schien, ihm selbst war zumute wie mir, wenn ich vor einem weißen Blatt Papier sitze und den 1. Satz zu einer Arbeit finden muss, die ich gar nicht schreiben möchte. Durch die Gespräche mit Ihnen lösten sich diese Zwangsvorstellungen immerhin angenehm auf, und man konnte den nächsten Tagen mit berechtigter Hoffnung entgegengehen. Am Sonntag war dann bei ebenso strahlendem Wetter denn auch eine ganz andere Stimmung vorhanden. Wir wurden beide immer gelöster und freier, und es entstand die Atmosphäre einer gewissen Zärtlichkeit. Die Zeichnung, die da entstand, wurde auch sehr schön, vor allem sehr ähnlich, hatte aber noch nicht die große ›Klaue‹ des OK. Am dritten Tag schien er dann sehr müde, was aber nach ein paar Schluck

Whisky ins Gegenteil umschlug. Das war dann ein Tag schöpferischer Freude. Ja, ich könnte sagen, ein Liebesereignis. Genauso, mit anfänglicher Hemmung und schließlicher Erlösung, gehen ja auch Liebesgeschichten vor sich. Das Produkt dieses Tages wurde, wie ich glaube, eine geniale Zeichnung. … Wir hatten dann noch schöne, frohe und glückliche Stunden mit OK und der wunderbaren Frau Olda. Sie haben dabei gefehlt.«

Am 26. Dezember 1976 wurde Zuckmayer zu seinem 80. Geburtstag die letzte der drei Zeichnungen in Mainz überreicht, er starb nur wenige Wochen später am 18. Januar 1977. In seinem Nachlass fand sich eines seiner letzten Gedichte; es ist Kokoschka gewidmet:

»Er ist der Strom, in den die Flüsse münden.
Er ist der Berg, von dem Propheten künden.
Er ist der Brand, der glüht von Urzeit her.
Er ist das ewige Licht. Er ist das Meer.«

Etwas mehr als drei Jahre waren Oskar Kokoschka nach dem Herbst 1977 noch vergönnt. Er verbrachte sie in Erwartung des Todes, meist heiter, gelegentlich voller Melancholie, wach am Leben teilnehmend. Als eine seiner letzten Lithographien hatte er 1976 »Das Neugeborene« gezeichnet, einen kleinen Erdenbürger mit angedeuteten Selbstbildnis-Zügen, neben seiner Mutter, der Wöchnerin, umsorgt von einer Ordensschwester – eine Einsicht in den Kreislauf des Lebens.

Gern sah er, wenn wir ihn besuchten, Diapositive unserer Reisen an. Aus einer Mischung von Zorn und Amüsement verfolgte er die Zunahme von Fälschungen, deren Photographien ihn aus aller Welt erreichten; er heftete sie mit den zugehörigen Briefen zusammen, sodass ich um 1981, darauf gestützt, alle diese Fälschungen – auch einige irrige Zuschreibungen – publizieren konnte. Er las während der letzten Lebensjahre mithilfe seiner Frau viele für ihn neue Bücher, darunter umfangreiche wie Golo Manns »Wallenstein«. Er wünschte sich mit Nachdruck, ich solle seine Monographie schreiben, doch wurde mir bald bewusst, dass seine 1971 zu seinem 85. Geburtstag erschienene Autobiographie als Grundlage nicht ausreichte, nicht zuletzt wegen der sie prägenden Phantasie. Wie hätte Kokoschka sich auf eine sachliche Darstellung beschränken können! Es bedurfte der Kenntnis weiterer authentischer Dokumente, vor allem seiner zahlreichen Briefe, also machten wir uns auf die Suche nach dem weltweit verstreuten Material. Wenn ihre Kopien eingetroffen waren und ich sie, ins Typoskript übertragen, vorlas, erheiterte es ihn sehr; er hatte sie natürlich nie wieder gelesen, seitdem er sie vor Jahrzehnten geschrieben und gleich der Post übergeben hatte.

Unsicher, ob er alles Darinstehende veröffentlicht sehen wollte, rief ich ihm u. a. diejenigen Dokumente ins Gedächtnis, die aus meiner Sicht eine gewisse Diskretion nahelegten, etwa ein langes Schreiben an seine alte Freundin »Kolibri«, Alice Rosenlew. Im April 1925 allein aus Afrika nach Madrid gekommen, wollte er sie offenbar eifersüchtig machen bzw. dazu überreden, ihm ihre Nichte anzuvertrauen. Deshalb gab er vor, eine andere Dame zur Gesellschaft zu haben, aber »ich brauche zwei Frauen, eine rechts neben meinem Bett und eine links. Beide an meine Brust geschlossen ... *Ein* Mensch ist wie gar keiner ... Zwölf Apostel haben um den Christus Wache gehalten ... Ich halte ja natürlich mehr von Frauen wie von den eifrigsten Aposteln und halte die Martha und die Magdalena im Neuen Testament für einen feinen Zug und für den Erfolg dieser kunstliebenden Religion ausschlaggebend ...« Kokoschka erhob nicht nur keine Bedenken gegenüber der ungekürzten Publikation dieser Passagen, sondern bekräftigte sie: »Da kann sie aber stolz sein, dass sie diesen Brief hat.«

Olda und ich haben ihn ebenso ungekürzt publiziert wie viele andere. Souverän reagierte sie ihren eigenen Worten zufolge nach dem Erscheinen des ersten Bandes mit den Briefen an Alma Mahler auf die Frage einer Hamburger Journalistin, ob ihr diese Briefe nicht zugesetzt hätten: »Ach, als die Geschichte zu Ende ging, wurde ich gerade geboren«, um auf die folgende Frage, ob sie geichsam Almas Nachfolgerin gewesen sei, hinzuzufügen: »Das kann man auch nicht sagen.«

Wegen der geplanten, von uns 1984 begonnenen Briefedition gab es immer wieder etwas in Villeneuve zu tun. Regelmäßig kamen wir u. a. zu den Neujahrstagen. Am Nachmittag des 2. Januar 1980 tranken wir, wie üblich, gemeinsam Tee, hörten die Nachrichten, in denen von einem weiteren Bombenanschlag in Irland berichtet wurde. Kokoschka warf ein: »Die machen sich das Leben auch so schön als möglich.« Es dämmerte bereits, dennoch machte Angelika einige Aufnahmen, ohne zu ahnen, dass es die letzten – und Oldas letzte

Oskar mit Olda Kokoschka, 2. Januar 1980. Letze Aufnahme des Künstlers
(Angelika Spielmann)

Aufnahme gemeinsam mit ihrem Mann – sein sollten. Sie zeigt ihn mit einem unbestimmt erwartungsvollen Ausdruck, mit einem Blick wie in eine andere Welt, und seine Frau mit einer ihm zugewandten Geste. Als es dunkler wurde, zog er sich für kurze Zeit in das Obergeschoss zurück. Plötzlich hörten wir einen lauten Fall. Er war gestürzt. Olda eilte nach oben, auf ihren Zuruf hin folgte ich ihr. Wir hoben OK auf, brachten ihn zu Bett und riefen die Ärztin. Sie beruhigte uns, ebenso am folgenden Morgen, daher reisten wir nach Hamburg zurück. Erst allmählich wurde uns klar, dass es sich um einen leichten Schlaganfall gehandelt hatte. Oldas Nachrichten am Telefon klangen nicht sehr besorgniserregend, er schien auf dem Weg der Besserung – bis sie sich am Morgen des 22. Februar 1980 bestürzt, aber gefasst meldete, OK sei in der vergangenen Nacht im Spital von Montreux gestorben.

Wie sollte er, so fragten wir uns nach einer halben Stunde des Schocks, bestattet werden? Einen übermäßigen Aufwand hätte er sicher nicht gewünscht, wohl aber ein lateinisches Requiem. Mit ihm verabschiedeten wir uns im Kreis seiner Freunde und der österreichischen, deutschen, englischen und Schweizer Diplomaten von ihm. Er ruht unterhalb eines Weinbergs. Von seinem Grab mit dem Steinkreuz von Hans Wimmer geht der Blick auf den See, den er auf seiner letzten Lebensstation siebenundzwanzig Jahre lang vor sich liegen sah.

Nach seinem Tod begann Olda, an der Briefedition mitzuwirken, schrieb unendlich viele Seiten seiner Korrespondenz ab. Es sei, sagte sie, jetzt für sie wie eine Möglichkeit, sich mit OK zu unterhalten. Daneben erweiterte sie sein Werk im Nachlass mit Umsicht um frühe Gemälde und Zeichnungen, gründete eine seinem Andenken gewidmete Stiftung und betreute manche Ausstellungen, während ich die von mir 1986 auf Schloss Gottorf begonnene Kokoschka-Sammlung mit ihrer Hilfe vergrößerte. Danach schloss ich, die OK gegebene Zusage erfüllend, meine sein Leben und Werk objektivierend angelegte Monographie ab. In ihr habe ich Persönliches nur angedeutet; es hat in den vorstehenden Notizen seinen Platz gefunden, um ein wenig von dem zu vermitteln, welch ein Mensch Oskar Kokoschka war.

HAP Grieshaber

Seine Briefe und Papprollen kamen fast immer per Express. Obwohl sie den Adressaten auf diese Weise oft nur ein oder zwei Stunden früher als mit der regulären Post erreichten, wollte Grieshaber nie anders als sofort reagieren. Blitzschnell schrieb und zeichnete er seine Malbriefe mit ihren knappen, gehaltvollen, klaren, manchmal auch auf apokryphe Weise mehrdeutigen Mitteilungen. Stets meldete er sich auf ein Ereignis, eine Frage oder ein Problem hin umgehend, ebenso schnell erwartete er eine Antwort. Wie gut, dass das Fax noch nicht erfunden war; seine Malbriefe, die zu den schönsten Künstlergrüßen der letzten Jahrhunderthälfte gehören, wären zwar schneller angekommen, inzwischen jedoch verblichen.

Jede von Grieshabers Eilsendungen war eine relativ aufwendige Aktion, denn das Refugium, das sich der Holzschneider nach seiner Rückkehr aus der Gefangenschaft auf der Achalm über Reutlingen eingerichtet und zweckdienlich ausgebaut hatte, lag eine gehörige Strecke vom nächsten Postamt entfernt. Er lebte außerhalb der bürgerlichen Zivilisation, hatte zusammen mit seiner Frau Ricarda mit Blumen, Gemüse, Obstbäumen einen natürlichen, einem Biotop gleichenden Garten angelegt, in dem hinter dem Zaun nicht wenige Tiere wie in einer Art Freiluft-Arche-Noah umherliefen. Grieshabers ganz auf ihn ausgerichteter Lebensraum war wie er selbst, besaß einen die Widersprüche wie selbstverständlich zur Synthese führenden Charakter, war Natur und dem Menschen dienende Umwelt und zugleich auf die ganze Welt ausgerichtet.

Man musste gut informiert sein, um einen der beiden Eingänge am oberen und unteren Teil des Areals zu finden. Wenn man die Achalm, den Berg der Schwäbischen Alb, hinauffuhr, endeten irgendwann die beschilderten Straßen, gingen in schmale, asphaltierte, dann in gewundene und sich verzweigende Wege mit gestampftem Boden über. Einer von ihnen führte nahe an das Haus, ein anderer endete tiefer am Hang an einem einfachen Gartentor. Wir landeten bei unserem ersten, abendlichen Besuch an diesem Tor; er holte uns ab und führte uns durch die Dunkelheit, aus der im Licht der Taschenlampe ab und zu bunte Glaskugeln aufblinkten, ins Haus, wo Ricarda Grieshaber uns bewirtete und wir ihm unseren Plan einer Hamburger Ausstellung vortragen konnten.

Obwohl Grieshaber während der fünfziger Jahre in Stuttgart häufig präsent und fast schon eine Institution war, hatte ich ihn noch nicht kennengelernt, vor allem weil er damals an der Karlsruher Akademie als Nachfolger Erich Heckels wirkte. Er bereitete dort den Beamten des Stuttgarter Kultusministeriums wegen seiner unorthodoxen Vorstellungen von künstlerischem Training kein besonderes Vergnügen, ebenso wenig wie deren Kollegen in München, nachdem er mit einem Plakat die Anregung gegeben hatte, das von Hitler gebaute »Haus der (deutschen) Kunst« an den Viktualienmarkt zu vermieten und es nicht Künstlern für ihre Ausstellungen zu offerieren.

Als ich nach Hamburg ging, hatte Grieshaber gerade unter Protest seine Karlsruher Professur aufgegeben, er wollte ausschließlich und frei nur nach dem handeln, was er als notwendig ansah, und kannte dafür keine andere Form als die ihm gemäße. Lehramtsprüfungen nach ministeriellen Regularien waren nicht seine Sache. Wie er die neu gewonnene Freiheit nutzte, bewiesen die zahlreichen, durch seine Holzschnitte zu Kunstwerken werdenden Publikationen, Manifeste, Flugblätter und Plakate, deren Zahl seit 1961 gewaltig anschwoll. Wenn zwischen 1932 und 1960, also in achtundzwanzig Jahren, gut 150 solcher Drucke entstanden waren, so folgten in den kommenden fünf Jahren etwa 110. Es lag nahe, diese reiche Ernte 1965 in einer Retrospektive zu präsentieren.

Wir besuchten Grieshaber erstmals im März 1965 nach einer spontanen Anmeldung. Bislang hatte er seine Ausstellungen fast nur aus gegebenem Anlass in die Wege geleitet, noch nie war von seinen Arbeiten eine Retrospektive gezeigt worden. Er sah keinen Sinn darin, seine Energie für einen Rückblick einzusetzen. Nach einem dröhnenden, ermutigenden Lachen murrte er zunächst – »Immer soll ich etwas machen« –, dann gewann er allmählich Interesse an dem Unternehmen und sagte definitiv zu, nachdem wir die Bearbeitung eines *catalogue raisonné* durch Margot Fürst vereinbart hatten.

Margot Fürst und ihr Mann Max Fürst, die als Juden Deutschland nach 1933 verlassen hatten, waren nach dem Krieg zurückgekehrt und hatten zu Grieshaber eine freundschaftliche, aber in der gegenseitigen Anrede immer eine gewisse Distanz wahrende Beziehung gewonnen. Sie war während vier Jahrzehnten nur einmal durch ein Missverständnis des Künstlers vorübergehend getrübt. Margot Fürst nahm ihm viele praktische Sorgen ab, sie kümmerte sich um alles, was sonst die Manager übernehmen, ohne selbst einer wie sie zu werden; sie bearbeitete viele Kataloge und Werkverzeichnisse, betreute verantwortungsvoll sein künstlerisches Erbe, sie organisierte die seinem Gedächtnis gewidmete Stiftung und den von ihm initiierten Jerg-Ratgeb-Preis; sie engagierte sich für den Künstler bis 2003, bis zu ihrem Tod im Alter von 91 Jahren. Der Katalog der Hamburger Ausstellung von 1965 war der erste von mehreren ihrer systematischen Werkverzeichnisse Grieshabers. Natürlich enthielt er einen großen gefalteten Holzschnitt-Bilderbogen, und selbstverständlich schnitt »der Drucker und Holzschneider« für die Ausstellung auch ein wirkungsvolles Plakat.

Am 8. September 1965, dem Tag von Pressekonferenz und Ausstellungseröffnung, kam Grieshaber am frühen Morgen in Hamburg an. Er war sofort bereit, eine große Aushängetafel mit seinem Namen zu schreiben, im selben Augenblick aber auch erbost darüber, dass morgens vor acht die Handwerker noch nicht zur Stelle waren. Wenig später hing sein Namenszug über dem Eingang, und als er durch die randvollen Säle mit der Ernte aus dreiunddreißig

Jahren ging, war er restlos befriedigt, wie er mir mit seiner Widmung im Katalog zu erkennen gab: »... nicht als *society-cropper*, sondern wie ein Künstler präsentiert ...«

Er gebrauchte nie einen seiner Vornamen, die er aus Helmut Andreas Paul eigenwillig zu HAP verkürzt hatte, unterschrieb mit »grieshaber« und gebrauchte statt »ich« gern »Ihr vieux«, auch als er die fünfzig eben erst überschritten hatte; er neigte zu einem das Persönliche zurückstellenden Ausdruck, sagte etwa statt »meine Frau« oder »unsere Tochter« lieber »die Frau« und »das Kind«. Er liebte ein kerniges Deutsch, obwohl oder gerade weil er andere Sprachen wie Französisch oder Neugriechisch vorzüglich beherrschte. Sosehr er ein überzeugter Schwabe war, so wenig klang in seiner Rede ein schwäbisches Idiom an.

Grieshaber war in seiner Heimat und im Süden zur Institution geworden, aber im deutschen Norden nur einer kleineren Zahl von Kennern ausreichend bekannt. Zu denjenigen, die ihn schätzten, zählte Alfred Hentzen, der Direktor der Hamburger Kunsthalle. Wen hätte man sonst als einen eigenständigen Erben des expressionistischen Holzschnitts nennen können? Doch trotz aller Bemühungen gelang es bis heute nicht, Grieshabers Bedeutung für die Fortentwicklung dieser Kunst einsichtig und ihn nördlich des Mains zu einem Begriff zu machen. Er blieb wohl nach seinem Selbstverständnis, in seinem Verhalten zur Welt und in seinem Geschichtsverständnis immer ein Schwabe, das heißt auch: ein Hegelianer, dem der Widerspruch zu Einsicht und Synthese auf einer weiteren Stufe verhilft.

Unter den Traditionen und Maßstäben, die er als Regulativ für sich ansah, spielte die Kunst des späten Mittelalters und der Reformation, spielte der Holzschnitt des 15. und 16. Jahrhunderts eine entscheidende Rolle. Anfangs war sein Verhältnis zu ihm naiv; als er 1934 gemeinsam mit seinem Freund Arthur Fauser ein Plakat für eine moderne Waschmaschine entwerfen sollte, geriet es ihm zu einem spätgotischen Flugblatt; für das Gerät »Viel hundertfach bewährt! Elektro Vowa« erschien den Auftraggebern die einer spätgotischen Madonna gleichende Waschfrau offensichtlich nicht als passend. Zur gleichen Zeit stellte er eine der Marienkirche in Reutlingen gewidmete Folge als Aufruf gegen den braunen Zeitgeist. Der Bezug auf das Ende des Mittelalters und den Anbruch der Neuzeit geriet ihm zur Zeitkritik. Mit Namen von Wasserspeiern der Dombauhütten traktierte er später die gegen die Museen revoltierenden jüngeren Maler (er wie wir wussten nicht, dass die Namen der Wasserspeier, die er zitierte, die satirische Erfindung eines Feuilletonisten waren). Die Erinnerung an den »Bauernkrieg in Schwaben« bestimmte 1975 sein Plädoyer für Freiheit und Recht. Tradition missriet ihm jedoch nie zum Traditionalismus, weder in seiner Liebe zur Gotik noch in seiner Wertschätzung der »Brücke«-Maler. Er ging im Holzschnitt neue Wege, am augenfälligsten in den wandhohen Tafeln, die alle gängigen Holzschnittmaße sprengen.

Mit einigem Glück konnte ich sowohl eine stattliche Gruppe dieser monumentalen Arbeiten wie seine wohl bedeutendste Zeichnungsfolge, die Entwürfe zur Josefslegende, in den achtziger und neunziger Jahren für Schloss Gottorf gewinnen. Dort warten sie im Magazin auf ihre Wiederentdeckung, so als habe Grieshaber es geahnt, als er mir am 26. Januar 1971 schrieb, nachdem ich ihm von Graphikfunden im Magazin des Museums für Kunst und Gewerbe berichtet hatte: »Im ›Museum der Zukunft‹, das vom hess. Landesmuseum zum 150. Jubiläum herausgegeben wurde, gab ich dem Museumsleiter diesen Rat: er trage alles, was ihm an Kunst begegne, erst einmal ins Depot, wo die alten Sünden lagern, und dann nach und nach ins Museum, so finde er, wenn er wirklich zum Museumsleiter berufen sei, immer seine Wahl bestätigt.« Ich hätte auf die von meinem Darmstädter Kollegen Gerhard Bott gestellte Frage nach dem Museum der Zukunft, in Paraphrase eines Kinderbuchtitels von Maurice Sendak, einfach und knapp antworten wollen: Das Museum der Zukunft hat vom Besten das meiste.

Angesichts von Grieshabers zunehmendem Interesse am unkonventionellen Gebrauch des Mediums Holzschnitt brachte ich ins Gespräch, ob er nicht einen Paravent machen wolle, da wir für das Museum einige Jahre zuvor Bonnards berühmten Wandschirm und jüngst denjenigen Chagalls erworben hatten. Grieshaber nahm sich anfangs mit Eifer der Sache an und druckte seinen Holzschnitt »Das Paar« auf Glasflies, das er sich als ideales Material vorstellte. Doch es wellte sich, ließ sich bedruckt nicht auf einem Rahmen glatt spannen, und so verlor er die Lust an weiteren Experimenten. Das Blatt existiert, horizontal in grün-blaue Wogen gedruckt, auch als »Das Meer«. Mit ihm startete ich 1987/88 die Erwerbung von Grieshabers monumentalen Holzschnitten für Gottorf.

1966 hatte der Holzschneider sein Metier eine Zeit lang aufgeben müssen.

Er war auf der Achalm in einen Graben gestürzt, hatte sich Schulter und Arm gebrochen und konnte einige Monate lang nicht daran denken, das Messer zu führen. Um sein Bett herum im Spital hingen die Entwürfe zu seinem »Totentanz von Basel«, seinem heute wohl berühmtesten Buch, das er noch 1966 abschließen konnte, die Spaltung Deutschlands durch die Verteilung der Auflage auf beiden Seiten der Grenze überlistend. Auf die Achalm zurückgekehrt, wollte er unbedingt auf etwas reagieren, das ihn ärgerte: die Kölner Ausstellung »Ars Multiplicata«. Sie zeigte, natürlich Walter Benjamin als Kronzeugen aufrufend, multiplizierte Kunst als etwas angeblich zuvor nie Dagewesenes, als habe sie nicht bereits mit den Rollsiegeln des Alten Orients begonnen. Grieshaber wollte ihr mit dem modernen Reproduktionsmittel schlechthin, mit der Serigraphie, ironisch begegnen, indem er lauter Unikate druckte. Den Anstoß gab ihm die Anfrage von Carl Orff, ob er für die Stuttgarter Erstaufführung seines »Prometheus« etwas beisteuern möge; die Gelegenheit, dieser Bitte zu entsprechen, bot sich mit dem Angebot von Willy Häussler, etwas für seine Pausa-AG, ein Stoffdruck-Werk, zu entwerfen. Häussler hatte bereits Mitte der fünfziger Jahre mit Baumeister und Grieshaber experimentiert und dachte jetzt an eine großformatige Edition von Bilddrucken auf Textil.

Grieshaber griff zu und machte die Not seines in Gipsschienen liegenden Armes zur Tugend. Mit Zeichenschablonen, Autoreifen, Stempeln, Gummistiefeln, mit Blechstreifen, einer Palette, einer Sichel, einem Zahnrad, selbst mit bloßer Hand bedruckte er Filmfolien, die er dann auf Siebe übertragen und in jeweils wechselnden Farbstellungen drucken ließ. Er verwandte halbtransparente, sich im Übereinanderdruck mischende Farben; im Resultat erschienen sie völlig anders als vor der Behandlung im Fixierbad, doch dies bereitete ihm keinerlei Probleme. Er wünschte sich von mir einen Aufsatz über die neue Folge für den Katalog einer Ausstellung; er war zu seiner bevorstehenden Ehrung durch den Preis des Deutschen Gewerkschaftsbundes geplant. Mit der Kritik an der »Ars Multiplicate« und der Vorbereitung der »Prometheus«-Ausstellung verband er die Erfahrung des immer wiederkehrenden, ein ganzes Jahr lang spürbaren Schmerzes und wählte auch deshalb »Prometheus« als Thema der Reihe.

Nachdem er uns die Herstellung in der Fabrik vorgeführt hatten, fuhren wir zur Achalm, dort stellte er die Textilbilder vor dem großen Panorama so auf, dass wir die weite Landschaft wie in einem Flaggenschmuck vor Augen hatten. Anschließend bat er uns zu Tisch, nicht ohne uns zu warnen. Wir sollten auf den kleinen Rhesus-Affen achtgeben, der meist frei durchs Zimmer sprang, aber durch das gelegentlich nötige Anketten wild geworden war. »Gestern hat er der Frau ein Stück aus der Backe gebissen«, begründete Grieshaber seine Warnung. Als Evelyn Hagenbeck, eine uns begleitende Photographin aus der bekannten Hamburger Tierparkfamilie, nach den anderen Tieren fragte, vor allem nach dem durch Grieshabers Holzschnittfolge aus der Zeitschrift »Spektrum« populär gewordenen vietnamesischen Hängebauchschwein, erklärte er das Fehlen sehr einfach: »Das essen wir gerade.«

Im Laufe des Mittagsmahls kam er auf eine Sorge zu sprechen, die ihn beschäftigte – was er zur Preisverleihung in Recklinghausen anziehen solle: »Ich kann doch nicht wie ein Prolet im schwarzen Anzug erscheinen.« Ob ich ihm keinen Rat geben könne? Ich empfahl ihm, zu meinem Freund Gerd Ebertz zu gehen, der in Kandern bei Lörrach einen von einer anspruchsvollen Kundschaft viel frequentierten Schneidersalon besaß und dem es sicher ein reines Vergnügen wäre, für ihn etwas Passendes zu erfinden. Nach einigen Tagen rief Grieshaber begeistert an: »Ihr Rat war hervorragend – als ich kam, ging der Agha Khan gerade raus.«

Gerd Ebertz schneiderte ein elegantes, aus der Rolle fallendes, doch dem Zweck auf noble Weise entsprechendes Jackett aus kamelhaarfarbenem Kaschmirstoff und begnügte sich als Honorar mit einer kleinen, ebenfalls kamelhaarfarbenen Holzschnittfolge, die von nun an seine Kunden im Anproberaum begrüßte. Grieshaber trug diese Jacke danach zu allen festlichen Anlässen, u. a. zu seiner Ansprache bei der Eröffnung meiner Modernen Abteilung in Hamburg 1969, zur Verleihung des Dürer-Preises in Nürnberg 1971, zu der ihn ehrenden Ausstellung an seinem 70. Geburtstag 1979 und ähnlichen Gelegenheiten.

Als wir im Herbst 1969 die 1937 aufgelöste Moderne Abteilung des Museums für Kunst und Gewerbe wiedereröffnen konnten, deren sieben Säle aus diesem Anlass u. a. um einen eigenen Grieshaber-Raum erweitert wurde, wollten wir einen in ihr vertretenen Künstler zu Wort kommen lassen. Grieshaber sagte umgehend zu, bot sich ihm damit doch die Chance, den um 1968 so häufig geschmähten Museen Respekt zu zollen. Am 14. November 1969 schickte er mir einen Malbrief mit einem Redner, der am Pult über einer dicht gedrängten Menge schwebt: »Meine sehr verehrten Damen und Herren – lieber Herr

Doktor, Sie wissen, diese Anrede gibt es nur bei Schwaben und diese sind zeitig. Ich habe mit der Rede für den 1.10.69 angefangen. Einen Titel hat sie schon: ›Meine Vaterhäuser‹. On verra, on verra, so lang, schöne Grüße, Ihr grieshaber.«

Die Ansprache wurde zur Philippika gegen diejenigen, die das Museum wieder einmal abschaffen und allenfalls als ideologische, mit Wandzeitungen bestückte Anstalt dulden wollten. Begleitet war sie von einem noblen Geschenk, zu dem sich Willy Häussler auf Anregung Grieshabers verstand. Er schenkte alle Siebdruck-Folien und alle Andrucke der »Prometheus«-Folge dem Museum für Kunst und Gewerbe. Die Folien waren auf eine Rolle montiert, die man in einem dafür gebauten Gestell drehen und wie in einem Film an sich vorbeilaufen lassen konnte, den Spott auf die »Ars Multiplicata« ironisch um ein kinetisches Spiel begleitend.

Wer das Museum als »Vaterhaus« begriff, konnte sich über keinen Preis so freuen wie Grieshaber über den ihm zum 500. Geburtstag Dürers in Nürnberg verliehenen. Er hat darin vermutlich die Krönung seines Lebenswerks gesehen. Nach dem Festakt und der Laudatio von Kurt Martin, dem Generaldirektor der Münchner Museen, geriet er außer Rand und Band. Er war ohne Auto gekommen und fand nun sein Vergnügen darin, sich und die Entourage seiner Tochter Ricca in unseren Citroën zu packen, der statt der vier mindestens sieben Personen aufzunehmen hatte. Leider hielt uns kein Polizist an, dessen Eingreifen dem Dürerpreisträger die Möglichkeit des Protests eröffnet hätte.

Mit Hamburg war seine Verbindung in den beiden Jahren seit seiner Rede über »meine Vaterhäuser« lebendig geblieben; er stellte dort mehrmals seine neuen Bücher vor und meldete sich engagiert zu Wort, als ich im Clubheim des Unternehmens BP in einer Folge zu graphischen Drucktechniken den Holzschnitt behandelte. Grieshaber äußerte sich jedoch weniger zu dem Thema als zu umstrittenen Tagesfragen des Kunstverständnisses. Um für diese Präsentation einen erschwinglichen Katalog zu ermöglichen, zeichnete und schrieb er in seiner schwungvollen Kalligraphie direkt auf Offsetfolie. Jeder Druck davon wurde so ein Originalabzug, doch reflektierte er nicht auf das ästhetische Moment. Er wollte in seiner »BP-Kladde« Einsichten gegen die herrschende Konvention einer revoluzzerischen Avantgarde verbreiten, etwa: »Der Künstler steht nicht außerhalb der Gesellschaft. Kunst ist selbst eine gesellschaftsbildende Kraft – eine fertige Gesellschaft kann nicht durch Kunst verändert werden.« Oder: »Wer einmal lange ein Bürger zweiter Klasse gewesen ist oder gar nicht als Bürger galt ... dem ist es wert, ein Bürger zu sein.« Dass er ein eingetragenes Mitglied der Kommunistischen Partei war, lässt sich aus einem solchen Satz nicht herauslesen; er war ein Idealist, wie Alfred Kantorowicz, der unter Protest die DDR verlassen hatte und danach in Hamburg lebte. Auch er, ein guter Bekannter von uns, glaubte ungeachtet aller in der Wirklichkeit gemachten Erfahrung an die Verwirklichung eines Jugendtraums.

In einer zwischen zwei Konventionen, Unbeweglichkeit und Fortschrittsgläubigkeit, gespaltenen Gesellschaft musste Grieshabers Position Anlass zu ständigen Missverständnissen geben. Er kannte keine Klischees, sondern nur Urteilen und Handeln nach eigenen Überzeugungen. Er agierte gern getarnt. »Camouflage« war einer seiner Lieblingsbegriffe, wenn er als »Arbeiter« die Grenze zwischen beiden Teilen Deutschlands überschritt und sie damit für einen Moment wirkungslos machte. Er verfocht einerseits die ihn tragenden Kräfte der Tradition, stemmte sich aber ebenso gegen das Verharren in Gräben. Ein heiliger Zorn erfasste ihn, als mit der Fortentwicklung der Drucktechniken, die er perfekt, ja virtuos beherrschte, das Zeitalter Gutenbergs zu Ende ging. Er musste erleben, dass sein Kampf um den Erhalt der Lettern, den er mit seinen Folgen »Poesia typographica«, »Affen und Alphabete«, mit so vielen anderen Büchern geführt hatte, vergeblich war – »malgré tout«, trotz allem, wie sein Wahlspruch lautete. Am 31. Juli 1977 schrieb er mir im Ausblick auf seinen 70. Geburtstag: »Gutenberg ist mausetot! Zum 70. Geburtstag fällt mir aber auch noch etwas ein – ›hei levet noch‹.« Er plante eine Ausstellung, in die er seine wandgroßen Holzstöcke und große Schwarzdrucke einbeziehen wollte: »Ein richtiger Kohlen- und Holzladen.« Ganz so, nur mit kohlschwarzen Stöcken und Drucken, ließ sich das Projekt nicht realisieren, es gab bereits eine Reihe anderer Ausstellungen; es kam jedoch zur Verwirklichung eines schönen Projekts, zu einer wohlfeilen, hohen Auflage eines Buches mit Wiedergaben einiger seiner schönsten Blätter.

Anders als üblich erwartete der Verleger keine kostenlose Hilfe, sondern zahlte ein Honorar, auch für ein farbiges Holzschnitt-Plakat. Auf meine Anfrage, ob dies in seinem Sinn sei, kam die Antwort umgehend mit einem Malbrief: »Ihre gute Post kommt gerade recht, wo ich mich unterdrückt fühle. Aber Sie kennen ja die neuen Kunstvereine. Ich freue mich darauf, eine solche Auflage unter Ihrer Anleitung zu haben.« Am 27. Oktober schickte er eine Erläuterung für die Auswahl der Arbeiten mit einem Selbstbildnis, auf dem er in der Hand das avisierte Produkt »Buch H. S.« hält; der Umschlag trägt als Absenderangabe lediglich Grieshabers Stempel, den Pan mit der Flöte. Vier Wochen später folgte die Reaktion auf meinen Vorschlag: »Ihr Exposé ist mir recht.« Dann fügte er einen eigenen Text über den Holzschnitt hinzu und begleitete ihn mit eigens dafür veränderten Offsetdrucken, damit selbst diese preiswerte Edition eine authentische Form erhielt. Am 24. Januar 1976 meldete er mir: »Das Buch ist konzipiert, das Plakat fertig, nur mein Dank bleibt übrig.« Dazu schickte er ein Blatt für die Nürnberger Hans-Sachs-Gesellschaft, das mit dem Namen Hans Sachs spielte; es gab in der alten Reichsstadt nicht nur den Malerpoeten, sondern auch einen ebenso heißenden, Grieshaber wohlgesonnenen Staatsanwalt. Dies erklärt den Zusatz seines Briefes: »Bei Dürer wollte ich nicht scherzen, bei Hans Sachs flachse ich gern.«

Im August 1976 teilt er mir in einem Malbrief seine Sorge über die erste Vergabe eines von ihm zusammen mit dem Berliner Bildhauer Rolf Szymanski begründeten Kunstpreises mit. Er wollte ihn nach Jerg Ratgeb benennen, dem heute unterschätzten Herrenberger, durch Vierteilung zu Tode gebrachten Maler aus der Zeit der Bauernkriegs, der wie er selbst ein Schwabe und gebildeter Humanist war und den er als seinesgleichen ansah. Sein Brief endete entsprechend trotzig: »Gegen Duckmäuserei und Überläufer herzlich Ihr Grieshaber.« Einmal gelang zu seinen Lebzeiten die Vergabe der für Maler und Bildhauer des deutschen Sprachraums bestimmten, als Parallele zum Büchner-Preis gedachten Ehrung, und zwar an den österreichischen Bildhauer und Maler Rudolf Hoflehner.

Finanzielle Schwierigkeiten und Grieshabers Tod verhinderten elf Jahre lang die Vergabe des Preises, bis nicht zuletzt dank der Hartnäckigkeit von Margot Fürst die Finanzierung auf eine feste Grundlage gestellt war. Der erste Preisträger war 1987 mein alter Freund Emil Schumacher.

Immer wieder kamen in den späteren siebziger Jahren gemalte Nachrichten von der Achalm, so 1976 ein stürzender Mann über einem ruhig dastehenden Paradiesvogel: »Ich bin über den Pfau gefallen und habe den Arm in der Schlinge ... und bin fest dabei, einigen Leuten den Wind aus den Segeln zu nehmen und anderen ins Gesicht zu blasen ...« Wer diese anderen waren, sagte er nicht. Es gab immer Leute, an denen er sich rieb und die an ihm Anstoß nahmen. In Hinblick auf seinen nahenden 70. Geburtstag war er hin und her gerissen. Einerseits wollte er sagen, »dass der vieux noch lebt«, andererseits erklärte er dezidiert: »Ich habe mich um den kommenden 70. herumgedrückt. Auch der Frau ist es geglückt. Sie ist mir da voraus und lässt grüßen.« Zum Jahresende revanchierte er sich mit seinem Zuspruch, als ich gewagt hatte, an der künstlerischen Relevanz von Joseph Beuys zu zweifeln und meine Kritik in einem Goslarer Vortrag zweifelsfrei zu artikulieren. Grieshaber pflichtete mir bei: »... endlich begann ein Mann von rechtlicher Denkart zu sprechen ... Dank für Beuys in Goslar, herzlichst Ihr alter + treuer grieshaber.«

Sein letzter Gruß erreichte mich mit einem gemalten Maiglöckchenstrauß und wenigen Worten am 15. Mai 1980. Nach diesem Datum entstanden nur noch wenige Holzschnitte. Er war von einem täglich geführten Kampf, der sein Lebenselixier gewesen war, erschöpft. Völlig überraschend rief am Abend des 12. Mai 1981 Ricarda Grieshaber an. »gries« sei an diesem Tag nach Hause gekommen und beim Abendessen am Tisch tot zusammengebrochen. Bei aller Trauer war sie doch glücklich darüber, dass er am Tag seines Todes von anderen Frauen, die er geliebt hatte, zu ihr zurückfand.

Ihre umsichtige Vorsorge galt nun seinem Vermächtnis, vor allem den auf der Achalm kaum gesicherten Holzstöcken. Grieshaber hatte sich schon vor einiger Zeit gewünscht, sie sollten ins Museum für Kunst und Gewerbe kommen, damit mit ihnen kein Missbrauch getrieben werden könne. Dieser Intention konnten wir bald Rechnung tragen. Das Begräbnis, bei dem sich Freunde aus allen Lagern zusammenfanden, Ernst Jünger ebenso wie Helmut Heißenbüttel, machte nochmals gegenwärtig, welche verbindende Kraft er besessen und ausgestrahlt hatte. Wie oft hatte ich in der Zeit seiner höchsten Produktivität, in den sechziger und siebziger Jahre, nicht hören müssen, ob er nicht zu viel mache. Selbst die damals mit 104 Jahren immer noch tätige Reutlinger Spitzenklöpplerin Leni Matthaei, bei der ich vor einem Besuch auf der Achalm vorbeischaute, hatte mir diese Frage gestellt. Ich antwortete stets: Wenn es eines Tages vorbei ist, werdet ihr darüber froh sein, dass er seine Zeit so nutzte, wie es ihm entsprach.

Max Ernst

Keine andere Ausstellung von Max Ernst machte auf mich einen so nachhaltigen Eindruck wie die Retrospektive zu seinem 60. Geburtstag im Jahre 1951. Bis dahin hatte der Künstler auf eine umfassende und methodische Darstellung seines Lebenswerks warten müssen. Schwerlich hätte man dafür einen besseren Ort finden können als das Barockschloss seiner Geburtsstadt Brühl. Die Pracht von Deckenbildern, Stuck und Vertäfelungen hatte durch den Krieg schwer gelitten, einige Räume des Kölner Kurfürsten und Erzbischofs Clemens August waren weitgehend zerstört, die Fresken von Carlo Carlone an vielen Stellen beschädigt. Als wir im Herbst 1959 mit Carl Lamb einen Film über das Schloss drehten, waren manche der Suiten immer noch nicht wiederhergestellt. Doch die zur Zeit der Ausstellung, sechs Jahre nach Kriegsende, überall noch gravierend zutage tretenden Schäden erwiesen sich als ein Umfeld, das die Visionen des Malers deutete. Ruinenstädte hatte Max Ernst ahnungsvoll in Trümmern, von gierigen Pflanzen überwuchert, vor kosmischen Gestirnen vor Augen gestellt, lange vor der Zerstörung von Städten im Krieg. Seine schon um 1927 gemalten Horden glichen den Dämonen, die über Europa hinwegziehen sollten. Die Gleichnisse der Gräuel standen im Mittelpunkt des bis dahin entstandenen Lebenswerks, jetzt erschienen sie aktueller als seine frühen Bilder der Dada-Bewegung. Das heiterere Spätwerk des Malers hatte noch kaum begonnen.

Initiiert hatte die großartige Schau der Volkskunde-Kenner Lothar Pretzel, der mit Max Ernsts Schwester Loni verheiratet war. Als die Brühler Lokalpolitiker die Bilder sahen, packte sie jähe Wut, sie wollten Pretzel für dieses in ihren Augen unerträgliche Desaster zur Rechenschaft ziehen, zumal trotz der guten Presseresonanz nur wenige Besucher kamen.

Die Brühler Stadtväter hätten damals für einen Spottpreis die Grundlage eines Max-Ernst-Museums legen können. Ich konnte mir mit Mühe und Not gerade einen Katalog leisten – an den Kauf eines der unglaublich preiswerten Bilder war für mich nicht zu denken.

Max Ernst war ungeachtet aller Freundlichkeit ein kompromissloser Mann. Als die Stadt Brühl ihn 1966 aus Anlass seines 75. Geburtstags zum Ehrenbürger ernennen wollte, lehnte er dies wegen des Verhaltens gegenüber seinem Schwager und seiner Schwester konsequent ab.

Zwei Jahre vor unserer ersten Begegnung war am 13. Januar 1964 im Festsaal des Hamburger Rathauses die Verleihung des Lichtwark-Preises an ihn erfolgt; es war seine zweite Ehrung in Deutschland nach dem Staatspreis des Landes Nordrhein-Westfalen. Den Prunk, der ihn im Rathaus empfing, erlebte der Maler nicht ohne Bewegung. Er war gerührt über die einfühlsame Laudatio des Hamburger Kultursenators Hans-Harder Biermann-Ratjen, der einen Satz von Max Ernsts Freund Patrick Waldberg zitierte: Max Ernst sei im »Zustand der Gnade oder der Auflehnung, je nachdem, ob es sich darum handele, sich auf den Flügeln der Imagination ins Unbekannte tragen zu lassen oder eine gegebene Wirklichkeit zu verleugnen.« Biermann-Ratjen stellte Ernst in die Tradition der deutschen Romantik, ihrer Ironie und ihrer Grenzüberschreitung in Regionen jenseits der Realität.

Nach einem knappen »Ich danke« begann Max Ernst stockend eine Stegreifrede. »Ich bekomme vor mir selber Respekt«, sagte er, um dann sofort ein eigenes Verdienst zurückzuweisen. Ein richtiger Künstler tue selber nichts, er müsse versuchen, sich selber nicht zu finden, müsse sich seine Frische, seine zweite, bewusste Kindlichkeit erhalten. Sie sei die Voraussetzung für den Vorstoß ins Unbekannte. Dada habe diese Kindlichkeit besessen, habe Freude an dem gehabt, was man zerstöre und wiederaufzubauen versuche. Er nannte Tristan Tzara als Zeugen, der unter Trommelwirbeln aus der Zeitung vorgelesen und seine Zuhörer damit provoziert habe. Ernst gestand, dass er nie in Hamburg gewesen sei, aber »in der Nähe«, in Hannover, mit Kurt Schwitters einen vertrauten Freund gehabt habe. »Der war ein echter Dada.« Er wolle eines seiner Gedichte rezitieren, so weit das Gedächtnis reiche. Sollte jemand keine Gedichte hören wollen, so müsse er es sagen. Dann begann er, mit Sforzando und Diminuendo und rhythmisch akzentuierend: »Es heißt ›Lautsonate‹ und geht etwa so:

Slim slim slim, bim bim,
slim, slim slim, bim bim,
bim lala, bum lala,
bim lala, bum lala.

Tatatata tui e, tui e, tui e,
Tatata tui e, tui e.
Tui tui, tui tui, tui tui.
Tula lula, tula lula,
olalula oh lalula.
Slim slim slim, bim bim,
slim slim slim bimb,
oh be,
oh be.«

In den stürmischen Applaus hinein fügte er hinzu:»Vielleicht bin ich dem Text nicht ganz gerecht geworden.«

Abschließend sprach er, gestützt auf eine geographische Zeitschrift – wohl »National Geographic« –, vom australisch-neuseeländischen Gärtnervogel, der seiner künftigen Braut mit einem geschmückten Nest einen Liebespavillon baue und abseits davon allerlei aus Mülleimern geholte Gegenstände niederlege, als wolle er seiner Liebsten humorvoll sagen: »Hiermit brauchst du dich nicht zu beschäftigen.« Da es ein australischer Vogel sei, habe er wohl von Pop-Art noch nichts gehört. Nun dürfe man gespannt sein, was künftige Ornithologen über ihn noch herausfänden.

Während des langen Beifalls nach dieser alle Konventionen sprengenden Dankrede hat sich wohl niemand gefragt, warum der Geehrte das Wort auf einen Vogel brachte. Kaum jemand dachte daran, dass Max Ernst sich in Erinnerung an seine Kindheit selbst als Vogel paraphrasiert und im Stillen den »gewissen Fortschritt« der Vogelwelt auf sein Verständnis von künstlerischer Kreativität projiziert hatte. Dazu passte der Seitenhieb auf die Pop-Art, die Ernst, wie ich später von ihm noch genauer hören sollte, nicht als innovativ, nur als langweilig ansah.

Dass Max Ernst in einer Hamburger Sammlung angemessen vertreten sein müsse, erschien mir nach dieser Ehrung als selbstverständliche Notwendigkeit, zumal die Kunsthalle nur ein heiter-gefälliges Gemälde des Lichtwark-Preisträgers erwarb; allerdings kamen von Ernsts Werken für meine Abteilung nur Tapisserie, illustrierte Bücher und Goldschmiedearbeiten in Betracht.

Der Bremer Kunsthändler Michael Hertz erhielt von seinen Pariser Partnern, vor allem von Heinz Berggruen, jeweils einige Exemplare der neuesten französischen Malerbücher mit Originalgraphik; er vermittelte sie an die ihm bekannten Museen und Sammler. Um unsere Sammlung methodisch auszubauen, erwarben wir davon, was uns künstlerisch wichtig erschien, darunter alle neuen Bücher Picassos, und so bot Hertz uns auch ein in nur 65 Exemplaren erschienenes Buch von Max Ernst an, das uns sofort elektrisierte. Es trug den auf den ersten Blick kaum verständlichen Titel »(65) Maximiliana« und enthielt neben einer kleinteilig-figuralen Scheinschrift und einer Sternentypographie farbige Radierungen kosmischer Zeichen. Ernst hatte nach der Verleihung des Hamburger Lichtwark-Preises der damaligen Direktorin des Museums für Kunst und Gewerbe, Lise Lotte Möller, von dem neuen Werk berichtet, sodass wir auf dieses wohl schönste Buch des Malers, das heute als eines seiner Chef d'Œuvre gilt, bereits vorbereitet waren.

Die Bedeutung des Buches für das Museum war nach Thema, Erfindungsreichtum, Typographie und Bildphantasie unmittelbar einsehbar. Sein Held ist der vergessene deutsche Amateur-Astronom Ernst Wilhelm Leberecht Tempel. Er lebte von 1821 bis 1889, kam aus kleinen Verhältnissen in der Lausitz und konnte wegen der Armut der Eltern nicht die ihn faszinierende Astronomie studieren; er erarbeitete sich ihre Kenntnis nach einer Ausbildung zum Lithographen autodidaktisch anhand von Büchern. Natürlich fand er an deutschen Sternwarten keine Stelle, sondern wurde nur belächelt. Also ging er 1857 ins Ausland, gelangte über Marseille und Bologna nach Venedig und heiratete dort die Tochter des Dogenpalast-Pförtners, um über die Scala de Bovolo den höchsten Punkt des Bauwerks erreichen zu können. 1860 kehrte er nach Marseille zurück. Dort entdeckte er mit bloßem Auge am 5. März 1861, was professionelle Sternkundler nicht gesehen hatten: den 65. Planeten, dem er in seiner Begeisterung für König Maximilian von Bayern den Namen Maximiliana gab. Lange musste er auf Anerkennung durch die widerwillig reagierende Fachwelt warten, die ihm u. a. vorwarf, seine Namensgebung des Planeten sei nicht korrekt, weil sie nicht aus der Mythologie gewählt sei. Tempel kehrte nach Deutschland zurück, emigrierte jedoch erneut im Deutsch-Französischen Krieg 1870/71, ging nach Italien und fand endlich am Observatorium von Arceti eine Anstellung.

Ernst erfuhr von Tempels Leben und Entdeckung durch den mit ihm befreundeten Typographen Ilya Zdanowitsch, der sich das Pseudonym Iliazd zugelegt hatte; dieser hatte alle erreichbaren Dokumente zusammengetragen, darunter Photographien der von Tempel auf Stein gezeichneten, als Lithographien gedruckten Sternbilder. Er übergab das Material an Ernst, zusammen mit dem Vorschlag, ein gemeinsames Buch über Tempel und den Planeten (65) Maximiliana herauszubringen. Der erkannte gleich Parallelen zu sich selbst. Tempels Vorname war sein Familienname, und sein eigener Vorname steckte in der Bezeichnung des Planeten. Sicher war ihm auch Tempels weiterer Name Leberecht sympathisch. Wichtiger als solche Wortspiele waren andere Parallelen. Wie Tempel fand auch Ernst zu Hause keine Anerkennung, verließ seine Heimat, ging nach Frankreich und entdeckte Geheimnisse der Natur mit bloßem Auge, um sie in Bildern darzustellen. Tempels Lithographien und Ernsts Frottagen gleichen einander. Der Maler teilte die Überzeugung des Amateur-Astronomen, dass die Fortschritte der Photographie den Menschen die Fähigkeit raubten, mit eigenen Augen zu sehen. Schließlich war Ernst durch ein Gedicht Tempels gerührt, das Iliazd in Kopfzeilen über die Sternentypographie, die kalligraphische Phantasieschrift und die Radierungen setzte. Es beginnt mit den Versen:

»Aller Glocken helles Tönen!
Rührt mich an gar wunderbar,
fühl ein stilles, mächt'ges Sehnen,
weil als Kind ich Glöckner war.

Jeden lichten, frühen Morgen
stieg ich zu dem Turm hinauf,
und zu neuen Tagessorgen
weckte ich mein Dörflein auf.«

Während diese Verse im deutschen Originaltext als durchlaufende Zeilen gedruckt sind, gleicht der neben Ernsts Radierungen und typographischen Zeichnungen im französischen Original gesetzte Text den frei rhythmisch angeordneten, geometrisch strukturierten »Sternbildern«. Die Farbradierungen von Max Ernst wecken die Vorstellung von Spiralnebeln, Galaxien und von Blicken aus Fenstern über Bäume hinweg auf den Himmel mit Sonnen und

Monden. Für ihre Realisierung legte er Zahnräder, Tortenuntersätze aus Papier, Tüllgardinenstücke, einen Zweig oder einen Flaschenverschluss auf die Radierplatten und spritzte Kolophonium oder Zuckerlösung darüber, bevor er sie mit Ätzgrund abdeckte und ins Säurebad legte. Einige Linien sind mit der Radiernadel eingezeichnet.

Die Erwerbung des Buches sollte 1968/69 zu einer unerwarteten Bereicherung des Museums durch Werke von Max Ernst führen. Den Anstoß gab eine der kleinen, aber regelmäßigen Zuwendungen, mit denen ich rechnen konnte; mit diesem Betrag wollte ich eine Goldarbeit nach Entwurf von Max Ernst erwerben. Wir trafen uns in der Pariser Galerie Weill, mit deren Hilfe ich 1966 eine Hamburger Cocteau-Ausstellung realisiert hatte. Erstmals stand ich dem Künstler gegenüber, einem schlanken, eher kleinen Mann mit leicht gewelltem weißen Haar und strahlend hellblauen Augen. Thomas Mann hätte wohl mit Felix Krull »Sternenaugen« gesagt. Ernst sprach meist mit halblauter, klarer Stimme und mit einem leicht rheinischen Idiom, das den Witz mancher seiner Bemerkungen noch hervorhob. Spontaner Witz und eine stets gegenwärtige Ironie bestimmten viele seiner Bemerkungen; mit ihnen überspielte er Rührung und Zorn. Ernst war nicht im gängigen Sinn witzig; eine Mischung von französischem Esprit und deutschem Humor war sein Lebenselixier, wie ich gleich bei der Begrüßung erfuhr: »Sie erinnern mich an 'nen Freund von mir, den können Sie aber nicht mehr gekannt haben. Der hieß August Macke.« »Na«, antwortete ich, »der kam aus Meschede, ich komme aus Hagen, das liegt nicht weit voneinander.«

Dann erzählte ich ihm vom Besuch der Brühler Ausstellung seiner Werke siebzehn Jahre zuvor und von dem Eindruck, den sie mir gemacht hatte, was ihn freute: »Aber die hat doch kein Mensch gesehen.« In der Erinnerung daran und nach längerer Beschäftigung mit seinem Werk bekannte ich ihm meine Skepsis gegenüber der Theorie des Surrealismus – dass Bretons Idee der *écriture automatique* nicht eine Erscheinungsform des Unbewussten, sondern eine intellektuelle Konstruktion sei – und erläuterte ihm meine Zweifel: »Sie, Herr Ernst, sehen der Natur zwar unter die Haut, aber von der Theorie der *écriture automatique* bin ich nicht überzeugt.« Ich dachte, was werde ich jetzt zu hören bekommen, eine Philippika? Aber Ernst sagte nur: »Sie haben völlig recht, das mit dem Surrealismus, das ist alles Quatsch.«

Nachdem wir uns so unkompliziert verständigt hatten, unterhielten wir uns über aktuelle Kunst, u. a. über die sich gerade verbreitende Pop-Art, deren Bedeutung ich leugnete. Wieder stimmte Max Ernst zu: »Pop ist doch langweilig.« Nun konnten wir zum eigentlichen Anlass meines Besuchs kommen. Er wusste von meinem Wunsch, für das Museum eine kleine Goldmaske zu kaufen, und holte zwei verschiedene Masken aus der Hosentasche. Als ich ihn fragte, ob es die von mir ausgewählte sein dürfe, merkte er lediglich an: »Die würde ich an Ihrer Stelle auch nehmen«, und dabei blieb es. Mit der Zusage, demnächst eine Rechnung darüber zu erhalten (sie lautete genau wie der für mich verfügbare Betrag: 5000 Mark), steckte ich sie in meine Hosentasche. Dass die Maske einige Jahre später wohl von einem nie entdeckten Museumsbediensteten aus der Vitrine gestohlen und offenbar eingeschmolzen wurde, gehört zu einer meiner üblen Museumserfahrungen.

Da nach der Übergabe der Maske noch etwas Zeit bis zum Mittagessen blieb, erzählte ich von meinen teils realisierten, teils geplanten Museumsankäufen, zu denen auch Tapisserien von Ernst und Arp gehörten. Der Name seines Freundes Hans Arp weckte für Ernst lange zurückliegende Erinnerungen an die Zeit kurz vor dem Ersten Weltkrieg in Köln und den Kriegsbeginn. Arp habe nicht zu den Soldaten gewollt und geglaubt, dies verhindern zu können, wenn er sich geisteskrank stelle. Er, Ernst, habe ihm vorgehalten, es sei gar nicht so einfach, sich »plemplem« zu stellen; er selbst habe sich zum Militär einziehen lassen. Während der Ausbildung als Artillerist besuchte er Arps Vater, den Besitzer einer Zigarrenfabrik. Der habe beim Klingeln misstrauisch hinter der Gardine durchs Fenster geschaut, ihn erkannt und mit Zigarren versorgt. In der Kaserne habe er damit Begeisterung ausgelöst bei den »na, wie heißen sie noch, den Einjährigen«.

Auf meine Frage, was inzwischen mit Arp geschehen sei, holte Max Ernst weiter aus: Der komme eigentlich aus Kiel. Tatsächlich stammt der Maler Carl Arp, ein Freund von Christian Rohlfs, aus Schleswig-Holstein, ebenso ein jüngerer Maler Michael Arp, der an der Schlei wenig entfernt von der Stelle lebte, an dem ich mehrere Kapitel dieses Buches schrieb. Hans Arp, so Ernsts Erzählung, sei bei Kriegsausbruch 1914 nach Frankreich gegangen und habe seinen Pass gefälscht, indem er aus »Kiel« »Kehl« machte. Daraufhin hätten die Franzosen ihm erklärt, er sei ja nun beinahe Franzose, also müsse er zur französischen Armee. Deshalb sei er in die Schweiz gegangen, wo ihn wiederum die Deutschen für ihre Wehrmacht anforderten. In Zürich hätte gerade Dada begonnen, und Arp habe gleich dabei mitgemacht, um leichter als geisteskrank gelten zu können. Natürlich musste er untersucht werden und habe so getan, als wäre er »plemplem«. Er habe seinen Hosenlatz geöffnet und gesagt: »Nun sag mal schön ›Guten Tag, Herr Arzt!‹.« Auf dessen Frage, wie alt er sei, habe er seine Geburtsdaten übereinandergeschrieben, addiert und geantwortet, so alt sei er. Der Arzt habe anscheinend bemerkt, dass er simuliere, habe ihn jedoch als unzurechnungsfähig erklärt.

Ernst trug diese Geschichte so glaubwürdig vor, dass sie kaum Zweifel weckte. Sie mag in mancher Hinsicht unzuverlässig gewesen sein, aber ihr Ende erfuhr später eine unerwartete Bestätigung. Der Hamburger Maler Gerhard Ausborn erwähnte unter seinen Sammlern den Zürcher Arzt Dr. Hans Huber, der während des Ersten Weltkriegs Hans Arp untersucht habe, als er sich geistig verwirrt stellte; dass er simuliere, habe er gleich daran erkannt, dass er seine übereinandergeschriebenen Geburtsdaten korrekt addierte, aber er habe ihm das gewünschte Attest ausgestellt, sodass er in Zürich bleiben und sich mit seinen Dada-Freunden amüsieren konnte.

Nach dem folgenden Essen fuhren wir zurück in die Galerie. Während der etwa zehnminütigen Fahrt wollte ich mehr über das gerade angekaufte Sternenbuch erfahren. Ernst stimmte gleich zu, als ich behauptete, es sei vielleicht nicht sein wichtigstes, aber wohl sein schönstes Buch, und ergänzte: »Es ist Ihre eigene Geschichte.« – »Das versteht hier niemand. Ich habe davon noch alle Vorarbeiten, Zeichnungen usw.« – »Eigentlich müssten die in ein deutsches Museum.« – »Die können Sie kriegen.« – »Aber das kann ich nicht darstellen.« – »Wenn Sie kein Geld haben, mache ich Ihnen einen symbolischen Preis. Wenn Sie das nächste Mal in Paris sind, sagen Sie Bescheid. Dann können Sie alles mitnehmen.« So geschah es.

Max Ernst meldete sich nach unserer ersten Begegnung von Zeit zu Zeit mit witzigen Grüßen. So schickte er im Mai 1967 aus Abano eine Kitsch-Postkarte mit melodramatischen Schwaden einer Hexenküche, von denen sich geheimnisvolle Gestalten abheben. Auf die Rückseite hatte Ernst nach guten Wünschen und vor herzlichen Grüßen notiert: »Wir sitzen hier für eine Kur in dem finsteren Loch, welches Sie auf der Rückseite der Karte erblicken können. Angeblich ist es eine Wunderkur, wir sind glücklich, sie überstanden zu haben ...«

Als er im nächsten Sommer aus Seillans in der Provence nach Paris kam, folgte ich seiner Einladung, um die Blätter des Sternenbuchs zu übernehmen. Die helle, aufgeräumte Wohnung erschien auf den ersten Blick bürgerlich-repräsentativ, bis man einen kleinen, künstlichen, täuschend echt erscheinenden Hund und neben ihm unter dem Sofa einen ebenso authentisch wirkenden kleinen Haufen mit einem Rinnsal entdeckte. Max Ernst gab sich so, als nähme er die kleine Inszenierung nicht wahr, und brachte die Vorarbeiten zu »(65) Maximiliana« herbei – 14 Zeichnungen und 54 Radierungen in Probedrucken, lauter Unikat-Varianten der Blätter im Buch: »Ich habe gedacht, 1000 Mark für eine Zeichnung und 100 für eine Radierung. Geht das?« (Es klang melodischer, ein wenig wie »Jeht dat?«.) Auf eine so generöse Offerte hin konnte ich nur schlucken. Ernst fügte hinzu: »Ich habe nur die Zeichnungen signiert, ich hatte keine Lust, alle Radierungen zu signieren. Ist das schlimm?« Meine Antwort war einfach: »Es sind ohnehin lauter Unikate, wozu eine Signatur?«

Bis dahin waren kaum Vorarbeiten von Ernsts berühmten Büchern beisammengeblieben, sie waren in alle Welt verstreut. Ich war daher besonders glücklich über diesen Ankauf und brachte meinen Schatz ins Hotel, musste aber bei der erneuten Durchsicht feststellen, dass die Doppelblatt-großen Radierungen fehlten. Ein Anruf bei Max Ernst klärte die Lage, die Blätter wurden nachgeliefert, dieses Mal signiert. Nun musste ich – das Tagesgeschäft aller Museumsleute – nur noch jemanden finden, der den symbolischen Preis bezahlte, und zwar so, dass der Betrag ohne eine Steuernachforderung Max Ernst erreichte. Zum Glück fuhr, kaum war ich in Hamburg angekommen, mein Freund Hermann Feldgen an mir vorbei und fragte *by the way*, was es Neues gäbe. Die Frage war unschwer zu beantworten: »54 Max Ernst für 19 400 Mark.« – »Mehr nicht?« – »Nein.« – »Gut, machen wir.« Wir, das waren die BAT-Cigarettenfabriken, die mit Erlösen aus dem blauen Dunst den Hamburger Museen zu manchen wichtigen Erwerbungen verhalfen.

Max Ernst hatte dem blauen Dunst allerdings abgeschworen, wie wir im Frühjahr 1968 bei einem Besuch in Seillans erfuhren. Wir, das waren außer mir meine Frau und zwei ihrer Freundinnen. In falscher Einschätzung der Entfernung und der Straßenführung kamen wir mit etwa zwei Stunden Verspätung gegenüber der verabredeten Zeit an. Ich holte ihn, während die jungen Frauen am Garteneingang warteten, von seinem Haus ab. Er erschien mit einer grauen Schlägermütze und begrüßte uns mit den Worten: »Nee, is das traurig.« Erklärend fügte er hinzu: »Ich bin gerade in Italien gewesen. Der Vesuv raucht nicht mehr. Ist das traurig, wenn einer aus Altersschwäche nicht mehr kann.« Als wir uns Zigaretten anzündeten und ihm eine anboten, lehnte er ab: »Ich bin wie der Vesuv. Ich rauch auch nicht mehr.« Während wir durch den Garten zum Haus gingen, zeigte er uns einige seiner dort befindlichen Arbeiten, zunächst etwa 70 Zentimeter hohe Schachfiguren aus Glas; es handelte sich um Arbeiten von Egidio Costantini (einem venezianischen Glaskünstler, der auch schon Modelle anderer Künstler, u. a. von Picasso und Kokoschka, ausgeführt hatte). Ernst: »Gucken Sie sich das an. Costantini wollte von mir Entwürfe für Glasplastiken haben; sie sollten nicht größer als normale Schachfiguren werden, jetzt stehen sie da wie Gartenzwerge.«

Nur wenig entfernt gab es eine größere Skulptur. Sie bestand aus einer senkrecht aufgestellten Eisenbahnschwelle, auf der mit einem Eisenbahn-Hemmschuh eine Wagengabel mit zwei langen Enden montiert war. Das Gebilde glich einer Vogelscheuche in Rednerpose, einer langen Gestalt mit großer Nase und emporgereckten Armen. »Das habe ich in Paris gezeigt. Sie waren empört und behaupteten, ich wolle de Gaulle veräppeln.« Im leicht rheinländischen Idiom klang der Name des Generals ein wenig wie »de Johl«. Auf meine Bemerkung hin, »Na ja, ganz abwegig ist das nicht, wie ist denn der Titel?«, meinte Ernst: »Der Titel hat mit Gaule nichts zu tun, ›Eine zu groß gewordene Mikrobe‹.« Ein Bronzeabguss dieser Bahnschwellen-Mikrobe steht jetzt im Brühler Max-Ernst-Museum, mit dem Titel »Microbe vu à travers un tempérament«.

Von dem skurrilen Wesen gelangten wir durch den Garten ins Haus. Ernst hatte einen der Räume mit einer dunkelweinroten Tapete viktorianischer Prägung ausstaffiert und seine Bilder so darauf verteilt, dass die Zimmerwände sich wie überdimensionale Collagen ausnahmen. Es handelte sich wohl um das Zimmer seiner Frau; jedenfalls öffnete er einen der Schränke und schenkte mir einige der dort befindlichen, ihr dedizierten Bücher für das Museum. Der nächste Raum, den er uns zeigte, war sein Atelier. Ich glaubte fast, eine Fata Morgana zu sehen: Auf der Staffelei stand das verschollene Gemälde »Die schöne Gärtnerin«! Es war als »entartete Kunst« beschlagnahmt worden und seitdem verschwunden. Als ich erstaunt fragte, ob das Bild wieder aufgetaucht sei, fragte der Maler zurück, woher ich es kenne. Ich kannte nur seine Reproduktion in Hans Hildebrandts »Kunst des 20. Jahrhunderts« aus dem um 1930 erschienenen, von mir 1951 antiquarisch erstandenen Band des »Handbuchs der Kunstwissenschaft«. »Das ist nicht dasselbe«, sagte er. »Ich fand es schade, dass es ein so schönes Bild nicht mehr gibt, und malte es deshalb neu; es heißt ›Le retour de la belle jardiniere‹.« Die Unterschiede der Komposition zwischen dem älteren und dem neuen Bild erscheinen gering; wieweit die Kolorits des einen und des anderen einander ähneln, vermag ich nicht zu sagen, denn es gibt von der ersten Fassung meines Wissens keine farbige Reproduktion. Die letzte Photographie der »Schönen Gärtnerin« aus den zwanziger Jahren zeigt Hitler und Goebbels vor dem Gemälde in der Pranger-Ausstellung.

Ein kleines realistisches Früchtestillleben weckte meine Neugier. Etwas daran erinnerte an Max Ernst. War es ein Frühwerk? Ernst löste das Rätsel: »Es ist ein Bild meines Vaters, eigentlich ein ganz schönes Bild, das war etwas kaputt, was ich schade fand, und deshalb habe ich es wiederhergerichtet.«

Zurück in einem der Wohnräume, sahen wir ein von dem Goldschmied François Hugo, einem Enkel des Dichters, nach Max Ernsts Holzmodellen in Silber getriebenes Schachspiel. Es war offenbar gerade benutzt worden, denn die Figuren standen nicht in ihrer Ausgangsstellung. Ob wir, wandte ich mich an unseren Gastgeber, einen Satz der Figuren für das Museum erwerben könnten? Er sagte umgehend zu und hielt Wort; in Hamburg zurück, erhielt ich einen entsprechenden Bescheid von Hugo; Anfang Juni trafen die Figuren ein. Max Ernst hatte sie kurz zuvor von Paris aus angekündigt: »Vor meiner Abfahrt von Seillans sind die Figuren an Sie abgesandt worden. Hoffentlich kommen sie an. Denn niemand weiß hier, wohin der Wind die Wolken weht. Sollten Sie trotz Wind und Wolken sich entschließen, nach hier zu kommen, so wären Sie ... herzlich willkommen.«

Wind und Wolken und die angedeuteten Zeitumstände – damit spielte Ernst auf die Maiunruhen von 1968 an, die er mit seiner Frau hautnah erlebt hatte, als sie mit dem Bus fuhren und Studenten die Straße sperrten. Mit heftigem Zorn berichtete er davon, als ich ihn einen Monat später besuchte. Ein Mann habe, als der Bus angehalten wurde, gebrüllt: »Écrasséz!« (Überfahrt sie!) Zum Glück habe der Busfahrer besonnen reagiert. Ernsts Wut auf die brutale Reaktion der Polizei und der Bürger blieb längere Zeit ungebrochen. Er sparte sich seine Revanche für die nächste sich bietende Gelegenheit auf. Michele Debré, der ehemalige Premier, der 1968 Außenminister und zugleich Bürgermeister von Amboise war, hatte Max Ernst gebeten, für Amboise einen Brunnen zu machen. Aus Dankbarkeit dafür, dass Debré ihm, dem Staatenlosen, 1958 nach der Rückkehr aus den USA einen Pass und die französische Staatsbürgerschaft gegeben hatte, hatte er dem Wunsch entsprochen. Doch bei aller Dankbarkeit wollte er, als der Brunnen der Öffentlichkeit vorgestellt werden sollte, seinen ehemaligen Schutzherrn wegen der Ereignisse des Frühjahrs nicht ungeschoren lassen.

Während meines Besuchs entschuldigte er sich, dass er mich einen Augenblick allein lassen müsse, weil gerade der Abgesandte Debrés angekommen sei. Er solle ihm eine Liste mit den Namen derjenigen geben, die er als Ehrengäste zur Brunneneinweihung eingeladen sehen wolle: »Jetzt gebe ich ihm eine Liste, auf der alle stehen, die sie nach dem letzten Mai rausgeschmissen haben, Julio Le Parc (der Kinetik-Künstler) und alle anderen.« Mit dieser Ankündigung ging er vergnügt hinaus und kam nach etwa zehn Minuten zurück. Als ich ihn fragte: »Wie war's?«, schmunzelte er. »Der Mann hat gesagt, der Debré macht das.«

Ob die Einladung nach Ernsts Wunsch ausgesprochen wurden, ob die Eingeladenen zu kommen wagten, entzieht sich meiner Kenntnis, doch bei meinem nächsten Besuch erzählte mir Max Ernst, welchen weiteren Spaß er sich bei der Präsentation des Brunnens gemacht habe. Debrés Dank dafür, dass der Maler für »meine« Stadt einen Brunnen gemacht habe, konterte er damit, dass Amboise für ihn vor allem die Stadt von Leonardo da Vinci sei. Der Brunnen muss jeden erheitern. Auf seinem Mittelschaft hockt ein skurriler, geflügelter Dämon, umgeben von dünne Wasserstrahlen speienden Schildkröten und lustigen Kobolden. Als wir auf unserer nächsten Frankreich-Reise durch Amboise fuhren und natürlich den Brunnen aufsuchten, war ich davon so angetan, dass ich Max Ernst fragte, ob er für den ihm gewidmeten Raum des Museums einen Innenbrunnen konzipieren würde. Er sagte gleich zu. Prophylaktisch ließ ich, da wir gerade die moderne Abteilung einrichteten, gleich Zu- und Abfluss installieren, doch zog sich die Sache hin; Erkrankung und Tod des Künstlers ließen eine Verwirklichung des Projekts nicht zu.

1969 war er noch recht munter, wenngleich sich erste Zeichen von Unpässlichkeiten einstellten. Zum Jahreswechsel hatte ich ihm einige Dubletten alter Chromolithographien des Museums geschickt, weil er bei deren Erwähnung höchst entzückt gewesen war und sich wohl schon geklebte Collagen daraus vorstellte. Mit dem Dank dafür teilte er mir Ende Januar mit: »Der Grund dafür, dass ich Ihnen nicht früher schrieb, ist in einer kurzen Bettlägerigkeit meinerseits zu suchen. Die Sache ist jetzt vorüber, keine ›Gefahr‹ mehr u. so bin ich zum Rekonvaleszententum für noch ein paar Wochen verurteilt. Die Stiftung ›Maximiliana‹ u. die Idee, eine Gesamtaufstellung zu machen, finden meine Zustimmung. Ich werde wahrscheinlich Anfang oder Mitte März in Paris sein (Ausstellung bei Jolas). Wir könnten dann über die Wasserkünste in Ihrem Museum (auch über die anderen Pläne) beraten ...«

Im März zeigte er uns zunächst zwei neue, als vergrößerte Siebdrucke wiedergegebene Collagen, die in die Ausstellung der Galerie Jolas einbezogen werden sollten, eine Reaktion von Max Ernst auf die päpstliche Enzyklika »Humanae Vitae« und deren Ablehnung der Geburtenkontrolle. Auf der einen der beiden bildgroßen Serigraphien posieren junge Frauen in eng geschnürten Korsagen und Roben des Fin de Siècle ohne Kinder; auf der anderen sind Kinderschwestern mit einer Unzahl von Babys beschäftigt, gleichsam die Konsequenzen einer Befolgung der Enzyklika zeigend. Zwischen Frauen, Kindern, Ammen bleibt kaum Platz für eine freie Bewegung. Wo er das Material für diese Massenansammlung von Korsage-Modellen und Babys gefunden habe, fragte ich ihn. In einem alten Modejournal, antwortete er, er habe nur wenig daran geändert.

Unter den Projekten seiner letzten Jahre plante er eines, das ein Buch des 18. Jahrhunderts paraphrasieren sollte. Eine der russischen Zarinnen hatte einen französischen Architekten gebeten, ihr aus Eis einen begehbaren Palast zu errichten. Iliazd hatte ein Exemplar des Buches entdeckt und seinem Malerfreund Photographien der Grundrisse, Schnitte und Aufrisse gegeben. Ernst war elektrisiert: »Stellen Sie sich vor, alles war aus Eis, selbst das Feuer ...«, für ihn die Klimax dieser surrealen Phantasmagorie. Ich bestellte gleich ein Exemplar der geplanten Edition, an die sich der Maler bei nächster Gelegenheit machen wollte. Wie das Hamburger Brunnenprojekt verhinderte die Verschlechterung von Max Ernsts Gesundheitszustand, dass es dazu kam.

Bei einem der letzten Besuche in der Rue de Lille kam das Gespräch auf Salvador Dalí. Ernst hatte mit ihm Probleme, vor allem wegen dessen zeitweiliger Anbiederung an Franco. Als er während des Krieges durch das dunkle New York gegangen sei, wo sich auch Dalí aufgehalten habe, sei plötzlich jemand mit hispanisiertem Französisch auf ihn zugekommen: »›Warum chebben Sie mirr nicht die Hand?‹ Da war das der Dalí. Ich antwortete: ›Ich gebe keinem Faschisten die Hand.‹ Wissen Sie, der Dalí hatte gerade Bilder ›Der Held‹ oder Ähnliches gemalt, um Franco zu verherrlichen. Er verteidigte sich und behauptete: ›Das ist alles Verrleumdung.‹ Ich sagte nochmals: ›Ich gebe keinem Faschisten die Hand.‹ Darauf Dalí: ›Chebben Sie mir die Hand, wenigstens prrovisorrisch.‹«

Meine Museumspläne in Hinsicht auf Max Ernst hatten weder er noch ich aufgegeben. Mitte Januar 1970 schrieb er: »Gern möchte ich Ihrem Museum bald einen Besuch abstatten. Im Frühling?« Doch zuvor fuhr er nach Stuttgart, wo der Kunstverein eine umfangreiche Ernst-Retrospektive zeigte. »Sie werden«, zweifelte Max Ernst, »wahrscheinlich nicht nach Stuttgart kommen, von wegen dem dichten Nebel. Sollten Sie es trotzdem fertigbringen, so würde das für mich eine große Freude sein.« In jenen Winterwochen betrieb die Deutsche Bundesbahn eine intensive Werbeaktion mit dem Slogan »Alle reden vom Wetter, wir nicht«. Mit diesem Slogan kündigte ich ihm an, dass ich käme.

Wir trafen uns während der Pressekonferenz, nach der Jürgen Hohmeier, der Korrespondenz des »Spiegel«, Max Ernst auf merkwürdige Naturphänomene ansprach, die er während seiner Ausstellungen erlebt habe. Zustimmend bestätigte er: »Ich habe einmal in Kalifornien eine Ausstellung gehabt. Da hat es nie geschneit, aber während der Ausstellungseröffnung schneite es. Die Leute hatten noch nie Schnee gesehen, haben deshalb die Bilder gar nicht angeguckt, nur den Schnee.« – »Und heute?« – »Vielleicht ein Erdbeben.« Gegen ein Uhr endete die Pressekonferenz, wir aßen und tranken etwas zum Lunch; danach ging ich ins Turmhotel des Stuttgarter Hauptbahnhofs. In dem Augenblick, in dem ich die Tür meines Zimmers öffnete, schienen plötzlich alle Wände und die Häuser im Fensterausschnitt einen Moment lang schräg zu stehen, ohne irgendein Geräusch. Merkwürdig, dachte ich, ein Bier kann doch nicht so eine Wirkung haben, denn ich hatte noch nie ein Erdbeben erlebt. Es handelte sich um das Beben, dessen Epizentrum auf der Schwäbischen Alb lag und dort den Hauptturm der Burg Hohenzollern zum Einsturz brachte.

Am Abend der Eröffnung erwähnte der Maler das Erdbeben nur nebenbei. Er war über alle Maßen vergnügt, über die Ausstellung und im Geheimen vielleicht über die Prophetie. In dieser Stimmung gingen wir zum Essen durch den winterlichen Schlosspark, als ein Volltrunkener auf den seine Schirmmütze tragenden, deutlich kleineren Max Ernst zusteuerte und lallte: »Bist du Oberst?« – »Nein, unterst.« Nach dieser Situationsbeschreibung empfahl es sich, etwas die Gefahr Eindämmendes zu unternehmen. Hinter dem alkoholisierten Fragesteller befand sich eine ausreichend große, spiegelglatt gefrorene Pfütze, auf die ich den schwankenden Wegbegleiter lockte: »Komm her.« – »Was willst du?«, lallte er, kam aber folgsam so weit hinter mir her, bis wir ihn, auf der Eisfläche balancierend, sich selbst überlassen konnten.

Die Pläne, die ich verfolgte, zerschlugen sich endgültig 1969 wegen wachsender interner Museumsirritationen. Noch einmal schickte Ernst einen Gruß anlässlich des Erscheinens seiner gesammelten Schriften. Dann erlahmten seine Kräfte. Er starb am 1. April 1976, erneut, wie er es mir einmal von sich und seinem auf den 2. April fallenden Geburtstag geschrieben hatte, »ein Aprilsjeck«.

Zwanzig Jahre nach seinem Tod erhielt ich einen Brief, der Vergangenes mehrerer Zeiten in die Gegenwart rückte. Sein Absender war Rolf Tempel, ein Hamburger Nachkomme von Max Ernsts Astronomen Ernst Wilhelm Leberecht Tempel. Durch eine Hamburger Ausstellung der »Maximiliana« war Tempel d. J. auf seinen Ahnen gestoßen. Nun schrieb er mir, welche Beziehungen ihn nicht nur mit dem Astronomen, sondern mit meinem damaligen Wirkungsort verbanden. Rolf Tempel hatte auf dem bis 1945 als Kaserne dienenden Schloss Gottorf seinen Militärdienst absolviert. Und: Paul Bollmann, der Vater seines Halbbruders Per Halby Tempel-Bollmann, hatte bei Baumeisters Lehrer Adolf Hölzel in Stuttgart Malerei studiert. Zur Zeit Sauerlandts hatte er mit Hamburger Mäzenen Kontakt gehabt.

Max Ernst hätte es kaum gewundert, dass die Spuren des Planeten-Entdeckers, mit dem er sich identifizierte, auf so verschlungenen Wegen in den Norden führten und sich mit meinen kreuzten.

Töpfer in Europa und Japan

Während eines Kunstgeschichtsstudiums an der Universität erfährt man von vielem für die Museumsarbeit Wichtigen so gut wie nichts. Viele Professoren wissen selbst wenig davon, wie sollten sie es ihren Studenten vermitteln? Mir ging es nicht anders als den anderen Studenten. Wäre ich nicht einem als Persönlichkeit und in seiner Vitalität so herausragenden Künstler wie Jan Bontjes van Beek begegnet, hätte ich vermutlich die Keramik nicht als faszinierendes Metier entdeckt. Ihre Attraktivität resultiert nicht nur aus Form und Dekor, sie gilt nicht nur dem Auge; ihre stoffliche Schönheit, ihr Gewicht, ihr Volumen verlangen nach dem Verständnis durch die Hand. Manche Maler der Moderne sind ihr verfallen, darunter Nolde, Matisse und Picasso, Léger, Chagall und Miró, zuletzt Klaus Fußmann. Mich führten jedoch nicht die Maler zu ihr, sondern die Hamburger Sammlungen des Jugendstils und des Japonismus. Die Gefäße japanischer Töpfer wurden für mich zum Maßstab für Keramik schlechthin.

Der Begriff »Töpfer« erscheint vielen als abwertend. Lieber gebraucht man das Wort »Keramiker«, das es im Deutschen nicht gibt, mag es auch wie andere nur durch den falschen Gebrauch legitimierte Wörter im Duden stehen. »Céramiste« mag hingehen, »potter« gilt in der angelsächsischen Welt als Standardbegriff. Die Bücher von Bernard Leach, »A Potter's Book« und »A Potter in Japan«, wurden international erfolgreich.

So verdienstvoll das Bauhaus auch war, seine in den zwanziger Jahren zunehmende Ausrichtung auf die industrielle Produktion verschüttete letztlich in Deutschland den Zugang zur Keramik als einer der Ästhetik im Alltag individuell dienenden Kunst. Zwar besaß die angesehene Kunstschule während ihrer Anfangsjahre in Dornburg eine durch die thüringischen Volkskunst-Töpfer Otto Lindig und Gerhard Marcks zu Ansehen gekommene Lehrwerkstatt, aber dann duldete man nach dem Konzept von Walter Gropius die Keramik wie die anderen Werkkünste nur noch als »Laboratorium der Industrie«.

Japan kennt weitaus bessere Kriterien, die zumindest bis zum Ende des 20. Jahrhunderts galten; es gab der Keramik einen Platz gleich nach der am höchsten geschätzten Kunst, gleich nach der Kalligraphie. Das in Deutschland herrschende Desiderat wurde mir bald bewusst. Das Museum für Kunst und Gewerbe, das Justus Brinckmann, ein vom *furor ceramicus* ergriffener Museumsgründer, konzipiert hatte, bot meiner Intention, die Lücke zu füllen, alle Voraussetzungen. Der Zeitpunkt dazu erschien als günstig. In den frühen sechziger Jahren nahm in Deutschland und in vielen anderen europäischen Ländern die Zahl talentierter Töpfer zu, die wiederum in Sammlern ihre Förderer fanden. Eine der ersten Kollektionen konnte ich bereits 1962 präsentieren. Sie wurde von dem Hamburger leitenden Oberstaatsanwalt Hans Thiemann aufgebaut und liefert eine erstrangige, methodisch strukturierte Übersicht europäischer Keramik seit dem Zweiten Weltkrieg. Sie gelangte nach dem Tod des Sammlers aufgrund unserer jahrzehntelangen Zusammenarbeit zum größeren Teil ins Museum für Kunst und Gewerbe, zum kleineren (skandinavischen) Teil nach Schloss Gottorf (wo sie, leider, in den Magazinen dieser Museen ihr Dasein fristet).

Antoni Cumella

Nachdem wir zur Auffüllung der 1960 noch bestehenden Lücken in der Keramiksammlung des Museums für Kunst und Gewerbe zunächst die regionalen und deutschen Ressourcen genutzt hatten, begannen wir, die Ausstellungs- und Erwerbungspolitik auf europäischer Ebene auszudehnen. Wir begannen mit dem Katalanen Antoni Cumella. Erstmals hatte ich zwei seiner Vasen kennengelernt, als ich 1959 den Bestand des Hagener Karl Ernst Osthaus-Museums erfasste. Noch nie hatte ich ein so schönes modernes Gefäß in der Hand gehalten. Wohl deshalb erwarb ich für Hamburg als erste ausländische Arbeit eine Steinzeugvase Cumellas, parallel zur ersten Unikat-Keramik Picassos.

Erst sieben Jahre später trafen wir den Künstler selbst, als wir nach Katalonien kamen und an der Haustür klingelten. Sie wurde uns von Agnes Cumella geöffnet, einer mütterlich-liebevollen Frau. Er selbst kam bald aus seiner auf der anderen Straßenseite liegenden Baukeramik-Fabrik hinzu, die ihm seine Existenzgrundlage sicherte. Schon kurze Zeit nach der Begrüßung gingen wir so miteinander um, als seien wir seit Jahren befreundet, und am Tag darauf fuhren wir nach Barcelona zum Besuch der Bauten von Antoni Gaudí. Wir stiegen an der damals noch nicht durch Neubauteile verunstalteten Doppelturm-

Fassade hoch bis in die Turmhelme, besuchten Gaudís Paläste, den Park Güell und die Fragment gebliebene Kirche der Colònia Güell. Cumella kannte alle diese Bauten bis in die entlegensten Partien, alle Zugänge und Details, nicht zuletzt durch Abendkurse bei Gaudís Mitarbeiter Josep Jujól. Wir stiegen von den Kellern mit ihren gemauerten Rampen bis auf die (heute leichter zugänglichen) Dächer mit ihren freiplastischen Kaminen. Ohne einen so hervorragend unterrichteten Führer hätten wir all diese Schönheiten nicht entdeckt.

Während der Pausen und am Abend lernten wir Cumellas Lebensgeschichte kennen. Sein voller Name lautete Antonio Cumella i Serret, schloss also nach spanischem Brauch auch den Familiennamen der Mutter ein. Er war in der Volkskunst-Töpferei seines Stiefvaters Josep Regàs ausgebildet worden und beherrschte dort das Drehen so gut, dass er als junger Mann pro Tag etwa 200 Gefäße schaffte. Ihm an der Drehscheibe zuzuschauen war ein großes Vergnügen. Er kannte die Keramikgeschichte der Iberischen Halbinsel seit der Prähistorie; er wusste, wie sich in der damals noch bestehenden Volkskunst-Keramik Spaniens die Einflüsse der Iberer, Phönizier, Griechen und Römer, der Westgoten und Araber spiegelten. Durch ihn angeregt fuhren wir auf Reisen kreuz und quer durch das Land und sammelten von 1975 bis 1979, was sich von dieser Keramikgeschichte bis zur Gegenwart erhalten hatte. Die schnellen Veränderungen von Gesellschaft und Wirtschaft nach dem Tod von Franco und Salazar haben zum Ende dieser Entwicklung geführt; mir erscheint dieses definitive Ende jedoch besser als in der fortgeführten Produktion von Surrogaten für den Tourismus.

Cumella kannte nicht nur die seit der Antike, dem Mittelalter und der Neuzeit überlieferten Botijos und Cantaros. In einem Hochschulseminar hatte er, wie er bei Gelegenheit erzählte, die Studenten dadurch zu sich selbst gebracht, dass er ihnen alle Verfahren und Funktionen der Keramik auf der Welt von der Frühzeit bis zur Gegenwart vermittelte; so erlernten sie das gesamte Repertoire ihres Handwerks und konnten davon auswählen, was ihnen für sich selbst zusagte. Ihm selbst lieferten die Formprinzipien – nicht die formalen Prototypen – der Volkskunst-Keramik für seine Gefäße manche Anregungen, ebenso Kakteenknollen, ferner Halbedelsteine für die Farben seiner Glasuren. Er sammelte diese ihn stimulierenden Objekte. Die Terrassendächer seines Hauses standen voll mit den verschiedensten Kakteen. Auf die Fragen, wie viele Kakteenarten es gäbe und wie viele davon er besäße, antwortete er zweimal dasselbe: »Ungefähr tausend.« Ständig vermehrte er seine Steinsammlung. Wenn er in den sechziger und siebziger Jahren nach Deutschland kam, besuchte er Idar-Oberstein, um mit geschliffenen und ungeschliffenen Exemplaren seinen Bestand von Preziosen der Erdgeschichte zu vermehren.

Durch Cumella lernten wir nicht nur viel über die keramischen Traditionen des Landes, durch ihn trafen wir auch manche Volkskunst-Töpfer; er führte uns zu verborgenen Plätzen spanischer Kunst, etwa zum Haus des 1945 gestorbenen Bildhauers Manolo Huguet, dessen Werk wir schätzten und das in Katalonien heute wieder viel gilt. Wir hatten einige seiner Arbeiten von Kahnweiler erworben, darunter ein besonders schönes Relief.

Cumella erzählte gern von eigenen Erlebnissen, etwa dass er in den USA kein einziges Mal Coca-Cola und in England kein Glas Whisky getrunken habe. Er fand sein Vergnügen, als er einem französischen Publikum spöttisch erklärte, er sei ein »cartesianischer Nihilist«, und delektierte sich am Beifall zu seinem Nonsens-Schlagwort.

Er war mit Haut und Haar Katalane; in der Familie wurde nur katalanisch gesprochen. Er mochte die Kastilier nicht, erklärte deshalb auf Deutsch in Madrid einem Kellner, er verstehe ihn nicht, er sei Ausländer; er hielt die Basken für »verrückt« und die Andalusier für dumm, war aber sonst ein liberaler Mann. Er war ein Gegner von Clubs, Vereinen, Bünden, Parteien aller Richtungen und stolz auf diese Unabhängigkeit und Freiheit. Wegen dieses kompromisslosen Beharrens auf Freiheit hatte er, wenn er auch vom Kommunismus nichts hielt, im Bürgerkrieg auf republikanischer Seite gegen Franco gekämpft, deshalb einige Zeit im Gefängnis verbracht und ohne Pass leben müssen. Freier bewegen und ins Ausland reisen konnte er erst, als er internationale Auszeichnungen erhielt, darunter 1951 und 1957 Goldmedaillen der Mailänder Triennale, und als seine Arbeiten mehr und mehr im Ausland gezeigt wurden. Er liebte Deutschland, wo er früh Erfolg gehabt hatte, sprach gut Deutsch, wenn auch mit erkennbar iberischem Akzent.

Gäste bewirteten Agnes und Antoni Cumella generös. Kam man am Nachmittag an, wurden zunächst Bratwürste und Bier serviert, dann machte sich Cumella an die Zubereitung einer riesigen Paella und öffnete Flaschen mit katalanischem Rotwein. Wehrte man das Überangebot ab, fand er stets Gründe, warum man weiter zugreifen müsse: »Oh, wir chabben ein groß Oberfläche.«

Bei aller Intelligenz und allem Urteilsvermögen blieb er ein Künstler, der die Welt ungebrochen und sinnlich begriff. Sprach man mit ihm über Keramik, konnte es geschehen, dass er eine zweihenklige Amphora aus Valencia mit den Worten in den Arm nahm: »Ein Topf ist wie ein Frau.« Seine Gefäße sind durch Volumina und Kurven bestimmt. Er signierte seine Kataloge fast stets mit sich kurvig überschneidenden Gefäßskizzen und stellte seine Vasen gern so auf, dass sie eine Raumplastik bildeten.

Keramik war für Cumella primär eine Kunst von Erde und Steinen, von versteinerten Tieren und Pflanzen, wie seine Reliefs, Aquarelle und Lithographien und auch einige Bronzen und Tapisserien vor Augen führen. Als Antoni Tapiés, dessen Bilder Paraphrasen der Erdgeschichte darstellen, eine Kooperation mit Cumella plante und dessen Arbeiten sah, gab er die Absicht mit den Worten auf, Cumella habe alles schon gemacht. Anders als sein älterer Weggefährte Llorens Artigas, der viel mit Malern, vor allem Joan Miró, zusammenarbeitete, kam es für Cumella nur einmal zu einer solchen gemeinsamen Arbeit, allerdings ohne dass die Öffentlichkeit etwas davon erfuhr. Salvador Dalí, der bekanntlich viele seiner Spätwerke von anderen ausführen ließ, sollte für einen besonders guten Markencognac der Firma Osborn eine extravagante Flasche entwerfen. Als wir eine solche Flasche in ihrem daliesken bunten Silberkarton gekauft hatten und Cumella sie sah, erklärte er, dass er die Flasche modelliert und, da Dalí gerade nicht zur Stelle gewesen sei, auch gleich signiert habe. Natürlich ließen wir uns die Flasche auch noch von ihm signieren. Wir haben sie aufbewahrt; man kann auf ihrer Wandung neben Cumellas Dalí-Signatur lesen: »Cumella fecit.«

Kurz zuvor hatten wir Dalís Theater in Figueras besucht, von dessen Ausstattung ein größerer Teil wenig später nach einem Prozess als Werk seiner Mitarbeiter bezeichnet werden musste. Auf unsere Bemerkung hin, Dalí sei verrückt, protestierte Cumella: »Er ist nicht verruckt. Er ist ein katalanisch Bauer.« – »Auch Miró«, ergänzte er auf unsere Frage hin.

Wegen seiner Auffassung von Keramik als plastischem Volumen, das mehr auf die Außenform als auf den umschlossenen Raum ausgerichtet war, war Antoni Cumella der Antipode aller Töpfer der ostasiatischen Tradition. Das greifbare Volumen, Präzision des Erreichbaren und nicht Zufall als Kraft der Natur waren seine Parameter. Dass Geometrie und Stereometrie in der Natur stecken, entspricht dem antik-mediterranen Erbe. Wen wundert es deshalb, dass Cumella, als wir ihm einige von uns erworbene Gefäße von Hamada Shoji, einem der größten japanischen Töpfer des letzten Jahrhunderts, zeigten, uns riet, sie zu verkaufen. »Was sollen wir denn mit dem Geld machen?« – »Cumella kaufen.« – »Aber wir haben doch gerade gestern drei Cumellas gekauft!« Damit war er zwar zufrieden, nur von Hamada nicht überzeugt, obwohl er, wie Hamada, die anonymen Volkskunst-Traditionen liebte.

Zwischen 1967 und 1983, seinem Todesjahr, sahen wir Cumella und seine Frau regelmäßig; unsere Spanien-Reisen endeten in dieser Zeit stets mit einem Besuch in Granollers, seinem Wohnort östlich von Barcelona. Wir erlebten Cumellas Lebenslust, aber auch seine sich in gelegentlichen Zornausbrüchen äußernde Melancholie. Auch wenn er bei aller Modernität von zeitlosen Maßstäben überzeugt war und deshalb jeder modischen Entertainment-Mode mit Häme begegnete, sah er sich dieser Haltung wegen nicht angemessen geschätzt. Spricht man heute mit spanischen Museumsleuten und Sammlern von spanischer Keramik des 20. Jahrhunderts, fällt Antoni Cumellas Name an erster Stelle.

Bernard Leach und seine Nachfolger

Kein Töpfer des 20. Jahrhunderts nahm auf die Entwicklung der Keramik in der Welt einen so nachhaltigen Einfluss wie Bernard Leach. Dies gilt nicht nur für die englischsprachigen Länder, sondern für alle, in denen sein 1940 erstmals erschienenes Lehrbuch »A Potter's Book« in Übersetzungen greifbar war. 1971 lag es auch in deutscher Übersetzung vor. Leach war in diesem Jahr bereits vierundachtzig Jahre alt, und es rührte ihn, dass er mit seinen Ideen und Anleitungen endlich auch in Deutschland ein Echo fand, in einem Land, das er wegen des Nationalsozialismus mit Argwohn betrachtete. Kennzeichnend für seine Freude war, dass er sich zweimal in einem Brief für mein kurzes Vorwort zur deutschen Edition bedankte.

Leach blieb auch im hohen Alter noch politisch hellwach, skeptisch gegenüber jeder Gewalt. Er hatte sich 1920 in St. Ives, Cornwall, seine Werkstatt aufgebaut. Dort sprachen wir um 1972/73 über die Gefahr durch die Atombombe. Der Künstler, der uns Tee gemacht hatte, saß vor dem großen Fenster seines karg möblierten Apartments mit freiem Blick auf den Atlantik; er fragte nach der richtigen Entscheidung im Fall eins russischen Atombombenangriffs: »Would you press the red botton?« Angesichts seiner nie versiegenden Skepsis gegenüber Deutschland antwortete ich bewusst provokativ: »Yes, I would, or what might you have done against Hitler?« Leach blickte grimmig und etwas starr, mit sich im Widerspruch zwischen seiner pazifistischen Überzeugung und der unpazifistischen Beseitigung Hitlers. Ich grüßte ihn von Karl Scheid, der ein Vierteljahrhundert zuvor bei Leachs ehemaligem Schüler Harry Davis gearbeitet hatte. Als Leach dessen Namen hörte, murmelte er: »Harry Davis, yes, Harry Davis. He is a very old man now and talking and talking and talking.« Ob er in diesem Moment daran dachte, dass Davis jünger war als er selbst und wie er selbst ins Grübeln kam, wenn man sich mit ihm unterhielt?

Er erkundigte sich nach Oskar Kokoschka, dessen Faksimile eines »Griechischen Skizzenbuchs« wir ihm als Gastgeschenk mitgebracht hatten; er kannte den Maler seit dessen Aufenthalt in Cornwall während der ersten Kriegsjahre. Von ihm und unserem Freund Henry Rothschild wussten wir, dass Leach sich von seinen besseren Stücken höchst ungern trennte. Bei Kokoschkas Besuch in St. Ives hatte er ihn jedoch aufgefordert, sich eins der Stücke als Geschenk auszuwählen. OK schaute sich um und nahm das ihm am besten erscheinende, konnte es aber nicht bekommen – es war ein Gefäß von Hamada. Auch ein zweites, auf das seine Wahl fiel, war nicht verfügbar, wie Olda Kokoschka erzählte; Leach erläuterte, dieses Stück benötige er noch, denn er habe dafür die besonders gelungene Glasur aus Resten gemischt und wisse nun nicht mehr, wie sie zustande gekommen sei. Danach verzichtete Kokoschka auf einen dritten Versuch. Wir erwarben, um keine ähnliche Situation entstehen zu lassen, für uns etwas aus dem öffentlich zugänglichen Verkaufsraum.

Leach, 1887 in Hongkong geboren, hatte in England studiert, zuletzt bei dem durch seine Radierungen berühmten Frank Brangwyn. Er war in jungen Jahren nach Japan gegangen und hatte dort zu einer sich wie das gleichnamige anspruchsvolle Journal »Shirakaba« (Weißer Vogel) nennenden Gruppe junger Töpfer gefunden, die von Urano Shigekichi geleitet wurde; dessen Künstlername war Kenzan VI. Er war mithin Nachfolger des berühmtesten aller japanischen Keramik-Künstler der Edo-Zeit, Ogata Kenzan. Leach wurde nach dem Tod seines Lehrmeisters als Kenzan VII. der nominelle Nachfolger Uranos. Zu der Shirakaba-Gruppe gehörte auch der junge Hamada Shoji, der 1920 mit Leach nach St. Ives gezogen war. Die Werkstatt der beiden Freunde wurde zur Quelle der englischen Studio-Pottery-Bewegung, bevor Hamada im japanischen Mashiko eine ähnliche, noch weiter tragende Initiative ergriff. Später schrieb Leach eine Monographie über Ogata Kenzan. Dass Justus Brinckmann bereits 1897 eine Publikation über ihn veröffentlicht hatte, erfuhr Leach dadurch, dass ich ihm ein Exemplar davon geben konnte.

Geprägt wurde der junge Leach durch William Morris, dessen Lehre er nach Japan vermittelte, vor allem dem Theoretiker Yanagi Soetsu. Wie Morris und Leach vertrat auch Yanagi die Meinung von der Gleichwertigkeit der Künste, von der Gesundung der Gesellschaft durch manuelle Tätigkeit und durch ein normatives Handwerk. Er wurde neben Hamada zum Präzeptor der Mingei-Bewegung. Die wörtliche Übersetzung von »Mingei« als »Volkskunst« weckt in deutscher Sicht leicht falsche, an »Blut und Boden« erinnernde Vorstellungen. In Japan versteht man darunter nicht eine künstlich am Leben gehaltene, volkstümelnde, mehr oder minder oberflächlich-dekorative Produktion, sondern eine anspruchsvolle, anonyme, allgemein akzeptierte, von Standard getragene Gebrauchskunst; diese Bewegung hat heute allerdings ihren Zenit überschritten. Den Mingei-Paradigmen vergleichbar gründete Leach in Cornwall seine Werkstatt, in der neben Unikaten vor allem *table ware* hergestellt wurde. In ihr wurde man zum Meister, indem man, learning by doing, seine handwerklichen Fähigkeiten ausbildete. Diese Studio-Pottery-Bewegung prägte, nicht zuletzt durch die Wirkung von Leachs Schriften, die keramische Entwicklung der englischsprachigen Länder so entscheidend, dass sich dort andere Auffassungen von Keramik sehr lange nicht durchsetzen konnten. Was Leach erreichte, war die Ausbildung des Standards; sie galt ihm mehr als Individualität.

Nie erfuhr ich aus Gesprächen oder anderen Äußerungen Leachs, wie er Japans Schuld am Zweiten Weltkrieg kommentierte. Er konnte das von ihm geliebte Land schwerlich anders als ambivalent sehen; er war ihm durch dessen künstlerisches Erbe von Jugend an verbunden, dort lebten seine engsten Freunde, aber er wusste natürlich auch von Japans Kriegsverbrechen. Unter

Töpfern, Sammlern und Museumsleuten des fernöstlichen Landes war er durch seine Keramik und ebenso durch seine Bücher geachtet. Mehr noch als durch diese Publikationen wirkte er hier wie in England durch sein Wort. Er konnte überzeugen und mitreißen. Nicht wenige Zuhörer teilten, wenn sie ihm begegnet waren, seine Passion. Die Zahl der Töpfer, die durch seine suggestive Persönlichkeit in ihrem Lebensweg bestimmt wurden, ist kaum überschaubar und noch nie systematisch erfasst worden. Einige davon – darunter sein Sohn David, seine Schülerin Katharine Pleydell-Bouverie, sein Weggefährte Michael Cardew, sein Werkstattleiter William Marshall – gelten als führende Künstler anspruchsvoller Gebrauchskeramik.

Zu ihnen gehört heute Richard Batterham, dessen erste deutsche Ausstellung ich 1983 ausrichten durfte. Zu ihrer Vorbereitung besuchten wir ihn in der Nähe von Salisbury, wo er sich gemeinsam mit seiner Frau eine ganz auf sein Selbstverständnis und seine Arbeit ausgerichtete Umgebung eingerichtet hatte. Von allen Töpfern der Leach-Nachfolge hat er nach meiner Einschätzung über Jahrzehnte hinweg den höchsten Rang erreicht, in stets gleich hoher Qualität.

Obwohl er ausschließlich Serienstücke ausführt, besitzt jedes davon den Charakter eines Unikats. Er arbeitete völlig allein in einem Rhythmus, der durch die Tonbereitung, das Drehen, den Schrühbrand, das Glasieren und den zweiten Brand bestimmt ist. In einem Zeitschriftenaufsatz beschrieb er diese Arbeit und seine Überzeugung: Es gehe ihm nicht darum, Töpfe zu machen, sondern ihnen Gelegenheit zum Werden zu geben und sie leben zu lassen, einfach und direkt, wie sie seien. Man möchte, was Batterham betrifft, von einem ethisch-ontologischen Verständnis der Keramik sprechen. So lässt sich erklären, warum diese Keramik ungeachtet ihrer Beschränkung auf eine überschaubare Typologie so lebendig erscheint. Töpfer dieser Art sind selten. Mit Tsuyan Narui lernten wir in Mashiko, mit Gerhard Tattko in Höhr-Grenzhausen zwei von ihnen kennen. Tattko musste seinen Beruf aufgeben, weil er in Deutschland kein hinreichendes Echo fand.

Richard Batterhams Lebenswerk belegt exemplarisch, wie kosmopolitisch die Bewegung war, der er sich zugehörig fühlte. Er nahm die Keramik des alten Kambodscha, von Siam und Vietnam als Richtschnur. Leach hatte wie selbstverständlich die Tradition Koreas und Japans mit Funden des englischen Mittelalters verbunden und, ohne eklektisch zu erscheinen, aus solchen Anregungen einen eigenen Stil geformt.

Töpfer verbindet häufiger eine kollegiale Freundschaft miteinander als Maler und Bildhauer, wohl durch die Notwendigkeit bedingt, eines der am schwierigsten zu lenkenden Elemente, das Feuer, zu beherrschen. Dennoch gibt es zwischen ihnen Gräben und Spannungen. Leach, dem das Handwerk als eine einigende Kraft galt, hatte große Schwierigkeiten, andere Leistungen außerhalb seiner eigenen Parameter anzuerkennen. Zwei der größten Keramik-Künstler der Moderne, die er als Personen liebte, Lucie Rie und Hans Coper, mussten seine Distanzierung erfahren. Ruth Duckworth dagegen blieb, wie sie bekannte, ihm gegenüber, vor allem aber gegenüber seinen Nachfolgern und seinen Nachahmern, äußerst skeptisch.

Lucie Rie, Hans Coper, Ruth Duckworth

Die Verluste der deutschen Kunst und Kultur durch die nationalsozialistische Ideologie haben sich in einigen mir vertrauten Bereichen einschneidend und folgenreich ausgewirkt, in der Architektur, in der Kunstgeschichte und Keramik, noch gravierender als in Malerei oder Bildhauerei. Wie viel variationsreicher wäre die Entwicklung der Keramik in Deutschland verlaufen, wenn drei Töpfer aus Wien, Chemnitz und Hamburg hier und nicht in England gelebt hätten? Dort fanden sie, wenn auch spät, ein weltweit sich ausbreitendes Echo, nachdem sie wegen ihrer Eigenart von Vertretern der englischen Studio-Pottery-Bewegung lange abgelehnt worden waren. Auf dem europäischen Kontinent wurden sie ebenfalls erst relativ spät präsentiert, zunächst durch meine Kollegin Dorris Kuyken-Schneider in Rotterdam und durch mich in Hamburg. Ungeteilte Bewunderung erfuhren sie seit den achtziger Jahren.

Lucie Rie, die 1902 geborene Tochter des angesehenen Wiener Arztes Dr. Gomperz, hatte noch bei Michael Powolny, dem bekannten Keramik-Künstler der Wiener Werkstätte, studiert. Als sie wegen der deutschen Besetzung Österreichs und der 1938 einsetzenden Judenverfolgung nach England emigrierte, fand sie sich in einem durch Leach und seine Lehre geprägten Umfeld wieder. Ihre subtilen, leichten, herb-eleganten Gefäße erschienen in diesem Umfeld fremd. Obwohl sie – gerade dreiundzwanzig Jahre alt – bereits 1935 auf der Brüsseler Weltausstellung und 1936 auf der Mailänder Triennale mit Goldmedaillen ausgezeichnet worden war, fand sie in England keine Beachtung, sodass sie ihren Lebensunterhalt vor und nach 1945 mit der Herstellung von Porzellanknöpfen verdienen musste. Während der Kriegsjahre wurde sie zur Arbeit in einer optischen Fabrik verpflichtet.

Trotz all dieser Schwierigkeiten gewann ihre Keramik weiter an Qualität und Substanz. Nur bedingt auf Zweckmäßigkeit ausgerichtet, frei von Jugendstil- und Art-déco-Überlieferungen, auch von Anleihen an der Volkskunst oder ostasiatischen Paradigmen, erweisen sich ihre eigenständigen, selbstverständlich erscheinenden Gefäße als eine keramische Kunst von leiser, jedoch bestimmter Ausstrahlung. Sie selbst war klein und zart, hielt sich in ihrer Arbeit nach lebenslanger Tätigkeit an der Drehscheibe leicht gebückt. Immer war sie weiß gekleidet, trug darüber im Atelier und in der Küche eine Schürze – eine charmante und zurückhaltende, in Gesinnung und Haltung kompromisslose Dame. Ihre Gefäße – sie sprach stets von ihren »Töpfen« – spiegeln ihre Persönlichkeit. Zu denjenigen, die ihre Keramik früh schätzten und sie durch Käufe unterstützten, gehörten der aus Wien emigrierte Harry Fischer, einer der beiden Gründer der Marlborough Gallery, sowie Henry Rothschild, der aus Frankfurt kam und nach dem Zweiten Weltkrieg mit seiner Primavera Gallery einer der wichtigsten Förderer der Keramik wurde. Erst seit der Mitte der fünfziger Jahre fand sie nachhaltige Anerkennung, danach auch international. Als sie siebzig Jahre alt wurde, ernannte die Queen sie zum Officer of the British Empire. Über die Keramikszene hinaus machte sie ein von Robert Wilson erdachtes Environment berühmt, das ihre Gefäße auf einer Wasserfläche schwimmend präsentierte.

Lucie Rie bewohnte seit 1939 ein kleines Kutscherhaus in der Albion Mews unweit von Marble Arch, einer völlig ruhigen kleinen Londoner Nebenstraße. Ihre Erdgeschoss-Werkstatt befand sich in der ehemaligen Garage, darüber lag ihre Wohnung mit Wiener, von Ernst Plischke entworfenen Möbeln der zwanziger und dreißiger Jahre; hier änderte sich ebenso wenig wie in der Werkstatt. Wenn wir sie besuchten, hatte sie immer wienerisch gekocht und gebacken. Da sie ihr Haus selten verließ, waren Gäste ihre wichtigste Verbindung zur Welt; sie nahm vom öffentlichen Keramikbetrieb wenig wahr. Sprach man sie auf Töpfer an, die ihre Wahlverwandten sein konnten, wie die um ein gutes Jahrzehnt jüngere Dänin Gertrud Vasegaard, stellte sich heraus, dass sie von ihnen nichts wusste. Sie lebte ganz in der Gegenwart, an die Vergangenheit dachte sie wenig. Diese Vergangenheit wurde von mir unabsichtlich in Erinnerung gerufen, als ich sie davon unterrichtete, dass wir für das Museum 1972 in einer kleinen Altonaer Kunsthandlung eine Gruppe der von ihrem Lehrer Powolny für die Wiener Werkstätte entworfenen Jahreszeiten-Statuetten aus Steingut erworben hatten. Sie war von der Nachricht wie elektrisiert: »Dass Sie die ›Vier Jahreszeiten‹ gekauft haben, ist fast unglaublich. Wo können Sie die gefunden – oder ausgegraben – haben?« Ihr nächster Brief verriet, wie sehr die vor dem Ersten Weltkrieg, also zu ihrer Kinderzeit entstandenen Figuren sie beschäftigten. Sie fragte nach Technik und Glasuren, setzte sich sogar mit Wiener Freunden in Verbindung, die Powolny gut gekannt hatten – sie sah sich durch die Briefnotiz in ihre lange zurückliegende Jugendzeit zurückversetzt.

Ähnlich reagierte sie, als ich ihr zu Weihnachten 1984 den ersten Band der von Olda Kokoschka und mir edierten Kokoschka-Briefe schickte. Unter den ersten befindet sich ein für Kokoschkas Verhältnis zu seinen Eltern aufschlussreicher Brief an seinen Jugendfreund Erwin Lang, dessen Schwester mit der umschwärmten Lilith in Kokoschkas Jugenddichtung »Die träumenden Knaben« identisch ist; Lang heiratete später die Tänzerin Grete Wiesenthal. Nun erfuhr ich von Lucie Rie über ihn mir Unbekanntes: »Erwin Lang – er war ein guter Freund von mir – ich kann mich nicht erinnern, dass er je von Kokoschka geredet hat – ich wusste auch nicht, dass sie beide in die Kunstgewerbeschule gegangen sind ... Wussten Sie von Erwin Lang? Seine russische Gefangenschaft und Fußwanderung durch China zurück nach Wien; seine Philosophie – und das Buch, das er darüber geschrieben hat – war mir wichtiger als seine Bilder. Hat Kokoschka später mit ihm noch Kontakt gehabt? Ich habe viele Fragen an Sie, wenn ich Sie wiedersehen werde – aber wann?? Ich denke selten an die Vergangenheit – nur wenn ich gestoßen werde – wie durch Ihr Buch.« Leider konnte ich in Langs Kurzbiographie in der Briefedition diese Informationen Lucie Ries nicht mehr einfügen; Lang war bereits 1962 gestorben.

Obwohl Lucie Rie, als sie spät berühmt wurde, schon fast ein halbes Jahrhundert in London lebte, blieb sie mit ihrer Keramik eine Außenseiterin. Als

Maßstab für höchste keramische Qualität galten ihr nicht chinesische Werke, noch weniger die Wiener Tradition und sicher nicht ihre eigenen Arbeiten, sondern das als Gefäß und Skulptur zugleich begriffene Steinzeug von Hans Coper. Immer hatte sie einige seiner Gefäße auf einem Bord stehen; ein oder zwei davon trugen stets frische Halme oder Blütenzweige. Hans Coper, um zwei Jahrzehnte jünger als Lucie Rie, stammte aus Chemnitz, wo er mit dem Studium der Textiltechnologie begonnen hatte, als er ohne seine nicht-jüdische Mutter emigrieren musste. Er ging nach England und Kanada, kehrte aus Übersee mit einem Pionierkorps zurück, erfuhr vom Bombardement Dresdens, erhielt jedoch erst viel später die Nachricht, dass seine Mutter überlebt hatte. Es hatte sie nach Südamerika verschlagen; er sah sie nie wieder. Nach dem Krieg arbeitslos geworden, wollte Hans Coper Bildhauer werden, musste aber zunächst Geld verdienen und kam dadurch zu Lucie Rie, von der er in ihrer kleinen Knopfmanufaktur die Grundlagen der Keramik erlernte.

Es heißt immer wieder, Hans Coper sei ein Schüler Lucie Ries gewesen, doch sie selbst bestritt dies heftig; sie habe ihm zwar das Technisch-Handwerkliche vermittelt, er aber sei künstlerisch von Anfang an eigenständig gewesen. Sie sah in ihm einen ihr an Talent überlegenen Weggefährten. Mit ihm zusammen entwickelte sie Geschirre. Daneben zeichnete und modellierte Coper Figuren und Köpfe, die in den frühen fünfziger Jahren immer abstrakter wurden. Sein bildnerisches Ideal sah er in der Kykladen-Kunst, die er jedoch nie nachahmte. Die klare und komplexe Stereometrie ihrer Marmor-Idole und -Gefäße lieferte ihm die Norm für seine eigenen Arbeiten, die unbeschadet ihrer Brauchbarkeit auch abstrakten Skulpturen gleichen. In den sechziger Jahren reduzierte er ihre Typologie. Seine durch Flusssäure behandelten, matten, dünn den Scherben bedeckenden Glasuren beschränkte er auf ein steiniges Braun-Weiß und auf ein lavaartiges Schwarz. Coper fand seit den sechziger Jahren allmählich Respekt, auch über England hinaus, aber in Deutschland konnte man bis dahin nichts von ihm im Original sehen. Er stellte fast nur gemeinsam mit Lucie Rie aus.

Meinen Wunsch, die beiden Künstler in Hamburg zu zeigen, beförderte ein Zufall. Aus London schickte mir mein Kollege Herbert Hoffmann, der die Antiken-Abteilung des Museums für Kunst und Gewerbe leitete, eine Grußkarte mit der Nachricht, er wohne einige Tage bei seiner Tante. Als Absender gab er

»c.o. Lucie Rie« an. Unsicher fragte ich ihn: »Ist Ihre Tante etwa die berühmte Lucie Rie?« Statt einer anderen Antwort brachte er als ihr Geschenk eine ihrer kleinen Vasen mit; sie hatte sich offenbar über das ihr noch ungewohnte Adjektiv »berühmt« gefreut. Ihr Geschenk erlaubte mir, sie während eines Londoner Zwischenstopps auf einem Rückflug von den USA zu besuchen. In den USA hatte ich außer Büchern keine rechten Geschenke entdeckt. Nun fand ich sie in London: die durch Bernard Baer bibliophil edierten Lithographien Kokoschkas zu »King Lear« sowie eine Schale von Lucie Rie.

Nach meinem ersten Besuch in Albion Mews war eine Ausstellung leichter zu bewerkstelligen; sie sollte Lucie Rie und Hans Coper ihrer Bedeutung entsprechend würdigen. Nachdem der Plan scheiterte, sie zusammen mit Ben Nicholson und dessen Druckgraphik zu präsentieren, bot sich an, ihre Ausstellung mit einer für Hamburg erweiterten Wanderausstellung englischer Keramik zu verbinden.

Zur Vorbereitung fuhren wir von London nach Frome in Somerset zu Hans Coper. Unser Freund Henry Rothschild begleitete uns. Wie Coper reagieren würde, war ungewiss. Lucie Rie charakterisierte ihn so: Er habe immer wieder etwas aufgebaut und zerstört, selbst sein Haus und seine Ehen. Henry Rothschild warnte uns, er spräche kein Deutsch; ich wiederum sah keinen Grund, mit ihm englisch zu reden. Nach einigen deutschen Begrüßungsworten meinte er in die Stille hinein, an Rothschild gewandt: »Henry, du erlebst einen großen Moment, ich spreche seit dreißig Jahren zum ersten Mal wieder Deutsch.« Er erhielt als Antwort: »Du redest kein Deutsch, du redest Sächsisch.« Henry selbst hatte sein Frankfurter Idiom bewahrt. Mit Hans Coper – wie mit Lucie Rie – habe ich danach nur deutsch korrespondiert.

Die Hamburger Ausstellung wurde ein respektabler Erfolg; etwa zwei Drittel der Exponate gelangten in öffentliche und private Sammlungen. Die Preise für Hans Copers und Lucie Ries Keramik sind inzwischen international enorm gestiegen. Der Künstler konnte den Beginn seines Ruhms noch erleben, er erkrankte jedoch einige Jahre nach unserer Ausstellung an Multipler Sklerose. Als Folge seiner Krankheit stieß er manche seiner Arbeiten um. Zuvor hatte er erleben müssen, dass ein offenbar neurotischer Sammler, der stets besonders gute Stücke erworben hatte, diese alle in einem Anfall zerschlagen hatte. Die letzten Gefäße Hans Copers, die noch während seiner Erkrankung entstanden, übertrafen seine zuvor entstandenen an Straffheit und Subtilität. Er starb 1981 mit nur 61 Jahren.

Zwei Jahre davor war Bernard Leach im Alter von 92 Jahren gestorben; sein Tod gab Anlass zu manchem Resümee. Meines fiel etwas einschränkend aus, was Lucie Rie, deren Arbeit von Leach nie recht geschätzt worden war, bemängelte; sie bewahrte sich ihre von Urteilsvermögen bestimmte Toleranz.

So tolerant war Ruth Duckworth nicht. Sie war die Tochter des angesehenen Hamburger Anwalts Windmüller und seiner nichtjüdischen Frau. Mit siebzehn Jahren musste sie ihre Heimatstadt verlassen, weil sie hier nicht studieren durfte. Vierzig Jahre später konnte ich sie in Hamburg mit einer Ausstellung ehren. In England und in den USA hatte sie sich inzwischen einen Namen gemacht. Ihre Ausstellung zeigte 1976 auch neue Arbeiten einer anderen aus Hamburg geflohenen Töpferin – Hanna Charag-Zuntz, die noch 1939 in der Berliner Werkstatt von Bontjes van Beek gearbeitet hatte, wo sie sich vor den Häschern verbarg, um nach Israel entkommen zu können. In Haifa gründete sie eine Werkstatt und leitete dort eine Keramik-Klasse. Solange sie lebte, telefonierten wir jeweils zum Jahreswechsel miteinander.

Ruth Duckworth erinnerte sich voller Selbstironie in autobiographischen Notizen, die sie für den Katalog ihrer von uns 1974 zu ihrem 75. Geburtstag gezeigten Ausstellung im Jüdischen Museum Rendsburg verfasste, an ihr wohlhabendes Elternhaus und daran, dass sie sich ihren vier Geschwistern unterlegen dünkte. Sie fragte sich: »Wie kann man nur so ein Pech haben ... deutsch, jüdisch, eine Frau sein.« Sie nahm diese Konditionen selbstbewusst als Chance, ließ, klein von Gestalt, jedoch zäh und unbeirrbar, keinen Zweifel an ihren Intentionen: Sie wollte Künstlerin werden und bewarb sich an der Kunstschule von Liverpool, wohin sie mit Vater und Geschwistern geflohen war; ihre Mutter folgte später. Als sie sich beim Direktor der Schule vorstellte und er sie fragte, was sie anstrebe, antwortete sie freimütig, ihr ginge es um alle drei Künste, um Zeichnung, Malerei und Bildhauerei (und dachte im Stillen: Zeichnen wie Dürer, Malen wie Rembrandt und Bildhauern wie Michelangelo). Dem Vorbehalt des Direktors, sie könne doch nicht alles zusammen betreiben, entgegnete sie entwaffnend: »Aber Michelangelo tat alles drei.«

Nach einigem Suchen fand sie mit der Keramik die Disziplin ihrer Träume. Das ehrgeizige Ziel, es Michelangelo gleichzutun, ging sie in Liverpool zunächst bescheidener an, indem sie Nase und Mund seines David nach einem Gipsabguss kopierte. Nach vier Jahren war sie verzweifelt; sie konnte von ihrer Arbeit nicht leben. Ihr verhalf eine ebenfalls halbjüdische, aus Wien stammende Freundin zur Beschäftigung in einem Puppenspiel-Ensemble. Sie schnitzte die kräftigen Köpfe für ein neues Programm. Nach dem Kriegsende brach sie zusammen; da sie keine weiteren Perspektiven für sich sah, kam sie auf die Idee, Grabsteine zu behauen, bis sie merkte, dass ihre eigenen Arbeiten Grabsteinen zu gleichen begannen.

Inzwischen hatte sie einen Bildhauer geheiratet, der seinen Unterhalt mit dem Entwurf von Stühlen bestritt. Was von ihren aus dieser Zeit stammenden Arbeiten erhalten ist, fügt sich in die durch Henry Moore beeinflusste englische Bildhauerei der frühen fünfziger Jahre. Diese Skulpturen blieben eine Vorstufe, bis sie 1955 den Ton als Material entdeckte. Naiv rief sie Lucie Rie an, ob sie eine ihrer Terracotten glasieren würde. Diese tat das einzig Richtige – sie lehnte ab und empfahl ihr ein professionelles Keramik-Studium. So kam Ruth Duckworth mit sechsunddreißig Jahren an die Hammersmith School of Art. Dort dominierte die Lehre von Bernard Leach, jedoch von nichts war sie, ganz Bildhauerin, weniger überzeugt.

Neben Lucie Rie und Hans Coper war sie die dritte Künstlerin, die gegen die zunehmende Konformität der englischen Studio-Töpferei opponierte und einer freieren Form der Keramik zum Durchbruch verhalf. Wer von den dreien auf die jüngere Generation des Empire den größten Einfluss gewann, ist schwer zu sagen. Durch Lucie Rie, Hans Coper und Ruth Duckworth wurde jetzt Pluralismus das Merkmal englischer Keramik oder, mit anderen Worten, deutscher Individualismus.

Viel zum Verständnis dieses Umbruchs trug das Urteilsvermögen eines Mannes bei, der ebenfalls Deutschland hatte verlassen müssen – Henry Rothschild. Er hat über Jahrzehnte hinweg in England Talente entdeckt und durch seine zunächst in London angesiedelte, später nach Cambridge verlegte Primavera Gallery gefördert. Er brachte englisches Kunsthandwerk nach Deutschland und deutsches nach England. Er sprach, wie erwähnt, frankfurterisch, und es waren Keramik-Künstler aus dem weiteren Frankfurter Raum, die er als »London-Gruppe« durch seine Galerie zum Begriff machte. Er war auch der erste Entdecker von Ruth Duckworth.

Ihre plastisch frei modellierten Steinzeug-Gefäße und ihre scharf geschnittenen Porzellan-Skulpturen wurden in England und darüber hinaus durch Ausstellungen bekannt. Seit 1960 unterrichtete sie selbst – kaum, dass sie die Kunstschule verlassen hatte – und zog begabte junge Leute an. Als die Universität in Chicago sich 1966 in London erkundigte, wer für die dort einzurichtende Keramik-Klasse als Leiter in Betracht käme, stand ihr Name als einer der wenigen auf der Liste potentieller Bewerber. Ihr Mann teilte ihr eines Tages mit, er habe, während sie abwesend war, für sie auf eine Telefonanfrage hin eine Stelle in Chicago angenommen. Sie blieb dort zunächst ein Jahr und kehrte nach einem Londoner Intermezzo 1968 mit ihren Hunden Bruno und Zoe nach Chicago zurück.

Ruth Duckworth lebte in Chicago allein und richtete sich in einem der Vororte ein Haus mit einem geräumigen Atelier ein, hinter dem sie einen sehr englisch geratenen Garten anlegte, wo wir sie in den neunziger Jahren besuchen konnten. Der Staat Illinois bot ihr seit der Mitte der sechziger Jahre die Möglichkeit, für neue Gebäude monumentale Reliefwände auszuführen und dabei mit Keramik und anderen Materialien zu spielen. Sie fand in Chicago einen neuen Lebensmittelpunkt, erfuhr dort viele Ehrungen und war kurz vor ihrem Tod mit neunzig Jahren noch so frisch wie als Neunzehnjährige, die sich naiv scheinbar unerreichbare Ziele setzte.

Gilbert Portanier

Durch den Einfluss Japans verlor die europäische Keramik weitgehend, was in der Volkskunst, der Fayence und im Porzellan Europas untrennbar zu ihr gehörte – die Malerei, den Dekor, das Ornament. Die Maler haben mit ihrem Beitrag zur Keramik daran nicht viel ändern können. Breiteren Erfolg hatte damit nur Gilbert Portanier. Er wollte zunächst Architekt oder Maler werden, wandte sich jedoch nach zwei Studienjahren in Paris der Keramik zu und richtete sich 1948 in dem unweit von seiner Geburtsstadt Cannes gelegenen Töpferort Vallauris eine Werkstatt ein. Zur gleichen Zeit hielt sich Pablo Picasso oft dort auf, weil er mit seinen Experimenten in der Töpferei von Susanne und George

Ramiez ein neues Feld für sich entdeckt hatte. Eines Tages kam er an Portaniers kleiner, mehr einem Geräteschuppen als einem Atelier gleichenden Arbeitsstelle vorbei, schaute sich an, was dort entstand, und kommentierte es mit den Worten, jedes Stück gehöre in ein Museum.

Dass dieses Diktum des großen Malers sich erfüllte, ist der Tatsache zu verdanken, dass um 1955, als Portanier gerade die von der Gemeinde zur Förderung der örtlichen Keramik verliehene Silbermedaille erhielt, Erich Meier, der Direktor des Museums für Kunst und Gewerbe, sich wegen einer Ausstellung von Picasso-Keramik in Vallauris aufhielt; er war von den Arbeiten des Neunundzwanzigjährigen gleich angetan und bot ihm an, sie zusammen mit denjenigen Picassos in Hamburg zu zeigen. Diese Kombination mag dazu beigetragen haben, dass Portaniers Anteil an der Ausstellung restlos verkauft wurde. Einige der schönsten Gefäße sicherte sich das Museum, und so kam es, dass ich bei Übernahme der modernen Abteilung unter den wenigen zeitgenössischen Erwerbungen diese Portanier-Gruppe vorfand.

Seit den späteren sechziger Jahren kam der Künstler in kürzerem Rhythmus nach Hamburg, weil Peter Siemssen, der Chef des Rosenthal Studio-Hauses, ihn regelmäßig zu Ausstellungen mit neuen Arbeiten einlud. Die meisten davon gelangten sofort in Sammlungen; viele der schönsten erwarb er auch für sich selbst. Sie bilden jetzt die umfassendste Gruppe in seiner unweit von Lübeck präsentierten Keramik-Stiftung. Gelegentlich arbeiteten Siemssens Galerie und das Museum für Kunst und Gewerbe zusammen, u. a. bei einer 1985, dreißig Jahre nach der Hamburger Portanier-Entdeckung, gezeigten Doppelausstellung, zu der das Museum den retrospektiven Teil beisteuerte.

Als wir Gilbert Portanier im März 1968 erstmals in Vallauris besuchten, empfing er uns freundschaftlich leger. In der schon warmen Frühlingssonne zwischen blühenden Mimosen vor seiner Werkstatt sitzend, erzählte er uns bei Pastis von den ersten Tagen in Vallauris, die gut zwei Jahrzehnte zurücklagen. Zu denjenigen, die wie er selbst dort in einfachsten Behausungen ohne Strom bei Acetylen-Licht arbeiteten, gehörte Francine Del Pierre, die wir im Jahr zuvor in Paris kennengelernt und danach in Hamburg zusammen mit Bernard Leach und Hamada Shoji vorgestellt hatten; sie hatte die Mittelmeer-Tradition zugunsten ostasiatischer Ästhetik aufgegeben. Während unserer Unterhaltung fiel der Blick auf einige Zypressen. Portanier bemerkte es und sagte uns, er habe sie gepflanzt, als er seine Werkstatt bezog. An ihrem Wachstum messe er die verfließende Zeit.

Wer den jetzt über neunzigjährigen Künstler trifft, findet die Relativierung der Zeit bestätigt. Er erlebt im Augenblick die Dauer, spürt kaum Veränderungen, bekennt, dass er kein Nomade, sondern sesshaft sei. Dass er in seiner Phantasie ständig Neues erfindet, versteht er als Zustand des Lebens. Wenn er sein Selbstverständnis beschreibt, denkt man unwillkürlich an Nietzsches Feststellung, alle Deutschen seien Hegelianer, da sie dem Prozess größere Bedeutung gäben als der Statik. Das Mittelmeer in Portaniers Nähe ist eine statische Welt. Findet der Maler-Töpfer mit seiner Bildwelt gerade in Deutschland ein Echo, weil Gegensätze sich anziehen?

Wenn er in aphorismenartigen Bemerkungen von sich und seiner Arbeit spricht, begreift man sofort sein Selbstverständnis. Er redet klug, aber nicht intellektuell, er verficht keine Theorien. Er beschreibt die Realität seiner Welt – die Erde, die Drehscheibe, den Ofen, den Dekor. So schilderte er vor vier Jahrzehnten für eine Monographie seine Arbeitsstätte: »1954 habe ich mich im Atelier eingerichtet, das ich jetzt noch habe; inzwischen kenne ich jeden seiner alten Steine. Allmählich habe ich das Gemäuer mit seiner Eigenart durchdrungen; es beginnt mir zu ähneln wie ein Hund seinem Herrn. Ich habe mir tausenderlei Utensilien gemacht, die niemand für Werkzeuge halten würde: Stichel, Stahlklingen, gravierte Pfropfen, Rädchen aus Ton, speziell geformte Stempel aus Gips, Röhren, Stäbe, diverse Walzen und bizarre Instrumente ... Es gibt keinen Winkel, wo nicht aufgestapelte Teile noch ruhende Tonmassen oder längst vergessene Reste aus früheren Epochen umherliegen.« Man könnte denken, hier sei jemand am Werk, der gern experimentiert. Portanier duldet jedoch den Zufall nur als Chance, er will ihn beherrschen. Er bleibt ein Maler, der eine heiter belebte Welt ständig neu erfindet, Frauen und Clowns, Maskierte und Musiker. Die antiken Götter erscheinen in munteren, oft grotesken Szenerien. Portanier spielt damit, gern auch mit Mächtigen. Als Bruno Kreisky, im Wiener Studio-Haus von Philip Rosenthal als »Genosse« begrüßt, den Künstler traf, sah ich, wie er vor dem Bundeskanzler sein Gesicht hinter einer Tonmaske versteckte.

Nihon Yakimono, Japanische Keramik

Warum Japan zum bedeutendsten Keramikland des 20. Jahrhunderts wurde, lässt sich mit einem Satz erklären: Seit den zwanziger Jahren und verstärkt nach dem Ende des Zweiten Weltkriegs besann es sich auf seine Tradition, die es nicht nur bewahrte, sondern ausbaute. Die Künstler sahen sich in der Integration von Bewahren und Erneuern von der Gesellschaft und Kulturpolitik unterstützt, in der Keramik wie in allen anderen relevanten Metiers. China und Korea besaßen eine weit zurückreichende, von der ganzen Welt bewunderte Erfahrung im Umgang mit Ton, Glasuren und Feuer. Warum endete sie in der bloßen Imitation alter Prototypen und in einem den Westen plagiierenden Modernismus? Hierauf gibt es eine einfache Antwort: Die Kriege und Maos Kulturrevolution, denen eine hemmungslose Technisierung folgte, waren die Gründe für die Verluste. Anders als in Japan wurden sie nicht durch eine systematische Pflege des Erbes ausgeglichen. Die systematische Unterdrückung der Identität und Tradition Koreas durch die Japaner hat die Bindungen an das Erbe des Landes ebenso beschädigt wie die hausgemachte Kulturrevolution Chinas. Bildlich wie auch konkret gesprochen können sie nur durch archäologische Ausgrabungen wieder ans Licht kommen.

Japan hat sich zwar seit dem zweiten Drittel des 19. Jahrhunderts der Moderne des Westens früher geöffnet als während der folgenden 150 Jahre das übrige Ostasien; es verfiel während der Meji-Zeit sogar einem prunkvollen, auf Exporte in den Westen gerichteten Historismus (den im Jahr 2000 eine Ausstellung in Kyoto als »Morgenröte der Keramik« vergeblich zu adeln suchte), aber die Krise wurde von Künstlern rechtzeitig erkannt. Diesen Künstlern ist es zu danken, dass sich eine Keramik von künstlerischem Rang im Bewusstsein der geschichtlichen Verpflichtung entfalten konnte, eine Keramik, die ihresgleichen sucht. Auf dreizehn Reisen haben meine Frau und ich seit 1976 das Land und seine Töpferorte besucht, ohne dass wir mehr als einen Teil dieser stupenden Leistung kennenlernen oder in exemplarischen Zeugnissen erwerben konnten.

Als nach dem Zweiten Weltkrieg die Identität Japans besonders gefährdet war, griff man die Initiativen der Künstler auf und unternahm vor allem in der Kultur große Anstrengungen, das Erbe zu erhalten und zu beleben. Man stellte die Gärten und Burgen wieder her und machte die Kunst der Vergangenheit wieder lebendig, ohne sich den Notwendigkeiten der Gegenwart zu verschließen. In Deutschland zerstörten eine puristische Ideologie des Westens und eine politische Ideologie des Ostens mehr als Bomben und Granaten. Dass zu den Olympischen Spielen in Tokio die schnellsten Züge der Welt fuhren (und bis heute pünktlicher als die Deutsche Bahn), dass Japans Phototechnik die Konkurrenz weltweit das Fürchten lehrte, dürfte auch darin begründet sein, dass die handwerklichen Fähigkeiten die Beherrschung der Technik erleichterten und dass entscheidende Ressourcen in Kunst und Kultur erhalten blieben.

Neben die Auszeichnung von Bauten und Kunstwerken als »Unantastbare Nationalschätze« trat die Auszeichnung derjenigen, denen das Fortleben des Erbes zu verdanken ist. Der Titel, der nicht ganz zutreffend »Lebender Nationalschatz« lautet, überträgt den materiellen Schutz auf den Respekt gegenüber der Person. Wer auf diese Weise geehrt wird, muss, um ein Wort von Franz Marc zu benutzen, der »Tradition etwas hinzugefügt« haben. Rein historisierende Rezeptionen bleiben bei der Vergabe des Titels ziemlich unbeachtet. Wir kennen keine vergleichbare Ehrung (allenfalls die Aufnahme in den Orden Pour le Mérite).

Der erste »Lebende Nationalschatz«, den wir 1976 kennenlernten, war Hamada Shoji, der berühmteste unter den japanischen Töpfern des vorigen Jahrhunderts. 1967 hatte ich durch Vermittlung von Freunden eine von ihm getroffene Auswahl neuer Arbeiten zeigen können. Neun Jahre später bot meine erste für Japan organisierte Ausstellung »Moderne deutsche Keramik« die Chance zu einem Besuch Hamadas in Mashiko. Der um 1920 noch unbedeutende Ort mit einer durch Töpfer aus Seto bestimmten Volkskunst-Tradition war durch Hamada in sechs Jahrzehnten zu einem neuen Keramikzentrum mit mehr als tausend größeren und kleinen Werkstätten geworden. Mashiko entwickelte sich zu einem Hauptplatz der eingangs dieses Kapitels erwähnten Mingei-Bewegung. Hier wurden nicht nur japanische Ressourcen genutzt, sondern Anregungen aus China und Korea aufgegriffen, ebenso von Leach aus England und mit der rheinischen Salzglasur sogar deutsche keramische Traditionen.

Wir erreichten von Tokio kommend am Spätnachmittag eines Frühlingstages Hamadas Wohn- und Werkstattgelände, ein stattliches Gehöft. Über Mashiko lag bei dämmrig werdendem Licht eine friedliche Ruhe, über einigen Häusern stand leichter Rauch. Hamada arbeitete mit 85 Jahren noch täglich.

Wir fanden ihn, auf der Strohmatte eines Werkstattgebäudes sitzend, mit der Bemalung von vorgebrannten Gefäßen beschäftigt. Er nahm, ganz in seine Arbeit versunken, von uns kaum Notiz; es störte ihn nicht, dass wir ihm zusahen. Er hielt jedes Stück prüfend in der Hand, griff nach dem Pinsel und malte – besser: schrieb – einen passenden Dekor auf die Wandung. Er blickte dabei kaum um sich. Nach etwa einer halben Stunde fasste er mit einem letzten kontrollierenden Blick seine gerade abgeschlossene Arbeit noch einmal ins Auge und begrüßte uns.

Da er gut Englisch sprach, konnten wir uns problemlos unterhalten. Ich übergab ihm als Gastgeschenk meine Darstellung der Kunstgeschichte »Spektrum der Kunst«, gleichsam als Belegexemplar, denn in dem Japan-Kapitel war eine der 1967 vom Museum erworbenen Vasen Hamadas abgebildet. Ich dachte nicht daran, dass sie farbig war und einer einfarbigen Reproduktion eines Gefäßes von Ogata Kenzan gegenüberstand. Der »Lebende Nationalschatz« verstand diese mehr zufällige als absichtsvolle Gegenüberstellung mit dem bedeutendsten Keramik-Künstler seines Landes als eine tiefe Respektsbezeugung, strahlte, lachte, griff hinter sich, nahm eine ihm zusagende Vase und schenkte sie mir. Sodann verlangte er, dass wir eine Gruppenaufnahme machten, auf der er das Buch, ich die Vase in Händen halte.

Anschließend zeigte er uns die Liegenschaft. Sie bestand aus dem Wohnhaus, aus einem ebenso großen, für seine Sammlungen bestimmten Gebäude, mehreren Werkstatthäusern, den Holzbrand-Öfen sowie zwei noch im Bau befindlichen steinernen Schatzhäusern, die heute als Museumsräume dienen. Hamada hatte die alten Gebäude gekauft und wieder aufgestellt; sie wurden ein Teil seiner immensen Sammlung von anonymer Volkskunst aus aller Welt, in der auch besonders gute eigene Arbeiten und solche von Leach vertreten waren. An dem Weg zu diesem eindrucksvollen Lebensraum stand eine koreanische Steinlaterne. Als Hamada uns zurückbegleitete, blieb er kurz vor ihr stehen und erklärte lächelnd, dahinein käme nach seinem Tod seine Asche. Er starb im Jahr nach unserem Besuch.

Fast immer, wenn wir auf unseren Japan-Reisen nach Mashiko kamen, besuchten wir Hamadas Areal; es blieb einige Zeit unverändert, heute steht es leer. Eines der von seinen Erben verkauften Gebäude erhebt sich auf einer denkmalartigen Betonplattform im Bereich des örtlichen, allzu monumentalen

Bei Hamada Soji, Mashiko, Frühjahr 1967. Von l. nach r.: Gerd Knäpper, Hamada (mit Heinz Spielmanns Kunstgeschichte), Heinz Spielmann (mit einer Vase von Hamada)

Museums. Vom ersten abendlichen Besuch bleibt uns nur die melancholische Erinnerung.

Bereits zu Hamadas Lebzeiten war zu erkennen, dass sein ehemaliger hoch talentierter Schüler und Mitarbeiter Shimaoka Tatsuso seine Nachfolge als am meisten geschätzter Töpfer Mashikos antreten würde. Sein Areal liegt nur wenige Meter vom Hamada-Gelände entfernt. Wir gingen am kommenden Morgen dorthin, wiederum von Gerd Knäpper eingeführt, den Shimaoka einige Zeit lang mit Ratschlägen gefördert hatte. Knäpper, der aus Wuppertal stammte, hatte zuvor in deutschen und japanischen Werkstätten hospitiert und baute sich 1969 zunächst eine kleine Werkstatt in Mashiko, später eine größere mit einem alten Wohnhaus in Daigo, etwa eine Autostunde von Nikko entfernt.

Er hatte am ersten landesweiten Keramik-Wettbewerb »Nihon togai ten« teilgenommen, der erstmals unter allen Künstlervereinigungen ausgeschrieben wurde; mit dem ersten Preis sollte die überzeugendste neue Interpretation tradierter japanischer Keramik ausgezeichnet werde. Die Teilnehmer mussten ihre Arbeit anonym einreichen. Der erste Preis fiel auf ein Gefäß mit geschnittener, wellenförmiger Bandornamentik, das die Jury als innovative Deutung der prähistorischen Jomon-Keramik (dt. Schnur) verstand. Als der Umschlag des Teilnehmers geöffnet wurde, las man: Gerd Knäpper. Er war seitdem in Japan bekannt und heiratete eine attraktive Japanerin nach Shinto-Ritus, als er sich in Daigo einrichtete. So machte er seinen Weg bis zu seinem Tod im Jahre 2012.

Von Shimaoka, zu dem uns Knäpper brachte, hatten wir 1968 eine auf Peter Siemssens erster Japan-Ausstellung des Rosenthal Studio-Hauses angebotene Schale erworben, ohne zu ahnen, dass wir ab 1976 bis zu seinem Tod mit ihm freundschaftlich verbunden sein sollten. Neben dem von ihm verehrten Hamada Shoji galt er über mehrere Jahrzehnte hinweg als führender Töpfer Mashikos mit hohem Ansehen in ganz Japan. Kosmopolitisch denkend und agierend, war er wie kaum ein anderer Keramik-Künstler des Fernen Ostens in angelsächsischen Ländern und auf dem europäischen Kontinent während der achtziger und neunziger Jahre bekannt, nicht zuletzt wegen seines Unterrichts in den USA und in Australien. Sein Vater war Kordelmacher gewesen; von ihm hatte er die aus Korea übernommene Technik gelernt, Kordeln so zu flechten, dass bei ihrem Abrollen auf dem angetrockneten, aber noch feuchten Ton ein ornamentales Relief entsteht. Es wird in der Regel mit Engobe (Tonmilch) gefüllt, bevor eine halbtransparente Glasur darübergezogen wird. Shimaoka hat gelegentlich statt der Engobe auch eine kobalthaltige Masse und Salzglasur verwendet oder die Stücke im Holzbrand mit Asche überziehen lassen. Er erfand viele Variationen dieser Technik und wurde schließlich für die Mingei-Disziplin mit dem Titel »Lebender Nationalschatz« geehrt.

Wenn er sich – immer sachlich, jedoch oft humorvoll – äußerte, fand Shimaoka für jeden den richtigen Ton, besonders für japanische Gesprächspartner; er sprach, der japanischen Etikette folgend, zu hochgestellten Gästen anders als zu Mitarbeitern. Väterlich sorgte er für die jungen Leute aus aller Welt, die bei ihm arbeiteten. Wenn sie begabt und fleißig waren, öffnete er ihnen Türen zu Ausstellungen.

Schon in den späten siebziger Jahren konnte man durch Fernsehaufnahmen bei der Öffnung eines Ofens nach dem Brand ermessen, wie Shimaokas Ansehen wuchs. Es blieb nicht aus, dass das Mingei-Ideal einer anonymen Gebrauchskeramik sich umso mehr veränderte, als ausgeprägte Persönlichkeiten diesem Ideal zu folgen versuchten. Shimaoka wusste, dass dieser Prozess unumkehrbar war und dass man gegen die reale Welt kein weltfremdes Ideal aufrechterhalten kann.

Wir hatten das Glück, 1978 bei unserem zweiten Besuch in Mashiko mit Tsyuan (Tsuneo) Narui einen damals etwa dreißigjährigen Töpfer kennenzulernen, dessen Familie sei Langem eine Volkskunst-Werkstatt führte. Er stellte Gebrauchskunst von hohem Standard her. Die meisten seiner damaligen Arbeiten trugen eine dicke weiße Glasur, die er mit den Fingern auftrug. Daneben benutzte er nur noch eine dunkelolivfarbene Reisstroh-Aschenglasur. Er begnügte sich mit diesen einfachen Mitteln. Alle seine Gefäße überzeugten durch ihre Selbstverständlichkeit. Wir erwarben so viel davon, wie wir tragen oder finden konnten. Als wir Narui fragten, warum er keine höheren, durchaus gerechtfertigten Preise nähme, fragte er zurück: »Warum?« Wenn er einen neuen Pullover brauche, mache er halt ein oder zwei Stücke mehr. Bescheiden, vergnügt und sicher, war er ein echter Mingei-Mann. Ob er lange so denken und handeln konnte? Ruhm und Anerkennung zwingen zu Anpassungen; als ich 1981 in Tamba, dem Ort mit ursprünglich bäuerlicher Holzbrand-Keramik, bei dem noch nicht bekannten Ichino Shinsui eine Vase erwarb und nach einem halben Jahr erneut etwas von ihm kaufen wollte, waren die Preise auf das Zehnfache gestiegen.

Obwohl westliche Einflüsse in Japan zunehmend an Einfluss gewinnen, bleiben die traditionsreichen »alten« und »neuen« Öfen Maßstab und Richtschnur japanischer Töpfer wie Sammler; als »alt« gelten Tokoname, Seto, Bizen-Imbe, Tamba oder Shigaraki, als »neu« die im 16. Jahrhundert unter dem Diktator Hideyoshi durch koreanische Töpfer gegründeten Öfen wie Karatsu, Hagi oder Koishiwara. Einige dieser letzteren Werkstätten bestehen seit Jahrhunderten, wie die heute in Hagi von Koraizaemon Saka gegründete. Koraizaemon (sein Familienname bedeutet: aus Korea stammend) zeigte uns in seinem Haus eine Schalenreihe mit je einem Beispiel seiner Vorfahren aus wohl 25 bis 30 Generationen, über der eine von Hideyoshi unterzeichnete Urkunde hing. Nach den

Gründervätern nennt sich heute in manchen Orten ein Großteil der Familien, in Seto die Katos, in Tamba die Ichinos.

Von den Katos sind heute mehrere landesweit berühmt, doch niemand genoss einen so legendären Ruf wie Kato Tokuro. Er war im Jahre Meji einunddreißig, also 1898, geboren, konnte früh alles und beherrschte perfekt die Technologie und Ästhetik der Keramik von Seto; so vollkommen, dass ein berühmter Kenner eine seiner Arbeiten in die Kamakura-Zeit, das 12./13. Jahrhundert, datierte. Er wies den mit ihm befreundeten, ungläubig protestierenden Kenner auf seinen Irrtum hin, was ihm zum Verhängnis wurde – beide hatten ihr Gesicht verloren. Zeitlebens hat Kato Tokuro unter diesem Irrtum eines anderen gelitten. Deshalb ging er, ohne ein Wort Französisch zu sprechen, nach Paris, wo er ein dickleibiges, heute als Standardwerk geltendes Buch über japanische Keramik zu Ende führte.

Als er zurückkam, erfuhr er trotz seines Ruhms keine offizielle Anerkennung. Seine Gefäße wurden zu hohen Preisen gehandelt, man zog ihn als Berater und Anreger bei wichtigen Aufgaben wie dem Bau großer Öfen heran, so in Echizen, als dieser alte Töpferort seine Tradition neu und dauerhaft belebte. Gegen Ende seines Lebens wurde ein Buch über ihn in eine verbreitete Monographien-Reihe angesehener Töpfer aufgenommen. Als japanische Kritiker 1977 für eine Zeitschrift eine Rangfolge der vierzig besten lebenden Meister aufstellten, stand er gleich nach Hamada mit vier Abbildungen an zweiter Stelle. Nur wenige Töpfer wurden so eingeschätzt, die Mehrzahl musste sich mit zwei Abbildungen oder gar einem Bildbeispiel begnügen. Den Ehrentitel »Lebender Nationalschatz« erhielt er nie.

Wir wussten, dass er die ihm zu Hause verweigerte Anerkennung im Ausland suchte. Er ließ uns übermitteln, dass er dem Museum alle Stücke einer Ausstellung schenken würde, wenn es ihn präsentiere und darüber einen entsprechenden Katalog publiziere. Um dies zu vereinbaren, besuchten wir ihn. Er war ein kleiner Mann mit großem Kopf und weißem Haar in einem blütenweißen Anzug. Er führte uns zunächst in sein Haus, dann zu einem seiner großen Wandreliefs, schließlich zu einem vorzüglichen, über einem Wildwasser in vollkommener Holzbauweise errichteten Restaurant. Die Schönheit des Platzes und der Architektur wurde von seiner Keramik übertroffen, in das Essen serviert wurde. Nie wieder haben wir an einem Tisch mit künstlerisch so herausragendem Geschirr gegessen. Nochmals versicherte uns Kato, wie er sich für eine Hamburger Ausstellung revanchieren würde; eine von geschnittenem Bambus inspirierte Platte im Oribe-Stil hatte er dem Museum bereits geschenkt.

Der damalige Erste Bürgermeister Hamburgs Hans-Ulrich Klose sagte uns nach unserer Rückkehr seine Hilfe zu. Wir hatten jedoch nicht mit dem fein gestrickten Koordinatensystem der japanischen Händler gerechnet – nie erfuhren wir, wie sie unsere Absicht und Katos Wunsch vereitelten. Auch eine Galerie, in der wir eine Arbeit von Katos Sohn für das Museum bestellten, schickte diese nie.

Aus einem weitaus tragischeren Grund kam auch eine andere Ausstellung nicht zustande. Wir wollten mit Kamoda Shoji den besten Keramik-Künstler der jüngeren Generation erstmals in Europa bekannt machen. Er hatte sich von tradierten Vorbildern völlig frei gemacht. Seine Gefäße schockierten anfangs die Sammler, bis das Urteil Hamadas sie eines Besseren belehrte. Danach warteten sie begierig auf jede neue Werkgruppe. Kamoda pflegte in gewissen Abständen eine durch die Form oder den Dekor bestimmte Grundidee zu variieren, und die Sammler waren erpicht darauf, je eines der Stücke einer neuen Gruppe zu erwerben. Als wir Kamoda in Mashiko besuchen wollten, nachdem er unserem Ausstellungsvorschlag zugestimmt hatte, war er gerade in das Spital von Utsunomya gebracht worden. Er erwartete uns rauchend im Bett, plaudernd, ohne Sorge um die Zukunft unsere Ideen erörternd. Er und wir erfuhren nicht, dass er an einer unheilbaren Form der Leukämie litt und seine Lebenszeit begrenzt war. Um ein paar seiner Arbeiten sehen zu können, fuhren wir nach Mashiko. Seine Frau holte einige Stücke aus dem Haus des Künstlers. Es war ein kleines, schlichtes, abgelegenes Anwesen an einem Waldrand. In der schon warmen Februarsonne sitzend, konnten wir eine Reihe von Arbeiten sehen. Die nach unserer Abreise aus Mashiko eintreffenden Nachrichten machten uns jedoch bald wenig Hoffnung auf eine Realisierung der Pläne; Kamoda Shoji starb zwei Jahre nach unserem Besuch.

1993 kam ich noch einmal zu seinem Haus, als ich erfuhr, dass sein Sohn Taro nunmehr die Werkstatt führe. Wieder saßen wir an einem warmen Februarmorgen am selben Platz wie damals vor dem Haus. Alles schien unverändert, die Zeit wie aufgehoben. Selbst Frau Kamoda war kaum gealtert. Dann holte der 1962 geboren Sohn Taro seine Gefäße, in denen sich die Anregungen durch seinen Vater spiegelten. Gern nahm ich die Möglichkeit wahr, einige Objekte zu erwerben, zur Erinnerung an die unwirkliche Wiederholung des Gleichen nach zwölf Jahren.

Die Beschreibung der Erlebnisse während unserer Japan-Reisen zwischen 1976 und 2004 würde ein eigenes Buch füllen. Hier seien nur einige weitere Begegnungen erwähnt und einige erklärende Bemerkungen vorausgeschickt.

Der japanische Begriff für Keramik ist »Yakimono«, wörtlich übersetzt »gebackene Sache«. »Yaki« wird auch für andere am Herd bereitete Erzeugnisse verwandt – man merkt daran, dass gute Keramik immer mit gutem Essen zu tun hat und dass dort, wo es eine gute, authentische Keramik gibt, auch das Essen nicht zu verschmähen ist. Die Vielzahl japanischer Gefäßformen entspricht dem Variationsreichtum der Mahlzeiten. Auch diejenigen Töpfer, die andere Wege als die traditionsgeprägten gehen, stellen zu Hause schönste Geschirrteile auf den Tisch.

Dies gilt noch mehr für die Schalen – Chawan – der Teezeremonie; sie ist heute bei öffentlichen Vorführungen leider weitgehend zum touristischen Entertainment degeneriert. Von der komplexen, künstlerisch anschaulichen Zen-Lehre, der die Einladung zum Tee als eine ideale Form der Gastfreundschaft, der entspannten Begegnung, des Gesprächs galt, blieb nur ein oberflächliches Ritual. Nach wie vor sucht jedoch die Qualität mancher Teeschale ihresgleichen. In europäischen Augen erscheinen die dafür geforderten Preise als überzogen, sie sind auch nicht immer gerechtfertigt. Im Œuvre jedes hervorragenden Meisters und manchen jungen Talents stellen die Gefäße der Teezeremonie allerdings jeweils die Spitzenleistung dar. Sie wollen nicht nur gesehen, sie wollen in die Hand genommen werden, nur so kann man ihre Wandung von allen Seiten, ihre Unterseite, ihren Glasurfluss wahrnehmen und beobachten, ob und wie der scheinbare Zufall zum Gleichnis der Natur wurde.

Natürlich finden sich auch in Werkstätten der Mingei-Bewegung hervorragende Teegefäße, aber in Geltung steht vor allem die Tee-Keramik von Seto, Bizen, Hagi und Karatsu. Diese Hinweise mögen genügen. Bei Besuchen der Werkstätten ist vom Wert der Keramik nie die Rede – sie wird als bekannt vorausgesetzt. Unterhaltungen mit einem der großen Meister sind oft ein Vergnügen. Sie schirmen sich zwar, um ungestört zu bleiben, gern ab, gleichwohl nehmen sie sich die Zeit für ausgewählte Besucher. Manchmal haben sie sogar eine Demonstration vorbereitet, wie Fukami Sueharu, der uns 1999 in Kyoto das Risiko seiner Arbeitsweise vorführte.

Die Räume für den Empfang von Gästen haben die Töpfer je nach ihrem gesellschaftlichen Status und ihren Ansprüchen eingerichtet. Meist liegen Tatami-Matten auf dem Boden, die man nicht mit Schuhen betritt; man sitzt auf Bodenkissen oder auf beinlosen Lehnstühlen. Shimaoka hatte sein Besuchszimmer, wie fast alle Mingei-Töpfer, mit strengen englischen Möbeln ausgestattet. Im repräsentativen Empfangsraum der Familie Fujiwara standen große, hellbraune Ledersessel mit Spitzendeckchen. Wir haben aber auch Gespräche unter blühenden Forsythien an einfachen Holztischen geführt, in Wohnküchen junger Künstler, in Galerien mit Designermöbeln und in kleinen Schauräumen neben der Werkstatt.

Jedes Gespräch beginnt mit grünem Tee in eigenen Bechern. Die ältere und mittlere Generation folgt diesem Ritual, bietet sogar wie in der Teezeremonie auf pulverisierten Blättern aufgegossenen und mit dem Bambusbesen geschlagenen Tee in Schalen an. Die jüngere Generation verhält sich weniger zeremoniell.

Die durchdachteste, aufwendigste, einer Liturgie gleichende Inszenierung erlebten wir nach einer Ofenöffnung bei Fujiwara Yu, dem Sohn des schon gebrechlichen Altmeisters von Bizen/Imbe. Er wurde wie sein Vater als »Lebender Nationalschatz« der aufwendigsten Holzbrand-Tradition geehrt. Gebrannt wird ein Ofen in Bizen oft eine Woche lang, sodass, je nach Lage im Ofen, durch den zu Glasurstreifen schmelzenden oder zu einer rauen, lavaartigen Struktur führenden Aschenflug eine variationsreiche, eisenrote oder graublaue Oberfläche entsteht, durch das Umwickeln mit Reisstroh auch eine rote Linienzeichnung. Alles in der Fujiwara-Werkstatt war perfekt aufgeräumt, der nicht mehr für die Arbeit benutzte Arbeitsraum des Vaters vollkommen sauber und mit einem kleinen Ikebana-Strauß geschmückt. Fujiwara Yus gemauerter Ofen war weiß gestrichen, das Brennholz akkuratest gestapelt. Brand und Ofenöffnung wurden zelebriert; während der Zeit des Brennens gab es nur Fastenessen und nach dem Ausräumen der Brennkammern das köstlichste, üppigste, auf schönste Weise angerichtete Fasten-Diner als Frühstück. Fujiwara Yu wusste aber auch, was man als erfolgreicher Künstler in Tokio nach einer Vernissage im Jahre 1981 den Ehrengästen zu bieten hatte: Whisky in Strömen, von Hostessen angeboten, die mit der eigenen Handspanne diejenige der männlichen Gäste maßen. Damen erfuhren keine entsprechende Aufmerksamkeit.

Damen waren während festlicher Einladungen in den siebziger Jahren noch selten anzutreffen, von Bedienerinnen und Geishas abgesehen. Da meine Frau nolens volens mit zu einer Festtafel nach einer Ausstellungseröffnung eingeladen werden musste, löste man das Problem, indem man sie mit »Sir« titulierte, in leichter Alliteration wohl an das japanische, Frauen wie Männern zugedachte »San«. Mir war bei dieser Gelegenheit eine amerikanische Studentin zugeteilt worden, die über das Geisha-Wesen promovieren wollte. Natürlich unterhielten wir uns über ihre Dissertation. Als ich in dem ungezwungenen Gespräch meiner Tischdame Feuer gab, erntete ich schallendes Gelächter. Wie konnte man einer Geisha Feuer geben, die diese Aufgabe gegenüber dem ihr zugeteilten Gast zu erfüllen hatte? Doch ein Fauxpas war kein nur westlicher Makel. In Mashiko lernten wir einen jungen Töpfer kennen, der gerade aus den USA zurückgekehrt war und uns weltmännisch begrüßen wollte. Als wir eintraten, verbeugte er sich nicht, sondern legte sein Füße auf den Tisch, winkte lässig mit der Hand und sagte »Hi«.

Begegnungen mit arrivierten Meistern der mittleren Generation verlaufen weder so nonchalant noch so selbstverständlich ungezwungen wie die Treffen mit Hamada und Shimaoka. Jeder der seit einigen Jahren Erfolgreichen gibt sich generös, aber durchaus mit der Absicht, Eindruck zu machen.

Tsujimura Shiro, ein unweit von Nara lebender vitaler Mann, den Frankfurter Ausstellungen in Deutschland bekannt machten, bewirtete uns bei einem Besuch generös. Sein Haus, das nach einem uneinheitlichen Anbau auf verschiedenen Ebenen mehrmals erweitert wurde, machte einen unüberschaubaren, etwas chaotischen Eindruck. Es lag im Wald. Rund um Wohnung und Werkstatt war der Boden mit leicht fehlerhaften beziehungsweise beim Brand nicht ganz gelungenen Stücken übersät. Tsujimura wies mit einer Armbewegung darüber hin und kommentierte die Geste: Dies sei sein Vermächtnis für seine Erben. Der Lebensraum des Töpfers hat sein Pendant in seinen rustikalen, künstlerisch subtilen Arbeiten. Er dreht sie mit sicherem Zugriff und setzt sie einem risikoreichen Brand aus, bei dem ein großer Teil von ihnen nicht gelingt. In seinem Haus saßen wir auf Brettern und Kissen über dem Lehmboden rund um das Feuer. Frau Tsujimura brachte in den schönsten, frei und kraftvoll geformten Schalen die köstlichsten Gänge in einer einfachen und zugleich raffinierten Verbindung östlicher und westlicher Kochkünste. Der Töpfer grillte für uns in einer Silberschale über dem offenen Feuer Fleisch und Gemüse. Den Bordeaux tranken wir aus wunderbaren schwarzen Steinzeugbechern mit weißem Slip, die er uns zum Abschied schenkte. Während des sich über zwei Stunden hinziehenden Essens mokierte er sich über die nach seinem Dafürhalten in Deutschland zu geringen Preise für seine Keramik, gab aber zugleich die nicht bescheidene Höhe seines Kontos an, von dem er einen Teil für den Kauf eines Porsche verwenden wolle. Er sagte frank und frei, was er dachte. Die in Japan obligate formelle Bescheidenheit und Zurückhaltung waren nicht seine Stärke.

Ähnlich hielt es Nakamura Kimpei; er kleidete seinen Anspruch jedoch in Selbstironie, hinter der er ein ruppiges Virtuosentum verbarg. Sein offenbar bewunderter Umgang mit dem Material lässt es als etwas anderes erscheinen, als es ist. Nakamura montiert Collagen aus Elementen, bei denen es sich auf den ersten Blick nicht um Keramik, sondern um Steine, Äste, Metallteile und Abfall zu handeln scheint. Er zeigte sie mit den Worten: »My bad taste.«

Die von ihm als provozierende Alternative zur klassischen Ästhetik verstandenen Objekte fanden so viele Käufer, dass er sich im westlichen Teil von Tokios Zentrum ein perfektes modernes Haus bauen konnte. Dorthin brachte er uns im späten Frühjahr 1999, holte uns von der U-Bahn ab und führte uns durch ein elegantes Viertel mit teuren Läden. Das Grundstück seines Hauses, seine Visitenkarte, dürfte kaum mehr als etwa 10 x 10 Meter groß sein. Es ist mit bewundernswerter Geschicklichkeit um einen kleinen, ovalen, mit Bambus bepflanzten Innenhof herum so gebaut, dass es weiter erscheint, als es ist. Im Wohnraum standen seine Objekte auf dunklem Holzmobiliar wie Pretiosen, die sich von den Teetassen und kleinen Platten, auf denen er uns einen Imbiss servierte, zwar ästhetisch unterschieden, aber mit ihnen auch übereinstimmten. Während unserer Unterhaltung war schwer auszumachen, ob Nakamura seine Objekte als zukunftsweisende Fortentwicklung japanischer Traditionen oder als eine aktuelle Antwort auf eine künstlerische Stagnation versteht; er kann diese Frage wohl selbst nicht entscheiden. Er empfindet tradierte Maßstäbe als Ballast und entspricht ihnen zugleich in seinen Gebrauchsobjekten.

Der mit Nakamura etwa gleichaltrige Miwa Ryushu, einer der Söhne des berühmten »Lebenden Nationalschatzes« von Hagi, war von Zweifeln an der Bedeutung seiner Arbeit völlig frei. Das von ihm sorgfältig geplante Besuchsritual glich einer Theaterinszenierung. Vom Empfangsraum aus, den einige seiner in schönster Hagi-Tradition ausgeführten, mit dicker weißer Glasur überzogenen Teeschalen zierten, ging es über eine dunkle Treppe mithilfe einer Taschenlampe zu einem völlig lichtlosen, schwarz gestrichenen Raum. Das nach dem Platzieren der Besucher eingeschaltete Licht ließ eine gespenstische Gruppe erstrahlen, in der Teufelsdämonen, Mönche und zerfallende oder verwesende Gestalten eine Szene darstellen. Es handelte sich um Keramikfiguren, deren naturalistisch wirkende Glasuren unterschiedliche Materialien wie Lack, modernes Fleisch oder Holz virtuos täuschend imitieren. In diesem Szenario sind dunkle Zaubermächte gegenwärtig, wie man sie bei Geistervertreibungen von Maskenspielen in entlegenen Schreinen zu Neujahr sehen kann. Das Böse ordnet Miwa der Frau zu, das Gute dem Mann. Meine Kuratoriumskollegin Gabi Dewald war darüber empört, meine Frau amüsiert. Für mich war die nur für ausgewählte Besucher zugängliche Inszenierung ein Hinweis darauf, dass die demonstrativ zur Schau getragene Subjektivität ohne überlieferte Themen und eine stupende Materialbeherrschung in Japan nicht verwirklicht werden kann.

Wie Tsujimura demonstrierte auch der auf der Westinsel Kyushu lebende Nakajima Hiroshi seine Kompromisslosigkeit mit misslungenen Stücken. Er stellte Gefäße mit Seladonglasuren in allen Grün- und Olivschattierungen her und ließ nur das völlig Perfekte gelten. Sobald sein Gäste seine von ihm akzeptierten Stücke und seine eindrucksvolle Sammlung von Volkskunst-Schüsseln aus Onda und Koishiwara bewundert hatten, führte er sie hinter sein Haus vor einen riesigen, ständig höher werdenden Scherbenberg aus zerschlagenen, fehlerhaften Stücken, deren Grün-Oliv-Variationen mit denen des umgebenden Bambushains zusammenklang. Diese Demonstration gehörte zu Nakajimas Ritual.

Von solchen inszenatorischen Effekten halten sich Yoshikawa Masamichi und seine Frau Shikoku völlig frei. Beide besitzen ein heiteres Naturell, sind Späßen gegenüber immer aufgeschlossen und scheren sich nicht im Geringsten um Rituale. Sie lebten viele Jahre in dem wohl ältesten der japanischen Keramik-Orte, in dem unweit von Nagoya gelegenen Tokoname. Die keramische Tradition ist im Stadtbild in manchen Spuren gegenwärtig. Unweit der ehemaligen Yoshikawa-Werkstatt steht, einem Denkmal gleich, an einer Straßengabelung eine Gruppe mit alten, geräumigen Vorratsgefäßen (ähnlich wie auf vielen Dorfplätzen der Mancha). Diese aus mehreren Etagen montierten Großgefäße inspirierten Yoshikawa zu den aus Porzellan bestehenden Kugelmetaphern von Himmelskörpern vor seinem Wandbild im neuen Flughafen der Provinz Aichi. In seiner Deutung der von Koordinaten durchzogenen Wand und der davor aufgestellten Rundkörper als Gestirne und Himmelskarten lernt man das subjektive Verständnis einer normierten Ordnung kennen, das die Weltsicht der Japaner von unserer individualistischen unterscheidet.

Was die bis ins 12. und 13. Jahrhundert zurückgehende Keramikgeschichte des Ortes für die beiden Yoshikawas bedeutet, erfuhren wir, als wir mit Masamichi durch Straßen und Gassen des älteren Stadtteils gingen, an den tiefen Einschnitten der ausgebeuteten Tonlager vorbei über Wege, die mit Fragmenten von Fehlbränden gepflastert und deren Hänge mit unbrauchbaren Tonröhren befestigt sind. Dazwischen ragten die schwarzen, brüchigen Schornsteine aufgegebener Öfen in den Himmel und breiteten sich die gegen den Seewind mit Teer gestrichenen schwarzen Holzschuppen aus; das Braunrot der Wege und Hänge klingt mit dem Schwarz von Kaminen und Schuppen zusammen, mit dem Sandton der hellen Bambusvorhänge vor den Fenstern, mit dem Grün der Büsche und den roten Blüten der Gärten. Dazwischen liegen kleine traditionelle Werkstätten.

Eine von ihnen führte der betagte Yamada Josan, der spät zum »Lebenden Nationalschatz« ernannt wurde und in seinem Sohn einen Nachfolger fand. Er beherrschte noch die Technik der wie aus Lava gebildeten Vorratsgefäße und der fein geschlämmten, an Böttgersteinzeug erinnernden Teekeramik. Er servierte uns aus Kannen mit gravierten Gedichtzeilen und kleinen Bechern einen nach Orangen duftenden Tee. Der alte und der jüngere Töpfer begegneten sich mit gegenseitigem Respekt in dem Bewusstsein, dass das von ihnen auf unterschiedlichen Ebenen fortgelebte Erbe bald enden würde, weil die restliche alte Architektur von der sich ausbreitenden Industrie verschlungen wird und die Erinnerung an sie nur durch das in einer ehemaligen Fabrik eingerichtete Museumsreservat bewahrt wird.

Was Yoshikawa macht, hat mit der Töpferkunst des alten Tokoname wenig gemein, sieht man von seiner Hommage an die Vorratsgefäße ab. Er dreht und schneidet seine Gefäße und Objekte von plastisch-haptischem Charakter aus Porzellan und überzieht sie mit clair-de-lune-farbener Seladonglasur. Viele von ihnen tragen auf dem Boden eine kobaltblaue oder kupferrote abstrakte, kalligraphisch anmutende, aber nicht lesbare Zeichnung; man sieht sie nur, wenn man ein Stück in die Hand nimmt und umdreht.

Wir konnten den Künstler 1998 damit überraschen, dass wir ihn auf die Reproduktion einer seiner kubischen Schalen in der von Gabriele Fahr-Becker edierten zweibändigen Geschichte der ostasiatischen Kunst hinwiesen; sie ist darin gegenüber Werken berühmter älterer Meister abgebildet. Der wachsende Ruhm hat ihn und seine eine heitere Figuren- und Pflanzenwelt formende Frau Shikoku nicht verändert. Sie bleiben ganz natürlich sie selbst; Freunde und Gäste werden schnell zu Familienangehörigen. Suchte man einen Beweis dafür, dass die Veränderungen in Gesellschaft und Leben Japans das sichere Selbstverständnis des Landes nicht ernsthaft gefährden können – bei den Yoshikawas fände sich dafür der Beleg.

Wir begegneten im Laufe der Jahre manch einem, der, meist in Tokio, lange unter Japanern gelebt hatte und der nichts anderes als den ökonomisch-politisch geprägten Durchsetzungswillen der Salarimen, der Büroangestellten und Manager, kennengelernt hatte, ihre Rigorosität, ihr Beharren auf Ritualen, ihre Inselmentalität. Die Gärten, die Kalligraphie, die hohe Ästhetik des Alltags, die Meisterwerke der Keramik, das Verständnis der Welt durch das Sehen haben die meisten Ausländer bei diesem Umgang nicht oder kaum kennengelernt, geschweige denn dass sie einem der großen Töpfer oder anderen Künstlern begegneten. Selbst die Mehrzahl der Japaner besitzt nur rudimentäre Kenntnisse dieses Erbes, hat keinen Zugang zu dieser Welt. Meine Frau und ich wiederum erlebten nur diese Seite unseres Gastlandes, die Eigenschaften, die auch Bernard Leach bewunderte.

Ursula, Karl, Sebastian Scheid und ihr Freundeskreis

Mit den europäischen und japanischen Töpfern, die uns während der letzten vier Jahrzehnte vertraut wurden, verband und verbindet unter ihren deutschen Zeitgenossen kaum einen eine so enge Freundschaft wie Ursula, Karl und Sebastian Scheid. Wenn während der letzten drei Jahrzehnte des vorigen Jahrhunderts die deutsche Keramik eine internationale Anerkennung erfuhr, so ist dies primär Ursula und Karl Scheids Lebenswerk zu danken. Es wird in anglikanischen Ländern ebenso wie in Korea und Japan respektiert; dass sie nie als Lehrer an eine der deutschen Kunstschulen berufen wurden, kennzeichnet deren Fehlentwicklung.

Die Wertschätzung der beiden Keramik-Künstler erscheint als umso bemerkenswerter, als sie nie Anleihen bei Werken aus anderen Ländern machten. Sie führten eine sehr spezifisch deutsche Entwicklung fort, die sich seit der Zeit um 1900 als fruchtbar erwies: die auf chemisch-physikalischer Analyse basierende Entwicklung ästhetisch subtiler Glasuren.

Sie begann am Ende des 19. Jahrhunderts mit der Berufung des Chemikers Hermann Seger zum Leiter der Berliner Porzellan-Manufaktur und setzte sich fort mit den erfolgreichen Experimenten des Chemikers Gusso Reuss und den Glasurberechnungen des am Seger-Institut ausgebildeten Jan Bontjes van Beek. Als ich 1976 in Japan die erste Ausstellung moderner deutscher Keramik zeigte, ahnte dort niemand, was man als deren Merkmale zu erwarten hatte. Man nahm wohl an, deutsche Keramik sei emotional expressiv. Nun sah man relativ kleine Gefäße mit chemisch-technisch nuanciert variierten Glasuren. Deshalb schrieb, wie erwähnt, einer der führenden Kritiker, die Ausstellung habe auf ihn wie ein Schock gewirkt. Der Schock wich bald Verständnis und Bewunderung. Spricht man heute im Fernen Osten oder Europa von deutscher Keramik, nennt man wegen der Glasurqualität meist den Namen der beiden Scheids, die dieses Lob stets gelassen aufnahmen, als Bestätigung ihrer nicht irritierbaren Überzeugung. Die abendlichen Gespräche mit Freunden über Kriterien und Parameter des Metiers konnten, je nach Anlass, gelassen oder engagiert, ausgeglichen oder heftig ausfallen; die Entschiedenheit von Haltung und Meinung schloss Toleranz gegenüber anderen Möglichkeiten als den eigenen nicht aus, sofern sie durch Professionalität bestimmt waren und sind. Der Dilettantismus

Ursula Scheid an der Drehscheibe, um 1975

dagegen, der gegenwärtig gerade in vielen deutschen Fachschulen blüht, stieß bei den Scheids immer auf klare Ablehnung.

In dem überschaubaren Lebensraum des hessischen Dorfes Düdelshein spürt man wenig von Internationalität. Man erwartet sie auch nicht, wenn man in den Gartenhof vor dem Fachwerkhaus mit Wohnung und Werkstatt fährt.

Karl Scheid, Vase um 1975

Hier lebte und arbeitete seit 1959, durch alle modernen Kommunikationsmittel mit der Welt verbunden, die ganze Familie mit Keramik. Die Ruhe des Anwesens macht vergessen, dass ständig Gäste aus anderen Ländern Station machten, denen man beim gemeinsamen Abendessen am großen, mitten in der Werkstatt stehenden Tisch begegnete.

Als Karl Scheid in den fünfziger Jahren den väterlichen Hof für eine kleine Künstlergruppe bereitstellte, war die Keramik in Gefahr, in der Stagnation des puritanisch-engstirnig gewordenen Deutschen Werkbundes zu ersticken. Nicht aus Protest dagegen, sondern aus eigenem Impetus gingen Ursula und Karl Scheid einen eigenen Weg, indem sie dem Ornament wieder einen Stellenwert gaben. Jede hohe Kultur findet ihren kennzeichnenden Ausdruck in ihrer Ornamentik. Ihr Verschwinden aus der Gefäßdekoration erschien den beiden jungen Töpfern als Verlust. Da historische Anleihen schwerlich neue Perspektiven eröffnen können, mussten sie ihre Ornamente erfinden: die Geometrie gestempelter Reliefs, das Studium von Blatt- und Blütenformen, die erdfarbene Zeichnung von Sahara-Gestein. Aus solchen Impulsen schufen sie ihren Kanon, eingebunden in subtil modulierte Glasuren. Obwohl die beiden Künstler täglich nebeneinander arbeiteten und oft dasselbe Material benutzten, behielten ihre Arbeiten einen persönlichen Charakter, sowohl die gerundeten, kräftigen Gefäße mit lapidarem Dekor von Ursula Scheid als auch die oft aus Montagen gebauten Stücke mit den ihre Form unterstreichenden Ornamenten von Karl Scheid.

Die zahlreichen Sammler ihrer Arbeiten, von denen auf Ausstellungen selten etwas unverkauft blieb, nennen Ursula und Karl Scheid gern zusammen mit der »London-Gruppe«. Mit dieser Bezeichnung hat es eine eigene Bewandtnis. Henry Rothschild, der nach seiner Emigration sich zunächst für englische Keramik engagierte, lud die beiden Scheids mit ihren Töpferfreunden Beate Kuhn, Margarete Schott, Gerald und Gotlind Weigel 1968 zu einer gemeinsamen Ausstellung in seine Londoner Galerie ein. Diese Gruppenausstellung erwies sich als so erfolgreich, dass während der nächsten drei Jahrzehnte jährlich eine weitere folgen konnte, quer durch die Bundesrepublik, die Schweiz, Japan und die Niederlande, in Galerien und Museen. Jeder der Töpfer war er selbst, deshalb bestimmte ihre Vielfalt die Erscheinung der Gruppe: Gotlind Weigels Kristallglasuren, Gerald Weigels skulpturale Gefäße, die changierenden Glasuren von Margarete Schott, die rhythmische Stereometrie von Beate Kuhn. Weltweit gab es im Bereich der Keramik keine andere ohne institutionelle Richtlinien agierende Vereinigung wie diese »London-Gruppe«.

Lebenszeiten setzen allen persönlich geprägten Entwicklungen ein Ende. Der Tod von Margarete Schott bedeutete für die Gruppe eine erste Zäsur. Als sie 2004 starb, hatte Sebastian Scheid bereits eine eigene Werkstatt eingerichtet. Durch seine Eltern von Kind an mit dem Werkstoff vertraut – noch vor der ersten Schulklasse brannte er seine ersten kleinen Stücke in einem Feldofen –, trainierte er seine Fähigkeiten bei Ruth Duckworth und bei Shimaoka; in den beiden Yoshikawas gewann er neue Freunde. Ihm sind Mashiko und Tokoname so vertraut wie das eigene Dorf. Er fand vom Regulativ des Handwerks zu dessen freier Beherrschung und kam dadurch weiter als manch einer, der sich seine Sehnsucht nach Individualität mangels Beherrschung des Handwerks nicht erfüllen kann.

Der zweite Einschnitt, den nicht nur die kleine Künstlergemeinschaft kaum verwand und den viele ihrer Freunde als Ende langer fruchtbarer Jahre empfanden, war 2008 der Tod von Ursula Scheid. Ihn ahnend, hatte sie eine letzte gemeinsame Ausstellung mit ihrem Mann und ihrem Sohn vorbereitet. Sie wurde einige Tage nach ihrem Tod eröffnet. Dass und wie es weitergehen könnte, bewiesen die Enkel, die vor der Galerie saßen und für ihre kindlichen Tonfigürchen gleich Käufer fanden.

Hans Martin Ruwoldt

Fehlurteile des Pro und Kontra, die sich auf Ideologien stützen, haben manche künstlerische Leistung der letzten sieben Jahrzehnte in Misskredit gebracht. Undifferenziert fragte man kaum nach Gründen oder Umständen, die einen Maler, Bildhauer, Musiker oder Schriftsteller in Irrtümer und Debakel verwickelten, geschweige denn, dass man ihnen das Recht auf Irrtum zugestand. Nicht alle, die mit den Nationalsozialisten kooperierten, von ihnen honoriert oder akzeptiert wurden, hatten das Glück wie Jean Giono, der als Apologet provencalischen »Blut und Bodens« in die Nähe des Nationalsozialismus geriet, schließlich aber zu einem Repräsentanten des Existenzialismus avancierte; mit einer Zuordnung zur einen oder anderen Seite hat man ihn wohl missverstanden, was ihm auch nach 1948 das Publizieren gestattete und was in den fünfziger und sechziger Jahren seinen weiteren Ruhm begründete. Gottfried Benn blieb diese Ambivalenz erspart; da er sich 1933 mit seiner sarkastischen Kritik an deutschen Emigranten nach einem nur kurze Zeit dauernden Irrtum zwischen alle Stühle setzte, glaubte man zwölf Jahre später, ihn nicht exkulpieren zu können, obwohl er ebenfalls verfolgt worden war. Er blieb, kritisch gegenüber allen Konventionen, er selbst und fand erst spät Respekt.

Bis an die Grenzen ihrer Existenz betroffen waren dagegen zeitlebens Ezra Pound und Knut Hamsun, deren Projektionen auf den Faschismus oder den Nationalsozialismus sie ins Irrenhaus führten; es half Hamsun nicht, dass er vielen norwegischen Widerstandskämpfern das Leben gerettet hatte – diese Tatsache wurde einfach verschwiegen. Immerhin wurden die beiden Dichter nicht umgebracht wie Despiau, der in seinem Haus zum Verhungern gezwungen wurde, oder wie Maillol, der so gut wie nie ein Auto benutzte, aber bei einem »Autounfall« sein Leben verlor. Gerd Ruwe, ein ehemaliger Schüler des Bildhauers Hans Martin Ruwoldt, erlebte unmittelbar, was geschehen war, und berichtete darüber. Maillol habe verwundeten Soldaten helfen wollen, die von der Résistance beschossen worden waren. Er sei gleich an die Stelle des Überfalls gefahren, mit Steinen beworfen worden und an einem Kieferbruch gestorben.

Oskar Kokoschka, selbst jeder Verstrickung in den Nationalsozialismus unverdächtig, kannte manches Unrecht, das auch die Nazi-Gegner verübt hatten. Er wusste vom Tod Despiaus durch Carl Jacob Burckhardt; der Schweizer Diplomat habe in unmittelbarer Nähe des Bildhauers gelebt und habe zusehen müssen, wie dem Künstler der Zugang zur Welt hermetisch abgeriegelt wurde. Kokoschka reagierte zweimal auf seine Weise, indem er Pound portraitierte und Lithographien zu Hamsuns »Pan« zeichnete. Er unterschied zwischen Irrtum und Schuld. Irrtum galt ihm als eine unvermeidbare menschliche Kondition, inhumane Untaten dagegen erschienen ihm als unverzeihbar. Männern, die im Ersten Weltkrieg andere umgebracht haben konnten, gab er lange nicht die Hand – er selbst hatte sich von einem Russen lieber in den Kopf schießen und mit einem Bajonett in die Brust stechen lassen, als ihn zu erschießen.

Otto Dix hatte mehr Glück als andere Künstler. Als er seine Malerei in den dreißiger Jahren dem Stil von Görings Lieblingsmaler Werner Peiner anglich (was sich heute an seinen Landschaften im Chemnitzer Museum Gunzenhauser überprüfen lässt), wurde er zu seinem Glück nicht gnadenvoll unter die Garde des Hauses der deutschen Kunst aufgenommen; er galt als kommunistisch. So konnte er nach 1945 eines der Bilder à la Peiner, »Die sieben Todsünden«, durch Aufmalen eines Hitler-Schnurrbarts vom Beleg für seinen Opportunismus in ein Dokument scheinbaren Widerstands verwandeln. Ähnliche Korrekturen finden sich auch im Werk von Franz Radziwill.

Beispiele dafür, dass ein künstlerisches Werk trotz Verstrickungen seine Bedeutung behalten kann, gibt es ebenso wie das Gegenteil, für das Arno Brekers auf Opportunismus gegründeter eklektizistischer Akademismus als Exempel stehen mag. Der Architekt Heinz Rasch, Mies van der Rohes Bauleiter bei der Stuttgarter Weißenhofsiedlung, erzählte mir eine für Breker bezeichnende Episode. Während der Pariser Weltausstellung 1937 habe er nach einem Besuch von Willi Baumeisters vor der Presse verborgener Ausstellung in der Galerie Jeanne Boucher Arno Breker getroffen, der ihm noch aus den zwanziger Jahren bekannt war. Natürlich habe ihn Breker gefragt, was er von seinen Figuren in dem von Speer entworfenen Deutschen Pavillon halte. Auf Raschs Schweigen hin habe er gesagt: »Ich kann mir schon denken, was Sie davon halten. Aber es kommen andere Zeiten, dann mache ich auch wieder bessere Sachen.« Tatsächlich machte er den Versuch dazu, als er nach 1945 neben Architektur-Entwürfen für den Gerling-Konzern und neben kitschigen Bronzen auch Moore zu imitieren suchte.

Klischees haben keinen Bestand, wenn man sich selbst ein zutreffendes Bild verschafft und darauf sein Urteil gründet. Gelegenheit dazu bietet sich immer. Ich fand sie in einem Fall während des Winters 1968/69, als mich ein Anruf der Bildhauers Manfred Sihle-Wissel erreichte, der bald zu meinen engen Freunden gehören sollte. Er fragte, ob das Museum für Kunst und Gewerbe interessiert sei, eine Auswahl von Arbeiten seines Lehrers Hans Ruwoldt geschenkt zu erhalten. Ruwoldt war für vier Jahre, weit über die obligate Altersgrenze hinaus, an der Hamburger Kunsthochschule zum Nachfolger des früh verstorbenen Edwin Scharff berufen worden; seine großen Tierbronzen und Figuren hatten von den dreißiger bis in die sechziger Jahre an manchen repräsentativen Plätzen im Hamburger Stadtbild einen Platz gefunden. Als letzte Arbeit des 77-Jährigen war 1968 die »Windsbraut« an der Binnenalster aufgestellt worden.

Es war allgemein bekannt, dass sich ein Relief Ruwoldts, ein aufsteigender Seeadler, während der Jahre des Nationalsozialismus anstelle von Barlachs trauernder Mutter auf dem Ehrenmal vor dem Hamburger Rathaus befunden hatte; seit 1949/50 trug die schlanke Stele erneut das von Barlach entworfene Relief. Wie es dazu gekommen war, wusste ich wie der größte Teil der Öffentlichkeit lange nicht.

Ruwoldt galt zu Recht als einer der wichtigsten deutschen Tierbildhauer des zweiten Jahrhundertdrittels, aber seine übrigen, im Format kleineren, meist vor

1933 entstandenen Arbeiten kannte kaum jemand. Bis 1933 hatten nur wenige Sammler etwas davon erworben, und nach 1933 bekamen nicht einmal enge Freunde sie zu Gesicht. Der erste Besuch bei dem erkrankten, seiner selbst nicht mehr sicheren Bildhauer machte mir schlagartig diesen Teil seines Lebenswerks, seine Leistung und seinen Rang als Zeichner bewusst, als die frühen Statuetten, Reliefs und Zeichnungen aus der Verborgenheit geholt wurden. Bald erfuhr ich Genaueres über Ruwoldts Schicksal, über das er selbst weitgehend schwieg.

Manfred Sihle-Wissel, dem das Lebenswerk Ruwoldts bestens vertraut war, sorgte mit Annemarie Ruwoldt, der Frau des Künstlers, dafür, dass all die kleineren Bronzen, die ungegossenen Gipsmodelle, ungedruckten Zinkplatten und zahllose Zeichnungen innerhalb weniger Stunden ans Tageslicht kamen. Der größere Teil davon war dreieinhalb Jahrzehnte lang versteckt gewesen. Dies war kein Einzelfall, so konnten wir erst 2008, zur Erinnerung an den hundertsten Geburtstag des ungleich bekannteren Karl Hartung, dessen vor 1935/38 entstandenes, noch nie öffentlich gezeigtes Frühwerk präsentieren.

Die damit fast gleichzeitig, zwischen 1930 und 1935, entstandenen Arbeiten Ruwoldts zeigten den damals etwa 40- bis 45-Jährigen auf dem Weg zu einer Mensch und Tier in abstrakt-organischen Figurationen deutenden Bildhauerei, also auf einem Weg, den zur gleichen Zeit auch der heute zu Unrecht fast vergessene Gustav Heinrich Wolff und der junge Henry Moore verfolgten. Max Sauerlandt hatte diese Entwicklung bereits aufmerksam beobachtet und gefördert, als er 1931 – wie berichtet – ein Werk Moores kaufte und 1932 einen kleinen stilisierten Adler Ruwoldts für das Museum erwerben wollte. Da am Ende des Jahres 1932 die Mittel fehlten, verschob er den Ankauf auf das folgende. Seine Entlassung Anfang 1933 verhinderte den Erwerb. Jetzt fand sich die nur etwa 20 Zentimeter hohe Holzskulptur unter vielen anderen, die wir für das Museum auswählen konnten. Manche davon gab es nur im Gipsmodell; sie mussten jetzt erstmals gegossen werden. Von den meisten Radierplatten gab es noch keine Abzüge. Die Radierung hatte Ruwoldt in den Jahren um 1931–34 intensiv beschäftigt, angeregt durch seinen Ateliernachbarn Rolf Nesch, dessen Metalldrucke aus der Graphik eine Kunst des Reliefs machten. Während Nesch nach Norwegen floh, konnte sich Ruwoldt aus Rücksicht auf seine Familie nicht zu diesem Schritt enschließen. Er verbarg seine Arbeiten, um überleben zu können.

Nachdem wir die Güsse und Abzüge in Auftrag gegeben hatten und ich am

Katalog der Ausstellung arbeitete, erfuhr ich, wie es zu Ruwoldts Relief am Hamburger Ehrenmal gekommen war; spätere Forschungen haben die Berichte des Künstlers und seiner umsichtigen, tatkräftigen Frau Annemarie bestätigt. Obwohl Ruwoldt zu der 1933 aufgelösten Hamburger Sezession gehört hatte und 1937 sein großer Torso in der Hamburger Kunsthalle als »entartet« beschlagnahmt worden war, genoss er noch einen gewissen Schutz, da seine Tierskulpturen, vor allem seine Panther und Löwen, von den Nationalsozialisten akzeptiert, mangels Alternativen sogar geschätzt wurden. Sie forderten ihn und fünf andere Hamburger Bildhauer seiner Generation zur Teilnahme an einem Wettbewerb mit Entwürfen für einen »Ersatz« des Barlach-Reliefs auf. Keinem der sechs war wohl bei dem Gedanken, dieser Aufforderung unter Zwang zu folgen. Sie sprachen sich ab und reichten Vorschläge ein, die der in Hamburg herrschende Gauleiter und Reichsstatthalter Karl Kaufmann als Hohn auf sein Ansinnen empfand. Ruwoldt hatte, wie die anderen, einen sofort abgelehnten Entwurf mit Empire-Kranz und gekreuzten Schwertern abgeliefert. Kaufmann wusste wohl, dass er der talentierteste der unfreiwillig beteiligten Künstler war, und beorderte ihn deshalb als Einzigen dazu, einen neuen Vorschlag mit einem Seeadler vorzulegen. Konstanty Gutschow, der für Hitler in Altona eine monumentale Elbfront planende Architekt, verlieh diesem Befehl Nachdruck, als er in einem weißen Mercedes mit livriertem Chauffeur vorfuhr und den Bildhauer ultimativ aufforderte, gefälligst zu parieren.

Ruwoldt modellierte ein Relief mit zwei Seeadlern, dem er den leicht provokanten Titel »Freiheit« gab und dessen Form ganz in der Tradition seiner abstrakten Formgebung stand. Kaufmann wurde erneut unwillig, sah sich abermals herausgefordert und griff nochmals ein, bis er einen recht flauen dekorativen Enwurf erhielt. Der Künstler hoffte, dass diese bewusst schwache Lösung ihn von dem verhassten Auftrag befreien würde, aber gerade die rein dekorative Stilisierung fand den Zuspruch von Hamburgs oberstem Nazi. Sie trat 1939 an die Stelle von Barlachs expressiver trauernder Mutter. Ruwoldt wollte die abgenommenen Platten retten und verstecken, aber Kaufmann und seine Büttel sorgten dafür, dass sie zerstört wurden. Allerdings überlebte der Steinmetz, der das Relief in Absprache mit Barlach realisiert hatte; es gab noch einige Exemplare des Modells in kleinerem Maßstab, so konnte er nur vier Jahre nach Kriegsende die Platten erneut meißeln.

Ruwoldt war so weit gegangen, wie er glaubte gehen zu können, ohne verhaftet zu werden. Wie es ihm hätte ergehen können, zeigte ihm das Schicksal seines Kollegen Friedrich Wield, der sich den Nazis entgegenstellte und dem Aufträge und Verkäufe gesperrt wurden. Er besaß im Juni 1940 nur noch 30 Pfennig, als er sich erschoss.

Während wir dies erfuhren, mussten wir im Wettlauf mit der Zeit handeln; die Kräfte des Künstlers nahmen so schnell ab, dass er uns oft nicht mehr erkannte, sich an die tags zuvor gegebenen Zusagen nicht erinnerte. Wir mussten mit seinem Tod noch vor der Eröffnung der Ausstellung rechnen. Dank der Hilfe seiner Frau und von Manfred Sihle-Wissel konnten innerhalb weniger Wochen die Güsse ausgeführt, die Radierungen gedruckt, der Katalog ediert und die Ausstellung schon am 14. März 1968 eröffnet werden. Es war die einzige zu seinen Lebzeiten gezeigte Retrospektive; im Katalog konnte ich ergänzend das Werkverzeichnis der Druckgraphik publizieren. Nun stand der inzwischen 78-jährige, bereits gebrochene Künstler vor seinem Lebenswerk, erkannte zögernd wieder, was er Jahrzehnte zuvor geleistet hatte, wie im Selbstgespräch murmelnd: »Stimmt, das habe ich auch gemacht.« Zu dem, was ihn bewegte, äußerte er sich nicht. Auf den Photographien spiegelt sich in seinem Gesicht eine männlich-nachdenkliche Melancholie gegenüber einer entrückten Vergangenheit, die in Figuren und Blättern doch so gegenwärtig blieb.

Hans Ruwoldt starb am 16. Oktober 1969. Zum Glück erlebte er nicht mehr die Katastrophe, die sich einen Monat später ereignete. Am 18. November 1969 klingelte bei uns gegen halb fünf in der Frühe das Telefon. Manfred Sihle-Wissel meldete sich mit den Worten: »Ruwoldts Haus ist abgebrannt.« Gemeinsam mit Evelyn Hagenbeck, die ihre Galeriearbeit mit der Edition einer neuen Radiermappe Ruwoldts begonnen hatte, fuhren wir sofort los und sahen, was geschehen war. Sihle-Wissel hatte, als er spätabends zu seiner unweit von Ruwoldts Haus gelegenen Wohnung zurückkehrte, einen Feuerschein gesehen, war in dessen Richtung gefahren, sah das brennende Haus und stürzte sich in die Flammen. Er rettete an Zeichnungen, Bronzen und Gipsen, was er erreichen konnte. Die Feuerwehr musste ihn davon abhalten, weiter in das brennende Haus einzudringen und sein Leben zu riskieren. Vor uns lagen die z. T. angesengten Blätter, die vom Löschwasser durchnässten Gipse, die vom Feuer verfärbten Bronzen. Wir konnten nichts anderes tun, als sie umgehend ins Museum zu schaffen, um sie dort zu trocknen und notdürftig zu restaurieren – ein nur geringer Trost für Annemarie Ruwoldt, die am Morgen nach dem Brand ihren Geburtstag feierte. Sie konnte sich nur sagen, dass durch das mutig-entschlossene Eingreifen unseres Freundes und durch die vorangegangene Schenkung von 94 plastischen Arbeiten, 237 Zeichnungen und 119 druckgraphischen Arbeiten ein repräsentativer Teil von Ruwoldts Œuvre erhalten geblieben war.

Annemarie Ruwoldt konnte nichts Besseres tun, als Manfred Sihle-Wissel das verbleibende Erbe anzuvertrauen. Er hat gänzlich uneigennützig dafür Sorge getragen, dass die wichtigsten Werke in Museen gelangten und Ruwoldts Andenken lebendig blieb.

Gustav Seitz

Das Jahr 1969 brachte für die Plastik der Gegenwart in Hamburg und Norddeutschland eine Zäsur, denn in diesem Jahr starben außer Hans Martin Ruwoldt auch zwei jüngere Künstler, die während des vorangegangenen Jahrzehnts die Bildhauerszene belebt und bereichert hatten: Gustav Seitz im Alter von dreiundsechzig Jahren und Ursula Querner mit achtundvierzig Jahren. Wir alle empfanden die Tragweite dieser Verluste. Nach Edwin Scharffs Tod bedeuteten sie eine gravierende Schmälerung der Tradition figürlicher Plastik, die nach dem Zweiten Weltkrieg an der Hamburger Kunsthochschule neu begründet worden war. Dank begabter Studenten wurde sie so nachhaltig fortgeführt, dass sie den deutschen Norden auf Jahrzehnte hin zu beleben vermochte.

Wie Gustav Seitz starb auch Edwin Scharff unerwartet früh. Dass es während des Interims vor der durch politischen Streit verzögerten Berufung von Seitz nicht zu einer Unterbrechung dieser fruchtbaren Entwicklung kam, ist nicht zuletzt Ruwoldts Verdienst.

Edwin Scharff, der nach 1945 zusammen mit Gerhard Marcks nach Hamburg berufen wurde, war, wie einige Jahre später sein Nachfolger Gustav Seitz, ein hervorragender Lehrer. Zu beiden kamen viele junge Talente, die sich für eine klassisch geprägte Tadition entschieden und sich damit bewusst von dem auf Abstraktion gerichteten Zeitgeist distanzierten, wie er in Berlin mit Karl Hartung, Hans Uhlmann und auch mit Bernhard Heiliger herausragende Repräsentanten fand. Aus heutiger Sicht erscheinen die Gegensätze zwischen den beiden »Schulen« als weniger groß. Es genügt, zwei im Skulpturenpark von Schloss Gottorf aufgestellte Großbronzen zu vergleichen, die monumentale Liegende von Hans Hartung und die »Flensburger Venus« von Gustav Seitz.

In großer zeitlicher Nähe erscheint das Trennende zwischen zeitgenössischen Künstlern häufig augenfälliger als das Gemeinsame, welches Jahre oder Jahrzehnte später deutlicher wahrgenommen wird. Ähnliches galt zunächst auch für die Studenten von Scharff und Seitz. Dass ihre Klassen sich voneinander unterschieden, resultierte nicht so sehr aus Stil und Darstellungsmodus wie aus einem äußerlichen Habitus. Scharff, ein eleganter Herr, hielt auf Fasson. Seine Schüler folgten ihm in Kleidung und Auftreten, viele sogar darin, dass sie wie ihr Lehrer Pfeife rauchten. Seitz gab sich bewusst schlichter und weniger ambitioniert, er war von Haus aus jemand, der Attituden nicht schätzte.

Nach ersten Erfolgen und fünfjähriger Kriegsteilnahme galt er als eines der Talente, mit denen die deutsche Bildhauerei den Weg von der klassischen Moderne in die Zukunft fand. Gleich nach Kriegsende hatte er mit neununddreißig Jahren bereits einen Lehrstuhl an der Technischen Hochschule in Berlin erhalten, 1947, ein Jahr später, an der Hochschule für Bildende Künste in Berlin-Charlottenburg. Er gehörte wie sein Generationsgenosse HAP Grieshaber zu den Künstlern, die eine Teilung Deutschlands nicht zur Kenntnis nehmen wollten. Er lehrte in beiden Teilen Berlins und war Mitglied der westdeutschen »Neuen Gruppe«. Als er in Weimar den ostdeutschen »Nationalpreis« erhielt und er die Mitgliedschaft der »Deutschen Akademie der Künste« der DDR annahm, wurde er auf öffentlichen Druck hin aus seinem Lehramt in Berlin-Charlottenburg entlassen.

Seinem wachsenden Ruhm tat dies keinen Abbruch. Seitz galt in Ost und West bald als einer der führenden deutschen Portraitbildhauer. Dass er 1958 den Osten verließ, hatte denselben Grund, aus dem auch andere Intellektuelle wie Hans Mayer oder Ernst Bloch sich damals für einen Lebensraum im Westen entschieden – sie wählten die Freiheit. 1952 musste Seitz erleben, dass die gesamte Auflage seines Buches mit Studienblättern aus China, zu dem Anna Seghers ein Vorwort geschrieben hatte, in der DDR eingestampft wurde. Ein Jahr später konnte es erscheinen. Man brauchte jemanden wie ihn, um mit ihm im »neutralen« Ausland einen guten Eindruck zu machen, vor allem wenn man einen Sendboten schicken wollte, der gut aufgenommen wurde. Als Thomas Manns 80. Geburtstag bevorstand, konnte Seitz nach Zürich reisen und ihn portraitieren. Er genoss also manche Freiheiten, aber von jetzt an wollte er dem SED-Regime entkommen und suchte dazu eine passende Gelegenheit. Verhandlungen mit der Kasseler Werkkunstschule scheiterten, 1958 jedoch wurde er nach Hamburg an die Hochschule für Bildende Künste berufen.

Um 1963 besuchte ich Gustav Seitz erstmals in seinem Atelier, das neben dem von Bontjes van Beek lag. Er hatte gerade seine große Bronze »Flensburger Venus« vollendet, die die Stadt allerdings nicht aufkaufte. Ich konnte sie fünfundzwanzig Jahre später für den Gottorfer Skulpturenpark erwerben, sodass sie ihren Platz nur rund zwanzig Kilometer südlich ihres ursprünglichen Bestimmungsortes fand. Sie verbindet wie selbstverständlich Wirklichkeitsnähe und Abstraktion, und sie beherrschte im Atelier den Raum, in dem bald darauf die eindrucksvollen, monumentalen Torsi als Höhepunkt und Abschluss des Lebenswerks von Gustav Seitz entstehen sollten.

Obwohl wir Seitz schon 1961/62 den Auftrag für ein Bildnis Erich Meyers, des kurz zuvor pensionierten, hochverdienten Direktors unseres Museums, gegeben hatten und wir 1966 für unsere private Sammlung eine erste Arbeit des Künstlers erwarben, scheute ich mich, ihn wegen weiterer Erwerbungen für meine Museumsabteilung anzusprechen. Seitz war mit Alfred Hentzen, dem Direktor der Hamburger Kunsthalle, eng befreundet, und ich wollte keine persönlichen oder institutionellen Probleme provozieren, umso mehr nicht, als Hentzen als Kommissar des deutschen Pavillons auf der Biennale Venedig 1968 seine Auswahl gegen den Strich getroffen hatte; er präsentierte Richard Oelze, Horst Janssen und Gustav Seitz, was ihm böse Häme der fortschrittlich agierenden Szenerie einbrachte. Hentzen bewies Charakter.

Seitz wiederum, dem ich meinen Zorn über diese Form der Dummheit deutlich zeigte, suchte nun engere Verbindung zum Museum für Kunst und Gewerbe; er schenkte uns seine beiden Portraitköpfe von Jan Bontjes van Beek.

Sie fanden ihren Platz inmitten der inzwischen bedeutend erweiterten Sammlung von dessen Gefäßen.

Bei den nun regelmäßiger erfolgenden Besuchen in seinem Atelier erzählte der Bildhauer von einem Plan. Er wollte die Bronzereliefs mit Akten und Liebespaaren, die er 1963, also in seiner Hamburger Zeit, begonnen hatte und von denen um 1967 genügend zu existieren schienen, zu Türflügeln eines Portals zusammenfügen. Die meisten dieser Reliefs feiern die Freuden der Liebe sehr anschaulich, von einigen Reliefs abgesehen, die durch die Beschäftigung mit dem Mond nach der Landung von Armstrong im Sommer 1968 entstanden; andere wiederum zeigen Paraphrasen griechischer Dorfarchitektur. Ein solches Portal brauchte selbst eine geeignete Architektur. Nun besitzt der Historismus-Bau des Museums für Kunst und Gewerbe, das die sparsamen Hamburger 1877 für zwei Museen und drei Schulen gebaut hatten, mehrere Eingänge. Einer von ihnen erschien uns als die auch in den Maßen bestens geeignete Stelle für die Gestalt.

Seitz war von der Idee begeistert und hatte auch schon einen Titel parat: »Porta d'Amore«. Wie das Ganze aussehen sollte, wusste er jedoch noch nicht. Wenn man 1968 sein Atelier betrat, war der Boden meist von den Reliefs bedeckt. Dazwischen und auf den Tischen lagen Skizzen für die Ordnung und Rahmung der Platten. Wir drängten ihn nicht, denn wir glaubten, die Sache könne in aller Ruhe reifen. Ein vor allen anderen 1957 modelliertes Relief allerdings hatte seinen festgelegten Platz. Der frei vorragende Oberkörper einer »Neugierigen« sollte zum Handgriff, ihr Kopf zu dessen Türknauf werden.

Beim Spiel mit den Platten merkte Seitz, dass ihre Zahl für die vorgesehenen Maße nicht ganz reichte; also dachte er an einige weitere. Auch dadurch ergaben sich Verzögerungen. Vor allem aber war es das Vergnügen, das der Bildhauer an seinem Arrangementspiel hatte; der Spaß daran ließ ihn noch nicht zu einer Entscheidung kommen. Als er 1969 erkrankte, nahm er seine Schwäche zunächst nicht ernst, sondern machte sich an ein weiteres Großprojekt, einen Brunnen für Hameln, und blieb um eine glückliche Vollendung der »Porta d'Amore« unbesorgt. Noch in der Klinik sprach er davon. Ebenso berichtete er von seiner Krankheit, über deren Charakter man ihn getäuscht hatte; fast mit einem gewissen Stolz erklärte er, er habe die gleiche wie Max Beckmann.

Nach seinem Tod im Oktober 1969 überlegten wir, wie das Portalprojekt realisiert werden könne. Edgar Augustin, einer seiner von ihm besonders geschätzten und anerkannten Schüler, übernahm nach Gesprächen mit der uns sehr entgegenkommenden Luise Seitz 1971 die Aufgabe, indem er ohne eigene Zutat das Vorhandene in eine einfache, geschlossene Ordnung brachte und die wenigen fehlenden Platten durch doppelt gegossene ergänzte, vorwiegend durch ornamentale Reliefs und einige mit einem Mondkreis. Augustin fügte für das Sandstein-Tympanon einen Tondo mit Früchten hinzu, deren Form den prallen Leibern der mit Liebesspielen beschäftigten Mädchen entsprach. 1973 konnte die Tür angebracht werden. Sie fand nicht nur Bewunderung, sondern zog auch einige wenige Proteste auf sich. So erhielt ich den empörten Brief einer wohl älteren Dame. Sie schrieb, wie entsetzt sie gewesen sei, als sie vor der Tür gestanden habe. Was man da sähe! Es möge ja sein, dass so etwas bei Tieren vorkomme, aber am Museum ... Ich bezweifle, dass mein begütigender Brief mit einer erklärenden Antwort die Dame beruhigte. Dass die Liebe immer schon ein künstlerisch stimulierendes Spiel war, von der Antike bis zum biblischen Sündenfall und zu den Reliefs an indischen Tempeln, davon wollte sie nichts hören.

Weil für Gustav Seitz der Eros im Mittelpunkt seines Lebenswerks stand, fand er in der Antike wie in der ihr folgenden Tradition seine Maßstäbe; er schätzte Maillol und Despiau außerordentlich. Bereits 1929, mit dreiundzwanzig Jahren, hatte er Despiau besucht. Maillol dagegen konnte er nicht mehr kennenlernen, aber es zog ihn in die Nähe von dessen Lebensraum, nach Südfrankreich, in den kleinen, katalanischen Küstenort Collioure; dort verbrachte er 1963 inspirierende Wochen. Mit französischer Kunst verband ihn eine ihm bewusste Wahlverwandtschaft. Natürlich schätzte er Bildhauer, deren Verständnis der menschlichen Gestalt seinem eigenen entsprach. Er rühmte in diesem Sinn immer wieder auch einen weniger bekannten Kollegen wie Marcel Gimond, den er 1952 nach einem Besuch bei Picasso kennengelernt hatte. Gemeinsam mit Hans Wimmer, der wie Gustav Seitz von den »Ewig Morgigen«, ein Spottwort meines Bremer Kollegen Günter Busch, gern ins Abseits geschoben wurde, setzte er sich für die Jüngeren ein, die sich nicht irritieren ließen. Ihn kümmerte nicht, dass jemand andere Wege ging als er selbst, wenn er von dessen Qualität überzeugt war. Wir erfuhren es im Frühjahr 1958, als wir mit ihm durch Paris zogen, ins Atelier von Delacroix gingen und eine Ausstellung von Giulio Gonzales besuchten.

Trotz mancher Schikane, die Seitz in Ost-Berlin erlebt hatte, verteufelte er nicht jeden, den er dort getroffen hatte. Er bewahrte sich ein gutes Gedenken an Heinrich Mann und Bertolt Brecht, Paul Dessau und Hanns Eisler; er modellierte ihre Portraits ebenso eindrucksvoll wie später die Köpfe von Tadeusz Kantor, Oskar Kokoschka und Eduardo Paolozzi. Er empfand für sich keine Brüche in seiner Entwicklung, weil er immer er selbst geblieben war; er feierte das Leben. Seine letzten Statuetten waren »Idole« von phallischer Form und mit Brüsten, Zeichen seiner ungebrochenen Vitalität noch vor dem Erlöschen.

Hans Wimmer

»Hier ist Wimmer.« Mit dieser knappen Auskunft, die ich im Laufe der nächsten Jahrzehnte noch oft hören sollte, nahm ich während eines kurzen Aufenthalts in München im Frühjahr 1970 mit dem Bildhauer Verbindung auf. Ich hatte Kokoschka zur Vorbereitung einer Hamburger Ausstellung getroffen und dabei eine Photographie seines neuen, von Wimmer modellierten Portraitkopfes gesehen. Er zeigt ihn im Alter von einundachtzig Jahren, melancholischer, als ich den Maler damals erlebte – eine Vorahnung des Lebensendes, wie sie sich zwölf Jahre später in seinem Gesicht spiegeln sollte.

Man soll Künstler nicht ohne konkreten Anlass stören. So hielt ich es auch mit Hans Wimmer, den ich bei aller Wertschätzung noch nie aufgesucht hatte. Jetzt gab es dazu einen Anlass, ich bat ihn um die Leihgabe des Portraits für die Ausstellung; wir konnten uns zwar nicht gleich treffen, doch die Bronze kam pünktlich zur Ausstellung und konnte im Museum wenig später trotz des Widerstands meines damaligen Direktors dank mäzenatischer Hilfe auf Dauer ihren Platz finden.

Auf meine Anfrage erhielt ich am 11. September, nach Ende der Ausstellung, mit dem ersten Brief Wimmers an mich seine Zusage für den Erwerb: »Sie hatten ehemals angedeutet, dass Sie diesen Kopf überhaupt gerne behalten

Hans Wimmer und Heinz Spielmann, um 1990

möchten. Ich würde mich freuen. In meinem Alter möchte man sein Haus bestellen und seine Kinder gern untergebracht wissen. Und da Sie nun schon ein Erbsohn und Verehrer von Kokoschka sind, wie ich und meine ganze Familie, so wär's also eigentlich eine Lösung ...« Nicht viel später wurde mir klar, dass ich ausgesprochenes Glück hatte, denn Wimmer war mit seinen Verkäufen sehr wählerisch und hielt die Stückzahlen seiner Güsse in engen Grenzen: »Die erste Fassung besitzt das Germanische Nationalmuseum in Nürnberg, die zweite ist die, welche bei Ihnen war ... Ein dritter Guss existiert noch nicht ... mehr als 4 möchte ich keinesfalls machen ... Außerdem wird keiner dem anderen gleichen. Ich ändere immer am Wachsmodell ab, was ich inzwischen glaube ändern zu müssen«, beschrieb er das nach Hamburg gelangte Exemplar. Tatsächlich wurden dann insgesamt nur drei Güsse ausgeführt; das Gussmodell aus Gips gelangte mit dem gesamten Atelier später in die Gottorfer Sammlung.

Kokoschka hatte sich 1972 mit einigen Portraitzeichnungen Wimmers revanchiert, von denen Olda Kokoschka zwanzig Jahre später zwei dem Schleswig-Holsteinischen Landesmuseum schenkte. Wimmer schrieb, die Blätter, von denen er zwei mit nach Hause nehmen durfte, bewiesen »täglich mehr Explosionskraft«. Die sehr verschiedenen fünf, sechs Zeichnungen zeigen ihn gelassen, angespannt, abwägend hinschauend, in einem Fall ähnlich wie in den Monaten vor seinem Tod, als er, bereits schwer erkrankt, mit letzter Kraft seine Biga neben dem Gottorfer Kreuzstall aufstellte.

Seit dem Ankauf des Bronzeportraits hatten meine Frau und ich das Vergnügen, Hans Wimmer über zwei Jahrzehnte hinweg in seinem Atelier zu treffen; in der Zeit dazwischen erhielten wir ständig seine – oft neben Zeichnungen geschriebenen – Briefe, in denen er von seinen jeweiligen Arbeiten, selten von sich sprach. »Von sich absehen ist alles«, lautet einer der Aphorismen in seinem kleinen Buch »Über die Bildhauerei«. Sie war für ihn auf Norm und Gesetzmäßigkeit gerichtet, getragen von individueller und phantasievoller Beherrschung des Metiers: auf der Höhe der Zeit, dennoch in Distanz zum Zeitgeist, klassisch, nie klassizistisch.

Er hatte in der jungen Bundesrepublik zunächst großen Respekt gefunden. Kein im Westen lebender Künstler fand während der achtziger Jahre in der DDR ein so nachhaltiges Echo wie er, obwohl er als entschiedener Gegner jeder Ideologie nie in die DDR reiste. Dass die gängige Kunstszene Westdeutschlands, von München und Hamburg abgesehen, ihn seit den siebziger Jahren kaum noch beachtete, spricht nicht gegen ihn. Welche Kunst von Rang hätte je in der Identifikation mit dem Zeitgeist Zukunft gehabt?

Wie kritisch Hans Wimmer war, erlebte man, wenn man mit ihm vor alten oder neuen Bildwerken stand; er war ein ungemein genau hinsehender Beobachter und ein kompromissloser Richter, aber niemandem gegenüber blieb er so kritisch wie gegenüber sich selbst. Er nahm sich viel Zeit, bis er eine Figur als gelungen ansah, und es konnte geschehen, dass er sich sogar eine bereits gegossene Bronze erneut vornahm. Wir sahen eines Tages ein Exemplar seiner schönen Bronzebüste »ABA«, der »Belle Africain«, um Armansatz und Brüste beschnitten, auf einen Torso reduziert. Einer seiner vollkommensten Figuren, seiner bereits in Bronze gegossenen »Desdemona«, schnitt er ein Bein ab, um es dann um zwei Millimeter versetzt wieder anzuschweißen. Wer so viel von sich forderte, durfte auch anderen gegenüber streng sein. Viele meiner

Bildhauerfreunde, auch solche, die sich ganz andere Ziele setzten als Wimmer, sahen in ihm und seinem unirritierbaren Beharren auf einer letztgültigen Form ein Regulativ. Er war ein »Bildhauer für Bildhauer«, wie Goya, Manet und Liebermann etwa Velázquez als »Maler für Maler« schätzten.

Hans Wimmer war höflich im Umgang, seine Überzeugungen äußerte er allerdings mehr im Gespräch unter vier Augen als in größerem Kreis. Wenn er etwas niederschrieb, benutzte er das Wort spontan, exakt und anschaulich formulierend. So schrieb er mir für eine Festschrift neben eine Aktzeichnung: »Das Werk der Kunst ist unempfindlich gegen Beschädigungen, äußerst empfindlich dagegen gegen Veränderungen. Der abgeschlagene Arm schadet der Figur wenig, dagegen der ergänzte ...«, und fügte zum Beweis hinzu: »Ich sollte einmal den abgebrochenen und verloren gegangenen Finger des ›Gestürzten‹ von Lehmbruck ergänzen und musste mein Unterfangen aufgeben.«

Fast jeder Tag Hans Wimmers begann mit einem Ritt in den Englischen Garten, unbekümmert um etwaige Folgen für sich selbst. Beiläufig erwähnte er in einem Brief vom 14. Juni 1972 einen Reitunfall: »Wissen Sie eigentlich, dass ich einen Reitunfall hatte? D. h. eine dumme Bewegung in der Luft (bin nicht vom Pferd gefallen) hat mir die Halswirbelsäule verrückt, was jedoch genügte, um die linke Hand, vor allem den kleinen und den Ringfinger, empfindlich zu stören ... Das hat mich dezimiert und tut es heute noch – keine weiteren Lamentationen für heute«, schließt der Brief. Im nächsten lag die Photographie eines Lippizaners aus der Wiener Hofreitschule. Er kündigte an, dass die vor einiger Zeit begonnene Zeichnungsfolge nach Dressurübungen des berühmten Gestüts nunmehr abgeschlossen sei. Er hatte erneut viele Tage vormittags während der Morgenarbeit in der Reitschule skizziert und setzte nachmittags im Hotel diese Skizzen in Blätter größeren Formats um, deren Gesamtheit zur modernen Paraphrase der alten, gestochenen Dressurzyklen wurde.

Sosehr er Oberst Hans Handler, den Chef der Hofreitschule, schätzte, so sarkastisch amüsierte er sich über die österreichischen Respektsbezeugungen vor Adel und Titeln. Nach der Morgenarbeit in der Reitschule machte er meist im gegenüber der Hofburg liegenden Café Dehmel eine Pause. Er erzählte auf gut Niederbayrisch: Als er eines Tages alle Café-Tische besetzt fand, habe er seinen Mantel einfach auf einen Kellner wie auf einen Kleiderständer gepackt und sei gleich mit »Herr Graf« angeredet worden.

Es lag nahe, den Zyklus der Reitschul-Zeichnungen in einer Mappe mit Faksimile-Drucken zu publizieren. Jeder Reiter musste, wie sich unschwer voraussagen ließ, sofort erkennen, wie professionell bei aller Freiheit des Modellierens mit dem harten Bleistift das Ganze und jedes Detail erfasst war, das Einreiten durch die Pilaren und das Voltigieren, die Piaffen und Ballotaden, die Levaden, Courbetten und Capriolen.

Angesichts der Güte der Reproduktionen fing Wimmer immer mehr Feuer, kümmerte sich sogar um den Werbeprospekt. Das so sorgfältig ausgeführte Projekt endete mit einem bis heute ungeklärten Verlust. Die Zeichnungen verschwanden. Warf ein Ignorant sie als nicht mehr benötigte »Druckvorlagen« weg? Die Blätter sind bis heute verschollen, ausgenommen diejenigen, die als Varianten nicht in die Mappe aufgenommen wurden.

Mit einer Enttäuschung endete auch ein anderes Projekt. Angeregt durch die Filmaufnahmen Kokoschkas, beschäftigte Gyula Trebitsch die Idee, eine Reihe mit Filmportraits lebender Künstler zu drehen. Ich schlug ihm eine Folge vor, in der Künstler und Werk in je einem Thema vorgestellt werden sollten, z. B. Grieshaber mit dem »Totentanz« von Basel, Kokoschka mit den Entwürfen zur »Zauberflöte« in Furtwänglers Interpretation, Moore mit Lithographien von Stonehenge, Hans Wimmer mit den Zeichnungen zur Spanischen Reitschule, lauter Themen, die das Verständnis eines breiten Publikums in der Gegenüberstellung von Realität und großer Kunst fördern konnten. Heute wären diese Filme historische Dokumente. Die Programmmacher des Fernsehens verwarfen das Projekt; offenbar entsprach es nicht dem Entertainment-Charakter der »Kultursendungen« und den Einschaltquoten-Erwartungen.

Was Wimmer betrifft, resultierte aus der Idee wenigstens ein bescheidenes Dokument. Zur Vorbereitung des uns beschäftigenden Unternehmens führte ich mit Hans Wimmer in seinem unter dem Dach gelegenen Zeichenstübchen ein Gespräch, das wir auf einer Kassette festhielten. Durch meine kürzeren Fragen angestoßen, äußerte sich der Künstler zur Reitschule und den dort entstandenen Zeichnungen, zum Verhältnis von Wirklichkeit und Abbild, von organischer Natur und der Stereometrie der Bildhauerei, zu deren Gesetzen, von denen er überzeugt war. Anfangs durch Mikrofon und Kassettenwechsel irritiert, vergaß er bald völlig die Technik, sprach ungezwungen über die angeschnittenen Themen, artikulierte seine Bekenntnisse in einer anschaulichen und einfachen, die differenziertesten Probleme klar umreißenden Sprache. Als wir uns die Aufnahme zur Kontrolle anhörten, war er über sich selbst erstaunt: »Das brächte ich nicht noch mal zusammen.« Seine Aussagen erschienen 1982, durch geringfügige redaktionelle Korrekturen druckreif gemacht, in einem Hamburger Ausstellungskatalog als authentische Einführung in Wimmers Werk.

Noch während der Entstehung der Reitschul-Mappe kündigte der Bildhauer am 29. April 1973 einen weiteren Besuch im deutschen Norden an: »Ich soll im Mai nach Lübeck fahren, um dort eine architektonische Situation anzuschauen.« Die Reise verzögerte sich etwas, wie er am 8. Juni meldete: »Am Samstag, dem 16., müsste ich um 16 Uhr vor dem Dom stehen.« Es ging um eine nicht leichte Aufgabe. Fritz Schmalenbach, der Direktor der Lübecker Museen, wollte die von Carl Georg Heise begonnene Tradition fortsetzen, also die mittelalterliche Architektur Lübecks mit moderner Skulptur bereichern, ganz wie es mit den Figuren von Ernst Barlach und Gerhard Marcks an der Fassade der Katharinen-Kirche geschehen war. Jetzt sollte vor der Fassade des von Heinrich dem Löwen gegründeten Doms ein Denkmal seines Gründers entstehen. Während wir, etwas vor dem vereinbarten Termin, an Ort und Stelle warteten, schritt Wimmer immer wieder unter den von der hellen Nachmittagssonne beschienenen Türmen auf und ab, ging entlang der monumental aufragenden Westfassade zum seitlichen Eingang, in dessen Nähe ein Abguss des Braunschweiger Löwen steht. Er kam zu dem Schluss, dass vor der Wucht des romanischen Mauerwerks nichts stehen dürfe. Anders sei es an der Nordwestseite, wenn man den Abguss an eine weiter entfernte Stelle schaffen könnte und er durch ein authentisches Werk ersetzt würde. Als man beschied, am Platz des Löwendenkmal-Surrogats dürfe nicht gerüttelt werden, beendete er entschlossen alle Gespräche. So entgingen Lübeck innerhalb kurzer Zeit zwei großartige Werke, hatte der Kirchenvorstand der Domgemeinde doch auch Kokoschkas Kreuzigungsmosaik abgelehnt.

Seine Maßstäbe – nicht seine künstlerische Handschrift – gewann Hans Wimmer von seinen Wahlverwandten. Beiläufig erfuhren wir davon aus seinen Briefen. Am 4. Januar 1974 notierte er in Wien: »… wir haben hier die Ausstellung von Giambologna besucht«, und am 26. Juli 1984: »Es ist doch sehr instruktiv, vor den Originalen des Leonardo zu stehen, obwohl sie verhältnis-

mäßig klein sind. Ich jedenfalls kann mir eine Menge herunterschneiden ...«
Er ließ keine Möglichkeit aus, Zeichnungen von Leonardo zu sehen, und reiste eigens nach Hamburg, als in der Kunsthalle Leonardos Blätter aus Windsor Castle ausgestellt wurden. Wir schauten sie ungestört während eines Montags an, als das Museum für das Publikum geschlossen war. Wimmer hatte sich auch in fortgeschrittenem Alter die Schärfe des Blicks bewahrt. Er benötigte keine Brille, ging zwei Stunden die Wände entlang und blieb immer wieder vor den Zeichnungen stehen, auf denen mit dünnen, scharfen Linien die Einzelheiten einer Pflanze, eines Tieres oder von menschlicher Anatomie festgehalten sind. Man spürte, dass hier jemand hinschaute, der dieses Eindringen in die Natur mit dem Auge, ihr Verständnis aus dem Sehen übte. Er wies auf Einzelheiten hin, an denen die Genauigkeit von Leonardos Wahrnehmung besonders evident ist. Wimmer teilte mit seinen Renaissance-Kollegen die Einsicht, dass sich in Geometrie und stereometrischen Körpern das Wesen der Natur spiegele.

Er sah sich jedoch durch nichts in der alten Kunst so herausgefordert wie durch die monumentalen Pferdebronzen der Antike und der Renaissance. Zusammen mit Ludwig Curtius, dem Direktor des Deutschen Archäologischen Instituts in Rom, der Wimmers Talent schon 1941 erkannte, stieg er mit vierunddreißig Jahren auf das um Marc Aurel errichtete Gerüst, um die Bronze genau zu vermessen. Ein halbes Jahrhundert später untersuchte er die Rosse von San Marco, als sie nach der Restaurierung direkter erreichbar waren. Was er von der Antike lernte, ahmte er nicht nach; er zog daraus allgemeingültigere Lehren, unter seinen Pferdebronzen auf das Abstrakteste in dem zwischen den Münchner Pinakotheken aufgestellten »Trojanischen Pferd«.

Natürlich lernte Hans Wimmer aus Antike und Renaissance auch viel für seine Portraits. In kaum einem anderen seiner Bildnisse wird die Beschäftigung mit dem antiken Erbe so deutlich wie im Kopf von Benito Mussolini. Um 1980 erzählte er mir, wie es dazu kam. Ludwig Curtius war in den frühen vierziger Jahren mit seinem Museumskollegen, dem Direktor des Palazzo Venezia, gut bekannt, wo auch »Il Duce« residierte. Als dieser ihn gefragt habe, ob er ihn nicht portraitieren wolle, habe es ihn natürlich »gejuckt«. Mussolini habe sich ihm nicht als Diktator, sondern als passionierter Bewunderer von Kunst und Künstlern gezeigt.

So hatte er sich in den dreißiger Jahren auch Giorgio Morandi gegenüber verhalten, als er eines von dessen Stillleben für sich erwarb. Wimmer erlebte das Verständnis des Duce von Kunst ebenso wie dessen Zweifel. Während der Sitzungen habe er ihn gefragt, »ob wir wohl den Krieg gewännen ... Na, das war so eine Frage. Ich antwortete ihm, das könne ich als Künstler nicht beantworten, das könne er als großer Staatsmann besser beurteilen«, gab Wimmer die Unterhaltung wieder. Die Skepsis des Diktators spiegelt sich in dem Bronzekopf mit leeren, an Funde der späten römischen Republik erinnernden Augen.

»Er war so bei der Sache, dass er sich ausgezogen hätte, wenn ich ihn darum gebeten hätte.« Mussolini mag mit Blick auf die heroischen Figuren nackter römischer Kaiser mit einer solchen Idee gespielt haben, aber der junge Bildhauer begnügte sich mit dem Kopf. Auf meine Frage, ob er eine Aktfigur Mussolinis modelliert habe, ging er in den Nebenraum seines Ateliers, wo er seine Gipse aufbewahrte, und holte eine kleine Statuette. Er hatte sie heimlich aus der Erinnerung gleich nach den Sitzungen modelliert. Sie stellt Mussolini in eng anliegender, seinen Körper mehr betonender als verhüllender Uniform dar, mit leicht vorgewölbtem Bauch und hochgerecktem Kopf, in einer für ihn typischen Rednerpose – als Karrikatur. Ob er ihm die Statuette gezeigt habe? Wimmers Antwort: »I hab mi net getraut.« Wohl traute er sich, das lebensgroße Mussolini-Portrait in Deutschland auszustellen. Er ahnte nicht, welches Risiko er damit einging. So zaudernd und fragwürdig dürfe man den Duce nicht portraitieren, hieß es. Der Bronzekopf wurde kurzerhand aus dem Verkehr gezogen. Noch übler erging es ihm mit einem Hitler-Kopf. Er sah den deutschen Diktator nur einmal kurz, als er zum Spalierstehen abkommandiert wurde. Hitler sei um Autogramme gebeten worden, habe zufällig neben ihm angehalten, eine Schreibunterlage gesucht, ihn kurzerhand umgedreht und auf seinem Buckel seinen Namen geschrieben. In diesen Augenblicken habe er ihn unmittelbar vor sich gehabt und aus der Erinnerung das Portrait gemacht. Als die Kunstrichter das Ergebnis sahen, wurde der Künstler eingezogen und zur Bewährung an die russische Front kommandiert. Den Kopf, der offenbar die dämonischen Züge Hitlers hervorhob, hat Wimmer mit seinem Sohn zusammen an der tiefsten Stelle des Königssees versenkt, nachdem er ihn in Stücke geschlagen hatte. Leider existiert von ihm keine Photographie.

Das Atelier Wimmers lag im Hinterhof der Münchner Amalienstraße 81. Es war ein hoher, von einem großen Nordfenster belichteter Raum von etwa quadratischem Grundriss. Wenn man die Durchfahrt passiert hatte und die Straßengeräusche leiser wurden, stand man vor einer unansehnlichen Haustür mit alten Klingelknöpfen und gelangte über ein staubiges Treppenhaus der Gründerzeit zu einer Wohnungstür, die schon bessere Zeiten gesehen hatte. Haus und Atelier erschienen wie das Relikt eines anderen Zeitalters. Kein Wunder, dass sie 1992 von Baggern beseitigt wurden, um einem rentableren Gebäude Platz zu machen.

Angelika und ich empfanden es als Auszeichnung, dass wir jederzeit zum Atelier Zutritt hatten, zumal uns seine Frau Gabriele erklärte, dass ihr dies nur selten gestattet sei. Einmal erlebten wir, dass er einen uns lieben Kollegen nicht einließ, sondern freundlich vor der Tür abfertigte. Hinter der Tür hing im Dunklen das Plakat mit dem Kopf Amenophis IV., das Almir Mavignier für unsere Hamburger Echnaton-Ausstellung entworfen hatte. Daneben stand der Gips für Wimmers »Mozart-Stein«: Die Antike und die Musik als Parameter von Wimmers Auffassung der Bildhauerei.

Den Hauptraum des Ateliers empfand man als Kubus, obwohl er vermutlich weniger hoch als breit und tief war. Die Höhe des Raums war der Parameter der Figuren, der großen wie der kleinsten. Sie standen vor ehemals weißen, jetzt mit grauer Patina überzogenen Wänden. Auf die dem Fenster gegenüberliegende Wand war ein Aufriss von Wimmers Reiterdenkmal Ludwigs des Bayern gezeichnet; wir konnten diese große Zeichnung später mithilfe eines vorzüglichen Restaurators von der Wand lösen. Auf der Frontwand war versammelt, was dem Bildhauer wichtig war: in einem Regal Tierskelette und anatomische Abgüsse; unweit eines altertümlichen Emaille-Waschbeckens hingen neben einem Portrait der Mutter die Totenmasken von Beethoven, Kokoschka und Bernhard Bleeker, Wimmers Lehrer; darüber ein Bronzekruzifix für sein eigenes Grab. Der Gips nach einem griechischen Reiter-Relief stand in der Nähe des Pferdekopfes vom Denkmal Ludwigs des Bayern, eine Zeit lang auch der Gips des sowohl für Utrecht wie von Günter Busch für die Bremer Kunsthalle erworbenen »Gesattelten Pferdes«. Daneben fand sich Persönliches, die langsam vergilbenden Reproduktionen von Dürers Zeichnung seiner Mutter und eines Dante-Bildnisses, Notizzettel, Zeitungsphotos, auf einem Heizkörper skizzenhaft ausgeführte *modelli*, dazwischen ein kleines Doppelportrait Hans

Wimmers und seiner Frau. Sie blickten auf ein zweckmäßig eingerichtetes Ambiente, in dem sich alles Nötige befand, Werkzeuge, Arbeitsböcke, Styropor, Draht, Latten, Traggestelle, eine Tonkiste.

Wer sich setzen wollte, hatte einen Stuhl und einen Hocker zur Auswahl. Der Raum füllte sich ständig mit neuen Arbeiten; wir sahen in ihm unter anderem die Figuren des letzten Lebensjahrzehnts entstehen, die fast schwebende »Desdemona«, eine »Große Sitzende« und eine flach ausgestreckte, wie im Wasser schwebende junge Frau, die er gelegentlich »Ophelia« nannte. Mit der Wagenlenkerin und den Rossen der Biga entstand eine gewisse Enge, die Wimmer irritierte.

Eines Tages fand ich ihn vergnügt mit mehr Platz um sich herum. Er berichtete stolz, er habe an diesem Morgen eine Reihe Gipsmodelle zerschlagen, da er nicht wolle, dass davon später Bronzegüsse gemacht würden. Mir entfuhr es: »Sind Sie verrückt, das dürfen Sie nicht. Stellen Sie sich vor, Rodin und Brancusi hätten ihre Gipse zerschlagen! Gipse sind doch das Authentischste, was ein Bildhauer aus der Hand geben kann.« Wimmer entgegnete so lakonisch, wie er vom Zerschlagen der Modelle erzählt hatte: »Jo mei, do ham Sie eigentlich recht«, und gab die Idee weiterer Zerstörungen auf, andernfalls hätten wir nach seinem Tod nicht diesen Teil seines Erbes zu retten vermocht.

Meine Frau hat das Atelier während der beiden Jahrzehnte, in denen wir häufig dort waren, mehrfach photographiert, sodass wir es, auf diese Bilder gestützt, nach der Rettung, Überführung und Aufstellung seines gesamten Bestands auf Gottorf wieder dokumentarisch getreu rekonstruieren konnten. So bestand es bis 2007, bis es neun Jahre nach meiner Tätigkeit aus dem Zusammenhang der Sammlung gerissen wurde und einen Platz neben Treckern und Mähmaschinen fand.

Wimmer war ein sich sehr offen mitteilender Briefschreiber, er formulierte sein Anliegen einfach und klar, ohne Phrasen oder Pathos, ohne klischeehafte Anleihen, sehr eigenständig, gelegentlich auch sarkastisch. Sein 2008 von Uta Kuhl herausgegebener Briefwechsel mit Gerhard Marcks verrät dies ebenso wie die jahrzehntelang geführte, noch nicht publizierte Korrespondenz mit Ernst Jünger. Selbst hat er wenig mehr als zwei schmale Bändchen veröffentlicht. Eines davon, die Gedanken »Über die Bildhauerei«, wurde erstmals 1961, ein zweites Mal 1982 gedruckt, ohne dass er etwas ändern musste. Das andere beschreibt seine »Niederbayrische Kindheit und Jugend«, sein Schwanken, ob er Musiker oder Bildhauer werden solle. Er hatte sehr früh erste Kompositionen verfasst und stand zeitlebens bedeutenden Musikern nahe. Er portraitierte Hans Knappertsbusch, Wilhelm Furtwängler und David Oistrach. Kunst verstand er umfassend; dies spürt man auch in seinen Texten, die ausschließlich der Bildhauerei gewidmet sind. Dass Reiner Kunze ihn zitierte, als er nach seinen küstlerischen Überzeugungen gefragt wurde, belegt die Allgemeingültigkeit von Wimmers Gedanken.

Kurz nach Erscheinen seiner Kindheits- und Jugenderinnerungen, die er für seine Kinder und Enkel schrieb, erkrankte Wimmer bedrohlich, was ich erst am 19. November 1982 erfuhr, als das Schlimmste überstanden war: »… es war tatsächlich allerhöchste Zeit … ich hätte keinen halben Tag länger warten können. Nun geht's eher besser, ich bin in guten Händen, mache Fortschritte und hab schon wieder den Bleistift in der Hand.« Zur Demonstration zeichnete er darunter seine Hände, deren rechte seinen Namen unter den abschließenden Gruß schreibt. Zehn Tage später klang die Nachricht noch munterer, unter einem Fries von Utensilien auf dem Nachttisch der Klinik mit Medizinfläschchen, Fieberthermometer und Blumenväschen: »Sie wissen doch, ein Elefantenbulle, ein alter natürlich, der geht allein, will niemand sehen und ist mit Antworten sparsam, auch Freunden gegenüber (die das aber immer verstehen) – ein solcher bin ich jetzt, d. h. ich entwickle mich bereits wieder zurück zu einem jüngeren Elefanten. Ich freue mich schon wieder aufs Grasen. Die letzten Tage in der Klinik nutze ich aus und schreibe an der Fortsetzung meiner Erinnerungen.« Zwischen die Zeilen zeichnete er einen Elefanten, der ruhig grasend seiner Wege zieht. Elefanten tauchten von nun an wiederholt in seinen Briefen auf, etwa ein altes Tier, an dessen Schwanz sich ein junges zärtlich und Anleitung suchend mit dem Rüssel klammert.

Die Heiterkeit der Skizzen und Zeilen konnte nicht darüber hinwegtäuschen, dass der Künstler die auslaufende Sanduhr beobachtete. Er wurde aber nicht larmoyant oder melancholisch, allenfalls etwas sorglos gegenüber sich selbst wie auf einer von mir initiierten Reise nach Santiago di Compostela. Sie erfüllte ihm einen Herzenswunsch, er vergaß in der Begeisterung über alles, was er sah, sich durch einen Hut vor der strahlenden Herbstsonne zu schützen. In Tordesillas erlitt er plötzlich einen Schwächeanfall, den er zwar schnell überwand, aber der alternde Künstler wusste nun, dass er mit seinen Kräften haushaltend umgehen musste. Im November danach berichtete er, dass er gerade sein der Öffentlichkeit geschenktes »Trojanisches Pferd« aufgestellt habe. »Allein, einsam, getrennt auf den anderen Seiten, steht es auf verlorenem Posten. Sieht schön aus.«

Er hatte währenddessen wieder sein Atelier bezogen und dachte an Neues, in Gedanken wohl schon an ein Wunschprojekt, eine Biga (ein Zweigespann). Vorher ging es ihm darum, sein Haus zu bestellen, indem er Passau die wichtigsten der für ihn verfügbaren Arbeiten schenkte, um damit auf der Veste Oberhaus ein Museum einzurichten. Im Frühjahr 1987 konnten die Räume eröffnet werden. Wimmer machte dazu nur wenige Worte – nun habe er den Bildhauerkittel schon so lange getragen, er wolle ihn noch so lange anbehalten, bis er ganz zerschlissen sei.

Ein Jahr zuvor hatte er mir seine Freundschaft erneut bewiesen, als er dem Museum zu meinem Amtsantritt auf Gottorf seine Bronzebüste »Aba – la belle Africain« schenkte. Diese generöse Geste ermunterte mich später zu der Frage, ob er nicht sein wohl letztes großes Werk für einen Platz neben dem ehemaligen Herzogschloss realisieren wolle.

Von seiner Idee zur Biga wusste ich bereits seit 1983, als er mir am 23. August in Anspielung an eine Presserezension geschrieben hatte: »Dem ›Nestor‹ geht's gut, er arbeitet an einem Dreigespann mit Wagen und Fahrerin (für Lebensgröße gedacht).« Die Idee elektrisierte mich, doch wusste ich zunächst noch nicht, wie und für welchen Platz sie ausgeführt werden könne. Das Projekt überstieg die finanziellen Möglichkeiten des Künstlers, die ohnehin durch die Passauer Museumsschenkung angespannt waren. Er änderte das Konzept: An die Stelle des Dreigespanns trat eine Biga mit einer Amazone als Wagenlenkerin, eine Penthesilea als Gleichnis einer selbstbewussten jungen Frau der Gegenwart. Die Änderung erklärte er mir im Februar 1985: »Ein Pferd mehr ist doch gleich wieder was anderes ... nämlich insofern, als der Durchblick (von vorn) bei einem Zweigespann mit der stehenden Amazone zusammen die Komposition schon von Anfang an sichert, während man bei einem Dreigespann in endlose Schwierigkeiten gerät ... Darauf bin ich (oh Schande) erst gekommen.« Eine danebengezeichnete Skizze stellt die modifizierte Idee bereits so vor, wie er sie in einem Modell weiterentwickelte. Dieses Modell stand bereits in der Passauer Sammlung, die Amazone belebte bald in einem Bronzeguss das Atelier.

Sollte es gelingen, die Biga für das Pferdeland Schleswig-Holstein zu gewinnen, würde damit auch das Lebenswerk Hans Wimmers gekrönt werden, daran gab es für mich keinen Zweifel. Aber auch nicht daran, dass die Erfüllung des Wunsches ein Wettlauf mit der verrinnenden Zeit war; ich musste sicher sein, dass nicht nur die Gelder parat standen, sondern potentielle Mäzene auch etwas Konkretes zu sehen bekamen. Also entwickelten wir einen ebenso einfachen wie soliden Plan. Die Wagenlenkerin existierte bereits; sie konnten wir risikofrei kaufen. Der Erlös erlaubte Wimmer weiterzuarbeiten, wir konnten Zug um Zug das Honorar für das Modell des ersten Pferdes, des zweiten Pferdes, des Wagens, für die Güsse und die Aufstellung bezahlen. Das Placet des Gottorfer Freundeskreises zu diesem Verfahren konnte ich 1989 einholen. Ein Jahr später stand das erste der beiden Rosse im Atelier, relativ bald auch das zweite, obwohl die Kräfte des Künstlers zusehends schwanden. Bei einem Besuch bekannte er mir, dass ihm äußerliche Realitäten kaum noch bewusst seien, dass er aber im Atelier gegenüber den beiden Pferden alle Sicherheit behalten habe. In dieser Sicherheit entstand auch der Wagen binnen kürzester Zeit. Während des Sommers 1991 kamen die Modelle zum Gießer nach Gernlinden bei Fürstenfeldbruck, und im Herbst konnten wir an die Aufstellung denken.

Ich hatte zunächst an einen Platz im Schlosshof gedacht. Wimmer war davon jedoch nicht angetan. Er bevorzugte eine offenere, von zwei Flügeln des schlichten »Kreuzstalls« mit der klassischen Moderne gerahmte Stelle, als hätte er geahnt, wie gefährdet der Hof war. Genau dort, wo nach meiner ersten Überlegung die Biga gestanden hätte, schlug die bei einem Orkan losgerissene schwere Kupferbedachung des Turms zu Boden; sie hätte die Bronze zerschmettert. Sie stand inzwischen sicher und unbehelligt, wie der Bildhauer es sich wünschte, »neben meinen Kameraden« und war der Öffentlichkeit am 25. März 1992 mit einer großen Thorvaldsen-Ausstellung zugänglich gemacht geworden, die wir im Beisein der dänischen Königin Margarete und des Bundespräsidenten Richard von Weizsäcker eröffnet hatten. Hans Wimmer war zu geschwächt, um noch daran teilnehmen zu können.

Aus München kamen schlechte Nachrichten. An einem Sommerabend rief Peter Wimmer an und berichtete, sein Vater liege im Spital; er habe ihm verheimlicht, dass sein Atelier gekündigt sei, aber mit ihm über dessen künftigen Verbleib gesprochen. Ich dachte an Passau oder eines der bayrischen Schlösser, aber Peter Wimmer meinte lediglich: »Die Bayern sind blöd. Dem Vater wäre es am liebsten, alles käme zu Ihnen.« Da wir dank der Generosität von Rolf Horn durch den Ausbau ehemaliger Stallungen für dessen Sammlung Platz gewannen, konnten wir das Angebot annehmen. Die Bagger für den Abriss standen schon parat, alles musste schnell gehen. Die Abnahme der erwähnten Reiterzeichnung auf Putz gelang ebenfalls in letzter Minute. Hans Wimmer hat die Nachricht von der glücklichen Rettung seines Erbes noch erhalten.

Einer der Aphorismen seiner Schrift »Über die Bildhauerei« klingt wie ein Stoßseufzer des Pygmalion: »Ich wünsche meinen Figuren, dass sie am Jüngsten Tag auferstehen könnten.« Während des lateinischen Requiems in der Münchner Frauenkirche dachte ich weniger an die ewige Ruhe als an die Zukunft von Hans Wimmers Werk.

Hamburger Bildhauerfreunde

Ateliers von figürlichen Bildhauern gleichen oft der Werkstatt des Pygmalion, weil in ihnen eine Metamorphose des Lebens entsteht. Sie erscheinen deshalb als verführerisch. Ich kenne Museumsleute, die sie wegen dieser Ausstrahlung meiden, denn sie glauben, sie trübe das Urteil. Diese Angst erschien mir stets grundlos, denn das Nebeneinander von Entstandenem und Entstehendem macht es leicht, das jeweils Beste herauszufinden.

Meine Frau und ich möchten Besuche in Ateliers nicht missen. Deshalb wurden viele Künstler zu engen Freunden. Zu ihnen gehört eine Reihe von Bildhauern. Jeder von ihnen besitzt eine unverwechselbare künstlerische Identität, obwohl es auch manche Gemeinsamkeiten gibt. Dazu gehören das Vergnügen an der Kochkunst und am Autofahren als sinnlichem Erlebnis ebenso wie das Wissen von der Welt, ihrer Geschichte und ihrer Kunst oder die Vertrautheit mit Widerständen, die sie aus ihrer Arbeit kennen: das nicht einfach zu beherrschende Material der Bildhauerei, das zugleich stimuliert, zum anderen die wirtschaftliche Problematik der Bildhauerarbeit. Diese wirtschaftlichen Schwierigkeiten hätten meine Bildhauerfreunde kaum bewältigen können, wenn ihnen nicht ihre tüchtigen Frauen geholfen hätten. Sie haben ihnen manche Freiheit ermöglicht und ohne viel Aufhebens das Notwendige dafür getan.

Edgar Augustin

Obwohl oder weil Hans Wimmer so überaus kritisch war, setzte er sich für jüngere, ihn überzeugende Talente mit Nachdruck ein. Dazu gehörte der 21-jährige Edgar Augustin, ein ehemaliger Student von Gustav Seitz. Wimmer und Seitz erreichten, dass er ein Stipendium der Villa Massimo erhielt. Mir war davon nichts bekannt, denn ich war Augustin während seiner Jahre am Hamburger Lerchenfeld nicht begegnet. Ich erfuhr von ihm gleichsam durch einen gesteuerten Zufall. Als wir im Sommersemester 1968 Gustav Seitz besuchten, um mit ihm die Realisierung seiner »Porta d'amore« zu besprechen, schaute ich mich um und entdeckte auf einer Pinnwand eine dort mit einer Nadel befestigte Photographie. Sie zeigte einen vor einer Wand sitzenden, in Tücher gewickelten Torso, eine Qual und Todesnähe stoisch ertragende Figur. Trotz der Suggestion, mit der sich die Assoziation an menschliches Leid mitteilte, fehlte der Gestalt jede literarische Sentimentalität, die ähnliche Darstellungen häufig kennzeichnet. Man nahm Haltung und Charakter, keine Not und kein Elend wahr, eine moderne Klassizität zwischen Wirklichkeit und Unwirklichkeit.

Mit den neuen Figuren von Gustav Seitz stimmte der Torso nicht überein. Fasziniert und ahnungslos fragte ich Seitz: »Das sieht ja gut aus, aber ist das von Ihnen?« Seitz klärte mich auf: »Es ist von Edgar Augustin, einem meiner Studenten. Als Sie vorhin anriefen, habe ich das Foto aufgehängt, in der Hoffnung, es fiele Ihnen auf.« Er hatte richtig kalkuliert. Dann zeigte er uns, was er noch von Augustin besaß: ein kleines Relief, das er als Geschenk erhalten hatte, und einige Photographien. Wir bekamen seine römische Adresse und erfuhren, wie er das Stipendium erhalten hatte. Das Jahr in Rom ging bald zu Ende, Grund genug, dem jungen Bildhauer gleich zu schreiben.

Vier Wochen später kam seine einfache und klare Antwort: Er sei am Meer gewesen und habe gerade erst meinen Brief bekommen. In sechs Wochen werde er nach Deutschland zurückfahren. Inzwischen schicke er seinen neuen Mailänder Katalog. Nach der Sommerpause konnten wir uns treffen und drei Bronzen sowie zwei Zeichnungen für das Museum erwerben. Alfred Hentzen kaufte ebenfalls eine Bronze für die Hamburger Kunsthalle, sodass Edgar Augustin nach seiner Rückkehr in Hamburg mit einem guten Start von der Ausbildung in die Selbstständigkeit wechseln konnte. Bald hing in unserer Wohnung seine erste Arbeit, eine Radierung, die Angelika mir zu Weihnachten schenkte, und heute haben wir auch den Torso vor der Wand ständig um uns.

Ein eigenes Atelier konnte sich der junge Künstler noch nicht leisten, aber er konnte für die wachsende Familie eine große Hamburger Wohnung mieten, in der er sich einen Raum für seine Arbeit einrichtete. Mein erster Besuch dort war von Geschrei begleitet; der kleine, dreijährige Sohn Julian hatte seine Aktivität auf ein Marmeladengefäß gerichtet und sich mit dessen Inhalt so gründlich vertraut gemacht, dass es kaum noch eine Stelle gab, an der er nicht verklebt war. Der Vater hatte ihn kurz entschlossen mit allem, was er anhatte, unter die Dusche gesteckt; das Brüllen war seine gerade zur rechten Zeit einsetzende Empfangsmusik. Julian Augustin ist heute ein gesuchter Filmarchitekt.

Edgar Augustin gehörte zu denjenigen, die mit der Moderne früh vertraut wurden; er orientierte sich schon als Schüler und junger Student nicht an wechselnden Klischees, sondern wusste selbst genau, was er wollte. Er hatte mit etwa siebzehn Jahren zu malen begonnen, erkennbar von Francis Bacon inspiriert, der erst später in Deutschland bekannt werden sollte, hatte dann als Goldschmied gelernt, was die Beherrschung des Handwerks ermöglicht, und war nach einigen Semestern von dem in Münster lehrenden Bildhauer Karl Ehlers, einem Weggefährten Emil Schumachers, zu Gustav Seitz gegangen. Seitz bekannte, dass er das Talent seines neuen Studenten zunächst nicht begriffen habe, wohl deshalb, weil die ersten Figuren und Reliefs noch einen malerisch oder zeichnerisch anmutenden Charakter besaßen; bald hätten jedoch die Formen an Volumen und Raum gewonnen und in ihrer subtilen Kraft das eigenständige Talent des jungen Bildhauers bewiesen.

Über seine Motivation und Intentionen sprach Edgar Augustin nie, anders als die meisten gern viele Worte machenden »engagierten« Künstler. Er redete nur über das Konkrete, wie sein ebenfalls aus der Seitz-Klasse kommender Freund Klaus Kütemeier.

Bei aller Sicherheit, die Augustin ausstrahlte, äußerte er manchen Zweifel, nicht an seinen Überzeugungen, wohl aber an der Gültigkeit seiner Arbeiten. Besonders selbstkritsch war er seiner Malerei gegenüber, die er in den achtziger Jahren wieder aufgriff. Seine Skepsis war alles andere als ein *fishing for compliments*; oft musste man ihm mit Nachdruck verdeutlichen, wie gut und eigenständig seine Arbeiten seien, gerade auch seine Gemälde, mit denen er während seines letzten Lebensjahrzehnts wieder an seine Anfänge anknüpfte.

Wer Augustin nicht kannte, hätte ihn wegen seiner brummigen Diktion für unzugänglich halten können. Er verbarg dahinter seine Herzlichkeit und Freundschaft, seine Generosität, Liberalität und Lebensfreude, besonders wenn er gerade kochte, mit uns nach dem Besuch einer Rembrandt-Ausstellung durch Amsterdamer Billard-Kneipen zog und Genever orderte oder im Atelier Haydn-Symphonien mit Antal Doráti hörte.

Da er keine Interpretationen in eigener Sache äußerte und in seinen Gestalten ebenfalls keine Hinweise auf ihre Bedeutung zu erkennen sind, musste man sich selbst einen Reim auf sie machen, vor allem darauf, dass sie durch zwei Darstellungsmodalitäten bestimmt sind. Einerseits handelt es sich um realitätsnahe Figuren von klassischer, aber in den Proportionen unakademisch modifizierter Statur, andererseits um artifizielle Gewandfiguren oder Gewandtorsi. Man begriff diese Ambivalenz sofort, wenn man Augustins Atelier betrat, das sich seit den siebziger Jahren in einem alten Werkstattgebäude in einem Hinterhof der Hamburger City befand. Das Atelier glich den Interieurzeichnungen. Überall standen fertige, in Gips oder Bronze gegossene Aktfiguren neben Torsi, die im Entstehen begriffen waren und deren Ton durch um sie gewickelte Tücher feucht gehalten wurde. Sie standen auf Arbeitsböcken, auf dem Boden, bildeten Gruppen, zwischen denen es spukte. Man glaubte, sich in einer Welt zu befinden, in der sich Realität und Unwirklichkeit zu einer neuen Lebensform verbanden. Augustins Kunst leitet sich von dem ab, was er sich in seinem Atelier als Konkretisierung einer Vision vor Augen stellte; sie führt darüber hinaus aus der Wirklichkeit ins Irreale. Sie spiegelt den Zeitbezug in Distanz vom Zeitgeist, deshalb erfuhr sie Zuspruch und ebenso Kritik.

Die Hölzer des Bildhauers, die seit den späten siebziger Jahren entstanden, galten sofort als ein Wurf; einige der besten sicherten sich führende deutsche Skulpturensammlungen in Hamburg, Bremen, Hannover, Mannheim, Schleswig sowie einige wählerische Privatsammler. Diese Holzbildwerke wurden ähnlich gebaut wie Boote, über Spanten und Gerüsten; ihre Oberfläche besteht aus schmalen, nahtlos zusammengefügten verdübelten Holzteilen. Sie wurden nach ihrer Montage so behandelt wie ein Holzblock. Die Technik verhindert einerseits, dass die Teile wie bei den Skulpturen etwa von Heckel, Kirchner oder Schmidt-Rottluff reißen; sie ist aber nicht so zurückhaltend angewandt wie bei Barlach. Haarfeine Trennlinien zwischen verschiedenen Holzstücken, eingesetzte Keilstücke und wechselnde Maserung betonen den tektonischen Aufbau. Diese Struktur verleiht den Figuren bei aller Lebensnähe einen artifiziellen, mithin realitätsfernen Charakter. Er gleicht dem anderer vermummter Gestalten, die Augustin darstellte, etwa Rugby-Spieler oder Motorradfahrer. Die Oberfläche verbirgt die Regungen, die eine Gestalt bestimmen. Ihre Haltung verrät alles über sie. Vor Edgar Augustins Bildwerken denke ich immer an Johann Gottfried Herders kleine Schrift »Plastik«, in der er sie als das definierte, »was Stellung, Haltung, Charakter ist«.

Edgar Augustin war wie seine Figuren – auch er verbarg sein Selbstverständnis hinter seinem äußeren Habitus. Wenn man den großen, schweren Mann sah, konnte man nicht ahnen, dass er ein blendender Zeichner war, der den Stift mit leichtester Hand führte. Seine Blätter paraphrasieren seine plastischen Figuren – die Akte, die Szenerien, die vermummten Sportler ebenso wie ihre Konstruktionen. Als optisches Medium der technischen Konstruktion nutzte er häufig Lineal und Zirkel, aber auch die Technik der Collagen, die wiederum seiner Holzskulptur nahekommen. Aus diesem Arsenal von Darstellungen in Raum und Fläche bildet sich Augustins bildnerische Welt in ihren Wechselbeziehungen von Realem und Irrealem.

Ähnlich wie in seinem Atelier arrangierte er auch seine Ausstellungen in einer die Korrespondenzen sichtbar machenden Dichte. Zu seinem 50. Geburtstag zeigten wir eine umfassende Ausstellung auf Schloss Gottorf. Die von uns ein Jahrzehnt später präsentierte, die sich auf seine Holzskulpturen und Collagen konzentrierte, erlebte er nicht mehr. Er starb, noch keine sechzig Jahre alt, durch eine Herzattacke beim Autofahren. Er hinterließ ein Lebenswerk, von dem noch viel Unbekanntes zu entdecken ist.

Jörn Pfab

Kurz vor Mitte der sechziger Jahre riet mir der mit uns befreundete Maler Hans Sperschneider, ich solle unbedingt einen von einem längeren Marokko- und Spanien-Aufenthalt nach Hamburg zurückgekehrten, seit Kurzem mit einer attraktiven jungen Frau verheirateten Bildhauer kennenlernen, der mit geschweißten Skulpturen aus nicht rostendem Edelstahl eine neue Werkphase begonnen habe.

Abgesehen von dem eine Gastrolle gebenden Berto Lardera, dessen Arbeiten seinerzeit ein lebhaftes, jedoch zu Recht bald abflauendes Interesse erlebten, gab es in Hamburg kaum Bildhauer, die sich mit abstrakten Eisen- oder Stahlskulpturen beschäftigten. Der Hinweis auf Jörn Pfab weckte meine Neugier. In Hamburg war Pfab nicht unbekannt. Als Kokoschka 1952 mit dem neuen Lichtwark-Preis der Hansestadt ausgezeichnet worden war, hatte er eines der mit dem Preis verbundenen Stipendien erhalten. Er galt seitdem unter den Bildhauern als kommendes Talent und bewährte sich zunächst mit Figuren und Portraits, die ihre Herkunft aus der Scharff-Tradition zu erkennen geben. So spontan wie gründlich hatte Jörn Pfab eine Steinmetzlehre absolviert, dann gemeinsam mit anderen Studenten an der Hamburger Kunsthochschule eine Bronzegießerei gegründet und nach seinem Aufenthalt in Spanien und Marokko einen Schweißerlehrgang begonnen. Er wollte professionell seine Idee einer Skulptur aus nicht rostendem Edelstahl verwirklichen, in deren hellem, unverwüstlichem Metall sich das Licht des Himmels spiegelte; noch nie hatte er es so scharf erlebt wie in Spanien und in der Sahara.

Mit der längeren Reise nach Spanien hatte für ihn ein neuer Lebensabschnitt begonnen, nachdem er seine erste, depressiv gewordene Frau durch Freitod verloren hatte. Drei Jahre hatte er danach in Spanien verbracht, unterbrochen durch eine Reise nach Marokko. Der neue Lebensabschnitt wurde für ihn mit einer neuen Entwicklung seines künstlerischen Werks identisch. Sie war durch Vorstufen, vor allem durch Zeichnungen aus Marokko, vorbereitet. Die Strahlenstruktur von Agaven, die durch konturierte Volumina gekennzeichneten Gestalten im Burnus und die bis über den Kopf verhüllten Maurinnen – Moras – erschienen ihm als Parameter einer die Realität von Pflanzen und Figuren in eine abstrakte Erscheinung übersetzenden Skulptur. Diese Idee einer abstrakten Gegenständlichkeit mithilfe von Stahl, und zwar dem sehr schwer zu bearbeitenden Chrom-Nickel-Molybdän-Stahl, zu verwirklichen, verfolgte er über ein Vierteljahrhundert mit Konsequenz. Er erweiterte dabei ständig seine künstlerischen Möglichkeiten.

Die ersten Arbeiten, die ich zu sehen bekam, bestanden vorwiegend aus dreieckig geschnittenen, zu facettierten Volumina geschweißten Stahlblechen. Bäume lieferten dazu das Vorbild – wie bei Mondrian, jedoch in völlig anderem Aufbau. Naturstrukturen blieben Pfabs bildnerische Maßstäbe für Gehalt und Form. Bald zeigte sich, dass er auch andere Themen mit dem neuen Material anging, etwa mit einer Großskulptur für eine Sporthalle, die er »Turnier« nannte: Zwei Spitzen richten sich vertikal gegeneinander; um sie herum zerschellen Halbschalen wie Teile eines Harnischs beim Stoß einer Lanze.

Die neuen Arbeiten Pfabs – vor allem seine monumentalen Großskulpturen – waren so überzeugend, dass er mit ihnen manche Wettbewerbe gewann und innerhalb weniger Jahre auf vielen Plätzen Hamburgs vertreten war. Jede dieser Arbeiten war, ungeachtet ihrer Homogenität, individuell. Kaum jemand wusste, dass dem Bildhauer von dieser Ernte materiell so gut wie nichts übrig blieb. Das Material, die Werkzeuge wie Schneidemaschinen, Pressen und Kräne, die unabdingbaren Helfer, die Transporte, die Gründungen verschlangen stets die verfügbaren Beträge. Ohne seine unirritierbare Frau Fotini, eine Zahnärztin, hätte Jörn Pfab seine Bildwerke nicht lange realisieren können.

Wenn man ihn traf, war davon nichts zu spüren. Stets auf korrekte Weise elegant gekleidet, seinen Ernst vielfach in Spott und Sottisen packend, gegenüber seinen Weggefährten ungemein kollegial, erschien er allen als kosmopolitisch versiert, frei von allen Alltagsproblemen. Er sprach nie von physischen Anstrengungen, die das Hantieren mit schwerem Gerät erforderten; er ließ dies auch nicht auf andere Weise spüren. Gelassen nahm er hin, dass er mit vierzig Jahren einen Herzinfarkt erlitt. Er reagierte ähnlich, als zwölf Jahre später eine

Bypass-Operation notwendig wurde, als handele es sich um eine problemlose Reparatur. Bei dem Mäzen, der ihm die Mittel für die Operation vorstreckte, revanchierte er sich nach seiner Genesung mit mehreren Exemplaren seines besonders schönen, kurz zuvor mit einem Preis ausgezeichneten Schachspiels.

Selbst in der Klinik zeichnete er Entwürfe für kleine Skulpturen und schnitt sie danach in Styropor. Nach seinem Tod ließ seine Frau, wie er es geplant hatte, von ihnen einige Exemplare in Neusilber gießen. Diese kleinen Bildwerke und seine vielen skizzenhaften, oft nicht einmal 20 Zentimeter großen Zeichnungen bilden den denkbar größten Gegensatz zu seinen bis zu acht Meter hohen Werken im Freien.

Er liebte die Spannung zwischen dem konzentriert Kleinen und dem perfekt Großen. Er richtete mit viel Phantasie und Akribie eine bis in den letzten Winkel perfekt organisierte Wohnung ein, in der auch die ebenso perfekte Praxis seiner Frau Platz fand. Er suchte nach dem kleinsten erreichbaren Fernsehgerät und fuhr einen Mini Cooper – äußere Zeichen einer überlegt organisierten, dezidierten Ästhetik –, aber er wehrte sich zu Recht, wenn man diese Ästhetik als technisch verstand. Seine bildnerischen Ideen fand er in dem, was er vor Augen hatte: im Bau von Pflanzen und Blüten, in sich öffnenden Fruchtkapseln, in Büschen über einer Mauer in der Touraine. Es war für ihn deshalb kein weiter Weg von abstrakten zu gegenständlichen Bildwerken. Die Voraussetzung für diesen Schritt waren lediglich erhebliche Fortschritte in der Handhabung der Schweißtechnik. Sie diente ihm nun für lebensgroße Portraits und für Statuetten; er sah sich zu diesen auch durch Hans Wimmers kleine Figuren herausgefordert und nutzte die Erfahrungen seiner eigenen frühen Figuren und Bildnisköpfe.

Sein Atelier in Wedel, das in der Nähe von Ernst Barlachs Geburtshaus lag, benutzte der Bildhauer im Laufe der Jahre nur noch selten. Er benötigte eine Fabrik für seine Arbeit, die über die notwendigen Maschinen verfügte; hier war er ein Arbeiter unter Arbeitern, die ihn wegen seiner Beherrschung des Handwerks schätzten. Nach seinem Tod waren sie sofort bereit, die restlichen Arbeiten an einigen nicht ganz vollendeten Hauptwerken auszuführen, sodass diese auf den für sie bestimmten Platz gelangten.

Jörn Pfab wusste, dass die Arbeit mit Chrom-Nickel-Molybdän-Stahl nicht ungefährlich war. Das Material ist karzinogen, wenn man es feilt oder poliert und den Staub einatmet. Selten trug der Künstler bei diesen Arbeiten jedoch einen Mundschutz, weil er passioniert in seiner Arbeit aufging und die Maske als eine störende Trennung von seinem Werk empfand. Als Folge der jahrzehntelangen Missachtung des Notwendigen machte sich um 1985 ein leichter Husten bemerkbar, dessen Häufigkeit und Heftigkeit zunahm. Nach der Untersuchung erfuhr er das Resultat – eine unheilbare, ihm nur noch wenig Zeit lassende Krankheit. Er rief unerwartet eines Abends bei mir an, teilte mir wie in einem Protokoll das Urteil mit und gab den Parameter der wenigen ihm verbleibenden Zeit an.

Gut zehn Jahre zuvor war er an seinem 50. Geburtstag mit seiner Frau nach Florenz gefahren, hatte in Santa Croce das Grab Michelangelos besucht, um ihm an dessen 500. Geburtstag seine Reverenz zu erweisen, und fand als Ehrung an Ort und Stelle ein kümmerliches Usambara-Veilchen als einzige Ehrenbezeugung von Staat, Stadt und Gesellschaft. Als er während seiner letzten Lebensmonate seine Florentiner Erfahrung schilderte, klangen in seinem Bericht mehr als Melancholie und Trauer an; aus ihm sprach ein trotzig-männlicher Stoizismus, der sich jede Hoffnung verbat und es zum Schluss nicht einmal duldete, dass sein Bewusstsein durch Medikamente getrübt wurde. In seinem Krankenbett las er die Dialoge des Nikolaus von Kues »Vom Globusspiel – de ludo globi«, die mit den Worten enden: »... empfiehl deinem Gedächtnis besonders dies, wie es nur eine wahre, genaue und ganz genügende Form gibt, die alles formt, in den verschiedenen Zeichen verschieden widerstrahlt und die das Formbare verschieden formt und bestimmt oder in die Wirklichkeit setzt.« Er sah darin wohl das Ziel umschrieben, das er zu erreichen versucht hatte. Er akzeptierte ohne Sentimentalität, sogar mit einer gewissen Heiterkeit, dass er nur einen Teil seines Ideals erreicht hatte.

Eine der letzten Arbeiten des Bildhauers war eine stählerne Maske mit reduzierten Zügen und offenem Mund. Sie wurde zum Gleichnis seines Gesichts in seiner letzten Stunde und bei seinem letzten Atemzug.

Manfred Sihle-Wissel

Die wenigen Monate zwischen der Entdeckung von Ruwoldts »Nachlass bei Lebzeiten«, dem Tod des Künstlers und dem Brand seines Hauses ließen uns kaum Zeit für einen Blick auf das Werk von Manfred Sihle-Wissel. Er selbst machte in seinem Altruismus nicht die geringsten Anstalten, etwas davon zu zeigen, sprach auch nicht davon. Man gewann den Eindruck, er richte seine ganze Energie auf andere.

Sihle-Wissel, der nach dem Zweiten Weltkrieg mit seiner Mutter aus Reval geflohen und in Hamburg gelandet war, hatte durchaus schon ein bemerkenswertes Frühwerk geschaffen. Als es bekannt wurde, erwies sich, dass er mit ihm einen für ihn zukunftsweisenden Weg beschritten hatte, vor allem mit seinen facettierten Figuren und Portraits. Sein daran erkennbares Talent hatte Edwin Scharff bewogen, in der Nachfolge Jörn Pfabs den gerade 20-Jährigen zu seinem Assistenten zu machen. Er hatte diese Aufgabe bis 1959 bei Ruwoldt fortgeführt; danach hatten ihn viele Reisen, die ihn inspirierten, in den Nahen Osten geführt. Ein radikaler Ausbruch aus der Tradition seiner Lehrer, ein Aufbruch zu neuen Ufern war gegen Ende der sechziger Jahre noch nicht zu erkennen.

Dieser Aufbruch kam ganz plötzlich, nur einige Monate nach dem Lebensende Ruwoldts, so schnell und entschieden, als sei mit dem Ende der selbst auferlegten Verpflichtung für ihn eine neue Phase der Freiheit angebrochen, als drängten jetzt im Übermaß aufgestaute Ideen auf ihre Verwirklichung. Seine Formen wurden lapidarer und abstrakter. Architekturen, Licht und Schatten, geometrische Figurationen, Stelen, Rollkörper verbanden sich zu bildnerischen Ensembles. Da seine Mittel ihm nicht erlaubten, alle diese neuen Arbeiten in Bronze zu gießen, führte er sie zunächst in einem selbst aufbereiteten Gemisch von Kunststoff mit Metallspänen, einige auch in Stein aus. Als ich den Bildhauer 1970 besuchte, stand bei ihm eine beeindruckende Zahl dieser neuen, scharf geschnittenen und pointiert klaren Bildwerke, und sie nahm im Laufe der nächsten Jahre ständig zu; er fand nach wenigen Jahren dafür öffentliche Anerkennung, u. a. durch die Auszeichnung mit der höchsten von der Hansestadt an ihre Künstler vergebenen Ehrung, dem Edwin-Scharff-Preis, den er zwei Jahre vor Edgar Augustin erhielt. Käufer für die gepriesenen Arbeiten gab es jedoch zunächst kaum. Immerhin nahmen die Aufträge für Werke im öffentlichen

Manfred Sihle-Wissel portraitiert Barbara Fußmann, August 2005

Raum allmählich zu; nach einem Jahrzehnt standen einige der großen Bronzen auf Plätzen und vor Bauwerken Hamburgs, dann auch Schleswig-Holsteins, sodass Sihle-Wissel es sich leisten konnte, seine Modelle in Bronze gießen zu lassen und seine geliebten Reisen zu unternehmen, einige davon gemeinsam mit uns und seiner Frau Helga. Auch unsere Töchter fuhren mit, durch den Balkan und die Türkei, durch Frankreich, Spanien und Portugal.

Sofern wir nicht mit zwei Autos unterwegs waren und Manfred Sihle-Wissel nicht selbst am Steuer sitzen musste, zeichnete er viel während der Fahrt, mit sicherem Strich und lapidar reduziert, was vorüberzog: Ebenen, Berge, Wegführungen, Täler. Er nahm sich die Zeit, in der Nähe von Architekturen anzuhalten, vor allem bei Ruinen, die ihn bis heute fesseln. Dazu zählen die Stadtmauern von Istanbul, einzeln stehende Brücken, zerstörte Tempel und Kirchen, Stadtkronen wie Toledo über dem scharf eingeschnittenen Tejo-Tal oder die Mtechi-Kirche in Tiflis. Ruinen faszinieren den Künstler: Sie haben ihr schmückendes Beiwerk meist weitgehend verloren, sodass ihre Volumina umso deutlicher hervortreten und aus ihnen die Spuren der Zeit sprechen.

Dass die Zeit die Darstellungsfähigkeit des Bildhauers herausfordert, hat Lessing in seinem »Laokoon« unübertroffen beschrieben. Sihle-Wissel geht es jedoch weniger um den »fruchtbaren Augenblick« einer Bewegung als um das Erlebnis von Zeit und um ihre Vergegenwärtigung. Als er in einem kleinen Dorf Schleswig-Holsteins eine ehemalige Schmiede erworben und auf seine Bedürfnisse hin eingerichtet hatte, pflanzte er neben dem Haus den Schössling eines Baums, der am ehemaligen Forstamt seines Vaters in Westpreußen steht. Während eines Vierteljahrhunderts wurde daraus ein stattlicher Baum.

Zeiterfahrung spricht aus seinen Portraits, Zeit erfordern seine Stelen, wenn man sie angemessen begreifen und ihre überraschend vielen Ansichten wahrnehmen will. Wenn er alte Hölzer findet, etwa die alte Königswelle einer Mühle oder einen ausgedienten Pumpenzylinder, erzählt er von deren Herkunft und Geschichte, während er zeigt, was er daraus gemacht hat. Wenn er alte Objekte erwirbt, etwa Keramikgefäße, bevorzugt er solche mit Gebrauchsspuren – sie gelten ihm als Zeitzeugnisse. Und schließlich erlebt er die Zeit als »Furie des Verschwindens«, wenn er im fahrenden Auto zeichnet.

Reisen mit Manfred Sihle-Wissel sind nicht nur wegen ihres künstlerischen Ertrags, sondern auch aus einem anderen Grund ein Vergnügen, vor allem Fahrten durch das Innere Anatoliens: Der Bildhauer zeigt dann andere Seiten seiner Persönlichkeit. Ausreichend Türkisch sprechend, mit der Mentalität der Bewohner vertraut, scheint er dann allen Altruismus zu verlieren. Er wird zum Pascha, herrscht, nicht ohne verborgenen Spaß, mit knappen Anweisungen Hotelpersonal oder Tankwarte an, feilscht mit Verve um Angebote in Basars und bei Antiquitätenhändlern und wird dann natürlich bevorzugt behandelt. So erschien es ihm nur als angemessen, dass man ihn in dem von ihm oft besuchten Hotel im Badeort Pammukale mit seinen durch kalkhaltiges Wasser entstandenen weißen Steinkaskaden nach einem langen Reisetag besonders zuvorkommend empfing und ihm ein auf das Gründlichste gesäubertes Zimmer anbot. Es lag, wie die anderen, an einem rund um das antike, mit Spolien gefüllte Badebecken. Kaum dass er den Raum bezogen hatte, hörte er aus Gesprächen, dass sich im Hotel gerade ein Gast mit einem Rasiermesser zu Tode befördert hatte und sein Blut in Strömen geflossen war. Er wusste sofort, dass er diesem Umstand die gründliche Reinigung seines Zimmers zu verdanken hatte, und floh den gastlichen Raum.

Mit solchen Überraschungen mussten wir nicht rechnen, als wir uns im Februar 1978 in Kamakura trafen. Sihle-Wissel war als deutscher Gast vom japanischen Metallbildhauer-Verband eingeladen worden; ich hatte die erste japanische Ausstellung Oskar Kokoschkas realisiert. Nach deren Eröffnung blieben uns zwei Wochen für Gärten, Museen, Skulpturen und Keramik. Welchen Eindruck meinem Bildhauerfreund die Plastik der Heian- und Kamakura-Zeit, also Holzskulptur und Bronzen des 10. bis 13. Jahrhunderts, machte, verraten seine sensiblen Zeichnungen, die er von der Reise mitbrachte. Vor Ort dagegen begeisterte ihn scheinbar etwas völlig anderes: Sumo-Ringkämpfe und japanisches Werkzeug. Sobald wir im Hotel waren, schaltete er das Fernsehgerät ein, legte sich aufs Bett und schaute sich die Ausscheidungskämpfe der gewichtigen Ringer an, die etwa eine Woche lang fast ausschließlich auf einem Sender zu sehen waren. Nur mühsam konnten wir ihn bewegen, sich davon loszureißen, um Tempel und Gärten zu besuchen oder einen Einladungstermin wahrzunehmen. Übrigens teilte Edgar Augustin seine Begeisterung für die sich nach rituellen Regeln aus dem Ring drängenden Fleischkolosse, wie uns 1984 eine von ihm gezeichnete Neujahrskarte vor Augen führte, als er mit einem Preis des Hakone-Museums ausgezeichnet worden war.

Da Sihle-Wissel und wir während unserer Reise überall auf Läden mit den faszinierendsten Werkzeugen trafen, konnte er seiner zweiten Leidenschaft ebenso fröhnen und Werkzeug kaufen, das sich mitsamt der Verpackung bald bedrohlich ansammelte. Als wir vor der Abreise unser Gepäck ordneten, trafen wir ihn verzweifelt zwischen einem kaum noch überschaubaren Arsenal in seinem Zimmer. Er hatte alle schönen Verpackungen abgerissen; der kleine Papierkorb konnte den Müll nicht mehr fassen, der sich nun überall im Raum verteilte. Der Besitzer saß dazwischen, hatte beschlossen, sich kurzerhand von all seinem neuen Hab und Gut zu trennen, und riet mir, es so zu halten wie er: »Heinz, schmeiß alles weg!« Wir fanden zumindest für einen Teil unserer Schätze eine Lösung, indem wir sie mit den Objekten der Ausstellung nach Deutschland schicken ließen, der Rest ergab ein bemerkenswertes Übergewicht, mit dem die Fluggesellschaften es zum Glück so wenig genau nahmen wie mit unserem Handgepäck.

Seine Freunde und Gäste überrascht der »Artist«, wie er sich selbst gern nennt, durch seine generöse, immer selbstverständlich entbotene Gastfreundschaft. Je nach Verlauf der Gespräche erfahren sie, wie universell gebildet er ist. Er trägt seine Kenntnisse nie vor sich her, sie blitzen auf, wenn die Rede auf etwas Konkretes kommt, um im nächsten Augenblick zu einer im Schiller'schen Sinn naiven Freude am Augenblick überzugehen. Man vermag sich in solchen Momenten wie bei der Entstehung von Zeichnungsskizzen kaum vorzustellen, dass der Bildhauer anders als schnell und sicher agieren könne, und doch bekennt er, wie er oft lange zögere und wie unentschieden er bei seiner Arbeit sein könne. An den Resultaten ist dieses Abwägen nicht wahrzunehmen. Ob ihm die Momente des Entscheidens länger vorkommen, als sie tatsächlich sind? Wenn er darüber spricht, denke ich an einen in den fünfziger Jahren entstandenen Film über Matisse. In ihm sieht man den Maler zügig zeichnen, die Linien anscheinend ohne Zögern festlegend. Der Vorgang wird dann in Zeitlupe wiederholt, und plötzlich wird aus dem sicheren Strich ein Tasten, ein Absetzen der Zeichenkohle, ein leichtes Schwanken, wo sie auf das Papier gesetzt und wie sie fortgeführt werden solle. Mir scheint, dass Sihle-Wissel seine Zugriffe selbst wie in einer Zeitlupe sieht, denn Zögern und Schwanken sind in den Ergebnissen nicht wahrzunehmen.

Auf seinen Reisen findet er immer etwas ihn Beschäftigendes, mit untrüglicher Sicherheit das Überzeugende vom Beiläufigen, das Echte vom Falschen unterscheidend. Manches schenkt er wieder her, aber ein Gebiet sammelt er mit seiner Frau Helga methodisch, alten Schmuck aller Art, vor allem Ringe. Sie stammen aus drei Jahrtausenden, vom alten Griechenland über Byzanz bis zu den Osmanen, sie kommen aus Arabien, Persien und Afghanistan. Während der siebziger Jahre holte er eines Abends eine kleine Schatzkiste und breitete die Ringe vor uns Freunden aus, bevor er mit seiner Frau in die Küche ging. Als er zurückkam, waren Kasten und Tisch leer. Nicht wenig irritiert suchte er nach dem verschwundenen Inhalt. Wir alle hatten unsere Finger in aller Eile über und über mit Ringen dekoriert und hielten die Hände beiläufig unter der Tischplatte verborgen. Man kann ausrechnen, wie groß die Sammlung war, wenn man bedenkt, dass sechs Gäste mit mindestens fünf Ringen an jedem Finger geschmückt waren. Mit einer Handbewegung kam alles wieder zum Vorschein.

1981 entdeckte Sihle-Wissel in der Zeitung, dass in dem mitten in Holstein gelegenen, durch keinerlei Tourismus beeinträchtigten Dorf Brammer eine ehemalige Schmiede zum Verkauf stand, ein kleines Ensemble aus Wohnhaus, Werkstatt und Scheune mit ausreichend Platz, genau richtig für den Bildhauer, dessen Raum bis dahin begrenzt war. Zwar war die Substanz der Bauten gut, aber es war viel daran zu tun; einen großen Teil davon richtete er selbst her. Die Dorfbewohner, die noch nie mit einem Künstler zu tun gehabt hatten, beobachteten mit Respekt, mit welch handwerklichem Geschick ihr neuer Nachbar sein Haus instand setzte, und sie erlebten, wie selbstverständlich er sie nach dem Einzug einlud. Heute sind sie stolz auf ihren Mitbürger und über jeden seine Arbeiten behandelnden Zeitungsartikel. Er könnte, wenn er nicht zu Hause ist, keine besseren Wächter finden.

Dass man zu einem Bildhauer kommt, sieht man sofort, wenn man in der Nähe des Hauses parkt; vor der ehemaligen Schmiede haben die großen Bronzen und Hölzer Platz gefunden. Darin stehen dicht bei dicht ohne jedes Arrangement die vielen Portraits, die Sihle-Wissel modellierte – eine verborgene Walhalla auf dem Lande. Die Scheune wurde zu einem geräumigen Atelier und zugleich zum Arsenal. Im Haus bilden kleinere Bildwerke, Zeichnungen, Arbeiten von Künstlerfreunden und das von Reisen Mitgebrachte ein dichtes Ensemble, in dem die Wechselwirkungen der Teile sich gegenseitig steigern. Der stimmige Eindruck resultiert nicht aus dem dekorativen Arrangement, er ergibt sich aus künstlerischen und nicht von Ähnlichkeiten bestimmten Faktoren. Er spiegelt das Verhältnis des Künstlers zur Welt, oder besser: zu dem, was ihn an der Welt beschäftigt und wohin ihn seine Reisen führen.

Ein für den Künstler sich immer wieder einstellendes Erlebnis ist der Blick in die anatolische Hochebene. Aus ihr ragen Vertikalen auf, von denen sich nicht gleich sagen lässt, worum es sich handelt: Um einen kahlen Baum, eine Ruine, einen unbewegt dastehenden Hirten? Da sich außer diesen Figurationen kein anderer Maßstab bietet, weiß man zunächst nicht, wie groß sie sind. Erst in größerer Nähe erkennt man die Abmessungen. Diese Ambivalenz übersetzt Sihle-Wissel in seinen Stelen. Sie sind Figuren, aber zugleich Felsformationen oder archetypische Wesen, in denen die Urzeit zur Gegenwart wird.

Gegenwart und zeitlose Präsenz sprechen aus Manfred Sihle-Wissels Bildnissen. Dass er das Portrait beherrscht, bewies er bereits in seinem Frühwerk.

Doch fast zwei Jahrzehnte lang beschäftigte er sich nicht damit, erst wieder seit der Mitte der achtziger Jahre. Er sprach schon bei den ersten Köpfen von seiner Idee, eine Vielzahl von Gesichtern zu modellieren, in denen sich das Ende des Jahrhunderts und der Beginn des neuen Säkulums spiegeln – er reflektierte also erneut das Bewusstsein von Zeit. In gut zwanzig Jahren entstanden etwa 200 Portraits von Zeitgenossen, berühmten und kaum bekannten. Viele davon gehörten und gehören zum engeren oder weiteren Lebenskreis des Bildhauers: Schriftsteller wie Günter Kunert, Walter Kempowski, Sarah Kirsch, Reiner Kunze, Siegfried Lenz; die Maler Klaus Fußmann, Johannes Grützke und Almut Heise, die Komponisten Rolf Liebermann und Berthold Goldschmidt; Persönlichkeiten der Politik und des Journalismus wie Helmut Schmidt und Marion Gräfin Dönhoff; Museumsleute, Archäologen, Wirtschaftsmanager, Architekten; Mädchen, junge und reife Frauen, darunter die Tochter eines türkischen Freundes ebenso wie Olda Kokoschka. Kurz: eine Repräsentanz der gesamten Gesellschaft am Endes des letzten und Beginn des neuen Jahrhunderts. Das Einfühlungsvermögen des Bildhauers setzt ihn instand, auch ihm nicht Modell sitzende Zeitgenossen oder längst Verstorbene auf suggestive Weise vor Augen zu stellen, etwa den Weltreisenden des 18. Jahrhunderts Karsten Niebuhr oder den jungen Johannes Brahms.

Für ein Bildnis braucht er selten mehr als eine Stunde. Danach muss er nur noch wenig verändern, er akzentuiert dann meist Einzelheiten der Form durch einige entschiedene Schnitte. So schnell er die Köpfe modelliert, so gründlich schaut er sich seine Modelle an, wenn sich dazu die Möglichkeit ergibt, etwa bei einem gemeinsamen Abendessen mit Reiner Kunze. Sihle-Wissel, sonst lebhaft und eloquent am Gespräch beteiligt, wurde im Laufe von drei, vier Stunden immer wortkarger, warf nur gelegentlich etwas ein, wechselte fast unmerklich den Platz und bohrte sich, alles um sich vergessend, mit den Augen in sein Gegenüber. Er merkte sich die Kopfform, die unterschiedlichen Ansichten, die Volumina, Kanten, Profile, die Facetten des Ausdrucks; er stieß, während wir uns unterhielten, gelegentlich ein Thema an und speicherte in Sekundenschnelle die Reaktionen in Reiner Kunzes Gesicht. Aber auch der Schriftsteller vergaß, dass der Bildhauer ihn beobachtete, weil die Themen der Wechselrede ihn gefangen nahmen – eine optimale Voraussetzung, die sich wiederholte, als wir tags drauf zu viert, Reiner Kunze, Günter Kunert, die Lyrikerin Doris Runge und ich, eine öffentliche Podiumsdiskussion über die Erfahrungen von Kunze und Kunert mit der Politik führten, d. h. in diesem Fall: mit den Praktiken der DDR. Wie reagieren die Portraitierten? Reiner Kunze schrieb: »Ich werde mich hüten zu urteilen ... Jetzt steht er (= der Bronzekopf) hinter mir. Drehe ich mich um, erkenne ich mich auch, weil er Spiegelhöhe hat. Mehr von oben dachte ich: Seltsam, dass man aussieht, wie man aussieht ...« Walter Kempowski schrieb dem Bildhauer: »Der Kempowski ist anders, als die Leute ihn sehen. Ich habe mit Verwunderung bemerkt, wie Sie sein verborgenes Innenleben, seinen Willen zur Durchsetzung, seine sonst nicht zutage tretende Tatkraft sichtbar machten. Ich glaube ihm das, was ich bin.« Etwas kritischer, auch selbstkritischer, kommentierte Helmut Schmidt seine Darstellung: »Er gefällt mir ganz gut, es sieht ein bischen geschönt aus, hab ich gedacht ... aber es kam mir so vor, als ob das Portrait mehr Charakter zeige als das Bild im Spiegel.« Noch selbstkritischer fasste Olda Kokoschka in wenige Worte, was Sihle-Wissel in ihr sah: ihre ungemein aufrechte, sich nie vordrängende, in ihrer Wahrhaftigkeit unbestechliche Persönlichkeit, die von dem ihr entgegengebrachten Respekt nicht viel wissen wollte und sich deshalb ungerechtfertigt relativierte: »Zu viel Göttin.« Aber genau so sah sie aus, als sie der Bildhauer, ganz selbstvergessen, modellierte.

Ich kenne keinen Bildhauer, der während neuerer Zeit so viele und so gute Bildnisse gemacht hätte, die so den Augenblick treffen und ihn zugleich in eine zeitlos gültige Aussage übersetzen. In Manfred Sihle-Wissels Gesichtern spiegelt sich sein auf individuelle Weise objektives Bild von der Welt. Wie diese Welt ihn schätzt, erfuhr er während der Ausstellung zu seinem 80. Geburtstag; die so oft beklagte Trennung von Künstler und Gesellschaft schien in diesen Wochen nicht zu bestehen.

José Vermeersch

Als mich flämische Kollegen 1979 baten, für Knokke-Heist eine Ausstellung von plastischen Keramik-Objekten aus Deutschland vorzubereiten, ahnte ich nicht, dass wir dadurch wie in einer Zeitmaschine vier Jahrhunderte in das Flandern von Pieter Breughel zurückversetzt werden könnten. Diese Rückverwandlung verdankten wir José Vermeersch.

Unsere Gastgeber fuhren mit uns rund um Brügge zu Sammlungen und Sammlern moderner Keramik; dadurch lernten wir eine ganze Reihe von belgischen Bildhauern kennen, die statt mit Stein und Holz, Bronze und Stahl ausschließlich mit Ton arbeiteten. Von ihnen kannten wir bislang nur die makabren Gestalten von Carmen Dionys. Den größten Eindruck machten uns jedoch nicht ihre Köpfe mit ersterbendem Blick und mit Binden um ihre verwundete Stirn, sondern die Figuren von José Vermeersch. In ihnen schien eine von der unseren verschiedene morphologische Entwicklungsstufe des Menschen fortzuleben, eine von der Zivilisation unberührte, suggestive Variante unserer heutigen Erscheinung, ein Leben vor der Zivilisation im Einklang mit einer ursprünglichen Natur. Dass die Figuren aus Ton bestehen, erinnert an die biblische Überlieferung von der Entstehung des Menschen aus Erde. Man begegnet in Vermeerschs Figuren dem mythischen Schöpfungsakt.

Wir waren nicht im Geringsten auf den Künstler vorbereitet, den wir auf der Rückfahrt von Knokke treffen wollten, kannten auch nicht die Region, in der er lebte und arbeitete, den Landstreifen zwischen Gent, Brügge, der Küste und Kortrijk. Hierher kommen keine Touristenströme wie in die mittelalterlichen Städte und Badeorte. Entlang der großen Straßen, die durch diese Gegend führen, finden sich keine Attraktionen. Sobald man jedoch auf Seitenwege abbiegt, trifft man auf ein Flandern, das sich viel von seiner Ursprünglichkeit bewahrte. Es lebt in den Bildern von Constant Permeke fort, den ich, abweichend von gängigen Meinungen, für den größten belgischen Maler nach Ensor halte. Seine schweren, vom erlittenen Leben gezeichneten, erdigen Gestalten erscheinen in dämmerndem Licht wie bildgewordene Paraphrasen der Menschen in Hamsuns »Segen der Erde«. Ihre Körperlichkeit hat den Maler dazu getrieben, Bildhauer zu werden. Allerdings kann man Permekes Gemälden, großformatigen Zeichnungen und Steinskulpturen kaum begegnen, allenfalls in einigen flämischen Museen.

Bevor wir Vermeersch zum ersten Mal besuchten, nahmen wir die Chance wahr, das in Jabbeke südlich von Brügge an unserem Weg liegende Permeke-Museum, sein ehemaliges Wohnhaus und Atelier, zu besuchen. Erstmals hatte ich von ihm um 1951 durch einen seiner in Antwerpen lebenden Schüler erfahren, später sah ich einzelne seiner Landschaften und Figurenbilder in den belgischen Museen; aber ich kannte noch keine umfassendere Publikation seines Lebenswerks. Dass José Vermeersch ein Schüler Permekes war, wusste ich nicht. Da wir aber eine Stunde vor dem Besuch in Jabbeke gewesen waren, kam sofort die Sprache auf ihn und seine Kunst. Dadurch wurden wir sehr schnell mit dem Künstler vertraut. Als er von unserer Wertschätzung Permekes erfuhr, zeigte er uns gleich, wie ein echter Flame seine Sympathie zum Ausdruck bringt – mit einem ungebrochenen Vergnügen am Leben, das hinter der sinnlichen Lebensfreude der bäuerlichen Feste von Pieter Breughel nicht zurückbleibt.

Vermeersch, eine schlanke Erscheinung, war Bauer und Herr, bodenbezogen und urban, flämisch und kosmopolitisch zugleich. Er reagierte stets spontan und unkompliziert, aber subtil. Zunächst führte er uns durch Haus, Garten und Atelier und zeigte uns seine Figuren. Als ich ihn fragte, was er von einer Ausstellung gemeinsam mit einigen anderen Keramik-Künstlern in Hamburg halte, die in Absprache mit meiner Kollegin Dorris Kuyken-Schneider auch im Rotterdamer Museum Boijmans Van Beuningen gezeigt werden sollte, drängte er darauf, dass wir noch mehr sehen sollten. Wir einigten uns darauf, dass die Ausstellung 1983 stattfinden könnte, und verabredeten einen weiteren Besuch zu ihrer Vorbereitung. Im Herbst 1982 machten wir uns dazu auf, um eine Reihe seiner Arbeiten in privaten Sammlungen kennenzulernen. Wir sollten diese Sammler nach dem Abendessen besuchen.

Vor dem Aufbruch öffnete er zu Hause eine Flasche vorzüglichen Bordeaux, dann fuhren wir zu einem allein frei auf dem Feld liegenden Bau, der äußerlich einem gut erhaltenen Stall glich (und es ehemals wohl auch gewesen war). Rundherum auf den Weiden lagerten sich die Kühe bereits zur Ruhe. Er nannte das Haus, obwohl es weder eine Kapelle noch die Andeutung eines Kreuzgangs besaß, »het convent«. Das fromm benannte, in den Maßen nicht übermäßig geräumig erscheinende schlichte Gebäude entpuppte sich als ein hervorragendes

Restaurant mit einigen Gastzimmern. Diese hatte Vermeersch mit originalen Louis-XIV.- und Louis-XV.-Getäfeln verkleidet, die er im Antiquitätenhandel erbeutet hatte. Bau, Umbau und Einrichtung alter Bauwerke neben Plastik, Malerei und Zeichnung waren seine zweite Leidenschaft, eine andere Form seiner Suche nach einem Leben abseits gängiger Usancen.

Kaum dass wir die Zimmer bezogen hatten, ging es zu einem Abendessen, das ganz seinen Neigungen entsprach – auf differenzierte Weise einfach und überraschend. Statt eines geruhsamen, dem Diner entsprechenden Ausklangs brachte der Gastgeber uns zu seinem Mercedes, und los ging's, von einem Sammler zum nächsten. Niemand schien überrascht, dass zu später Stunde noch Besucher aufkreuzten. Wir bekamen bereitwillig zu sehen, was sich von Vermeerschs Figuren in den Häusern befand. Man entdeckte sie allerdings nicht sofort, denn sie standen zwischen hohen Topfpflanzen, oft auf neuen Orientteppichen, saßen auf Konzertflügeln, verbargen sich überall, wo sich zwischen dunklen Möbeln und Dekoration noch ein Platz für sie fand. In dieser drangvollen Fülle wurden sie zu Mitbewohnern der Gastgeber, zu Nachbarn aus einem anderen Erdzeitalter. Die mit großmustrigen Teppichen, Polstergarnituren, schweren Schränken, Palmen, Gummibäumen, Bouquets aus künstlichen Blumen und den pygmäengroßen Terracotta-Figuren gefüllten Interieurs glichen surrealistischen Ambientes von wohlhabend-kleinbürgerlichem Zuschnitt.

Zu langen Betrachtungen blieb uns während der Visiten kaum Zeit, denn jeder Hausherr holte umgehend eine Flasche Bordeaux hervor. Erst wenn sie geleert war, durften wir weiterziehen. So besuchten wir wohl vier oder fünf Sammler hintereinander, bis einige Zeit nach Mitternacht. Vermeersch hätte es als unhöflich angesehen, den guten Wein zu verschmähen. Als er uns nach einem letzten Besuch die Rückfahrt ankündigte, ergaben Angelika und ich uns gottergeben in unser Schicksal; während er ohne erkennbare Zurückhaltung über die Landstraßen preschte, lagen wir mehr, als dass wir saßen, auf den Rücksitzen, dachten auch nicht über unsere Überlebenschancen nach. Vielmehr erwarteten wir ein krachendes Ende mit Schrecken, kamen aber bereits nach einer Dreiviertelstunde heil bei »het convent« an. Nach einem letzten Blick auf die Louis-XIV.-Travéen glaubten wir nun zu wissen, warum die unwirkliche Welt Ensors sowie der Surrealismus von Magritte und Delvaux neben einem ausdrucksvoll-sinnlichen Expressionismus bei Flamen und Wallonen heimisch geworden war.

Am folgenden Morgen wurden unsere kunstgeschichtlichen Kenntnisse abermals durch ein aktuelles Erlebnis aufgefrischt – durch die Einkehr in Pieter Breughels Dorfleben. Vermeersch bedeutete uns, dass es das Frühsück nicht im Hause gebe, sondern außerhalb. Bald führte er uns nach einer kurzen Fahrt mitten in ein Bauernland mit einer fast unveränderten Lebensform. Wir gelangten in das Dorf Renninge und zu einer reetgedeckten Kate mit verzogenem Dach, vor der sich neben dem Misthaufen ein Teich mit quakenden Enten und ein Terrain mit scharrenden Hühnern befanden, ferner einige einfache Bänke und ein Tisch aus rohen Brettern. Das Haus mit seiner Umgebung, das so aussah wie sein etwas größeres Ebenbild im Hintergrund von Breughels Gemälde »Der Bauer und der Vogeldieb« im Wiener Kunsthistorischen Museum, stamme, erzählte unser Gastgeber, aus dem 16. Jahrhundert, er habe es mit allem alten Inventar gekauft und hergerichtet. Es hatte seinen ursprünglichen Charakter bewahrt, wenngleich nicht das gesamte Inventar vierhundert Jahre alt war und etwa einige Kaffeemühlen und sonstiges Geschirr aus dem 19. Jahrhundert stammten.

Die Freunde Vermeerschs, die sich fast wortlos einfanden, schienen direkt aus der Zeit des großen Breughel in die Jetztzeit geraten zu sein. Ihre großen runden Köpfe waren gerötet, ihre Physiognomien denen der Festgäste von Breughels Wiener »Bauernhochzeit« wie aus dem Gesicht geschnitten. Es waren Nachbarn. Sie begrüßten uns freundlich-knapp auf Flämisch und setzten sich zu uns an den mit Brötchen, Butter, Schinken, Käse überquellenden Tisch, auf dem auch noch gußeiserne Pfannen mit Spiegeleiern in halbrunden Vertiefungen Platz finden mussten. Vermeersch forderte uns nachdrücklich zum Zugreifen auf, indem er uns alle rustikalen Köstlichkeiten im Diminutiv anpries. Irgendwie haben wir dieses Frühstück überstanden, waren sogar in der Lage, mit dem Auto nach Hamburg zurückzufahren, mit dem Entschluss, das in Vermeers Figuren eingefangene Leben in einer Ausstellung zu vermitteln.

Die Auswahl dafür trafen meine Kollegin Doris Kuyken-Schneider und ich einige Monate später. Vermeersch hatte inzwischen intensiv gearbeitet. Unter den neuen Figuren gab es sowohl etwas ältere von Paaren, Einzelfiguren und Hunden als auch eine größere Zahl neuer männlicher Torsi, diese in variationsreichen Farbklängen und Größen, sodass wir ausreichend Material zur Verfügung hatten. Von allem machte mir das Torso-Paar eines Mannes und einer Frau aus den Jahren 1969/70 den größten Eindruck; wir konnten es zum Glück für das Museum erwerben.

Dass unsere Tagesarbeit in Lendelede, also in Haus und Atelier des Künstlers, abends mit einem lukullischen Diner in »het convent« beschlossen wurde, entsprach dem mir inzwischen vertrauten Ritual. Vermeersch hatte mittlerweile so viel Vertrauen gefasst, dass er ohne jede Zurückhaltung über seine Intentionen sprach, als wir zu zweit in der fortgeschrittenen, ziemlich dunklen Nacht durch die Felder spazierten. Er redete in einer oft nach Worten suchenden, etwas stockenden Sprache nicht über Kunst, sondern über menschliches Leben, über seine Bedingungen abseits von dessen zufälligen Wechselfällen, erklärte in einem für einen (mit dem Plattdeutschen ein wenig vertrauten) Deutschen unschwer verständlichen Flämisch seine sehr persönliche Ontologie, ohne diesen Begriff zu benutzen. Er war in diesem Augenblick eine Person ohne Zuordnung zu einer bestimmten Zeit, jemand, der sich nachdenklich eigene Antworten auf das von ihm geliebte und doch rätselhafte Leben gab, und so verstand er auch seine Figuren – als Zeugen der *conditio humana*. Er führte mehr einen Monolog als einen Dialog, ging auf kurze Einwürfe kaum ein, nahm sie allenfalls zum Anlass, im Selbstgespräch fortzufahren, und hätte so wohl bis zum Morgengrauen sein von Unwägbarkeiten begleitetes Weltverständnis in Worte gefasst, wenn ich nach einem langen Tag und einem üppigen Abendessen nicht todmüde gewesen wäre und mein von Eichenholzgetäfel aus der Zeit des Sonnenkönigs umgebenes Bett hätte aufsuchen müssen. Die dunkle, von wenigen Sternen kaum beleuchtete Nacht in den Feldern mit dem seine Kontemplation in stockender Eloquenz bekennenden Künstler bleibt mir unvergessen.

Gleichzeitig mit unserer Ausstellung zeigte Vermeersch im abseits gelegenen Museum von Deurle weitere neue Figuren unter dem Titel »Het Gesprek«. In ihnen, vor allem in einer sitzenden Männergestalt aus glasiertem Ton, die sich mit offenem Mund und einer sparsamen Handgeste einem unsichtbaren Gegenüber zuwendet, mag er sich selbst gesehen haben. So ähnlich könnte ein Sänger in frühen Kulturen ein mündlich überliefertes Epos vorgetragen haben.

Nach der Hamburger Vernissage war José Vermeersch allerdings alles andere als gesprächsbereit. Wir hatten eine Reihe von Gästen eingeladen, um den

Abend zwanglos ausklingen zu lassen. Kaum hatte unser Ehrengast den Raum betreten, als sein Blick auf die Zeichnung Kokoschkas fiel, die dieser sieben Jahre zuvor von mir gemacht hatte. Sofort fühlte er sich durch sie herausgefordert, trennte mich, keinen Widerspruch duldend, von der Gesellschaft und begann ein Stockwerk höher mit eigenen Zeichnungen, eine gute Stunde lang, um dann etwas unwirsch zu gestehen, dass er die selbst gewählte Konkurrenz nicht so bestanden hatte, wie er es von sich erwartete.

Es war übrigens nicht das einzige Mal, dass die Kokoschka-Zeichnung andere Künstler verlockte, selbst eine Probe aufs Exempel zu machen. Vier Jahre später war es Boris Ugarow, der Präsident der sowjetischen Akademie, den Gorbatschow zur Eröffnung der Ausstellung »1000 Jahre russische Kunst« nach Gottorf beordert hatte und der mich nach einem Besuch in Hamburg unbedingt zeichnen wollte. Ugarow war ein der Rjepin-Nachfolge verbundener ganz passabler Landschaftsmaler, der sich aber auch mit vaterländischen Bildern Meriten erworben hatte. Das erste seiner – auf sein Drängen am Tag vor seiner Abreise entstandenen – Blätter, für das ich stillhalten musste, zeigt en face einen ernst und verantwortungsbewusst in die Ferne blickenden, etwas verjüngten, nur bedingt mit dem Modell übereinstimmenden Kolchosenführer, dem das mit einem Radiergummi hervorgelockte Feuer aus den Augen blitzt; das zweite geriet privater, wenn auch nicht treffender; das dritte bemüht sich mit Verve, aber wenig erfolgreich um eine Paraphase der Kokoschka-Zeichnung. Dieses dritte Blatt sei, so Ugarow, für meine Freundin bestimmt. Ich hatte bislang dafür noch keine Verwendung.

Vermeerschs Zeichnungen bewahren die Erinnerung an einen ungemein sympathischen, überzeugenden und eigenwilligen Künstler. Wir haben ihn und seine Frau in den siebziger und achtziger Jahren immer wieder besucht. Sein Lebenswerk gewann an Intensität, er widmete sich aber mit Passion auch seiner Bauleidenschaft, erweiterte nicht nur sein Atelier, sondern veränderte auch, zu unserer Überraschung, den danebenliegenden Garten in einen Typus mit Spaliergängen, wie ihn ähnlich, wenn auch größer, Rubens in seinem Antwerpener Stadtpalais anlegen ließ. Die Besuche in Lendelede endeten wie eh und je, auch wenn wir nicht allein anrückten – Vermeerschs Gastfreundschaft war so überwältigend, dass wir, vom sich opfernden Fahrer abgesehen, den Heimweg meist schlafend zurücklegten.

Beim letzten Besuch im Jahre 1994 war José Vermeersch stiller als sonst. Lakonisch erklärte er uns den Grund. Während einer umfangreichen Retrospektive in San Francisco waren durch ein Erdbeben fast alle ausgestellten Arbeiten zerstört worden; sein Lebenswerk war dadurch zu einem großen Teil verloren. Nichtsdestotrotz arbeitete er weiter, vielleicht sogar mit größerer Energie als zuvor. Kurz bevor wir uns verabschiedeten, wollte ich ein Glas Orangensaft trinken. José schaute mich vorwurfsvoll an und drohte mit dem Finger: »Heinz, dat is niet goed«, sodass ich schuldbewusst nach seinem geliebten Bordeaux griff.

Kurz vor Weihnachten 1997 erhielten wir seine Todesnachricht. Er war im Alter von fünfundsiebzig Jahren gestorben, wie es im Nachruf seiner Familie hieß: »Me een wezenlijke filosofie, met aarde en geest, realiseerde hij zijn mysterieus-stille droom als kunstenaar, geholpen door en uitzonderlijk sterke natuur en een wervelende vitaliteit die zowel breed als hoog als diep was, fragiel en stoutmoedig.«

Gerhard von Graevenitz und Günter Haese

Von manch einer aktuellen Kunstrichtung behalten die meisten Zeugnisse ihren Stellenwert nicht auf Dauer. Um die Kinetik und ihr Umfeld steht es nicht anders als um andere schnell aufeinanderfolgende Aktualitäten. Zu den Ausnahmen gehören sicher die Arbeiten von Günter Haese und Gerhard von Graevenitz. Sie können allerdings der Kinetik nur bedingt zugerechnet werden; sie übersetzen Bewegung in Poesie und sind gekennzeichnet durch Phantasie, Subtilität, Überraschungsreichtum, Spielfreude, Präzision. Dadurch unterscheiden sie sich von vielen anderen zur Kinetik gerechneten Arbeiten mit gröberen Effekten. Ihre Werke belegen zudem die Spannweite der Möglichkeiten in einem nicht allein durch die Mechanik bestimmten Bereich.

Gerhard von Graevenitz

Gerhard von Graevenitz wird häufig zur »Op-Art« gerechnet, obwohl seine Erfindungen keineswegs durch darstellende Geometrie oder deren Paraphrasen bestimmt sind. Seine Objekte leben von Licht und Dunkelheit nach teils programmierten, teils dem Zufall überlassenen Zeitabläufen; sie besitzen eine strukturelle Ordnung. Sowohl Rationalität wie nicht errechenbare Pläne sind die Parameter seiner Kunst.

Zunächst hatte der Künstler Wirtschaftswissenschaften studiert, dann aber die Münchner Akademie besucht. Als ich ihn kennenlernte, hatte er sie bereits verlassen und unweit davon, nahe der Amalienstraße, eine Wohnung bezogen. Hier standen seine kinetischen Objekte in teils taghellen, teils völlig abgedunkelten Räumen. Von Anfang an arbeitete er daran voller Passion und mit kühlem Kalkül. Er begann mit monochromen, geometrischen Reliefs, wandte sich der Serigraphie zu und bediente sich als einer der Ersten des Computers für serielle Graphik. Mit internationalen Bewegungen (wie »nouvelle tendance«) eng verbunden, warb er für sie mit der von ihm herausgegebenen Zeitschrift »nota«. Der so umtriebig erscheinende junge Mann kannte keinen Aktionismus, er verzichtete auf jede Attitüde, äußerte sich sachlich, blieb ein Beobachter seiner selbst und überließ es seinen Besuchern, auf seine Erfindungen nach eigener Wahrnehmung zu reagieren.

Er benutzte elektrischen Strom, kleine Elektromotoren, und andere für die Verwirklichung seiner Ideen nützlichen Materialien. Seine frühesten Modelle konnten bei Tageslicht präsentiert werden. Seit 1968 widmete er sich intensiv neuen Lichtobjekten, die nur in völlig dunklen Räumen ihre Wirkung entfalten konnten. Er hatte in seiner Wohnung, in der er auch arbeitete, einen solchen Raum eingerichtet, der ideale Voraussetzungen für deren Aufstellung bot; bessere, als ein Museum gemeinhin dafür vorhalten kann. Die übrigen hellen, klaren, aber keineswegs penibel aufgeräumten Zimmer ließen nicht erwarten, was man in dem lichtlosen Raum zu sehen bekam, wenn man sich an die völlige Dunkelheit gewöhnt hatte. In ihr leuchteten anfangs oft schwache Lichtpunkte und Strahlen auf, bevor sie an Zahl und Helligkeit zunahmen.

Die Herstellung dieser subtilen Lichtobjekte erforderte einige Zeit, sodass die wenigen Objekte schnell Käufer fanden und kaum eines davon verfügbar war –

denn es bestand kein Zweifel daran, dass sie alle vorangegangenen Arbeiten des Künstlers und an Differenzierung auch andere kinetische Objekte übertrafen. Gerhard von Graevenitz war, da er seine besten Arbeiten nicht mehr besaß, als ich ihn fragte, gleich bereit, ein neues Objekt für die moderne Abteilung des Hamburger Museums für Kunst und Gewerbe zu deren Eröffnung zu bauen. Es besteht aus einem kreisrunden, scheibenartigen Innenteil, dessen durchlöcherter Randstreifen sich vor verborgenen kleinen Lampen dreht, sodass schmale Lichtstrahlen in ständigem Wechsel auf sich im Innern der kreisrunden Scheibe drehende Aluminiumstreifen fallen. Durch eine Verbindung können sich diese hellen Metallstreifen langsam oder plötzlich losschnellend um die eigene Achse drehen und die auf sie fallenden Strahlen als sich überschneidende Lichtbahnen reflektieren. In der Dunkelheit erlauben diese Reflexionen und Lichtbewegungen dem Betrachter nicht, die Raumtiefe des Gesehenen zu ermessen. Das bewegte Bild, das er wahrnimmt, gleicht, wenn auch vom Erfinder nicht beabsichtigt, einem virtuellen Modell des Kosmos. Graevenitz konnte die Anzahl der durch seine Konstruktion entstehenden Bilder nicht bestimmen, doch errechnete einer seiner in Mathematik bewanderten Freunde, dass dieselbe Konstellation sich nur alle 10 000 bis 20 000 Jahre wiederholen könne.

Ein Objekt ganz anderer Art konzipierte er für das Gemeente-Museum Den Haag. Der Platz dafür war gut gewählt – eine rechteckige, von Lisenen gerahmte Wandfläche am Ende einer über unterschiedliche Ebenen führenden Raumflucht. Auf ihr waren vorspringende Quadrate so befestigt, dass sie sich langsam in alle Richtungen verschieben konnten, so langsam, dass ein vorübergehender Besucher die Veränderung dieses Wandreliefs nicht oder kaum bemerkte, zumal die Elemente immer in der orthogonalen Ordnung blieben. Erst wenn jemand einige Minuten davor verharrte, nahm er wahr, dass die Wand lautlos, wie von Geisterhand berührt, in Bewegung geriet.

Ein Jahr nach der Übergabe des Hamburger Objekts verließ Gerhard von Graevenitz München und zog nach Amsterdam, dessen Liberalität er schätzte. Er kam gelegentlich wieder nach Hamburg, zur Teilnahme an einer Ausstellung »Electric Art« und zu einer Reparatur seiner Arbeit im Museum, die durch das rege Interesse der Besucher zu häufig in Betrieb genommen worden war. 1983 traf die Nachricht ein, dass er bei einem Flugzeugabsturz ums Leben gekommen war, erst neunundvierzig Jahre alt.

Günter Haese

In Hinsicht auf die eigenartige Relation von Rationalität und Zauber kommen die Gebilde Günter Haeses den Objekten von Graevenitz nahe, doch im Übrigen, nach Idee und Konzeption, in Form und Struktur, unterscheiden sie sich grundlegend. Haeses filigrane Erfindungen erscheinen ebenso statisch wie bewegt, wecken Assoziationen an »Zwei Weltalter« (um einen Bildtitel Willi Baumeisters zu zitieren), sie verweisen auf frühe und fremde Kulturen ebenso wie auf moderne Mechanik oder Relaisschaltungen, erinnern jedoch auch an einen Haufen afrikanischer Lanzenträger oder eine mittelalterliche Phalanx, an Zellgebilde wie im Mikroskop oder an Galaxien. Er verwendet für seine Objekte fast nur Drähte aus Messing, Phosphorbronzedrähte oder schwarzen Draht, Uhrfedern und Rädchen. Meist sind diese Teile mit kleinsten Lötstellen aneinandergeheftet, immer so leicht, dass das Ganze nicht starr werden kann, sondern beim geringsten Anstoß, selbst bei einem Lufthauch, zu vibrieren beginnt.

Günter Haese besitzt die subtile Fingerfertigkeit eines Uhrmachermeisters, der mit den kleinsten Teilen so umgeht, dass der gesamte Mechanismus ungestört funktioniert. Seine Werkstatt in einer Düsseldorfer Wohnung gleicht dem aufgeräumten Arbeitsplatz eines Hobby-Uhrmachers, kaum einem Bildhauer-Atelier.

Erstmals hörte ich von Haese bei einem Gespräch mit Almir Mavignier, den ich von der Ulmer Hochschule für Gestaltung kannte und der das Plakat für Haeses erste Ausstellung im Ulmer Museum entworfen hatte; diese Ausstellung machte Furore, die bis zum Museum of Modern Art, New York, reichte. Mavigniers Begeisterung weckte meine Neugier, doch dauerte es einige Zeit, bis ich Günter Haese bei einer Hamburger Ausstellung kennenlernte. Ich traf einen zurückhaltenden, sich nur sparsam äußernden Mann, der zwar im Rheinland lebte, sich aber, als Erbe seiner Herkunft aus Kiel, eine gewisse norddeutsche Reserviertheit bewahrte, ohne jede Attitüde; er machte nicht viele Worte, allenfalls einige handwerklich-technische Angaben, und sagte nichts zu den Assoziationen, die seine Objekte wecken. Nur deren Titel verraten, dass und wieweit Assoziationen oder Erinnerungen ihn anregen. Bildphantasie und Bildtitel verhalten sich bei ihm ähnlich zueinander wie im Werk von Paul Klee, mit dem ihn die Poesie des Spiels und der kammermusikalische Charakter der künstlerischen Form verbinden, von dem ihn aber ebenso viel trennt.

Haese weiß, wie anfällig seine zarten Gebilde sein können; deshalb ersann und baute er für jedes von ihnen einen Transportkasten, der Sicherheit gegen Schäden bot; auch darin ein versierter Handwerker, der den Zufall nur so weit duldet, wie er ihm Spielraum gibt.

Zu seinem neunzigsten Geburtstag wartete die Kieler Stadtgalerie 2014 mit einer Überraschung auf. Sie präsentierte neben den Objekten, die Haeses Ruhm begründeten, sein frühes realistisches, bald nach dem Ende des Zweiten Weltkriegs entstandenes Gemälde mit der Trümmerlandschaft des Kieler Hafens. Gegen dieses Zeugnis der Zerstörung stellte er den Aufbau seiner eigenen Welt.

Joseph Beuys – ein Exkurs

Aus gutem Grund ordnete Kant die Philosophie der Kunst seiner »Kritik der Urteilskraft« zu. Mit dem Mangel an Urteilskraft definierte er Dummheit, nicht ohne resignierend hinzuzufügen, diesem Gebrechen sei nicht abzuhelfen. Kunsturteil erhärtet sich nicht nur in der Zustimmung, sondern auch in Kritik und Ablehnung, besonders dann, wenn es dem Zeitgeist nicht zu folgen bereit ist, d. h. wenn Einzelne sich der kollektiven Meinung nicht anschließen wollen. Die nunmehr rund 150-jährige Geschichte der Moderne kennt viele Beispiele solcher Alternativen von Pro und Kontra. Ein Beispiel dafür möchte ich anführen.

Der einzige Künstler, dem ich zu nahe trat, ohne in seine unmittelbare Nähe zu kommen, war Joseph Beuys. Er erhielt 1977 den damals mit 15 000 DM dotierten Lichtwark-Preis der Freien und Hansestadt Hamburg, mit dem zuvor u. a. Oskar Kokoschka, Rolf Nesch, Otto Dix, Max Ernst ausgezeichnet worden waren. Als im Dezember 1976 der Juryentscheid zugunsten von Beuys bekannt gegeben wurde, reagierte die für die Vergabe unter dem Namen des ehemaligen

Kunsthallen-Direktors nicht verantwortliche Hamburger Lichtwark-Gesellschaft, die sich in der Tradition ihres Namensgebers für die Kunst der Gegenwart bis heute engagiert, mit einer kurzen Pressenotiz: »Die Lichtwark-Gesellschaft ... distanziert sich von der in diesem Jahr getroffenen Auswahl des Preisträgers ... die wohl kaum mit Geist und Wirken Alfred Lichtwarks vereinbar« sei.

Das zuständige Kulturamt der Hamburger Behörde für Wissenschaft und Kunst hätte diese Distanzierung liberal und locker zur Kenntnis nehmen und bei seinem Tagesgeschäft bleiben können. Aber Souveränität und Liberalität waren offenbar nicht seine Sache, zumal nicht, als die öffentliche Kritik an der Preisverleihung ungewöhnlich deutlich ausfiel und das Kunsturteil der Jury von engagierten Bürgern vehement infrage gestellt wurde. Da ich zum Vorstand der Gesellschaft gehörte und die Replik initiiert hatte, bat mich die Presse um einen Beitrag mit meiner persönlichen Stellungnahme, die am 11. Januar 1977 erschien. Aus ihr seien einige Sätze zitiert: »Eine Skulptur, die ein Museumsdirektor ins Magazin verbannt, bleibt ein Kunstwerk – ein Spind bleibt ein Spind, auch wenn er ein Autogramm trägt und ein Museumsdirektor ihn in die Gemäldegalerie stellt ... Wer oder was wurde hier groß bewegt, außer denen, die von Auge und Verstand keinen Gebrauch machen? – Wer sich auf ihre Seite schlägt, kann das Kunsturteil nicht zweifelsfreier ad absurdum führen. Er mag sich für progressiv halten, weil er etwas für Kunst hält, was es nicht ist und sein kann. Deshalb bemerkt er vermutlich nicht, dass er jene Konvention vertritt, die unter wechselnden Fahnen und Emblemen gegen Kunst als das Außergewöhnliche Front macht, weil Konvention – erst recht eine modernistische – dem Außergewöhnlichen nicht zu genügen vermag ...«

Den besonderen Behördenzorn forderte mein Fazit heraus, die Zusammensetzung der Jury habe das Ergebnis präjudiziert – eine Binsenweisheit, die bei fast jeder Preisverleihung belegt werden kann. Also folgerte ich: »Kann man den ... jetzt häufiger geäußerten Verdacht noch entkräften, hier sei Unisono-Konformismus gewollt ...?« Dieser Konformismus sah sich decouvriert und provoziert, zumal die Kritik von jemandem kam, der gerade eine moderne Abteilung aufgebaut und führende Künstler der Moderne dafür gewonnen hatte. Dagegen half nur, ihn mit wütenden Reaktionen zum Nachfolger von Goebbels zu stempeln, was mangels ausreichender Kenntnis der Beuys-Verehrer nicht recht gelang. An einem der äußerst kontroversen Diskussionsabende warf ich ein: »Kunst kommt von Können, deshalb heißt sie Kunst. Käme sie von Wollen, hieße sie Wulst.« Ein Aufschrei: »Das ist von Goebbels.« Meine Antwort: »Nein, von Max Liebermann.« Aus Wut wurde Ohnmacht.

Ohnmächtige Wut war auch für das Senatsamt für Kultur kein besonders guter Ratgeber. Sein Senatsdirektor erhielt den Auftrag, mir meine Aufmüpfigkeit auszutreiben. Die Korrespondenz in dieser Angelegenheit habe ich zu meinem Vergnügen aufbewahrt. Es hieß darin u. a.: »Als Beamter der Freien und Hansestadt Hamburg sind Sie verpflichtet, auch bei Stellungnahmen zu künstlerischen Fragen sich gegenüber Ihrem Dienstherrn, dem Senat, loyal zu verhalten ... Durch die geschilderte Äußerung haben Sie die Ihnen als Beamtem obliegenden Pflichten verletzt. Ich sehe mich deshalb veranlasst, diese Pflichtverletzung hiermit zu beanstanden.« Da ich über diesen bürokratischen Tadel durchaus nicht zerknirscht war und entsprechend antwortete, schwang sich der dazu angehaltene Senatsdirektor zu einem weiteren Tadelsversuch auf, um recht zu behalten. Also fragte ich einen der höchsten Hamburger Richter, der die Prozedur mit Vergnügen und Häme verfolgte, nach seiner Rechtsauffassung. Er gab mir den vorzüglichen Hinweis auf einen Artikel des damaligen Justiz-Staatsrats Dr. Dahrendorf, einen ebenso liberal gesonnenen Bruder von Ralf Dahrendorf. Die entscheidenden Sätze aus diesem Artikel zitierte ich in einer abschließenden Replik als eine »Feststellung, die ich als Äußerung des Senats auffassen darf«: »Kritik ist selbstverständlich erlaubt, sie wird vom Beamten erwartet ... Selbstverständlich darf sich der Beamte öffentlich in die Diskussion von Grundsatzfragen einschalten. Hier erwartet der Arbeitgeber, dass der Beamte die gebotene Form wahrt, was eine Polemik nicht ausschließt.« Da ich mich genau daran, an die polemische Form, gehalten hatte, beendete mein Brief die Debatte, bei der ich durchaus das letzte Wort haben wollte. Aber damit war die Auseinandersetzung noch nicht beendet.

Eine Gruppe von Intellektuellen, zu denen auch mein alter Bekannter Helmut Heißenbüttel gehörte, wandte sich an den Senat mit der Aufforderung, mich stante pede zu entlassen, denn ich würde im Geist von Goebbels agieren. Alle Subskribenten gehörten zu denjenigen, die »Berufsverbote« anprangerten – aber nun forderten sie selbst eines als Replik auf eine freie Meinungsäußerung. Man ahnt, was man vom Freiheitsbegriff solcher Intellektuellen zu

Streit um Joseph Beuys. Kritischer Zeitungsartikel von Heinz Spielmann zur Verleihung des Lichtwark-Preises, »Die Welt«, 11.1.1977

halten hat. Der damalige Hamburger Bürgermeister Hans-Ulrich Klose wusste es besser und beschied ihnen, er kenne mich und habe keinen Anlass, an meiner demokratischen Gesinnung zu zweifeln – schließlich hatte ich sie gerade durch meine Kritik frei von obligaten Klischees bewiesen.

Nur ein Jahr nach der Hamburger Ehrung wurde Beuys in Goslar der »Kaiserring« angetragen, die clevere Erfindung einer wohlfeilen Reklame für die etwas vergessene Stadt am Harz mit ihrer im Geist Wilhelms II. mehr schlecht als recht rekonstruierten Kaiserpfalz. Der Protest der Goslarer artikulierte sich weniger individuell als in Hamburg, jedoch in größerer Breite. Auf die Anfrage, ob ich aus diesem Anlass einen Vortrag halten würde, entgegnete ich, ob man wisse, was von mir zu erwarten sei? – Ja, deshalb habe man sich an mich gewandt.

Der Saal in Goslar, in dem ich sprach, war überfüllt. Aus dem Vortrag seien einige Passagen sowie Zitate des gefeierten Großkünstlers angeführt, die ich, der Kürze halber, in meinem Hamburger Zeitungsbeitrag nicht hatte berücksichtigen können und die ich nun, für die Goslaer Reklameaktion, bewusst provokativ formulierte:

»Die uns vorgestellte Erweiterung des Kunstbegriffs operiert mit der Gleichsetzung von Kunst und Trivialität, sie zielt auf Eliminierung von Kunst, sie feiert die absolute Negativität ... Kann eine Gesellschaft deutlicher zum Ausdruck bringen, dass sie das Gewöhnliche als Höchstes schätzt?«

»Begeht man einen schwerwiegenden Fehler, wenn man vom Kunsturteil einer Gesellschaft auf ihre geistige Verfassung, auf ihre psychische Konstitution schließt?«

Ich fühlte mich mit Zustimmung und Beifall zu meinem Anti-Beuys von so unterschiedlichen Künstlern wie Bill, Grieshaber, Janssen, Kokoschka, Wimmer und vielen anderen in bester, mir sehr zusagender Gesellschaft. Meine Hamburger Abteilung und das Gottorfer Museum haben über Jahrzehnte hinweg von meiner Häresie gegenüber dem Glauben profitiert: »Credo quia absurdum« – Ich glaube, weil es Unsinn ist.

Beuys selbst hat, wie man zu seiner Ehre sagen muss, auf die Debatten um ihn und seinen »erweiterten Kunstbegiff« immer gelassen reagiert, vielleicht deshalb, weil er wusste, dass sie das Interesse an ihm und seinen Verkündigungen förderten. Doch was bleibt davon heute, was halten viele heute von Joseph Beuys, trotz seiner Namensgebung des Düsseldorfer Rheinufers, trotz der Ehrenplätze in Retrospektiven und Anthologien der Moderne? Als ich vor nicht allzu langer Zeit beim Besuch des Düsseldorfer Museums vor einer Vitrine mit Relikten seiner »Performances« stand, gab es keinen Bewunderer der pietätvoll aufbewahrten Wachs-Reliquien. Niemand nahm von der Vitrine Notiz.

Manche Rezensenten, die vor einigen Jahrzehnten nicht genug daran tun konnten, den Verzicht auf Kunst als »Erweiterung des Individualismus eines überragenden Kunstbegriffs« zu preisen, fragen heute erstaunt, woher es denn komme, dass die Ausstrahlung von Filz und Fettecken so sehr nachgelassen habe. Zugleich aber sind sie vom Inhalt der chinesischen Sperrmüllcontainer mit demolierten Stühlen fasziniert, denen der chinesische, politisch mutige »Universalkünstler« Ai Weiwei Documenta- und Hauptstadt-Museumsweihen gab. Museumsleute wie Geldgeber sind bereit, für diese Reliquien ebenso hohe Preise zu zahlen wie die Fürsten des Mittelalters, der Renaissance und des Barock für die (meist falschen) Knochen ihrer Reliquien-Sammlung.

Bleibt man hinter der Entwicklung zurück, wenn man die Identifikation von Kunst mit Trivialität, die gute Absicht als Rechtfertigung des Unvermögens nicht akzeptiert? Wenn man politischen Aktionismus, selbst politischen Mut nicht als künstlerische Qualität zu verstehen bereit ist? Die Antwort auf solche Fragen kann nur zutreffend ausfallen, wenn man der Zukunft Priorität vor dem Zeitgeist gibt. Mich konnte und kann nur solche Kunst ernsthaft beschäftigen, von der ich – wenn auch subjektiv – überzeugt bin, dass sie auch in hundert Jahren noch eine gewisse Relevanz besitzt.

Welche andere Grundlage als Individualismus trägt die nun auch schon ein gutes Jahrhundert alte Moderne? Womit kann er sich mitteilen als durch die Beherrschung der dafür erforderlichen künstlerischen Mittel? Mit dem Verlust dieser Mittel verliert der Individualismus sein *pièce de résistance*, er wird, mit anderen Worten, irrelevant. Warum, so muss die nächste Frage lauten, findet jedoch eine so gekennzeichnete Quasi-Kunst ein breites Publikum und sofortige Zustimmung wie etwa auf der Kasseler Documenta oder der Biennale von Venedig? Die Antwort ist leicht zu geben: Weil Trivialität im Zentrum des gesellschaftlichen Selbstverständnisses steht. Die Avantgarde des späten 19. und des frühen 20. Jahrhunderts musste noch mit längerem Unverständnis rechnen, denn sie resultierte aus dem Weltverständnis der Einzelnen; die Gesellschaft benötigte deshalb einige Zeit, um die Spiegelung einer individuellen Weltsicht im Kunstwerk zu begreifen. Was sofort akzeptiert wird, entspricht einem verbreiteten Konformismus der Gesellschaft.

Jede Gesellschaft und jeder ihrer Teile findet stets ein ästhetisches oder ästhetisiertes Äquivalent. Die Luftbuchungen der Banken, die zur Krise von 2008 führten, besitzen in den geistig-künstlerisch leeren Produkten der Galerien und Messen ihre Entsprechung. Die Massengesellschaft, die gern etwas sein möchte, was sie nicht sein kann, sucht ihre Bestätigung in dem, was ihr entspricht. Jeder Demagoge, der dieser Sucht und Suche Rechnung trug, hat fast immer

Erfolg gehabt, bis sein Scheitern offenkundig und nicht selten verherrlicht wurde. Wenn Joseph Beuys jeden zum Künstler, ja zum Kunstwerk deklarierte, gab er der Massengesellschaft Zucker wie alle, die darauf ihre Macht gründeten. Gefährdet werden kann diese Macht nur durch Aufklärung, in diesem Fall durch Klärung des Kunsturteils. Wer dies riskiert, sollte sich keine Illusionen machen: Er wird das wütende Gekläff derjenigen hören, die sich decouvriert sehen – und kann sich darüber amüsieren. Ein Künstler, der daran seinen Spaß hatte, war Horst Janssen.

Horst Janssen

Entdeckungen im und für das Museum

Manche Museumsdirektoren suchen heute gleich nach ihrem Amtsantritt ihr Persönlichkeitsprofil dadurch zu schärfen, dass sie viele der ihnen anvertrauten wehrlosen Kunstwerke ins Magazin verbannen. Das Motto »Weniger ist mehr« dient ihnen als Begründung für das Ziel, das Museum ihren eigenen Begrenzungen anzupassen. Als junger Kustos des Museums für Kunst und Gewerbe (wie später als Direktor auf Gottorf) tat ich das Gegenteil. Sobald es meine über die Erfüllung der Tagesaufgaben verbleibende Zeit erlaubte, begab ich mich in die Magazine des Museums, die nach dem Zweiten Weltkrieg nur provisorisch eingeräumt wurden, und holte hervor, was mir bemerkenswert schien. In Hamburg waren es einzelne, vom mutigen Hausmeister Erich Pfeiffer 1937 versteckte Bronzen, Terracotten und druckgraphische Bätter der »Entarteten«; nicht inventarisierte, seltenste Farblithographien von Toulouse-Lautrec, Vuillard, Signac; in einem noch verschnürten, an den 1915 gestorbenen Museumsgründer Justus Brinckmann adressierten Paket ein großer Teil von Lavaters Nachlass mit den Vorlage-Blättern seiner »Physiognomischen Fragmente«; skandinavisches Email des Jugendstils und große verloren geglaubte »Gummidrucke«

Horst Janssen und Heinz Spielmann, 1991

der Kunstphotographie um 1900; ehemals mit Goldmedaillen ausgezeichnete Möbel der Weltausstellungen des 19. Jahrhunderts – lauter Werke, auf die das Museum heute stolz ist.

Um 1963/64 enteckte ich eine breite und dicke Rolle mit großen farbigen Zeichnungen, auch mehreren Lithographien, die mir zwar Eindruck machten, aber rätselhaft blieben, denn sie waren nicht signiert. Einige Blätter erinnerten mich an Paul Klee und Jean Dubuffet, andere an Alfred Mahlau, den realistischen Zeichner und kurz zuvor pensionierten Lehrer der Hamburger Kunstakademie. Zunächst konnte ich mit meinem Fund nichts anderes anfangen, als ihn plan zu legen, um das verspannte Kartonpapier zu glätten.

Zur Zeit meiner Entdeckung war Kokoschkas »Zauberflöten«-Tapisserie im Entstehen begriffen. Ich erzählte dem Hamburger Galeristen Hans Brockstedt vom Stand der Dinge, der uns zu heute legendär erscheinenden Konditionen, für 2500 und 5000 DM, gerade zwei vollständige Kabinette Henri van de Veldes vermittelte. Er fragte, ob ich wüsste, dass Horst Janssen für Philipp Reemtsma einen Wandteppich entworfen habe. In diesem Augenblick hatte ich einen blitzartigen Einfall. »Ich glaube, wir haben die Entwürfe dazu«, sagte ich und holte meinen Fund hervor. Gleich darauf erhielt ich die Bestätigung, dass ich mich nicht irrte. Da die Blätter nicht inventarisiert waren, gehörten sie nach meiner Einschätzung nicht dem Museum. Deshalb gab ich sie Hans Brockstedt mit, um sie zu retournieren. Nach wenigen Tagen brachte er alles signiert und als Geschenk zurück.

Mancher wird fragen, warum ich Janssens Arbeiten nicht sofort identifizierte. Die Erklärung ist unschwer zu geben: Es gab noch keine Publikation seiner frühesten, während des Studiums entstandenen Arbeiten.

Wie war das Konvolut ins Museum gekommen? Ich glaubte gleich, die Antwort zu kennen. 1959 hatte Erich Meier im Museum für Kunst und Gewerbe die Ausstellung »Alfred Mahlau und seine Schüler« gezeigt. Janssens Beitrag dazu dürfte von ihm nicht abgeholt worden sein. Zum Konvolut gehörten außer den Tapisserie-Studien und Rarissima früher Lithographien die Vorentwürfe der einzigen Glasfenster Janssens. Der Zeichner war ebenso erfreut wie verwundert: »Wie kommt Ihr daran – ich habe doch alle Entwürfe aus dem Fenster auf einen vorbeifahrenden Lastwagen geschmissen.« Von Relikten der etwa fünf Jahre zuvor präsentierten Ausstellung wollte er nichts wissen. Da Janssen, wie ich später noch wiederholt erfahren sollte, über ein untrügliches Gedächtnis verfügte, dürfte die Geschichte mit dem offenen Fenster und dem Lastwagen durchaus zutreffen, aber nur für einen Teil der Entwürfe.

In dem Geschenk sah ich eine Verpflichtung. Ich begann, Janssens Plakate, Flugblätter und weitere Arbeiten zu sammeln, ohne davon viel Aufhebens zu machen. Zu einer Begegnung mit ihm kam es jedoch lange nicht. Zwar erschien er, Korn-bewaffnet, in den späteren sechziger Jahren auf einer Ausstellungseröffnung des Museums, aber seine Kondition ließ jedes Gespräch als Risiko erscheinen. Da er nicht angesprochen wurde, begnügte er sich mit störenden halblauten Zwischenrufen.

1973/74 gründeten wir mit einigen Freunden die Hamburger Lichtwark-Gesellschaft, als sich immer mehr zeigte, dass die Künstler der Hansestadt in der Kunsthalle und im Kunstverein kaum noch beachtet wurden. Wir suchten diesem Desiderat zu begegnen und brachten als eine erste Initiative eine Mappe mit Druckgraphik Hamburger Maler und Zeichner heraus. Dass Horst Janssen mit von der Partie sein würde, musste man bezweifeln, da er keine lebenden Götter neben sich duldete. Dennoch schrieb ich ihm und rief ihn an. Auf die knappe Meldung »Janssen« wiederholte ich die Frage meines Briefes; es folgte ein kurzer Dialog:

Janssen, scharf: »Wenn Sie die Hamburger zu etwas bringen wollen, können Sie sich auch umbringen.«

Ich, cool: »Bringen Sie sich um?«

Er, brüllend: »Lassen Sie mich in Ruhe!« – und knallte den Hörer auf die Gabel.

So endete unser erster und einziger Streit.

Wenige Tage später brachte eine seiner Freundinnen einen Katalog seiner Bielefelder Austellung, auf dessen Vorsatzpapier er sich freundlich meditierend mit einer Zigarette in der Hand gezeichnet und eine Widmung dazu geschrieben hatte: »für Dr. spiel man zuspiel man zu mit unserm Herrn sien Horst«.

Bis das von ihm offerierte Spiel richtig beginnen konnte, vergingen abermals zwei Jahre. Ich vermehrte im Stillen alle seine Arbeiten, die nach meinem Dafürhalten in ein universelles Kunstmuseum gehören, genauso wie ich es mit den Werken von Kokoschka und Picasso, Baumeister, Ernst oder Grieshaber hielt. In dem damit nicht zur Deckung zu bringenden Bemühen, »Ordnung in die Sammlungspolitik« des Museums und der Kunsthalle zu schaffen, einigten sich Ende 1976 die Direktoren der beiden Häuser darauf, dass Mappen mit ungebundenen graphischen Folgen in der Kunsthalle, gebundene Bücher aber im Museum für Kunst und Gewerbe gesammelt werden sollten.

Wenig später, Anfang 1977, stellte Janssen in der Buchhandlung Laatzen ein neues gebundenes Buch vor, ein Capriccio, dem er den Titel »Nocturno« gab. In ihm waren Photographien der nächtlichen Verkleidungsspiele Janssens mit Birgit Jacobsen neben Zeichnungen, geschriebenen Textseiten und Collagen reproduziert. Die Originale der Zeichnungen und der für die Vorzugsausgabe bestimmten Radierungen hingen bei der Präsentation rundherum an den Wänden. Ich dachte: Das alles muss beisammenbleiben und – da es sich um Arbeiten für ein gebundenes Buch handelte – natürlich in meiner Abteilung. Gleich nach Janssens Lesung von Texten Ernst Jüngers ging ich zu ihm und teilte ihm mit, was ich gerade dachte, nicht ohne die Begründung, das Museum solle jetzt nur gebundene Bücher sammeln. Er schaute nur kurz auf, verstand, sprach, mit lakonischer Miene sein offenkundiges Vergnügen überdeckend, mit Birgit Jakobsen und dem Verleger Claus Clément, denen der Verkaufserlös zugedacht war; beide waren mit von der Partie, und der Ankauf zu freundlichsten Bedingungen war perfekt.

Was ich nicht wusste, Janssen aber sehr wohl: Zum ersten Mal waren Zeichnungen Janssens zu einer Suite nicht auseinandergerissen worden. Damit dies kein Einzelfall blieb, schenkte er dem Museum sofort 36 Blätter für die gleich nach »Nocturno« entstandene Publikation »Janssenhof«. So wuchs die Sammlung um 66 Arbeiten. Von jetzt an kam ständig Weiteres hinzu, Gewichtiges, Interessantes und Akzidenzien.

Vorgeschichte einer Janssen-Retrospektive

Inzwischen rückte der 50. Geburtstag Horst Janssens näher. In Hamburg dachte, wie sich bald herausstellte, kein anderes Museum an eine Ausstellung, also fragte ich ihn danach und erhielt postwendend per Eilboten Antwort, mit einer dampfenden Lokomotive auf dem Umschlag:

»Also, auf IHRE / meine Ausstellung freue ich mich nun Ährlich! Ja – sehr. Und stehe Ihnen auch ganz sehr zur Verfügung. Es gibt so viele Sachen, die *ich* nicht mal mehr im Köpfchen hatte + es gibt glaub ich sehr viele Dinge, die Sie nicht kennen und die Ihnen sicherlich Vergnügen machen werden. Man kann eine voluminöse, aber komprimierte Ausstellung hinkriegen. Nächste Woche ruf ich Sie an für einen Treff (Montag / Dienstag).«

Ob es wirklich am folgenden Wochenbeginn zum ersten Ausstellungsgespräch in Janssens »Burg« am Mühlenberger Weg kam, vermag ich nicht mehr mit Bestimmtheit zu sagen. In der Regel waren seine Zeitprognosen wenig verlässlich, es sei denn, sie waren für die kommende halbe Stunde angesagt. Aber bald kam es zu einem ersten Dialog unter vier Augen.

Sobald Janssen mit mehr als einem Gegenüber zusammen war, benötigte er ein Ventil für sein – echtes oder gespieltes – Unbehagen. Unter vier Augen jedoch war er der vergnügliche, nachdenkliche, witzige, generöse Gesprächspartner, meist bei Pommery (oder während der Abstinenzphasen mit schwarzem Kaffee) – vorausgesetzt, die Unterhaltung wurde und blieb ein Pingpongspiel mit munteren Einfällen.

Was sollte ich Janssen mitbringen? Ich dachte, am besten Papier. Das Museum hatte gerade aus dem Nachlass des letzten Redakteurs der um 1900 renommierten Zeitschrift »Pan« einen Stapel unbenutzter Büttenbögen erhalten, von denen Janssen besseren Gebrauch machen konnte als das Museumsmagazin, für das einige Belege genügten.

Er hatte, als ich kam, seinen Raum gerade mit einem Skelett dekoriert, um dessen Halswirbel er einen roten Schal gewunden hatte. Zu meiner Begrüßung hatte er offenbar kurz vor meinem Eintreffen eine tote Maus, die Beute der Katze Lydia, mit ihrem Schwanz an seine Tischlampe gebunden. Die Leiche des armen Kleintiers hing zwischen ihm und mir. Ich tat so, als bemerkte ich sie nicht, und erzählte ihm, während wir eine unsägliche von Janssen gebrutzelte Mischung von halbwarmen Speck und weißen Bohnen aßen und lauwarmen Kaffee tranken, die Geschichte der Büttenbögen des »Pan«, wie sie sich aus der Korrespondenz, abweichend von der überlieferten Story, darstellte.

Angeblich war Julius Meier-Graefe wegen der in der Zeitschrift erschienenen Farblithographie der Mademoiselle Lender, einer Prostituierten, entlassen worden. Die Dokumente aber bewiesen, dass er wegen zu großzügiger Geldausgaben hatte gehen müssen, denn statt zu laufen, hatte er meist Droschken geordert und für seine Briefe nur das teure Bütten benutzt, dessen Rest jetzt auf Janssens Tisch lag – eine Geschichte ganz nach seinem Geschmack: »Geld – pah – ich mache Millionäre« –, und Meier-Graefe war so tot wie der ehemalige Träger des nebenan stehenden Skeletts – »Ich probier das Papier mal aus«. So entstand während unserer Unterhaltung eine Zeichnung, deren Ikonographie ohne die Vorgeschichte völlig unverständlich bleibt. Janssen, im Künstlerlook, scheißt Goldstücke, blickt amüsiert auf das ihm gegenüber kleinere Skelett mit einem roten Schal. Es antwortet auf das Fragezeichen vor Janssens Nase: »Gräfe.« Von der geplanten Ausstellung war kaum die Rede, wir verschoben sie aufs nächste Mal, und Janssen blieb übrig, mich vor dem Abschied auf die von mir unbeachtete tote Maus hinzuweisen.

Außerhalb Hamburgs dachte man stärker an den großen Zeichner und seinen 50. Geburtstag als in seiner Heimatstadt. Die Projekte türmten sich, Janssen geriet ein wenig in Panik und ließ mir ausrichten, er wolle unsere Ausstellung lieber etwas verschieben. Da mir der Kalender weniger wichtig war und ist als die Anstöße, die er liefert, war mir die Verschiebung recht, denn so konnte ich die Janssen-Sammlung noch vergrößern und ihm 1981 berichten, dass sie inzwischen rund 300 Arbeiten umfasse, viel mehr, als er erwartete, damals der wohl größte Bestand in öffentlichem Besitz.

Dieses Mal beantwortete er meinen Brief mit einer Radierung. Sie zeigt einen Januskopf aus Selbstportrait und Totenschädel. Sie trägt den Titel der Ausstellung »Retrospektive auf Verdacht«. Dann reduzierte er in einem Malbrief vom 7. März 1982 mit weiteren Selbstbildnissen meine Intention, ein Kompendium seiner Plakate, Buchkunst, Einladungen, Bilderbriefe, dekorativen Arbeiten, Bilderbögen, Photographien und Druckkunst zu zeigen. Unter seinem Gesicht mit kokettem Blick und flötend gespitztem Mund teilte er mir mit: »... dies ist der 1. + letzte Brief zum Thema Katalog. ALSO: Sie haben mein totales placet für das, was SIE machen wollen. Ich bin gestalterisch NICHT mit drin in dieser Sache. Also noch mal ›placet total‹.– ABER was Ihnen ein in Janssen-Sachen erfahrener Janssen flötet: es wird Ihnen + den zitierten Hilfstruppen NICHT möglich sein, einen Katalog als perfekte Doctor-Arbeit hinzukriegen. Organisatorisch nicht + was es sonst noch so alles gibt.«

Auf dem zweiten Blatt des Briefes hält er sich die Hand vor den Mund und erläutert, was er unter »placet total« versteht: »Machen Sie einen ›phantastischen‹ Katalog. Machen Sie ein Kunstwerk an ›Durcheinander‹. Mixen Sie einen faustischen longdrink. Spicken Sie ihn mit Marginalien – seien es Kurztexte oder Briefe. Vermeiden Sie von vornherein perfektes System oder Darstellung aller ›Exponate‹.

UND JETZT KOMMTS: Schreiben Sie mit all Ihrem Witz + Kunstverstand einen Text, der das Thema hat ›Es ist unmöglich, einen Janssen-Katalog zu machen‹, übertragen Sie das ganze Kompendium in WÖRTER. So mein Rat. Und ab jetzt halt ich die Klappe ...«

An seinen Rat hielt ich mich, wenn auch das Ganze methodisch ordnend und die wichtigsten Schwerpunkte seines bis damals entstandenen Lebenwerks berücksichtigend, und überschrieb ihn: »Es ist (un)möglich, einen Janssen-Katalog zu machen«.

Die »Retrospektive auf Verdacht« und ihr Epilog

Der Katalog war schon in Druck gegangen, als sich eines Sonnabends mittags Janssen am Telefon meldete: »Hast du Lust zu kommen – ich hab die Einladung fertig?« So etwas wollte er doch mitmachen, wenn es um seine Ausstellung ging, obwohl er sich sonst aus allem heraushielt. Vom Alstertal nach Blankenese und zurück zu fahren, dachte ich leichtsinnig, dauert eine gute Stunde. Aber Janssens Zeitgefühl richtete sich nicht nach solchen normalen Einschätzungen. Auf seinem Zeichentisch lag die subtile Farbzeichnung eines Steins. Das Blatt vermehrte die ständig wachsende Janssen-Sammlung des Museums. Dies musste, meinte er, begossen werden. Eine Phase, in der nur lauwarmer Kaffee auf dem Tisch stand, war einer anderen mit ungekühltem Veuve Cliquot gewichen.

Wie viele Flaschen wir in den nächsten vier Stunden leerten, habe ich nicht gezählt, ich weiß nur, dass es dazu keinen Bissen zu essen gab und Janssens Tour d'horizont zu Gott und aller Welt, belebt durch Häme auf Hamburg, die Zeit füllte. Der Mittagsbesuch endete, durch Gäste wenig gestört, als es dunkel wurde und ich zu einer Zeit nach Hause fahren konnte, als es an der Elbchaussee noch keine Verkehrskontrolle gab.

Eigentlich hatte Janssen zur Eröffnung seiner Ausstellung kommen wollen. Warum er nicht erschien, blieb unerfindlich. Wollte er nur über seine »Späher« erfahren, wie sein Werk »objektiv« aufgenommen wurde? Immerhin ließ er einen Gruß überbringen, den ich den sich drängenden Gästen vorlas, nicht ohne darauf eine Antwort als Brief an ihn verfasst zu haben, den mehrere Hundert Besucher unterschrieben; es war vorauszusehen gewesen, dass die Hamburger irgendwie ihrem Enfant terrible ihre Reverenz erweisen wollten.

Inzwischen hatte der Adressat sich auf den Weg gemacht, genau kalkulierend, wann die letzten Besucher gegangen sein könnten. Er erschien in angemessener Aufmachung mit Gummistiefeln und Bommelmütze, stolzierte wie ein Hahn durch die fast leeren Säle, tat so, als schaute er gar nicht hin, beobachtete natürlich genau, was wo und wie hing, dicht gedrängt, wie er es liebte, überschaubar geordnet eine Entwicklung von einem Vierteljahrhundert. Das Glück von N. Boleige – den manche Kritiker als einen der französischen Moralisten zu kennen glaubten, der aber nur in Janssens aus »Eigenlob« gebildetem Anagramm existierte –, dieses Glück war grenzenlos und suchte ein Ventil. Er fand es gegenüber einer der letzten noch anwesenden Besucherinnen, einer alten Dame – die nicht ahnte, wer der vor ihr stehende Clochard war: »Na, Oma, jetzt erlebst du was, das hast du noch nicht gesehen.« Er ging in die Knie und hopste in einem ungelenken Krachowiak um die irritierte Frau herum, die sich lieber entfernte, als einem unberechenbaren Kindskopf in die Quere zu kommen. Gleich darauf war er wieder ein gescheiter Freund. Im Taxi sprach er über Novellen von Turgenjew, einem seiner Favoriten. Entschuldigend meinte er vor dem Aussteigen: »Sei nicht böse, wenn ich nichts esse, nur ein Schlückchen trinke; ich kann niemandem zumuten, mir beim Essen zuzusehen.«

Kaum bei uns angekommen, in den Raum mit seiner Künstler-Entourage tretend, war er erneut wie verwandelt. Er hielt sich an seine Maxime: »Allein bin ich gut, zu zweit eine Katastrophe, ich kann nicht allein sein.« Er verifizierte sie, indem er zunächst Claus Clément beschimpfte, der sich um das Plakat der Ausstellung gekümmert und es genau so in Auftrag gegeben hatte, wie Janssen es sich wünschte. Dann fuhr er einen anderen Gast an: »Du bist schwul und weißt es nicht«, trieb es so den ganzen Abend weiter, um zum Schluss, als Dessert, wie ein schuldiger Schüler mit unschuldigen Augen das Angerichtete als sein Galadiner zu betrachten. So feierte er seine Ausstellung.

Nach einigen Monaten des Wartens kam schließlich auch die dem Freundeskreis des Museums versprochene Auflage einer Radierung, ein Selbstbildnis mit einem grimmigen, sein Gegenüber scheinbar indolent fixierenden Gesicht unter einer Pudelmütze.

Es war nicht das einzige Mal, dass Janssen nach einem ihm besonderen Spaß bereitenden Abend die Teilnehmer schockierte. Ihn trieb wohl die Einsicht, dass die ihm entgegengebrachte, oft devote Verehrung mehr dem Enfant terrible als dem Zeichner galt. Im *naughty boy* verbarg er, wer er war, ein in sich selbst verliebter, aber auch ungemein selbstkritischer Egomane, der nur vor überlegenen »seinesgleichen« Respekt hatte und generös reagierte, wenn er sich mit ihnen verglichen sah. Als ich eines Tages Karl Scheid, den international hochgeschätzten Keramik-Künstler, mit zu Janssen nahm, sagte dieser zu ihm, ohne viel zu überlegen, er habe in letzter Zeit zwei Graphik-Ausstellungen gesehen, die ihn ungemein beeindruckt hätten, Radierungen von Herkules Seghers und Blätter von Janssen. Es folgte ein kurzer Dialog: »Sagten Sie Seghers?« – »Ja, ich meine den holländischen Radierer.« Dann ein Brummeln und Pfeifen, Janssen kramte in seinem Zeichenschrank und holte seine Radierfolge »Hokusai's Spaziergang« heraus, als Geschenk für einen seinesgleichen, der mit Anregungen aus Japan so eigenständig umging wie er selbst.

Schüler, Lehrling, Geselle, Meister

Einige Jahre nach der Hamburger Janssen-Retrospektive wechselte ich zum Schleswig-Holsteinischen Landesmuseum auf Schloss Gottorf. Meine erste dort präsentierte Ausstellung war Siegfried Lenz zum 60. Geburtstag gewidmet; sie trug den Titel »Bilder zur Weltliteratur«. Für sie erwarb ich, da die Bestände zur Darstellung des Themas nicht ausreichten, 200 Arbeiten, darunter mehrere Suiten Janssens. Es bot sich an, einige Wochen später die in Nowosibirsk präsentierte Janssen-Ausstellung zu übernehmen. Janssen, der erkannte, dass Gottorf ihm ein neues Zuhause bot, wollte selbst zur Eröffnung reden und inspizierte die ehemalige Reithalle, den Ort der Handlung. Er wollte eine opulente, dicht gehängte Heerschau, nicht eine sparsam-delikate Präsentation, die ihm meine Münchner Kollegen offerierten. Für solchen ästhetisierenden Puritanismus, der gerade in Mode kam, besaß er nicht den geringsten Sinn, und ich dachte ebenso – nur Fülle werde ihm gerecht, nicht raumverschwendende Leere. Janssen bestieg die Empore der Reithalle, schaute sich triumphierend um, wie ein Imperator seine Legionen erwartend, und verkündete: »Lächerlich, diese Bayern.«

Zur Eröffnung an einem heißen Sonntagsommermorgen kam er adrett gekleidet, Annette zuliebe schlank geworden, prophylaktisch mit einem rot gemusterten Geschirrtrockentuch ausstaffiert, mit dem er sich während der Lesung den Schweiß wegwischte. Die Rede war ein rhetorisches Meisterwerk. Anfangs auf das Nigromontanus-Kapitel aus Ernst Jüngers »Das abenteuerliche Herz« bezogen, wurde sie zur Hommage an seinen Lehrer Alfred Mahlau als »Meister«, mit Schlenker zu sich selbst als »Schüler«, der weiß, dass seine Zeit des Lernens begrenzt ist:

»Lass die Erscheinungen der Dinge in dich ein. Bleib ungeordnet. Ist äußere Ordnung ein Anzug, der auch den Blöden ziert, so kann es sich bei einer ungeordneten Psyche nur um ein sehr simples Puzzle-Spiel handeln ... Und wie beim wirklichen Puzzle-Spiel geht's dann schneller und schneller, und du wünschst sogar, dass dir immer noch ein Stückchen fehlen möge – vorm Ende des Spiels – und vor der Vollendung des dann geordneten Bildes, am Tag, wo du stirbst.«

Janssen wusste genau, was er Mahlau verdankte, aber auch, was ihm nach dem Training in dessen Klasse noch fehlte: »Wir konnten keine Hände zeichnen«, bekannte er mir gegenüber einmal im Gespräch, »es wurden immer Tentakeln.« Das ihm Fehlende konnte er sich nur selbst aneignen. Schon früh hatte er sich, wie die alten Meister, an dem orientiert, was es vor ihm gab. An einem erst nach seinem Tod gedruckten Kinderbuch der Studienzeit kann man den Einfluss von Kokoschkas »Träumendem Knaben« ablesen und an seinen ersten Holzschnitten das Vorbild Kirchners. Man sieht an anderen Arbeiten die Anregungen durch Klees Märchenwelt und Dubuffets Art-Brut-Figuren. Weiterkommen konnte er nur, wenn er sich verfügbar machte, was ältere Generationen über Jahrhunderte hinweg als Erbe gekannt hatten und beherrschten; für ihn musste es das Beste des Erreichbaren sein. Also kopierte er, über dreißig Jahre alt, alle großen europäischen Zeichner von Pisanello bis Gavarni und Ensor; er studierte auf dieselbe Weise Blätter der Japaner, vor allem von Hokusai. Durch diese Wahlverwandten ließ er sich vom Gestern ins Heute führen. Bei aller Genauigkeit vieler Kopien spürt man Janssen selbst. Er konnte bald alle Register ziehen und hatte seinen Spaß, wenn er Caravaggios David statt des Goliath-Kopfes sein eigenes, Janssens, Konterfei halten ließ.

Zwei Zäsuren seiner Entwicklung galten ihm als wichtig – die Radiersuite »Hannos Tod« und die Suite »Nigromontanus«. Mit jeder dieser Suiten erreichte er eine neue Stufe seiner Entwicklung. In »Hannos Tod« gab er dem in Verfall und Verwesung dahinsiechenden Buddenbrook-Sprössling die eigenen Züge; er sprach von dieser Suite als seinem »Gesellenstück«. Die Ernst Jünger zu dessen 80. Geburtstag gewidmete Nigromontanus-Folge nannte er sein »Meisterwerk«. Einmal zum »Meister« geworden, ließ er Jahr um Jahr »Schübe« von Zeichnungen, Radierungen, Lithographien und selbst Photographien aufeinanderfolgen, begleitet von Büchern, die mehr und mehr bewiesen, dass er auch ein Meister einer eigenen Sprache geworden war. Er war sich sicher, dass er nur dann nicht vom Zeitgeist verdammt würde, wenn er mit Bravour und Witz seine Überlegenheit über ihn bewies.

Er dachte weniger an die Gegenwart als an die Zukunft. Er zeichnete, druckte, schrieb und publizierte für seinen künftigen Ruhm und gab dabei Anweisungen, wie er verstanden werden wollte – nicht als Bürgerschreck und zärtlicher Liebhaber, sondern als ungebärdiger Revolutionär, der Kunst als Ausdruck des Konservativen verfocht, weil große Kunst zu allen Zeiten auf die Zukunft, nicht auf die bloße Gegenwart gerichtet ist, unter der Bedingung, dass sie sich im Präsens behaupten muss, wenn sie eine Chance fürs Futurum erobern will.

Zeitgenossen des »Angeber X«

Jede Kunst, die sich im Zeitgeist erschöpft, wird schnell zur *quantité négligeable*. Ein Künstler, der sich seiner selbst und seiner Zukunft sicher ist, muss sich deshalb von dem unterscheiden, was als »aktuell« gilt. In einer Caprice hat Janssen deshalb auf dem Höhepunkt seines Lebenswerks eine Grenzlinie zwischen sich und manche Zeitgenossen gezogen. Er nannte die Folge, mit der er diese Grenzlinie definierte, »Angeber X«, X gesprochen wie »Icks«, eine Anspielung auf sich selbst wie im Anagramm N. Boleige.

Wie sarkastisch er sein konnte, zeigte seine Reaktion auf eine Einladung zu einer Party des Journalisten Johannes Gross, zu der auch Andy Warhol kam. Janssen ging nicht hin, ließ jedoch seine wenig schmeichelhafte Portraitzeichnung Warhols drucken; sie trug eine mit 300 beginnende Nummerierung, sodass die Auflage höher schien, als sie war. Unter die Zeichnung hatte er ein Gedicht geschrieben:

Endi war hohl und er sehnte sich nach Füllung und klagte. Irgendwann fiel irgendwo ein Vacuum und irgendwasser floss in die Gegend wo Endi war. Endi fühlte, dass er sich füllte, und schwieg.

Warhol verstand kein Deutsch, jemand sollte ihm jedoch das Gedicht vorlesen. Ob und wie sich jemand dieser Aufgabe unterzog, ist mir unbekannt. Nicht immer schüttete Janssen Häme über Zeitgenossen aus. Gelegentlich erwies er dem einen oder anderen auf seine Weise Respekt, Paul Wunderlich etwa mit einer

Laudatio voller Charme und Witz zu dessen 60. Geburtstag oder David Hockney mit gelegentlichen Bemerkungen. Auch Klaus Fußmann galt sein Respekt.

Johannes Gross hatte wieder mal zu einer Geburtstagsparty eingeladen, neben anderen Freunden auch Künstler, darunter Janssen und Fußmann. Beide waren nicht als Festredner vorgesehen, was Fußmann nicht im Geringsten, Janssen jedoch aufs Höchste irritierte. Unwirsch und zunehmend immer unruhiger werdend, rutschte er während der intellektuellen Lobpreisungen des Jubilars auf seinem Stuhl herum, bis er es nicht mehr aushielt, aufstand und den bekannten Witz erzählte, dass Jesus nicht auf dem See Genezareth wandeln konnte: »Gluck, gluck, weg war er, denn er hatte ja Löcher in den Füßen.« In das lähmend-schweigende Entsetzen hinein lachte nur Klaus Fußmann, wegen der abstrusen Situation, wie er uns berichtete. Kurz darauf schilderte Janssen fast wörtlich dasselbe. Als ich ihm sagte, das habe mir Klaus Fußmann gerade erzählt, reagierte er spontan: »Der kann ja auch malen.«

Auch wenn die Handschrift der Maler, die Janssen schätzte, von seiner abwich – mit ihnen verband ihn die Überzeugung, dass der Manierismus der Moderne nur durch ein neues Verhältnis zur Wirklichkeit konterkariert werden könne. »Das weiß ich wie meine Nachtmütze«, hätte er wohl diese Einsicht bestätigt.

»Mein Mausoleum aus Papier«

Nach der Gottorfer Ausstellung von 1986 und den damals beginnenden Museumsankäufen seiner Werke hatte Janssen zum Schleswig-Holsteinischen Landesmuseum eine besondere Neigung gefasst. Eines Tages sagte er mir, er schenke dem Museum von nun an je ein Exemplar jeder neu entstehenden Druckgraphik, mit einer Bitte: Alle Geschenke sollten von Zeit zu Zeit in einem kleinen Heft abgebildet werden. Wir sahen darin eine Verpflichtung und kauften, soweit es die Mittel gestatteten, manche fehlenden Suiten und Einzelblätter, sodass nach knapp drei Jahren die Sammlung fast 500 Arbeiten umfasste, die wir 1989 zu seinem 60. Geburtstag etwas üppiger publizierten, als er erwartete. Beglückt darüber, setzte er seine Geschenkreihe eine Zeit lang fort, nicht ohne die Intention, sich noch selbst zu übertrumpfen. Er schrieb: »... sodann ... kündige ich Dir hier schon an, dass Ich mich im kommenden Jahr ganz besonders bei Dir anbiedern werde. Z. B. werde ich der obligaten Graphik-Chose monatlich mindestens 1 Zeichnung als Stiftung anhängen. Und und U(nd – so dass Du mich einfach lieben MUSST ...«

Diesen Plan, sein »Mausoleum aus Papier«, wie er seine Gottorfer Sammlung nannte, weiter auszubauen, vereitelten eine Augenverletzung und ein Schlaganfall.

Er starb am 31. August 1995 mit sechsundsechzig Jahren. Die Bedingungen, unter denen er sein Leben voller Exzesse geführt hatte, ließen selbst die Spanne bis zu diesem frühen Lebensende wie ein Wunder erscheinen – zu viel hatte er dem Leben abverlangt, als dass er hätte so alt werden können, wie er gern sich und anderen zu suggerieren suchte, wenn er eine Editionsfolge der Bände mit seinem Lebenswerk bis 2001 ankündigte.

Janssen kannte kaum ein anderes Glück, als frühmorgens den Tag mit einer meisterlichen Zeichnung zu beginnen oder den Reichtum seiner Raserei vor aller Welt auszubreiten. Natürlich galt er den Apologeten der Avantgarde in Permanenz als ein Anachronist, den viel mit dem Barock oder der Romantik verband. Er machte Tradition zur Gegenwart, indem er sie zu einem Teil seines Selbst verwandelte. Wem dies nicht zusagte, dem entgegnete er mit bissigen Worten und hämischen Bildern. Er konnte sich behaupten, weil er mit dem Wort auf beneidenswerte Weise umging.

Die Präsenz des Todes in so vielen seiner Blätter gründet in seinem Wissen von der Vergänglichkeit, der er nur mit einem Erbe entgehen konnte – wohl 14 000 Zeichnungen, 3000 Radierungen, Hunderten von Aquarellen, Holzschnitten, Lithographien, Flugblättern, Plakaten und Büchern. Sein »Mausoleum aus Papier« war ein trotziges Aufbegehren gegen die Furie des Verschwindens. Er wollte triumphieren, zuletzt, wie er es gewünscht hatte, auf einem vierspännigen Leichenwagen, bevor über seinem Sarg während der Trauerfeier ein Schmetterling davonflog.

Paul Wunderlich

Glaubt man Horst Janssen, teilte sich Hamburg während der sechziger Jahre in seine Anhänger und diejenigen Paul Wunderlichs. Ein Plakat einer gemeinsamen Ausstellung zeigt beide mit einem tiefen Bückling voreinander, frei nach Paul Klees früher Zeichnung »Zwei einander in höherer Stellung vermutend«. Mit solcher mehr von anderen als von ihnen selbst angefachten Konkurrenz trieben beide ein Spiel, bereits als sie eine kurze Zeit lang miteinander verschwägert waren. Wenn Janssen sich gern wie ein Clochard kleidete, trug Wunderlich Anzüge von englischer Fasson; wenn Janssen ein Taxi bestieg, nahm Wunderlich seinen eigenen Rolls-Royce; wenn Janssens »Burg« ein Chaos darstellte, präsentierte sich Wunderlichs Wohnung als elegant-magisches Appartement; wenn Janssens Umfeld am Mühlenberger Weg gerade wenige Meter bis zur Elbe reichte, richtete sich Wunderlich in Holstein ein noch bescheidenes, in der Provence ein prächtigeres Refugium mit eigenem Park ein. Heute ist jedem von ihnen in den Orten ihrer Herkunft ein eigenes Museum gewidmet, Janssen in Oldenburg, Wunderlich in Eberswalde.

Janssen hat in späteren Jahren immer wieder bekannt, wie viel er von seinem Freund Paul gelernt habe. Als er selbst noch bei Mahlau das Zeichnen übte, war Wunderlich bereits ein Meister der Radierung und Lithographie, der nicht nur für sich, sondern auch für andere druckte, etwa 1951/52 für Kokoschka dessen Lithographien zu seiner Erzählung »Ann Eliza Reed«. Er beherrschte alle Mittel der Malerei, Bildhauerei und Werkkünste, nicht als Selbstzweck, sondern um sich eine eigene phantasievolle und kontrollierte, magische und geordnete Welt einzurichten. Möbel und Schmuck, Geschirr, Bestecke, Spiele. Der größere Teil dieser Arbeiten blieb, was gern übersehen wird, ein Unikat, nur ein kleinerer Teil der Entwürfe wurde in Serie ausgeführt. Das Maß an Kontrolle in allem, was er tat, sein ständiges Plädoyer für die Vernunft, sein auf Überraschung gerichtetes Formbewusstsein machten ihn zu einem Manieristen; er wusste es und sah darin das ästhetische Äquivalent seiner auf Aufklärung gerichteten Weltsicht. Alle, die dieses Ziel ebenso verfochten, erkannten seine Kunst als Erste an, darunter Max Bense; er schrieb schon in den fünfziger Jahren einen bis heute gültigen Essay über Wunderlich.

Paul Wunderlich gab an, gern in Hamburg zu leben, weil ihn dort niemand störe. Als Beispiel erzählte er, dass er sich für die tägliche Arbeit in seinem Atelier an den Hamburger Colonnaden morgens in einer nahe gelegenen Metzgerei jahrelang etwas Aufschnitt geholte habe, bis der neugierig gewordene Verkäufer ihn eines Tages fragte: »Was machen Sie eigentlich, sind Sie vom Bau?« Ihm behagten diese Unkenntnis und Kategorisierung in gleicher Weise. Nichts ließ er darüber verlauten, wie sehr ihn die seit den siebziger Jahren zunehmende Indolenz der Hamburger Museen gegenüber seinem Werk verdross. Er hielt sich mit Ausstellungen in Paris und London, New York und Tokio schadlos. Erst 2012 zeigte die Hamburger Kunsthalle aus Anlass einer generösen Schenkung eine Retrospektive seines lithographischen Werks und gab sich überrascht, wie viele Besucher dem inzwischen verstorbenen Künstler ihre Reverenz erwiesen.

Weil Hamburg sich so provinziell zeigte, sollte nach meiner Intention wenigstens das Nachbarland ihn seiner Bedeutung entsprechend würdigen. Immerhin: Wunderlich war als Flüchtlingskind im Eutiner Schloss aufgewachsen, eine seiner ersten Kinderzeichnungen stellt zwei germanische Idole der Gottorfer Museen dar, und unweit von Eutin hatte sich mehrere Jahre lang sein von einem geräumigen Terrain umgebenes *pied à terre* befunden – lauter Gründe, Wunderlichs Werk auf Gottorf zu sammeln, ihn für den Kunstpreis des Landes Schleswig-Holstein vorzuschlagen und 1987 eine Retrospektive zu seinem 60. Geburtstag zu planen. Sie sollte die zweite Ausstellung im frisch restaurierten Kloster Cismar sein, zeitlich an eine Werkschau des Hofmalers Johann Heinrich Wilhelm Tischbein im nahe gelegenen Eutin anschließen, mithin überregionale Bedeutung und regionale Bindung zueinander in ein selbstverständliches Verhältnis bringen. Wir wussten nicht, dass Wunderlich seinen »Vorgänger« schätzte und eine Aquarell-Variante von dessen Hauptwerk »Die Stärke des Mannes« besaß, ahnten auch nicht, wie viel Brotneid und Kollegenhäme unsere Ehrung Paul Wunderlichs hervorrufen würde. Aber es gab auch jemanden, der darüber glücklich war – Horst Janssen. Er bot sich an, die Laudatio zu halten. Nicht ganz sorglos gaben wir ihm dafür *plein pouvoir*, und er hielt eine der freundschaftlichsten, witzigsten, charmantesten Reden seines Lebens, von gleicher Substanz wie diejenige, die er zuvor in eigener Sache auf Gottorf gehalten hatte. Er stellte sich abermals als Schüler vor und nun Paul Wunderlich als seinen Lehrmeister:

»Paul war für mich der Polarstern.« Launig erzählte er, wie er von ihm die Technik der Ätzradierung lernte, jedoch beim ersten eigenen Versuch vergaß, die Rückseite der Zinkplatte zu lackieren, die deshalb von der Säure aufgelöst wurde. Er wartete die für die Ätzung angegebene Zeit ab: »Als ich nach zwei Minuten zurückging in den Radierraum, schlug mir eine schwefelgelbe Hölle entgegen. Irgendwie musste ich da durch, zum Fenster hin und das Fester aufreißen und dann zurück mit angehaltenem Atem und raus aus der Tür und Tür zu und Luft holen und wieder Atem anhalten und wieder rein

und hin zur Säureschale --

Nun ja ---- in der Schale schwammen nur noch kleine Asphaltlackpartikel ... Meine 1. Radierung war in einen anderen Aggregatzustand gewechselt. Es gab keine 1. Janssen-Radierung, und das relaxte Lächeln des Paul Wunderlich war der gemäße Kommentar ...

Na ja – stünde ich heute vor der Säureschale, in der meine Radierung sich aufgelöst hatte, wer weiß – vielleicht würde ich die Chose in Parfümfläschchen abfüllen und verkaufen – und WIE! ...

Paul lehrte mich also damals an jenem Tag:

1) daß die größte Wichtigkeit sich in nichts auflösen kann und

2) daß hitzige, ungeduldige Leidenschaft ihren Preis hat und daß man nach der Bezahlung n i e wieder ganz und gar unreflektiert in Leidenschaft fallen kann ... Paul hat mich also mehr gelehrt als nur das Radieren.«

Nicht ohne Häme gegenüber Rezensenten und Sammlern, die »uns über Kreuz in geradezu äffischer Geilheit zu Klischee-Monstern« stempelten, zog Janssen rückblickend das Fazit: »Ich war der anachronistische, pseudo-geniale Chaot, (später) fettes Schwein, Paul der ästhetisierende, oberflächliche elegantblasierte Schöngeist. So wollten sie uns sehen – die Jeweiligen ...« Und diesen »Jeweiligen« galt auch Janssens Schluss seiner Laudatio: »Nun, alter Paul – Du und Dein nicht jüngerer Schüler – sie kommen jetzt langsam in die einzige Freiheit – ins Alter. Lob und Lästerung wollten uns trennen. Lob und Lästerung – sie sind nun mit unserer Vergangenheit beschäftigt. Wir können heut schon auf die Zukunft pfeifen. Als ›Fremde im Zeitgeist‹ sind wir vereint wie eh und je und können gelassen die alljährlich frischen Avantgarden an uns vorbeiziehen lassen. Eigentlich feiern wir – heimlich natürlich – Triumph- und heute nachträglich Deinen Geburtstag. Ich grüße Dich: Und ein Hoch auf Deine Nei-

Nach Janssens Laudatio zu Paul Wunderlichs 60. Geburtstag signieren beide Künstler bei Champagner Paul Wunderlichs Ausstellungskatalog, Kloster Cismar, März 1987 (Aufnahme: Karin Székessy)

der.« Während die Rezensenten, Avantgarde-Apologeten und Neider sich zur Rache in den Gazetten rüsteten, saßen die beiden Freunde nach der Ausstellungseröffnung auf einem Tisch und signierten, zwischen sich stets eine neue Champagner-Flasche, Janssen mit »Wunderlich«, Wunderlich mit »Janssen« (natürlich in der treffgenauen Nachahmung der Signatur des anderen). Als ein Jahr später – ebenfalls in Cismar – eine Retrospektive zu Janssens 60. Geburtstag eingerichtet wurde, lieferte Wunderlich dazu einen Beitrag mit einem stilisierten bronzenen Janssen-Portrait. Dem Freund schenkte er eins davon in vergoldeter Fassung, die dieser »mein kleiner Tut-ench-Amun« nannte. Da die Ausstellung in Cismar nur Beispiele von Wunderlichs Gemälden und Bronzen zeigen konnte, folgten wir gern seinem Vorschlag, auf Gottorf noch im selben

Jahr auch einen Querschnitt durch seine Druckgraphik zu präsentieren. Den zunächst noch kleineren Museumsbestand dieser Werkgruppe vermehrte er zu meinem 60. Geburtstag 1990 um ein stattliches Geschenkkonvolut von 60 Lithographien. Dies erlaubte uns, eine Wanderausstellung quer durch Land und Länder (bis nach Kaliningrad) zu schicken. Sie begann 1992, im Jahr seines 65. Geburtstags, und endete 1997 zu seinem 70., nachdem sie etwa 200 000 Besucher angezogen hatte. Es lag uns daran, in ihr auf einen Aspekt von Wunderlichs Lebenswerk zu verweisen, der zu gern vergessen wurde und wird: sein Eintreten für Aufklärung und Liberalität. Wir wählten deshalb den Titel »Plädoyer für die Vernunft«. Zu den Blättern gehörten die frühen Suiten zum »20. Juli« und »qui s'explique« (ein Homosexuellen-Ballett) ebenso wie die spätere Suite »Giacomo Joyce« (zu der in Triest auf Italienisch publizierten Erzählung über die Verliebtheit eines Schülers in seine jüdische Klavierlehrerin, ein Memento der in Auschwitz Ermordeten). Einbezogen in die Ausstellung waren auch Portraits von Aufklärern, darunter ein Doppelbildnis von Rousseau und Voltaire mit deren Maximen »Der Mensch ist gut« und »Der Bessere ist der Feind des Guten«.

In der Pointierung solcher Apologien verriet sich Wunderlichs skeptisch-kritischer Geist, der nicht hinnahm, was die Gesellschaft gemeinhin als richtig annimmt, und der sogar die Aufmerksamkeit eines Staatsanwalts fand (der vor der Freiheit der Kunst kapitulieren musste). Vielleicht hat die Ausstellung dazu beigetragen, dass Wunderlichs unirritierbares Beharren auf der Vernunft, das selten genug wahrgenommen wird, ein wenig ins Bewusstsein drang. Warum ihm der Zuspruch der gängigen Kunstszene verweigert wurde, mag, neben dem Beharrungsvermögen von Klischees, in einer anderen, nie bezweifelten Qualität seiner Arbeit, in der perfekten Beherrschung des Handwerks begründet sein.

Dieser Aspekt seiner Kunst zeigt sich gerade in dem Teil seines Œuvre, der ihn seit den siebziger Jahren besonders intensiv beschäftigte, in seinen Bildwerken und Gebrauchsobjekten. Er entwickelte sie, darin ganz Maler, aus der Fläche, etwa dadurch, dass er ihre Form vor der Realisierung planimetrisch aufzeichnete oder dass er die Gusshaut von Figuren aus Kartonbögen oder Schnittmustern zusammenfügte. Raum bildete sich für ihn aus der Fläche, und ein Raum konnte für ihn zum Bild werden, wenn er in seiner Wohnung aus Tapeten, Möbeln, Gemälden oder im kleinen Park seines provenzalischen Gutshauses mit Bronzen und Pflanzen gleichsam dreidimensionale Collagen machte. Er arrangierte dies alles nur für sich und seine Familie, allenfalls für wenige Freunde. So groß sein Vergnügen daran war, er trug es nicht in die Öffentlichkeit, der gegenüber er sich nicht ohne Selbstironie sehr formell darstellte. In die Inszenierung seiner Umwelt bezog er sich selbst ein, etwa wenn er die Hochzeit seiner Tochter Laura vor den in das Provence-Dorf angereisten Freunden als Brautvater im Stresemann-Anzug feierte oder wenn er auf zahlreichen Bildern oder Blättern, auch in Figuren, sich, seine Frau und seine Tochter, selbst die Hunde als Teil eines Ensembles darstellte – ein ästhetischer Solipsismus, der zur Außenwelt Distanz hielt.

Die Distanz war seine Antwort darauf, dass ihm eine angemessene Anerkennung verweigert wurde; er hielt sich mit Distanz und Selbstironie vom Leibe, was ihn in seiner Arbeit hätte stören können. Er begab sich, wenn er zwischen Herbst und Frühjahr in Hamburg war, täglich morgens in sein Atelier, blieb dort zurückgezogen bis zum frühen Abend, kehrte dann, äußerlich mehr Gentleman als Maler, zur Familie in seine Wohnung zurück, wo gelegentlich Freunde auf ihn warteten; vor dem Essen trank er mit ihnen meist ein Glas Champagner, um dabei über das ihn Bewegende zu reden. Er nahm lebendig an allem in der Welt teil, selbst an dem, was er für sich abtat, immer kritisch, versiert, umgänglich, sogar freundschaftlich und offen für spöttische Kommentare gegenüber aktuellen Vorkommnissen. Die Distanz und formelle Zurückhaltung gab er später ganz auf, doch er echauffierte sich nie, war aber auf seine distanzierte Art glücklich darüber, dass sein unweit vom berühmten Kloster Chorin gelegener Geburtsort Eberswalde ein neues Bauwerk in der Stadtmitte nach ihm benannte; er half – u. a. die Wunderlich-Kollektion von Ernst Röder kurz vor dessen Tod dorthin vermittelnd und selbst vieles beisteuernd –, dass in Eberswalde eine ständige, durch jährliche Ausstellungen belebte Präsentation seines Lebenswerks eingerichtet werden konnte. Wenn er lange in seinen biographischen Angaben »geboren bei Berlin« geschrieben hatte, sagte er jetzt »geboren in Eberswalde«.

Wunderlich beherrschte das gesprochene und, wie einige seiner wenigen publizierten Texte beweisen, geschriebene Wort vorzüglich, aber er machte davon keinen Gebrauch, wie er auch bei Ausstellungseröffnungen zwar anwesend war, aber nie selbst redete. Was ihn bewegte, erklärte er im Gespräch unter vier Augen ungezwungen und ohne alle Manier. Unterschiedliche Interpretationen seiner Kunst nahm er gelassen und ohne Widerspruch hin. Keine Wortinterpretation erreichte allerdings die Qualität der Aufnahmen seiner Frau Karin Székessy, einer exzellenten Photographin. Ihre Fähigkeit, die Quintessenz, Magie und Poesie seiner bildnerischen Ideen sichtbar zu machen, verriet sich augenfällig in ihren Photographien der Bildwerke und Gebrauchsobjekte. Zum Meisterwerk gerieten ihr insbesondere die Aufnahmen des Ateliers und der darin stehenden Gipse. In ihnen werden die Figuren wie Geister lebendig, zu Erscheinungen zwischen Lebewesen und Figur in einem dämmernden Licht.

Zu den verbreiteten Irrtümern über Wunderlichs Arbeit gehört, neben der völlig falschen Behauptung, sein Werk umfasse vor allem Multiples, die These, er male seine Bilder nach Photographien seiner Frau. Daran ist nur richtig, dass er sich kurze Zeit – zu Beginn einer intensiven Zusammenarbeit – durch ihre Photographien anregen ließ, jahrzehntelang danach nicht mehr. Allerdings nahm er lebhaften Anteil an den von seiner Frau erprobten, in den achtziger und neunziger Jahren noch neuen Technik der Digitalphotographie inklusive deren Möglichkeit, Farben im Rechner zu verändern.

Gelegentlich engagierten Paul Wunderlich und Karin Székessy dieselben Modelle, darunter ein kommunistisch gesonnenes Pärchen, das der Maler wie auf Ingres' Gemälde »Jupiter und Thetis« posieren ließ, ihn als blinden Ideologen mit einem goldenen Sowjetstern als Halsschmuck zeigend. Es war für mich ein großes Vergnügen, einer Delegation aus der Volksrepublik China 1987 bei deren Besuch der Wunderlich-Ausstellung in Cismar gerade diese Bildidee detailliert zu erläutern und dabei den höflichen Poker-Stoizismus in den Gesichtern der Delegierten zu beobachten.

Dass Wunderlich nicht nur Freiheit kompromisslos forderte, sondern auch mit aller Konsequenz und für sich selbst behauptete, bewies er 1968, als er die Sinecure eines Beamtenstatus der Hamburger Kunsthochschule aufgab; die Ideologie der Achtundsechziger war seine Sache nicht, denn sie stand für ihn gegen Vernunft und Freiheit. Im gleichen Jahr fand er in Japan und den USA weltweite Anerkennung, im gleichen Jahr begann auch seine Arbeit an dreidimensionalen Bildwerken.

Er bewahrte sich seine Unabhängigkeit durch seine Arbeit; 1981 erwarb er ein aus dem 19. Jahrhundert stammendes Gutshaus in der Provence unweit vom Mont Ventoux, das seitdem für ihn und seine Familie zum zweiten Lebensmittelpunkt wurde. Hierher zog er sich zurück, hier lebte und arbeitete er vom Frühjahr bis Herbst in spartanisch anmutenden Räumen, umgeben von einem kleinen Park, der im Lauf der Jahre immer mehr wie die Paraphrase eines manieristischen Gartens erschien. An dessen Wegen stehen, überraschend auftauchend, Figuren und kleine Brunnen, den Rasen vor dem Haus beherrscht eine niedrige Plattform, auf dem ein amputierter, aufrecht sitzender Herrscher thront und vor dem eine Tänzerin posiert, die an eine der Damen auf den Palastfresken von Tyrins erinnert – eine Analogie des Künstlers zu sich und seiner Frau, und zugleich ein Verweis darauf, dass Wunderlich sein persönliches Umfeld wichtiger war als das Trara der Kunstszene. Eine leicht veränderte Version dieses Bronzepaars steht seit einigen Jahren auf dem Platz neben dem Wunderlich-Haus in Eberswalde.

Paul Wunderlich, dessen Gestalt während seiner letzten Lebensjahre merklich reduziert war, starb in seinem Provence-Refugium 2011, für alle Freunde unerwartet, selbst jedoch nicht unvorbereitet. Er hatte schon Jahre zuvor in selbstbildnisgleichen Gestalten ein mögliches Lebensende angedeutet, hatte eine kleine, bronzene Reliefplatte für sein Grab gießen lassen und hatte sich schon 1979 in einem Gespräch mit Jean Saucet u. a. zum Tod geäußert, nicht ohne eine gewisse Schärfe: »Mir ... bereitet es Unbehagen, nach mehr als nur der Uhrzeit gefragt zu werden. Ich spreche nicht gern über so absonderliche Dinge wie z. B. die Umsetzung von innerer Betroffenheit in ein Bild«, jedoch fügte er kurz hinzu: »Tod und Eros sind bestimmende Themen ...«

Welche Themen und Gehalte Paul Wunderlich ein Leben lang daneben beschäftigten, wusste er genau, etwa dass er das Portrait als wichtige Aufgabe verstand und dass er mit den von ihm geschätzten Malern einen Dialog führte, indem er ihre Bilder paraphrasierte. Ihm war auch bewusst, dass und warum seine Bilderfindungen bzw. deren Form mehrdeutig sind, aber gerade deshalb scheute er sich, sie zu erklären oder auch nur anzusprechen. Er hielt sich lieber an die Maxime: »Mir genügt es, zu malen.«

So kontrolliert er dachte, malte, Figuren und Gerät entwarf – er wusste genau, welche Grenzen der Ratio gesetzt sind. Er respektierte sie innerhalb dieser Grenzen und schwieg über ihre Wirksamkeit jenseits davon. Auch in Hinblick auf Sinn und Zweckbestimmung seiner Kunst hielt er selbst gesetzte Grenzen ein. Was er malte oder entwarf, war primär für ihn und seinen persönlichen Lebenskreis bestimmt – von den Möbeln, die er mit seinen Bildern in seinen Zimmern arrangierte, bis zu dem mit seinem Geschirr und Bestecken gedeckten Tisch. Schmuckstücke entwarf er eigentlich nur für seine Frau. Er war der Erfinder und Regisseur seines persönlichen Gesamtkunstwerks. Wenn das eine oder andere seiner Modelle in Serie hergestellt wurde – etwa die Service durch die Rosenthal Studio-Line oder Auslegeware durch die Teppichfabrik Vorwerk –, geschah dies akzidentiell. Serienprodukte waren Derivate der für ihn selbst bestimmten Unikate; mit ihnen konnte er vielen etwas offerieren, was er selbstkritisch für sich gut fand. Er sah zwischen Unikat und Serie keinen grundsätzlichen Unterschied, so wenig wie in der von ihm souverän beherrschten Lithographie. Unikat und Serie müssen, forderte er, demselben künstlerischen Ethos genügen, unbeschadet der jeweils benutzten Technik: »Reproduktion oder Originalgraphik: Wie definiert man diese, wie jene, wann und wo ist die Grenze, was ist gerade noch und was schon nicht mehr erlaubt? Schuld und Unschuld, wo beginnt jene, wann endet diese, Lüge oder Wahrheit – sind die Grenzen wirklich so verschwommen? Vielleicht befragt Ihr einfach das Gewissen, Kollegen, und nicht die Experten.«

Welchen der wenigen Aufsätze Paul Wunderlichs man auch liest, über welches Thema man mit ihm auch sprach – immer blieb ein ethischer Parameter für ihn das Regulativ, nicht allein die ästhetische Qualität (die für ihn ohnehin immer diesem Regulativ zu genügen hatte). Er wollte damit nicht nur seinem eigenen Leben die Richtschnur geben, sondern einen großen Kreis erreichen, wie mit manchem druckgraphischen Blatt in größerer Auflage: »Wenn's um Graphik geht, bestimmt nicht der Seltenheitsgrad den Wert. Mindert denn die Auflagenhöhe eines Baudelaire-Gedichtes dessen Bedeutung? Graphik wird auch deswegen gemacht, um viele zu erreichen. So viele Menschen wie möglich.«

Wenn dieser Maler sein Plädoyer für die Vernunft führte, Diktatoren und Verführer anprangerte, wenn er Aufklärer feierte, handelte er genauso wie im Beharren auf dem Ethos von Handwerk und Form. Er war ein der Ästhetik verpflichteter Moralist.

Philip Rosenthal

Natürlich war Philip Rosenthal kein Künstler, aber er agierte und dachte auf ähnliche Weise. Er war jedenfalls kein kühl kalkulierender Manager oder Marketing-Stratege. Er war – immer nur auf Zeit – Soldat, Firmenleiter, Staatssekretär, auch Designer, Schlossherr, Autor, Festredner in mehreren Sprachen und letzten Endes in allen diesen Bereichen ein eloquenter Dilettant. Er glaubte sich seines Urteils sicher und erkannte seine Irrtümer meist zu spät. So erzählte er mir, er habe als Junge begeistert in die Hitler-Jugend eintreten wollen, bis ihn jemand gefragt habe: »Du, als Jude?«

Er emigrierte mit seiner Mutter nach England – seinen bei seiner Geburt bereits älteren Vater hatte er früh verloren. Er meldete sich zur französischen Fremdenlegion und entkam ihr zum Glück durch die Flucht. Er konnte nach dem Zweiten Weltkrieg die Manufaktur seines Vaters als Vorstandsvorsitzender leiten und nach einem neuen Konzept ausrichten, zunächst erfolgreich, konnte sie dann aber nicht mehr vor dem Verkauf bewahren, der nach seinem Tod erfolgte. Er engagierte sich in der SPD, wurde unter Willy Brandt parlamentarischer Staatssekretär, zerstritt sich jedoch mit den Gewerkschaften, als er die persönliche Beteiligung der Arbeitnehmer an Wirtschaftsunternehmen verfocht und in der Rosenthal-Firma auch durchsetzte. Er war ein glänzender Improvisator, aber aus demselben Grund kein langfristig erfolgreicher Stratege. Dies zeigte sich insbesondere in einer Aktivität, die im Zentrum seines Lebenswerks stand, der Gründung der »Rosenthal Studio-Line«.

Unter den älteren deutschen Porzellan-Manufakturen war die Firma Rosenthal zwar wirtschaftlich eine der erfolgreichsten, aber nicht eine künstlerisch besonders angesehene. Mit den alten königlichen Manufakturen Meißen, Berlin oder Nymphenburg konnte sie in den frühen fünfziger Jahren zwar wirtschaftlich glänzend konkurrieren, in der Reputation jedoch nicht. Sie lebte vor allem von dem recht kleinbürgerlich anmutenden Service »Maria Weiß«, dessen Erfolg begann, als Philip Rosenthals Vater seinen Vertretern die Entlassung für den Fall androhte, dass sie davon nicht eine größere Menge in die Geschäfte brächte. Philip Rosenthal gab dem Service mit »Classic Rose« einen neuen Namen und für kürzere Zeit neue Reputation, doch sein Ziel war darüber hinausgerichtet; er wollte der von ihm geleiteten Manufaktur für das 20. Jahrhundert die gleiche Bedeutung geben wie den alten fürstlichen Manufakturen für das 18. Jahrhundert.

Nach seinem Konzept, das er als seine Philosophie verstand, sollte das Porzellan auf die Höhe der Zeit geführt werden, indem führende Maler, Bildhauer und Designer als Entwerfer für die Manufaktur gewonnen wurden. Arnold Bode, der Gründer der Documenta, animierte ihn zur Produktion der »Rosenthal Relief Reihe« (deren Alliteration an rororo = Rowohlts Rotations Romane erinnert). Die moderne Porzellan-Plastik stellte sich damit in die Tradition der Porzellan-Statuetten des Rokoko bzw. des Jugendstils. Die limitierten Auflagen der Reliefs und der damit erzwungene hohe Preis relativierte jedoch den Erfolg dieser Innovation modernen Porzellans.

Philip Rosenthal erkannte, dass nur dann ein größerer Erfolg zu erreichen sei, wenn Künstler auch für Form und Dekor von Servicen oder Serviceteilen gewonnen werde könnten. Als Marketingrahmen hierfür sollte die Rosenthal Studio-Line dienen, deren Erzeugnisse in eigenen Studiohäusern zusammen mit der Produktion anderer führender Design-Firmen angeboten wurden. Der elitäre Charakter dieser Vertriebsform führte zu deren Erfolg, wurde aber auch zu einer gewissen Belastung, vor allem wegen der relativ kleinen Stückzahlen der Modelle. Je länger die Studio-Reihe bestand, umso schneller wuchs die Zahl der jeweils neuen, meist kurzlebigen Kreationen. Ihre teure Formentwicklung erzwang einen hohen Preis, dem keine ausreichend schnellen Verkäufe gegenüberstanden. Die Studio-Reihe benötigte Subventionen, die von anderen Teilen des Unternehmens erwirtschaftet werden mussten. Als Philip Rosenthal den Verkauf des wirtschaftlich wichtigsten Unternehmenszweigs, der »Rosenthal Technik«, zur Finanzierung der Studio-Line durchsetzte, begann der Abstieg der Firma. Schließlich folgte der Verlust ihrer Selbstständigkeit.

Rosenthal gewann, auch mithilfe des sehr erfolgreichen Abteilungsleiters Henk Staal, Designer aus Skandinavien wie Tapio Wirkkala, Timo Sarpaneva, Hertha Bengtson, europäische Maler wie Grieshaber, Dalí, Kokoschka, Morandini, Vasarely, Wunderlich, Keramik-Künstler wie Alev Ebüzziya Siesbye, Ursula und Karl Scheid. Er engagierte zur Beurteilung von deren Entwürfen eine Jury, die jedoch nie erfuhr, ob man ihr Placet oder Veto befolgte, weil Philip Rosenthal sich für den kompetentesten Fachmann hielt. Er besaß, was das Porzellan betraf, ohne Zweifel ein sicheres Urteil, jedoch nicht bei anderen Materialien. Als er mit größtem Aufwand ein Steinzeugwerk hatte bauen lassen und die beiden Scheids hierfür ein ausgezeichnetes Geschirr entwickelten, gelang es ihm nicht, die Verkäuferinnen der Studio-Häuser zu dessen Verständnis und zu Verkaufserfolgen zu bringen. Er erhoffte sich einen Durchbruch, indem er statt Steinzeug »Ceramic« (mit C) schreiben ließ; als auch dies nichts brachte und bringen konnte, kam Rosenthal auf die Idee, in den Steinzeugöfen Kopien historischer Fayence brennen zu lassen, und zwar aus Sparsamkeitsgründen mit dünner weißer Glasur. Dass eine solche Marketing-Strategie nicht erfolgreich sein konnte, war voraussehbar. Etwas besser reüssierte ein ebenfalls neu eingerichtetes Glas-Studio, weniger die Möbel- und Geschirrherstellung.

Für die an ein internationales Ambiente gewohnte Klientel war das abgelegene Selb schwerlich ein Traumziel. Also richtete Philip Rosenthal neben einem Casino mit vorzüglicher Küche ein Traumhaus ein, in dem er Gäste empfing, ein ehemaliges Gutshaus, das innen aufwendig eingerichtet wurde. Es lag unweit von Fabrik und Studios in Erkersreuth; er nannte es »Schloss«. Wenn die Gäste sich im Foyer versammelt hatten, kam Philip Rosenthal und öffnete eine Doppeltür, die der dänische Meister des Neo-Neo-Rokoko Björn Wiinblad bemalt hatte. Neben dem Speisesaal befand sich eine modernste Rosenthal-Küche, und nach dem Essen konnten die Gäste an einer Schlossführung teilnehmen, die auch das Schlafzimmer des Hausherrn einbezog. Über seinem auf dem Boden liegenden Bett wölbte sich ein dunkles Firmament mit kleinen elektrischen Lichtern, von denen sich eines zum Lesen herunterziehen ließ. Philip Rosenthal wollte, so erklärte er, in Erkersreuth ähnlich schlafen wie in der Sahara unter Sternen während seiner Zeit in der Fremdenlegion.

Wenn auch vieles, was Philip Rosenthal initiierte, nicht zu einem kontinuierlichen Erfolg führte, erreichte er doch manches, was andere nicht schafften, im Großen wie im Kleinen. Als ich in seinem Namen Kokoschka fragte, ob er etwas für die Manufaktur machen könne, stellte er das Modell für ein Porzellan-Relief zur Verfügung. Er hatte es ursprünglich für die Berliner Porzellanmanufaktur modelliert, die sich jedoch nicht imstande sah, es auszuführen. Auch jetzt hätte das Projekt beinahe in einer Katastrophe geendet. Statt des Lastwagens, der die erste Probe der Ausfertigung Kokoschka zur Kontrolle bringen sollte, kamen nur die beiden zerknirschten Fahrer. Sie hatten auf dem leicht abschüssigen

Weg des nahe gelegenen Hotels Byron die Bremse nicht angezogen. Der Lastwagen war zurückgerollt und zum Wrack geworden, jedoch blieb die Kiste mit dem Relief heil. Die wenigen Ausformungen, die Kokoschka zugestanden hatte, waren auf dem Rosenthal-Stand auf der Darmstädter Mathildenhöhe während der kommenden Frühjahrsmesse in wenigen Minuten verkauft.

Rosenthal hatte sich mit Porzellan in der Galerieszene einen Platz verschafft. Ohne die Objekte der Studio-Line kann die Kunstgeschichte des modernen Manufaktur-Porzellans nicht geschrieben werden. Manche Erfolge stellten sich erst viele Jahre nach deren Produktion ein. Als ich während der siebziger Jahre bei einem Referat in Selb prognostizierte, eines Tages würden die Kunstobjekte der Studio-Line auf Auktionen gesucht sein, machten allzu clevere Marketing-Propagandisten daraus den Slogan »Die schönste Aktie«. Doch deren Wertsteigerung ließ natürlich kurz nach dem Verkauf noch auf sich warten. Heute zählen die Objekte zu gut bewerteten Auktionslosen.

Philip Rosenthal, der gern plante und gestaltete, bestimmte auch, was nach seinem Tod geschehen sollte; einige Wochen danach sollte in Selb ein großes Fest gefeiert werden. Kaum ein anderer Firmenmanager hat sich auf diese Weise von der Welt verabschiedet, indem er noch das Ende zum Happening machte.

Siegfried Lenz

Im Herbst 1973 sendete das ZDF die Verfilmung von Oskar Kokoschkas letztem Drama »Comenius«. Als Vorinformation für die Zuschauer nahm der Sender ein Gespräch auf, in dem der damals bereits 87-jährige Künstler seine Dichtung deuten sollte. Wir saßen dabei in Korbsesseln vor seinem Atelier im Garten. Dieses statische Arrangement brachte optisch-dramaturgisch nicht viel; das Gespräch wurde daher nur als Schallplatte ediert.

Der damals noch in kürzeren Abständen erforderliche Wechsel der Filmrollen führte zu Unterbrechungen, während deren Kokoschka in sein Atelier ging und mich mitnahm. Er hatte dort ein großes dickwandiges Zylinderglas für seinen Whisky stehen, von dem er behauptete, dass es nie gespült werde. Im Laufe von etwa sechs bis acht Unterbrechungen tranken wir daraus gemeinsam die Flasche Cutty Sark leer. Kokoschka sprach immer lebendiger, auch schärfer, etwa in seiner heftig ausgestoßenen Bemerkung: »Die große Kunst geht die Leute nichts an.«

Der Leiter der Aufnahme wollte unbedingt noch eine Aussage des Malers über einen von ihm geschätzten jüngeren Künstler hören und bat mich, eine entsprechende Frage zu stellen. Ich verweigerte mich, weil ich wusste, dass Kokoschka an aktuellen Entwicklungen nicht im Geringsten interessiert war. Deshalb stellte Thomas Holtzmann, der den Comenius spielen sollte, die Frage und erhielt zunächst die erwartete Antwort, jedoch mit einer uns alle überraschenden Ergänzung: »Ich kümmere mich wenig um andere Leute. Ich weiß nicht, ob es welche gibt. Ich weiß nur von mir selber. Ich weiß sehr wenig über die Welt. Für mich beginnt die Welt hier und hört hier auf.« Bei »hier« schlug er sich mit der flachen Hand auf die Brust. Holtzmann ließ nicht locker, bohrte weiter und erfuhr daraufhin: »Jetzt hab ich einen Mann gelesen, der heißt Lenz, und das ist ein Ereignis. Das ist ein Ereignis! Er steht genau so nahe und so weit weg von der Wirklichkeit wie ich. Das hat mir imponiert. Zum ersten Mal, dass ich jemandem begegne in der Neuzeit – kein Grass und wie die alle heißen, ist ja lächerlich –, aber der steht mir ziemlich nahe, mit zwei Büchern sogar. Da hab ich gedacht, das gehört vielleicht noch in die Zeit von Knut Hamsun, den ich auch sehr geliebt hab ...« Er bezog sich auf die »Deutschstunde« und fuhr fort: »... aber nun hab ich befürchtet, jetzt kommt nichts mehr ... und plötzlich, da kommt etwas. Wie heißt das Buch? ›Das Vorbild‹. Der ist der Einzige, der mir heute auffällt, kein Engländer, kein Amerikaner, kein Franzose.« Auf Holtzmanns Nachfrage: »Aber vielleicht ein Russe?«, erfolgte ein entschiedenes: »Nein! Die Russen sind politisch.« So weit hält das Tonband den Dialog fest, aber es folgte nach meiner sicheren Erinnerung noch ein abschließender Satz über die »Deutschstunde«: »Das gibt's nirgendwo sonst. Nicht mal in Australien.«

Natürlich berichtete ich Siegfried Lenz gleich nach unserer Rückkehr von Kokoschkas Einschätzung und regte an, dass er und Kokoschka sich bei dessen nächstem Hamburg-Besuch treffen sollten. Diese Gelegenheit kam mit dem Abschluss der Dreharbeiten am »Comenius« im Studio Hamburg. Gyula Trebitsch hatte sie so geschickt gelegt, dass sein 60. Geburtstag zwei Tage später gefeiert werden konnte. Olda und Oskar Kokoschka, die sich während der Feier selbst zwischen Curd Jürgens und Heinz Rühmann platziert sahen, blieben bis zum Ereignis in Hamburg, sodass sie sich mit Siegfried Lenz verabreden konnten.

Wie dies Treffen vor sich ging, berichtete Lenz, als wir 2004 meine Kokoschka-Monographie vorstellten. Es habe eines Abends das Telefon geklingelt; als Lenz abhob, fragte eine ihm unbekannte Stimme: »Haben Sie Ihren Abend-Whisky schon getrunken?« Irritiert fragte er zurück, wer spreche. Auf die Antwort »Oskar Kokoschka« fuhr es ihm heraus: »Das kann ja jeder Seehund sagen.« Nach der Bestätigung, dass er mit Kokoschka sprach, kam es schnell zu einer Verabredung, freilich nicht ohne die Erklärung, was es mit dem Seehund auf sich hatte. Lenz erzählte mit entsprechendem ostpreußisch-baltischen Zungenschlag: Ein baltischer Baron sei auf Robbenjagd gegangen, als plötzlich schwarze Filzköpfe aus dem Wasser auftauchten und riefen: »Herr Baron, bitte nicht schießen. Wir sind nur arme Letten.« Antwort: »Das kann ja jeder Seehund sagen.«

Kurz darauf trafen sich der Maler und der Schriftsteller bei uns in Begleitung ihrer Frauen. Siegfried Lenz begegnete einem Maler in der Wirklichkeit, der ähnlich verfolgt worden war wie der von ihm erfundene Max Ludwig Nansen. Er beobachtete ihn, ohne sich selbst viel zu äußern. Dem Dichter, dem es nie an animierenden Worten fehlt und der so fragen kann, dass jeder Gesprächspartner gern und offen antwortet, hörte jetzt mehr zu, als selbst zu sprechen. Er antwortete nur knapp mit »Nein«, etwa als Kokoschka ihn fragte, ob er eingriffe, wenn eines seiner Bücher verfilmt würde – denn der Maler griff immer ein. Er hatte, wenn es um die Aufführung eines seiner Dramen ging, oft Regie geführt, Bühnenbilder und Kostüme entworfen, die Beleuchtung bestimmt nach dem von ihm selbstironisch postulierten Motto: »Ich bin reaktionär, denn ich reagiere immer.« Lenz war in dieser Hinsicht gelassener, wirkte allerdings bei einigen Verfilmungen selbst mit, etwa als Vorleser der Fernsehfassung von »Ein Kriegsende« oder als Angler in der zweiten Verfilmung der Erzählung »Der Mann im Strom«, sich dabei gern dem Regisseur unterordnend.

Siegfried Lenz, Heinz Spielmann, Diether Kressel, im Atelier des Malers, um 2010

Als ich Liselotte und Siegfried Lenz zu ihrem Auto begleitete, schwieg er immer noch und äußerte beim Abschied nur wenig: »Ein großer alter Meister« – unbewusst mit denselben Worten wiederholend, wie Else Lasker-Schüler 63 Jahre zuvor Kokoschka genannt hatte. Etwas später bedankte sich Lenz bei Angelika mit einem Widmungsexemplar seines Romans »Das Vorbild«: »für die unvergesslichen Einblicke in Oskar Kokoschkas Welt«.

Einen weiteren Einblick sollte er im Laufe des übernächsten Jahres gewinnen. Am 1. März 1976 wurde Kokoschka neunzig Jahre alt; drei Wochen später folgte der 50. Geburtstag von Siegfried Lenz. Albrecht Knaus, damals der verantwortliche Verlagsleiter von Hoffmann & Campe, fragte, ob ich mir vorstellen könne, dass Kokoschka Illustrationen zu einem Lenz-Text zeichnen würde, und unterbreitete, sehr einfühlsam, dafür gleich einen Vorschlag: die Erzählung »Einstein überquert die Elbe bei Hamburg« aus dem Jahre 1969. Diese »Geschichte in drei Sätzen« handelt von der Relativität unserer Wahrnehmung des Raumes und der Zeit; sie beschreibt die Welt als Bewusstseinstatsache, mithin so, wie Kokoschka sie auch verstand, der Edmund Husserl in Prag als Wahlverwandtem begegnet war. Man konnte in den Schriften von Siegfried Lenz nichts finden, was die Wirklichkeit ähnlich fragwürdig erscheinen ließ, wie Kokoschka sie verstand.

Es war also nicht verwunderlich, dass er gleich zusagte, für die Einstein-Erzählung einige Lithographien zu zeichnen. In einer konspirativen Aktion beschaffte Liselotte Lenz das Manuskript, das der Edition als Faksimile beigegeben werden sollte, während ich mich daranmachte, den Ahnungslosen für den Katalogtext und die Eröffnung einer Ausstellung zu Kokoschkas 90. Geburtstag zu gewinnen. Auch dies war unschwer zu erreichen.

Als der richtige Platz für die Ausstellung erschien uns das Haus der Hamburger Vertretung in der provisorischen Bundeshauptstadt Bonn. Am 11. März fuhren wir mit dem Zug dorthin. Lenz ahnte, dass etwas Besonderes geplant war: »Ihr habt etwas vor.« Ich entgegnete: »Nichts anderes als vereinbart«, was zutraf, wenn auch anders, als mein skeptischer Reisegefährte annahm.

Der Text von Lenz im Katalog beginnt (und begann in seiner Bonner Ansprache) mit folgenden Sätzen: »Dies wird auch Oskar Kokoschka zugeben: auf den ersten Blick sind wir umgeben von vollendeten Tatsachen ... vollendete Tatsachen, die nicht für uns, die zunächst nur für sich da sind. Aber auch diese alte Erfahrung kann eine Tatsache sein, diese unaufhebbare Melancholie, dies Gesetz, das niemand widerlegt ... Wir müssen uns abfinden mit Dingen und Erfahrungen, die uns nicht gehören und die auch sein können, ohne dass wir sie wahrgenommen haben. Der Künstler allerdings kann sich nicht abfinden: er erhebt Einspruch gegen das Vorgefundene; er weist die Welt als vollendete Tatsache zurück. Für Oskar Kokoschka heißt sehen: etwas in Besitz nehmen.« Mit dieser Introduktion war bestätigt, was Kokoschka im Sommer 1983 über Lenz sagte: »... er steht genau so nahe und so weit weg von der Wirklichkeit wie ich ...«

Nach den Eröffnungsreden machten wir einen Rundgang durch die Ausstellung, die ausschließlich Kokoschkas neueste, seit seiner Augenoperation im Frühjahr 1975 entstandenen Lithographien enthielt, darunter die Blätter zur Einstein-Erzählung; kurz zuvor hatten wir sie, während Lenz sein Zimmer bezog, mangels anderer Möglichkeiten mit weißen Handtüchern verhängt. Neugierig, was diese kleine Inszenierung bedeute, nahm Siegfried Lenz auf unsere Aufforderung hin die Tücher ab, begriff aber verständlicherweise nicht, was er vor sich hatte. Als ich die ersten Worte seiner Einführung wiederholte: »Dies wird auch Oskar Kokoschka zugeben, auf den ersten Blick sind wir umgeben von Tatsachen«, reagierte er ein wenig unwirsch: »Das habe ich gerade gesagt.« Also zitierte ich den letzten Satz der Einstein-Erzählung: »... geht so nicht jemand ab, der selbst bestimmt, was eine Tatsache ist?« Darauf Lenz, nicht weniger irritiert: »Das ist der Einstein.«

Während der Fahrt nach Bonn verriet mir Siegfried Lenz den Titel und das Thema seines im Entstehen begriffenen Romans: »Heimatmuseum«. Da 1977, also im darauffolgenden Jahr, das einhundertjährige Bestehen des Museums für Kunst und Gewerbe gefeiert werden sollte, wagte ich zu fragen, ob die Besucher auf der Feier erstmals etwas aus dem neuen Buch hören könnten. Wir besiegelten die Zustimmung dazu mit Handschlag.

Angesichts des zu erwartenden Publikumsandrangs sollte die Jubiläumsfeier im Deutschen Schauspielhaus stattfinden, was Lenz für die Lesung nicht recht behagte. Wie recht er hatte, bewies der Verlauf der Festivität in dem zwar voll besetzten, für das Programm jedoch zu großen Raum. Das Blockflötenkonzert verlor sich darin ebenso wie die Rede eines verdienstvollen, betagten Museumskollegen. Wir hatten zu Recht für die Lesung aus dem neuen Roman die ehemalige, noch im Zustand der Nachkriegszeit befindliche Museums-Aula vorgesehen, gleichsam ein Zeugnis der Zeit, in der Zygmunt Rogalla, die Hauptgestalt des Romans, das Masuren-Heimatmuseum neu errichtete. Siegfried Lenz las zum Vergnügen der Zuhörer die heitere Passage, in der Conny Karrasch – »einziges Ziel für den Zorn und die Erbitterung des immer wieder genannten Heimatforschers«, später als der »große Conny Karrasch« zum Begriff geworden – mit einer Steinschleuder aus dem Hinterhalt die Akteure eines Ordensritterspiels beschießt: »... so griff Conny in die masurischen Schicksalsszenen ein, so gab er dem grelldüsteren Spiel unvorhergesehene Wendungen: mit einem Gummiband und Schlorrenklammern, die er aus Rache dafür abschoss, dass er nicht mitspielen durfte.«

Wenig später, als der Roman erschien, kannte ich auch dessen andere Kapitel, von denen mir eines sofort in Erinnerung kam, als wir am 23. März 1987 Siegfried Lenz auf Schloss Gottorf zu seinem 60. Geburtstag eine Ausstellung dedizierten, nachdem wir drei Wochen zuvor im Hamburger Rathaus an Kokoschkas 100. Geburtstag erinnert hatten. Wir wählten als Thema »Bilder zur Weltliteratur« und erwarben dazu, den Bestand ergänzend, 200 Arbeiten, darunter die uns von Olda Kokoschka geschenkten Lithographien zur Odyssee sowie Grieshabers großformatige Folge der Josefs-Legende. Er hatte sie versteckt und gesagt: »Ihr werdet nach meinem Tod etwas finden, das ist wie Ostern und Weihnachten gleichzeitig.« Siegfried Lenz sah sich in die Weltliteratur eingeordnet vom Gilgamesch-Epos bis zum Ende des 20. Jahrhunderts, von der Fabulierlust des Odysseus bis zu den von Ironie getragenen Legenden des biblischen Josef. Zugleich war ein Bezug hergestellt zu einer regional orientierten Literatur, wie er sie u. a. in seinem Roman »Heimatmuseum« realisiert hatte. Paul Wunderlich zeichnete zu diesem Anlass eine Portrait-Lithographie von Siegfried Lenz.

Im »Heimatmuseum« findet sich eine Stelle, die mir wie eine Beschreibung unserer bevorstehenden Ausstellungseröffnung erschien – ein Minister kommt von Kiel nach Schleswig, um zur Eröffnung des »Heimatmuseums« zu sprechen; ich schlug sie dem amtierenden Kultusminister Peter Bendixen als Zitat vor; er griff nicht nur voller Vergnügen darauf zurück, sondern holte aus seinem Kleiderschrank einen ähnlichen Nadelstreifenanzug, wie ihn sein fiktiver Kollege im »Heimatmuseum« trägt, und sagte, so gewandet, dasselbe wie dieser: »Die Landesregierung ... ist sich einig darin, das nichts wirklich verloren sei, was den Inhalt unserer Sehnsucht darstelle. Wem gilt unsere Sehnsucht, so fragte und antwortete er selbst: Dem Unerreichbaren, dem Abwesenden, was aber nicht gleichbedeutend sei mit dem Unwiderbringlichen. Sehnen, sagte er leise, das heißt: Zeit aufheben und dem Ersehnten zu naher Gegenwart zu verhelfen. Was keinen Platz in unserer Sehnsucht mehr findet, das sei abgestorben, bekannte er, und in diesem Sinn wolle er von dem hier ... errichteten Heimatmuseum als einem Ort sprechen, an dem die Sehnsucht tätig geworden ist. Warum sind wir hier, fragte er und antwortete wiederum selbst: um zu feiern, was aus Sehnsucht geschaffen wurde.« Der Redner des Romans endet mit einem Bekenntnis zu einem schönen Land, in dem jetzt andere, neue Nachbarn wohnen, und er erfährt danach die Stille der Ratlosigkeit.

Der darauf folgende Beifall galt dem Minister wie dem Autor. Mancher der Zuhörer mag gedacht haben, dass die Worte wie ein Programm für das Museum klangen, in dem der Geburtstag von Siegfried Lenz gefeiert wurde; ich verstand die Worte wie einen Auftrag, den sich auch schon meine Vorgänger gestellt hatten; das Museum befindet sich in dem Schloss, dessen ehemalige Kunstsammlung im 18. Jahrhundert verloren ging, das als Kaserne gedient hatte und jetzt Ähnliches wie das Verlorene erhalten und so etwas von seiner ehemaligen Bedeutung zurückgewinnen sollte. Seine Ausstrahlung sollte für das Land sichtbar sein, aber auch in seinen darüber hinausführenden Traditionen, bis nach Skandinavien, in die Niederlanden oder zur Seidenstraße. Es ging, wie im Lenz-Roman, darum, das vor zweieinhalb Jahrhunderten Entschwundene in etwa zu ersetzen und es um danach entstandene Werke des 19. und 20. Jahrhunderts so zu erweitern, dass eine nicht nur ideelle, sondern konkrete Identifikation mit der Kulturgeschichte des Landes im Museum möglich wurde. Dass dies wenigstens in Teilbereichen gelang und auch nur in Teilen gelingen konnte, durfte und darf man durchaus als Erfolg ansehen.

Neben dieser zentralen Aufgabe stellten sich ähnliche, kleinere. In den späten achtziger Jahren standen den Kommunen Sondermittel zur Erfüllung städtebaulicher Aufgaben zur Verfügung. Wir nutzten sie für die Restaurierung historischer Gebäude und deren Nutzung für etwa zwanzig bestehende Sammlungen.

Ein Projekt davon zielte auf den Erhalt und die Restaurierung eines ganzen, in Angeln unweit der Flensburger Förde gelegenen Dorfes. In ihm wurde für eine heimatliche Haushalts- und Gerätesammlung ein Fachwerkhaus wiedererrichtet. Es heißt Unewatt und liegt im Landstrich des vom »Geist der Mirabelle« (mehr noch vom Geist des »Küstennebel«-Korns) durchwehten, imaginären »Bollerup« der Geschichten von Siegfried Lenz. Hier gibt es Kneipen wie diejenige, in der Frietjoff Feddersen den Doktor Dibbersen ein zerbrochenes Tischbein mit Gips schienen lässt und danach für diese Behandlung eine saftige Rechnung erhält. Eines Tages fuhr ich die Straße von Flensburg nach Gelting, in deren Nähe Unewatt liegt. Kurz vor meinem Ziel passierte ich das Dorf Dollerup. Spontan schickte ich Siegfried Lenz eine Postkarte, gerade entstehe in der Nähe von Dollerup ein Heimatmuseum. Seine Antwort kam prompt: »Da sieht man, wie die Literatur der Wirklichkeit voraus ist.«

Es gab andere solcher Vorahnungen. Eines Tages besuchte mich im Museum unangemeldet eine Bauerndichterin aus Angeln; sie besaß nicht nur das

»Doggengesicht« der Alma Bruhn-Feddersen, der Einwohnerin von Bollerup, sondern war auch ähnlich ausstaffiert, mit Häkeldecke, Wollstrümpfen und Schnürstiefeln. Leider schenkte sie uns, während sie mir vom Erfolg ihrer Lesungen berichtete – wohl um eine weitere im Schloss halten zu können –, keinen ihrer Dichtungsbände, sodass sich nicht überprüfen ließ, wieweit deren Charakter und Qualität denen der Alma Bruhn-Feddersen gleichkam. Ein Filmteam des NDR hätte sie ohne weitere Umstände, ohne eigens geschriebene Drehbuchdialoge und ohne Kostüme als Idealbesetzung einer Verfilmung der Lenz-Geschichten engagieren können. Dichtung und Wirklichkeit waren, wie Kokoschka es für Siegfried Lenz behauptet hatte, abermals identisch.

Während der letzten Korrekturen erhielt ich die Nachricht vom Tod des Freundes, ohne dessen Ermunterung dieses Buch wohl nie entstanden wäre.

Photographen

Die Debatte, ob Photographie Kunst sei, darf als historisch gelten. Wenn ehemals Zweifel und Ablehnung die These beherrscht hatten, so gilt heute Zustimmung dazu als sakrosankt, obwohl die Apologie der einen wie der anderen These einfach zu widerlegen ist. Wie jedes andere Reproduktionsverfahren, das wir aus der Druckgraphik kennen, kann auch Photographie Kunst oder Nicht-Kunst sein. Sie unterscheidet sich nur dadurch von anderen Vervielfältigungsmedien, dass sie auch mit geringer handwerklicher Kenntnis realisierbar ist. Gerade aber durch die Beherrschung des Handwerks unterscheidet sich fast immer künstlerisch relevante Photographie von dilettantischem Umgang mit der Kamera.

Fritz Kempe

Als es noch nicht selbstverständlich war, dass Kunstmuseen Photographien zeigten, leisteten die Hamburger Museen in diesem Bereich bereits vor und bald nach 1900 Pionierarbeit; im Museum für Kunst und Gewerbe wurden nicht nur früh Daguerreotypien gesammelt, sondern schon 1915 in einer Monographie behandelt. In der Kunsthalle förderte Alfred Lichtwark die künstlerisch anspruchsvolle Amateurphotographie, in enger Verbindung des Präsidenten dieser Vereinigung, Ernst Juhl, mit dem Pionier der amerikanischen »Kunstphotographie«, Alfred Stieglitz. Als ich 1960 nach Hamburg kam, war es in dieser Tradition zu einer ständigen Zusammenarbeit des Museums für Kunst und Gewerbe mit dem aktiven und verdienstvollen Leiter der Staatlichen Landesbildstelle Fritz Kempe gekommen, vor allem durch jährlich je eine herausragende Photo-Ausstellung. Kempe verwaltete nicht nur die Photo-Sammlung des Museums, sondern sammelte weiter, mit Gespür für Qualität und neue Talente. Die Bestände wurden über ein Vierteljahrhundert lang durch ihn erweitert, u. a. um Arbeiten junger Photographen, die später berühmt wurden. Kempe stimmte sich auch mit seinem Freund Otto Steinert ab, der die Grundlage zur prächtigen Photo-Sammlung des Essener Folkwang-Museums legte. Den Hamburger Gesamtbestand konnte ich nach Kempes Pensionierung als »Sammlung zur Geschichte der Photographie« ins Museum für Kunst und Gewerbe überführen.

Es ist ein gutes Prinzip, sich selbst Konkurrenz machen zu müssen. Dazu ergab sich für mich auf Gottorf in mehreren Bereichen eine Chance, u. a. mit einer zweiten Jugendstilsammlung und einer neu angelegten Photo-Sammlung, in die Kempes gewichtige Privatkollektion integriert wurde.

Viele später berühmt gewordene Photographen hat Kempe sowohl durch Erwerbungen wie durch Ausstellungen gefördert; die meisten dankten es ihm über Jahrzehnte. Er stammte aus Greifswald, hatte dort sein Handwerk gelernt und sah sich, als er nach Kriegsende die Leitung der in ihrem Aufgabenbereich wesentlich erweiterten Hamburger Stelle antrat, vom alten Bürgermeister Petersen mit der Ankündigung begrüßt: »Die Hamburger sind treu, sehen Sie die alten Sänger in der Oper. Singen können sie nicht mehr, aber sie erhalten nach wie vor warmen Beifall.« Fritz Kempe litt hinter seiner Kamera nicht an Altersschwäche, aber er sah sich in Hamburg zeitlebens gut aufgenommen und revanchierte sich damit, dass er im Laufe der Jahre eine einzigartige Bilddokumentation »Hamburger und ihre Gäste« aufnahm. Von den Photographen, die seinem Engagement viel verdankten und die später sein Gedächtnis ehrten, sei einer vorgestellt: Ulrich Mack, ein kontemplativer Exzentriker.

Ulrich Mack

Er studierte Zeichnen bei Alfred Mahlau, in einer Zeit, in der dieser auch andere junge Talente in seine Klasse aufnahm und förderte, darunter Horst Janssen. Wie konkret diese Förderung erfolgte, erlebte der junge Student, der sich erfolgreich mit Holzschnitten beworben hatte, auf unkonventionelle Weise. Mahlau animierte etwa den Chef der Hapag-Reederei, Kabinen und Gasträume eines neuen Schiffes mit Bildern seiner Schüler auszustatten; als sie übergeben worden waren, schickte er Mack, um das Honorar – eine beträchtliche Summe – abzuholen; sodann setzte er sich mit Zigarette und Teetasse an einen Tisch und zahlte jedem Studenten die ihm zustehende Summe aus.

Sein Leben bestritt der junge Student ansonsten in Hamburg als Telegrammbote, in Spanien als Fischer, in Schweden als Holzfäller. Zeichnen sollte er, nach Mahlaus Anweisung, in Hagenbecks Tierpark, aber ihn trieb es in den Hafen zu Känen, Schuten und Barkassen. Ihre Greifarme waren seine Geier, Störche und Spinnen. Es hielt ihn nicht in Hamburg; er ließ sich auf einem nach Australien fahrenden Schiff als Laborant anheuern, ohne die geringste Kenntnis von Photo-Chemie zu besitzen, was bald zur Katastrophe führte. Dadurch keineswegs irritiert, kehrte er 1959 über Sydney und Colombo nach Hamburg zurück. Inzwischen hatte er – mehr oder minder autodidaktisch – gelernt, wie man Photos aufnimmt und entwickelt. Er hatte einige Zeit in einer Zeche unter Tage gearbeitet, kannte seitdem das Ruhrgebiet und photographierte aus freien Stücken die Schachttürme und Hochöfen, den Duisburger Rheinhafen, die Tristesse der Wohnstraßen mit ihren stets gleichen Häusern. Damals, lange vor dem Ehepaar Becher, hatte niemand an solchen Aufnahmen Interesse. Erst ein halbes Jahrhundert später, als wir seinen 75. Geburtstag feierten, wurden die Ruhrgebietsaufnahmen in der neuen, stupenden Skia-Technik publiziert.

Mack wollte sich trotz der Misserfolge dem Obligaten nicht beugen, er musste jedoch irgendwie vorankommen. Dabei half ihm der bereits arrivierte, zwei Jahre jüngere Thomas Höpker, heute ein international geschätzter Photograph. Er arbeitete für die von Axel Springer verlegte Zeitschrift »Kristall«, vor allem für deren Farbreproduktionen, und nahm Mack als Laboranten auf, bis dieser eine andere Chance suchte und hoffnungsvoll auf einem Lastwagen nach München trampte, um sich den Herausgebern der in photographischer Hinsicht ebenfalls ambitionierten Zeitschrift »Twen« vorzustellen. Willy Fleckhaus, damals der führende deutsche Photo-Redakteur, stärkte ihn zunächst durch Tee mit Rum; dann schickte er ihn eine Tür weiter zu Günter Prinz, der gerade ein Team für die Zeitschrift »Quick« zusammenstellte, und wurde von ihm engagiert. Seine Bilder machten schnell Furore, er wurde zum gut dotierten Photoreporter, dessen Aufnahmen von Kennedys Besuch in Berlin weit verbreitet wurden. Man schickte ihn nach Ostafrika, wo er in Daressalam beinahe erschossen worden wäre, weil tumbe Revolutionäre ihn für einen britischen Spion hielten.

Statt der Photos seiner eigenen Liquidation brachte er Aufnahmen von Wildpferden aus Kenia mit; für sie erhielt er den World Press Award, sodass er sich nach dieser Anerkennung seine Themen frei wählen konnte. Er entschied sich für Aufnahmen von Picassos ehemaliger Lebensgefährtin Françoise Gilot oder für Reportagen des Sechstagekriegs um Israel, bis ihn ein schwerer Unfall bewog, die Tätigkeit als Bildreporter aufzugeben; er wurde ein hervorragender, fordernder Lehrer, unterrichtete in Dortmund und Boston an Fachhochschulen, aber auch in privatem Kreise Hamburger Manager; er photographierte Künstler, u.a. Max Ernst, Oskar Kokoschka, Alexander Calder, Emil Schumacher, Horst Janssen; er stellte die Landschaft und die Menschen der Nordsee-Halligen vor Augen, die Inselmenschen auf Pellworm und auf Harkers Island, die Bewohner der ehemaligen Schleswiger Fischerinsel Holm. Er widmete sich der nordamerikanischen Landschaft und paraphrasierte die Lichtbilder von Albert Renger-Patzsch, besessen nach wie vor, doch kontemplativ vor der Landschaft oder voller Respekt gegenüber großen Vorgängern, alles andere als ein Charmeur des modischen Entertainments.

Karin Székessy

Wer Karin Székessy begegnet, wenn sie das Erbe ihres Mannes Paul Wunderlich wachhält, als Hausfrau ein Essen bereitet, den Tisch deckt, ihre Hunde ausführt, sich um ihre Tochter und ihre Enkel kümmert, eine 2CV Citroën-Ente oder einen Rolls-Royce chauffiert, ahnt möglicherweise nicht, dass er mit der eleganten Dame eine ungemein talentierte Photographin vor sich hat. Zwar hat sie immer eine Kamera griffbereit, aber man merkt kaum, wenn sie eine Aufnahme macht. So zurückhaltend und dezent muss wohl auch Felix H. Man, einer der berühmtesten Photo-Reporter der Weimarer Republik, gearbeitet haben, den man angeblich auch kaum bemerkte, wenn er seine inzwischen als wichtige Bilddokumente geschätzten Szenenphotos machte. Kaum erwartet man, mit welchem Qualitätssinn, mit wie schnellem Zusehen Karin Székessy eine sich verändernde Situation erfasst. Ihre Kamera bedient sie fast beiläufig, so sicher ist sie sich ihrer Beobachtung und ihrer Technik.

Unter den Photographen, die ihre Bilder in der Zeitschrift »Kristall« um 1960 veröffentlichen konnten, war sie eine der Jüngsten. Sie fiel bald durch eine eigene Handschrift auf, insbesondere durch die Art, Dunkelheit und Schatten so aufzufangen, dass ihre Bilder selbst in fast lichtlosen Partien noch Zeichnung besitzen, mit sensibler Erfassung des Raumes und der in ihm anwesenden Gestalten. Sie liebt die für den Photographen schwer einschätzbare Dämmerung, das verhangene oder schwindende Licht, das Alltägliche zum Geheimnisvollen verändern kann.

Nie, auch nicht in der Aufnahme von bewegten Körpern, erscheinen ihre Photographien als exaltiert, aber immer als künstlerisch subtil und kontrolliert. Diese Bildästhetik verband die Photographin seit 1971 mit ihrem Mann Paul Wunderlich, der sich eine gewisse Zeit lang durch ihre Aufnahmen anregen ließ und später mit ihren Portraitphotographien seine Bildnis-Lithographien kontrollierte. Auf manchen seiner Bilder und Blätter erscheint »die schöne Photographin«, nicht selten mit Kamera und Hund, in distanzierter Haltung, mehr als Deutung des Malers denn als Abbild der wirklichen Person.

Die Arbeiten beider Künstler kennzeichnet der Sinn für eine numinos anmutende Erotik. Karin Székessy lässt ihre meist sehr jungen Modelle gern posieren. So gut sie den Zufall zu nutzen versteht, so wichtig ist ihr das kontrollierte Arrangement, in dem jedes Detail stimmig erscheint. Über ihren selbstverloren posierenden Mädchenakten und ihren Interieurs im Halbdunkel wird häufig übersehen, dass sie auch die Landschaft in überraschenden Aspekten erfasst, dass sie Künstler und deren Erscheinung einfühlsam begreift – und dass sie einen oft von Ironie getragenen Humor besitzt, der vor allem ihre über Jahrzehnte hin entstandenen Aufnahmen von Hunden und ihren Herrchen oder Besitzerinnen kennzeichnet. Ihr Bildband »Bell' ami« zeigt, wie schnell und sicher sie den richtigen, heiter-komischen Moment festhalten kann. Der flüchtige Augenblick und die Statik der Dauer – beide Erscheinungsformen der Wirklichkeit sind ihr gleich vertraut, beide versetzt sie in poetische Unwirklichkeit. Kein Wunder, dass niemand Paul Wunderlichs Bildwerke besser wiedergegeben hat als Karin Székessy. Mit den Aufnahmen seiner Arbeiten bewies sie ihre Fähigkeit, aus leblosen Objekten eine belebte Szene zu machen; in ihnen zeigte sie, wie man mit ihnen ein Interieur verzaubern kann, wie sein Schmuck getragen werden sollte. Sie findet für alles das richtige Umfeld – wohl deshalb, weil ihr die Welt durch ihre Kamerabilder vertraut wurde.

Japanische Photographen

Anfang der achtziger Jahre erreichte mich eine Anfrage eines Kölner Verlags, ob man aus dem Katalog einer Wanderausstellung japanischer Photographie einen Band zur Geschichte der japanischen Photographie machen könne. Sie ließ sich nicht anders als negativ beantworten. Der Katalog war mit zu heißer Nadel gemacht. Es gab allerdings damals, wenn man eine neue Bearbeitung des Themas plante, außer Serien von Einzelmonographien keine Gesamtdarstellung japanischer Photographie, die man hätte zurate ziehen können. Ihre besten Kenner hatten sich noch nicht darangewagt – wie ich bald erfahren sollte, wegen der Verflechtung von Photohierarchien und Wirtschaftsinteressen miteinander. Ein Japaner, der diese Geschichte objektiv und wertend zugleich hätte schreiben wollen, hätte kaum mit einem Auftrag dazu rechnen können, und noch weniger mit Zustimmung, da es noch zu keinem von allen akzeptierten

Urteil gekommen war. Hätte ich geahnt, auf welche Vorbehalte ich stoßen würde, hätte ich es kaum gewagt, dem Verlag vorzuschlagen, selbst eine Geschichte japanischer Photographie zu schreiben.

Da ich ohnehin zur Eröffnung zweier Ausstellungen nach Japan zu reisen hatte und in dem Buchprojekt eine willkommene Gelegenheit sah, parallel dazu die Photo-Sammlung des Museums um einen Japan-Teil zu erweitern – und aus den sich bietenden Gelegenheiten auch noch eine Ausstellung mit Katalogbuch zu machen –, begann ich das nicht einfache Unternehmen. Zufällig geschah dies nicht in Tokio, sondern in Kobe, der ersten Station einer von mir organisierten Ausstellung »Jugendstil und Japonismus« mit Blättern aus meiner Museumsabteilung. Tokuhiro Nakajima, mein Kollege am Museum der Präfektur Hyogo, war an meinem Projekt sehr interessiert, dolmetschte bei Gesprächen mit den Photographen und gewann dabei so enge Kontakte zu ihnen, dass er in den darauffolgenden Jahren für das Hyogo-Museum eine Photo-Sammlung mit Schwerpunkt auf den Photographen der Kansai-Region aufbauen und manche Nachlässe dafür gewinnen konnte.

Mein wichtigster Gesprächspartner in Kobe war der 78-jährige Hanaya Kanbei, der sich nach seinem Großvater nannte. Er hatte ein halbes Jahrhundert vor Beginn meiner Recherchen, also um 1930, für den Kansai-Distrikt (die Region Kobe/Osaka/Kyoto) eine führende Rolle in der Organisation künstlerischer Photographie gespielt; offenbar hatte er auch dabei geholfen, deren Aktivitäten zu finanzieren. Während er von diesen Entwicklungen aus seiner Jugendzeit erzählte, tranken wir einen ausgezeichneten, auch kalt sehr genießbaren Sake, der einem Europäer weniger zusetzt als einem Japaner und dessen Genuss mir das Kompliment meines Kollegen einbrachte: »heavy drinker«. Nebenbei erfuhr ich, dass Hanayas Familie eine der besten Brauereien des für ihren guten Sake ohnehin bekannten Kobe gehörte.

Aus Hanayas Erzählungen wurde bald klar, dass die Kansai-Region für die frühe Entwicklung der japanischen Photographie wichtiger gewesen war als Tokio und sein Umfeld, was kaum verwundert, denn Kobe war während des Fin de Siècle eine erste Adresse zur Ausbreitung westlicher Einflüsse. Man kann dies aus den von Kobe aus verbreiteten populären Holzschnitt-Bilderbögen mit Japanern in westlicher Gala und in westlichem Ambiente entnehmen. Natürlich lernte ich auch bald frühere Entwicklungen kennen, etwa das Erlernen der

Photographie im zweiten Drittel des 19. Jahrhunderts als Teil von Rangaku, der holländischen Wissenschaft.

Als ich von Kobe nach Tokio wechselte, stieß ich aber gerade wegen meiner im Kansai erworbenen neuen Kenntnisse auf skeptische Gesprächspartner; sie sahen nicht gern, dass ich der in Tokio geltenden Dominanz der Hauptstadt-Photographie nicht folgen mochte und dem Kansai-Raum in seiner historischen Bedeutung sein Recht zukommen lassen wollte. Zurückhaltend reagierten sie ferner darauf, dass ein Einzelner eine Photographiegeschichte schreiben wollte, über die es noch kein verbindliches Einvernehmen gab. Dieses Einvernehmen bestand nur innerhalb einer 1959 gegründeten Gruppe, die sich »Vivo« nannte; sie hatte sich einen obersten Platz in der Photo-Hierarchie Nippons gesichert. Der Konfuzianismus hat auch auf die Photo-Szene, auf die Organisation der als »Familie« deklarierten Clubs seinen bestimmenden Einfluss genommen. Die Präsidenten der diversen Photo-Vereinigungen waren daher auch nicht bereit, einzelne Photographen in ihren Empfehlungen hervorzuheben. Sie gaben mir endlos lange Listen, weil sie sich allen Mitgliedern in gleicher Weise verpflichtet sahen. Aus diesem Dilemma konnte mir nur ein individuell begründetes Urteil heraushelfen. Doch wie sollte ich die Spreu vom Weizen trennen?

Zunächst musste ich die Bilder kennenlernen, auf die sich das Urteil stützen konnte. Dies ließ sich auf doppelte Weise ermöglichen: Ich besuchte zahlreiche Photo-Galerien und einzelne Photographen, und ich lud viele Clubmitglieder ins Goethe-Institut ein, also in eine geschätzte und mich gleichsam institutionalisierende Einrichtung. Die Nachmittage, die ich dort mit japanischen Gästen verbrachte, zählen zu den anstrengendsten Stunden meiner Japan-Aufenthalte, denn ich traf auf ein Verhalten, das ich meiner Frau in einem Brief so beschrieb: »Auf der Schiene gut, im Individualverkehr eine Katastrophe« – mit anderen Worten: Niemand wollte von der Schiene herunter, obwohl das Angebot, Arbeiten für eine der besten Japan- und Photo-Sammlungen Deutschlands zu kaufen und in einem deutschen Buch zu publizieren, verlockend erschien. Probleme bestanden kaum für die ältere Photographie (die sich, wenn überhaupt, in Antiquariaten Tokios, noch besser in Briefmarkengeschäften und auf Flohmärkten erwerben ließen), ebenso kaum für jüngere Photographen, die in der Hierarchie noch nicht etabliert waren.

Als besonders hartnäckig erwiesen sich die Mitglieder der 1959 gegründeten Vivo-Gruppe, die sich alle gleich behandelt sehen und sich nicht auseinanderdividieren lassen wollten. Ihre Phalanx musste ich aufbrechen, Schritt für Schritt. Dem einen schenkte ich Dubletten alter japanischer, handkolorierter Glasdiapositive, die sich in großer Zahl auf einem Dachboden von Itzehoe gefunden hatten; er musste sich mithin mit eigenen Aufnahmen revanchieren. Über zwei andere schrieb ich Aufsätze in einer deutschen Zeitschrift, sodass sie ebenfalls mit von der Partie sein mussten. Weitere wollten hinter ihren Weggefährten nicht zurückbleiben. Schließlich verweigerte sich nur noch einer, den ich deshalb in meinem Buch nur mit einer kleinen, älteren Aufnahme berücksichtigen konnte.

Von den aufstrebenden jungen Talenten fanden sich die meisten leichter zur Zusammenarbeit bereit, erkannten sie doch, dass sie auf diese Weise den hierarchischen Zwängen ausweichen konnten. Zu ihnen zählte der durch seine gefesselten Mädchen inzwischen weltweit bekannte Araki Nobuyoshi, der den tradierten Shunga-Folgen eine neue Variante hinzufügte, wenngleich seine gestellten Inszenierungen gequälter Opfer weniger, wie die tradierten Shunga-Suiten, als Anleitung für junge Damen denn als Traumbilder japanischer Machos zu gelten haben. F.C. Gundlach, der Leiter des Hamburger Hauses der Photographie, bewunderte jüngst, dass es mir gelungen sei, so früh – sogar signierte – Aufnahmen Arakis zu erwerben.

Eine kuriose Erfahrung machte ich, als sich Yoshida Ruiko, eine junge japanische Photographin, mit ihrer Freundin vorstellte; sie zeigte mir u.a. die Frontalaufnahme eines nackten, nur mit einer auftätowierten Jacke bekleideten Japaners, offenbar eines Yakuza; sie nannte das Bild »I am a Japanese Taxi Driver« und erklärte, sie könne es in Japan nicht veröffentlichen, weil es die Ehre des japanischen Mannes beleidige – für mich ein Grund, die Aufnahme zu kaufen und in das Buch aufzunehmen. Als es ausgeliefert wurde, bestellte Ishihara Etsuro, der Besitzer einer unweit von Nihombashi, dem Straßenmittelpunkt des alten Edo, gelegenen Photo-Galerie, eine größere Anzahl; er nannte seine Galerie wörtlich »Zeit Foto Salon«. Als Ishiharas Bestellung eingetroffen war, wurde er vom Zoll aufgefordert, seine Bücher abzuholen, jedoch Bleistifte, Pinsel, Tusche, Radiergummi und Schmirgelpapier mitzubringen, um die auf einer seitengroßen Tafel dokumentierte Ehrabschneidung des japanischen Mannes zu tilgen. Ishihara entsprach dieser Aufforderung, konnte jedoch eine ausreichend große Zahl unretuschierter Exemplare retten – wie, verschwieg er.

Für das Buch gab es ein zweites komödiantisches Nachspiel. Zwar wurde mein Versuch, eine Geschichte der japanischen Photographie zu schreiben, gewürdigt; nur die Jury des Kodak-Buchpreises konnte sich nicht zu einem Preis verstehen, weil sie sich zu sehr über die Konkurrenz Japans ärgerte. Tempi passati; Kodak gab mit der Firmenauflösung den Widerstand auf, und Ishihara besitzt vermutlich noch einige seiner Rarissima.

Goldschmiede und Glasbläser

Der ständig wachsende Teil der Gesellschaft, dessen Tischkultur mit Papptellern und Kunststoffbesteck, dessen Schmuckbedürfnis mit Dritte-Welt-Ware für Rucksacktouristen befriedigt werden kann, braucht keine Silber- und Goldschmiede, erst recht nicht solche, die sich dem Seriendesign verweigern. Ein Blick in die Kataloge vieler Auktionshäuser verrät, wie wenig etwa Silberbesteck oder künstlerisch kaum anspruchsvoller Schmuck heute selbst bei rapidem Preisverfall auf Gegenliebe stoßen. Die individuellen Goldschmiede, die ich vorstellen möchte, zählen zu einer vom Aussterben bedrohten Spezies, auch deshalb, weil sie auf Qualität von Handwerk und Material beharren und keinem Basteltrieb für Billigboutiquen frönen mögen.

Ragna Sperschneider

Wenn schon Gold und Silber in einer Wegwerfgesellschaft wertlos wurden, dann erst recht das Email. Mit ihm verbindet sich der hieratische Glanz byzantinischen Schmucks und mittelalterlicher Schreine, es erinnert in den Jugendstil-Kämmen und -Anhängern von Lalique mit Email à jour noch an den verborgenen Zauber des Orients. Doch was hat das Email noch in der Umgebung von Industrie-Design zu suchen? Als mein Kollege Erich Köllmann, der Direktor des Kölner Kunstgewerbe-Museums, gelegentlich gefragt wurde, was er mit den Emaildosen Ragna Sperschneiders anfange, antwortete er provokant, darin sammle er seine Rabattmarken. Man kann allerdings aus den silbernen oder vergoldeten Emailbechern Ragna Sperschneiders auch hervorragend seinen Whisky oder Grappa trinken – und sicher besser als aus Pappbechern.

Ragna Sperschneider, die nach einer professionellen Gürtlerlehre nicht nur an den renommierten Werkstätten der Stadt Halle bei der angesehenen Emailkünstlerin Lilly Schulz ihr Metier erlernt, sondern auch die Klasse des Berliner Stahlbildhauers Hans Uhlmann besucht hatte, zerbrach sich über den Sinn des Emails und des individuellen Schmucks in der modernen Gesellschaft zum Glück nicht den Kopf. Sie tat, was ihr richtig erschien, sie rang nicht bewusst um einen eigenen Stil, sie überließ sich ihren spontanen Einfällen, und zwar mit ebenso viel Formphantasie wie Disziplin, unbekümmert um alle ästhetischen Rezepte, wie sie etwa der Deutsche Werkbund empfahl. Zufall und Methodik, Geometrie und Naturform verband sie in größter Freiheit miteinander. Bereits mit sechsundzwanzig Jahren erhielt sie für eine Silberkette mit Zellenschmelz-Email die Silbermedaille der X. Mailänder Triennale. Bald folgten Einladungen zur Teilnahme an wichtigen Ausstellungen im In- und Ausland sowie weitere internationale, nationale und regionale Auszeichnungen. In ihrem Fall traf nicht zu, dass Propheten im eigenen Lande nichts gelten; auch in Hamburg fand sie bald nach dem Ende ihres Studiums vielfache Anerkennung.

Dennoch wurden Ragna Sperschneider und ihr Mann, der Maler Hans Sperschneider, in der Hansestadt, wohin sie 1951 zogen, nie recht heimisch, trotz ihrer dortigen Freunde und Sammler, trotz mancher Auszeichnungen und offizieller Aufträge (wie einer großen Silberdose als Hamburger Gastgeschenk für Farah Pahlevi, die Shahbanu des Iran, mit Assoziationen an sassanidische Email-Ornamente in den Farben des Landes). Die beiden Künstler sahen sich immer noch durch ihre Heimatstadt Halle bestimmt, gebunden an das von der Burg Giebichenstein vertretene Kunstverständnis, an die Musik Händels – kurz, an Traditionen, die sie um der Freiheit willen nicht mehr als Teil ihre Lebens bewahren konnten. Hans Sperschneider hat die Wiedervereinigung und eine zurückgewonnene Verbindung zu Halle nicht mehr erlebt; Ragna Sperschneider starb zu früh nach einem Sturz beim Spiel mit ihren Enkeln.

Wolfgang Tümpel

Die letzten Semester ihres Studiums hatte Ragna Sperschneider an der Hamburger Kunsthochschule in der Klasse von Wolfgang Tümpel absolviert. Tümpel hatte nach einer Juwelierlehre in Bielefeld am Weimarer Bauhaus studiert, das vor seiner Übersiedlung nach Dessau dem Handwerk gegenüber noch aufgeschlossen war. Doch Tümpel war nicht nur Handwerker, er arbeitete ebenso gern für die Industrie; sein Ständer mit Teekugeln wurde zu einem exemplarischen Design-Produkt des Bauhauses. Als jedoch Gropius das Handwerk nur noch als »Laboratorium für die Industrie« verstanden wissen wollte, hielt es Wolfgang Tümpel dort nicht mehr. Er wechselte an die »Werkstätten der Stadt Halle« an der Burg Giebichenstein, die das Handwerk als Grundlage jeder Kunst hochhielten, danach war er sowohl als Gold- und Silberschmied wie als Industrie-Entwerfer tätig. 1951 wurde er zum Leiter der Metallklasse der Hamburger Landeskunstschule, der späteren Kunsthochschule, berufen, deren Direktor Friedrich Ahlers-Hestermann diese Schule mit den besten Traditionen der Zeit vor 1933 verbinden wollte. Ragna Sperschneider fand in seiner Klasse also noch etwas von dem Geist, der ihre ersten Studienjahre geprägt hatte.

Tümpels Korpussilber ist durch seine Funktion bestimmt, sein Schmuck durch die Reduktion auf einfache Formen. Er hatte eine spezielle Technik entwickelt, Gefäße – vor allem Dosen – und Steinfassungen von Ringen aus starken gewickelten Drähten zu formen, sodass sie auch bei großer Sorgfalt der Ausführung noch die Spur der Hand zu erkennen geben. Er war ein toleranter Lehrer und ließ seinen Schülern umso mehr ihre Freiheit, als er selbst die Grenzen seiner Tätigkeit nach allen Seiten offen hielt. Er verwendete Silber mehr als Gold, experimentierte mit Gusseisen und verschmähte es nicht, eine Dose aus Kunststoff für die Kaffeemarke Tchibo Gold-Mokka zu entwerfen. Dass er seine Besucher in seinem Werkraum mit einem – nie schwach aufgebrühten – Kaffee begrüßte, mag mit diesem Produkt zusammengehangen haben.

Tümpel wirkte unbeholfener, als er war, gab sich stoisch und erwartete für sich nicht viel vom Leben und seiner Lebenszeit, seine Vorfahren seien früh gestorben, wie er wiederholt erzählte; immerhin wurde er fünfundsiebzig Jahre alt. Er suchte stets ein normatives Resultat, arbeitete deshalb an manchen Modelltypen von Kannen, Kerzenleuchtern und Wickeldosen über viele Jahre hinweg, auch an elektrischen Lampen und sogar an Brunnen.

Ich begegnete ihm kurz nach 1960, als er gerade den Vorsitz der Hamburger Landesgruppe in der Arbeitsgemeinschaft des deutschen Kunsthandwerks übernommen hatte; die hierfür gewünschten Eigenschaften, Sinn für Repräsentation und Managementbegabung, waren nicht seine Stärken, mehr das persönliche, den anderen seine Meinung lassende Gespräch. Er urteilte tolerant und vorsichtig, aber nie opportunistisch, und hielt sich während institutioneller Sitzungen meist zurück. Dass ihm die systematische Vertreibung des Handwerks aus der Kunsthochschule zuwider war, gab er nur in privaten Meinungsäußerungen zu erkennen, wohl auch weil er das von ihm offen gehaltene Refugium nicht gefährden wollte. Nach seinem Verlassen der Schule verfiel es dem Verdikt der Design-Ideologen.

Andreas Moritz

Der nur zwei Jahre ältere Andreas Moritz besuchte in den siebziger Jahren gemeinsam mit seinem besten Schüler Wilfried Moll wiederholt das Museum für Kunst und Gewerbe. Neben dessen Ausstellungen war ihm auch die Sammlung japanischer Kunst wichtig, die er als Regulativ für sich selbst zu verstehen glaubte. Wie Tümpel hatte er Lehrjahre an der Burg Giebichenstein in Halle verbracht, jedoch die ersten Semester, nicht den Abschluss des Studiums. Er war deshalb zeitlebens durch diese Jahre und den Einfluss seines Lehrers, des Direktors Paul Thiersch, sowie durch dessen anthroposophische Überzeugungen geprägt. Ob Moritz sich zum Zen äußerte, seine ausgewählten Privatdrucke gestaltete oder Silbergefäße schmiedete – immer schwang in diesen Äußerungen und Tätigkeiten ein pathetisches Timbre mit, das sich auch im Klang seiner etwas rauen Stimme nicht verbergen ließ. Strenge der Form war ein kennzeichnender Faktor dieses Pathos, weniger die Funktion, die sich der Form zu fügen hatte. In seiner Neigung zum Dozieren verriet sich sein pädagogischer Eros. Er projizierte seine künstlerischen Überzeugungen insbesondere auf Zen und die durch die Zen-Lehre bestimmte Kunst, bezog deren Kenntnis jedoch nicht aus erster Quelle, sondern aus den populären Schriften über das Bogenschießen und den Tee. Sein Japan-Verständnis war durch diese mehr oder weniger kunstgewerblichen Übersetzungen begrenzt, zum Glück für seine Arbeit, die nichts von Japonismus zeigte. Man könnte sie als »Bauhaus-Klassizismus« kennzeichnen, wie auch die Architektur Mies van der Rohes.

Dass er außer von seinem Gehalt als Professor an der Nürnberger Akademie auch von seinen Aufträgen leben musste, mag er als Belastung gesehen haben; er ließ die Aufträge häufig von seinem Studenten Wilfried Moll ausführen und musste in Kauf nehmen, dass dieser später seine Arbeit daran gewürdigt sehen wollte. Nur ungern – fast nie – gab Moritz etwas von dem aus der Hand, was er als besonders gelungen ansah; er war nicht einmal zu bewegen, etwas davon einem Museum zu verkaufen. Das Beste behielt er für sich und hinterließ es dem Germanischen National-Museum in Nürnberg, wo es in Magazinen gesichert wird, bei besonderen Anlässen und interessierten Besuchern jedoch gern auf deren Wunsch hin gezeigt wird.

Gerda und Wilfried Moll

Zu den seit Langem bestehenden Aktivitäten des Hamburger Museums für Kunst und Gewerbe gehörte seit dem Ende des 19. Jahrhunderts eine jährlich während der Adventszeit stattfindende Messe des Kunsthandwerks. Sie war, insbesondere in den Nöten der Nachkriegszeit, populär geworden, hatte aber gerade deshalb ihren ehemals hohen Anspruch nicht aufrechterhalten können, wozu der Materialmangel und die Gleichgültigkeit der Besucher gegenüber der Qualität ihren Teil beigetragen hatten. Bei einem ersten Rundgang im November 1960 entlang der im Aufbau befindlichen Stände war mir das gleich ins Auge gefallen. Noch unbelehrt über institutionelle Verbindlichkeiten wie Satzungen des Trägervereins oder der Jury, zudem von Kompromissen ungebremst warf ich mit provokanten Worten die Werkstätten hinaus, die mir als besonders unzureichend ins Auge fielen. Deren Ärger und Zorn wurden durch das Wohlwollen meines damaligen Direktors und einiger Jury-Mitglieder mehr als ausgeglichen; sie hatten so radikale Maßnahmen noch nie durchgesetzt und waren deshalb froh, dass dies so unverfroren geschah.

Die kritische Bestandsaufnahme, die noch weitere Jahre aufrechterhalten werden musste, hätte keinen Sinn ergeben, wenn nicht neue, junge Kräfte die ausgeschiedenen ersetzt und das Publikum sich in seiner Aufgeschlossenheit geändert hätte. Beides gelang in einer Balance von kritischem Resümee, Solidität und Innovation. Dies konnte sogar gegen die Präferenz der Presse für modische Effekte erreicht werden, sodass die Messe bald allen Werkstätten eine hilfreiche Resonanz bot. Sie wurde insbesondere für junge Talente attraktiv. Zwar sollten in der Regel nur norddeutsche Werkstätten einen Stand erhalten, wir ließen jedoch auch diejenigen zu, die nach Herkunft oder Ausbildung mit dem Norden Kontakt hatten oder besessen hatten.

So gewann die Messe eine nationale Bedeutung und, seitdem wir auch ausländische Werkstätten als Gäste aufnahmen, an Ausstrahlung über die Grenzen hinaus. Nicht zuletzt wegen der Unterstützung durch die jährliche Messe und den dadurch gewonnenen Kreis von Käufern sowie durch Erwerbungen von Arbeiten für Museen verlegten gerade die jüngeren Talente ihre Werkstatt gern nach Hamburg. Unter den jungen Begabungen, die in den sechziger und siebziger Jahren aufgenommen wurden, befand sich Wilfried Moll, ein Goldschmied, der die Grenzüberschreitung selbst praktiziert hatte.

Er war in Deutschland wie in Dänemark zu Hause. Er war, um dem Wehrdienst zu entgehen, im Anschluss an seine Lehre in Hamburg zunächst nach Kopenhagen gegangen; dort hatte er seine Gesellenzeit verbracht. Mit Andreas Moritz hatte er an der Nürnberger Akademie einen strengen Lehrmeister gefunden; er verfiel jedoch dank der zuvor in Dänemark verbrachten Zeit bei aller Begeisterungsfähigkeit nicht dessen Pathos; er verstand sein Metier zweckdienlicher. Durch seine Bindungen nach Kopenhagen und Nürnberg wurde er zu einem beiderseits der deutsch-dänischen Grenze geachteten und ausgezeichneten Künstler und Handwerker. Ich kenne keinen deutschen Künstler, der dies während der auf den Zweiten Weltkrieg folgenden Jahrzehnte in gleicher Weise erleben konnte.

Zusammen mit seiner Frau Gerda, die ihre Gesellenjahre u. a. in Lübeck und Heidelberg absolviert hatte, gründete Moll 1965 in Hamburg eine eigene Werkstatt. Es dauerte kein Jahrzehnt, bis beide unter die führenden deutschen Gold- und Silberschmiede gezählt wurden. Während Gerda Moll nach außen hin zurückhaltend blieb, engagierte sich ihr Mann für Rechte und Maßstäbe der Werkkünste; ebenso diszipliniert wie vital, meist ruhig, sich aber gelegentlich, in Begeisterung ausbrechend, als temperamentvoller Künstler zeigend, überzeugte er durch Haltung und Fähigkeit. Er bewies, dass ein hervorragender Handwerker ein besserer Entwerfer sein kann als die im Umgang mit dem Material fast nur auf Zeichenpapier und Gips begrenzten Designer. Seine Bestecke mit ihren der Hand dienenden, im Profil modulierten Griffen und seine klaren Gefäße, die er seit den frühen achtziger Jahren konzipierte, wurden, sobald sie präsentiert wurden, von den führenden westdeutschen und dänischen Museen in ihre Sammlungen aufgenommen, sogar vom Museum of Modern Art, New York.

Moll ließ sich durch den Erfolg nicht zum Designer-Dasein verführen; er blieb der Handwerker, der seinen eigenen Parametern folgte, der sein Silber aus einem Block treibt. Auf sein Hämmern, dessen laute Vibrationen die Nachbarn trotz des Einbaus von schalldichtem Glas in die Werkstattfenster störten, mochte er nicht verzichten. Nie sieht man ihn so strahlend, als wenn er einen guten Hammer in die Hand nimmt, am liebsten den ererbten Hammer seines verehrten dänischen Meisters Karl Gustav Hansen. Kaum jemand, der Unikate seines stereometrisch perfekten Korpussilbers sieht, vermag sich vorzustellen, dass es nicht mithilfe von Maschinen, sondern mit Hammerschlägen entstand.

Kein Wunder, dass diese Perfektion, die in leichtesten Modulationen den Zugriff der Hand noch spüren lässt, in Japan und im weiteren Ostasien uneingeschränkt bewundert wird. In Deutschland reichte die Bewunderung nicht einmal zu dem Versuch, Wilfried Moll als Lehrer für eine der Kunsthochschulen zu gewinnen.

Vereinfachend gilt, dass Wilfried Moll sich primär mit Korpussilber beschäftigt und der euklidischen Stereometrie verpflichtet sieht, während Gerda Moll sich vorwiegend dem Schmuck zuwendet und der sphärischen Geometrie folgt. Doch sauber trennen lassen sich die Arbeitsbereiche und Formprinzipien der beiden Goldschmiede nicht. Jeder von beiden bestellt sein eigenes Feld. Individualismus und Stringenz der Form schließen einander nicht aus.

Erwin Eisch

Der Glasbläser wurde in der deutschen Literatur der Moderne durch Benn zum Synonym für den Artisten schlechthin. Erwin Eisch vertritt den Typus in einer sehr handfesten niederbayrischen Ausprägung. Seine Familie besitzt eine größere Glaswerkstatt mit einem tradierten Ofen im alten Glaszentrum des Bayerischen Waldes, in Frauenau. Erwin Eisch hat diese Ressource nach Kräften genutzt. Er fühlt sich allerdings auch beim Malen und in der Bildhauerei so sicher wie mit der Glaspfeife am Ofen und unterscheidet sich dadurch von den meisten Vertretern der Studioglas-Bewegung. Auf satirische Weise verhält er sich kritisch gegenüber dem Kunstbetrieb. So veranstaltete er 1961 zusammen mit Künstlerfreunden eine Gedächtnisausstellung für den fiktiven Maler Bolus Krim. Erst als die Kritiker dessen frühen Tod bedauerten, decouvrierte er den Ulk.

Eisch nutzt seine Beherrschung des Handwerks für Vasen, Schalen, Trinkgläser und Objekte, aber seine Leidenschaft gilt der freien künstlerischen Bilderfindung in größerem Maßstab. Hinter seiner äußeren Erscheinung, die der eines niederbayrischen Bauern gleicht, steckt ein sensibler und kritischer Beobachter der Zeit. Als wir in den siebziger Jahren eine Ausstellung neuer Arbeiten mit ihm besprachen, bewies er diese kritische Beobachtung an der Selbstdeutung des Künstlers. Er wählte hierfür die mythologische Gestalt des Narziss. Sein Jüngling beobachtet nicht die eigene Schönheit in einem Wasserspiegel; seine Figur besteht aus Spiegelglas, als Teil eines Environments des Leidens. Eischs Spiegel-Narziss wird von Krankenpflegern auf einer Bahre fortgetragen, ein Opfer der Verliebtheit in sich selbst, aus dessen Graberde Zauberblumen wachsen.

Dass und wie eng Tod und Vergänglichkeit, Nachleben und Überdauern miteinander verschwistert sein können, stellte Erwin Eisch bald nach der Ausstellung des Narziss-Environments in einem sehr persönlich bestimmten

Denkmal vor Augen. Ein ihm nahestehender Freund war bei einem Autounfall ums Leben gekommen. Eisch nahm dessen Auto, einen VW, stellte ihn aufs Heck, ummauerte ihn in der unteren Partie und ließ so eine zellenartige Kapelle entstehen. Als sie noch im Bau befindlich war, deutete er seine Idee, das Auto sei die Zelle des modernen Menschen, in die er sich zurückzöge, wenn er allein sein wolle. Glasbläser, Narziss, Mönch für einen Moment – Erwin Eisch lässt manche Konventionen irrelevant erscheinen.

Tatsumura Ken

Als Forum der Tapisserie nahm die Biennale in Lausanne während der sechziger und siebziger Jahre die erste Stelle ein. Sie zeigte nicht nur Gobelins aus Ländern des Warschauer Pakts, sondern auch Arbeiten aus dem Fernen Osten, vor allem aus Japan. Diese Offerte galt es für das Museum zu nutzen.

Die 1965 in Lausanne gezeigten japanischen Wandteppiche galten als Sensation, zumal sie auf keine Tradition des Landes zurückzuführen waren; das alte japanische Haus mit seinen Schiebewänden und seinen durch die Holzkonstruktion begrenzten Flächen lässt keinen Raum für Wandteppiche. Allenfalls konnten textile Hochzeitsdekorationen für neue japanische Tapisserie als Anregung dienen oder die großflächig-dekorativen Wandbilder der Kano-Schule des 16. Jahrhunderts.

Zu den ersten Zeugnissen der aktuellen japanischen Entwicklung, die in Lausanne zu sehen waren, gehörte der Gobelin »Der Mond« von Tatsumura Ken. Er glich in der Struktur seiner fließenden Linien mehr Vorbildern des europäischen Jugendstils als überlieferten japanischen Dekorformen. Nur sein Thema, der Mond, ein Topos der fernöstlichen Lyrik, verriet, was den Entwurf stimuliert hatte.

Wie wir herausfanden, hatte der uns bis dahin unbekannte, 1905 geborene Tatsumura Ken in Europa Textilkunde studiert; er war in Literatur promoviert worden, seine Neigung zum Jugendstil und zu einem Thema der Lyrik ließ sich mithin leicht erklären.

Als wir uns 1967 in Kyoto aufhielten, erfuhren wir, dass Tatsumura in der Stadt lebe. Wir drängten unseren Dolmetscher, ihn anzurufen, in der Annahme, dass der Künstler sicher gern den Vertreter des einzigen europäischen Museums kennenlernen würde, das einen seiner Teppiche besaß. Nur mit unhöflichem Druck konnten wir unseren Dolmetscher zu einem Anruf bewegen. Zwar wussten wir, dass er ein Kommunist war, aber wir ahnten nicht, dass Tatsumuras Familie als Besitzer einer der großen Textilmanufakturen zu den wohlhabendsten der Stadt gehörte. Der angesichts dieses Umstands verständlicherweise nur bedingt unserem Wunsch folgende Dolmetscher war überrascht darüber, dass Tatsumura uns nicht nur mit seiner Familie im Hotel abholte, sondern uns auch in sein aus der späten Edo-Zeit (oder der frühen Meji-Zeit) stammendes Haus einlud – eine ungewöhnliche Ehre. Ob unser kommunistischer Cicerone je in ein solches Haus gelangt war?

Die Unterhaltung mit unserem Gastgeber galt natürlich zunächst der Textilkunst. Tatsumura Ken beschäftigte sich seit Langem mit deren Landesgeschichte und rekonstruierte u. a. die über die Seidenstraße in das kaiserliche Schatzhaus Shosoin gelangten sassanidischen Stoffe mit ihren gegenständlichen Tieren im Kreisrund. Er webte auch in alter Form und Technik Seidenbilder der Edo-Zeit. Sein Hauptinteresse galt jedoch der Lyrik und Philosophie. Er erklärte uns, seine Tante habe gut Deutsch gesprochen; er könne es nur lesen und verstünde Goethe-Gedichte nicht ganz. Höflich antworteten wir, diese Gedichte erschienen nur einfach, besäßen aber oft eine vielschichtige Bedeutung, die auch in Deutschland nicht überall verstanden würde. Noch weniger, bekannte er, begreife er Kant. Beruhigend konnten wir ihm versichern, das gehe vielen Deutschen ähnlich.

Huang Zhou

Der chinesische Maler Huang Zhou hatte sich vor der »Kulturrevolution« einen Namen gemacht und war gerade deshalb dem Verdikt und dem Hass der Ideologen anheimgefallen. Er musste seine Bilder verbrennen, seine Pinsel zerbrechen und Toiletten säubern. Sein Atelier wurde zerstört. Man machte ihm närrisch-bornierte Vorhaltungen: »Wenn ich einen Esel mit zurückgewandtem Kopf malte, klagte man mich an, ich schaue nach der Vergangenheit.« Seine Kunst galt im direkten wie im übertragenen Sinn als »schwarze Malerei«, was sich auch mit »entartete Kunst« übersetzen ließe. Nach dem Tod Maos und dem Machtverlust seiner Entourage durfte er wieder arbeiten. Er fand in China, bald auch in den USA ein virulentes Echo und durfte seine Werke im Ausland zeigen. Als die deutsche Wirtschaft in den achtziger Jahren mit China Verbindung aufnahm, begleitete sie die Annäherung mit einer Wanderausstellung von Huang Zhou, die in Hamburg und Düsseldorf zu sehen war. Es war eine der ersten Ausstellungen zeitgenössischer, der Tradition verbundener chinesischer Kunst; zuvor hatten vor allem Ausstellungen mit neuen archäologischen Entdeckungen von sich reden gemacht.

Die Tochter Huang Zhous studierte in Hamburg Malerei und heiratete hier einen Landsmann aus Taiwan. Sie erzählte, wie sie als Kind mit ihrem Vater in die Randregionen Chinas zu den »völkischen Minderheiten« gereist sei. Die geretteten Tuschebilder der Reisen zeigen Menschen, Pflanzen und Tiere dieser Regionen. Nach chinesischem Selbstverständnis sind sie dem »Realismus« zuzuordnen, nicht dem »sozialistischen Realismus«, sie entsprechen den realistisch genannten Darstellungsweisen des 17. und 18. Jahrhunderts. Die eine Modalität, die auch westlichen Augen als wirklichkeitsnah erscheint und durch einen kräftigen, individuellen Pinselduktus, durch eine persönliche Handschrift gekennzeichnet ist, unterscheidet sich von der anderen durch ihre Abstraktion und ihren andeutenden Darstellungsmodus. Als Meister gilt, wer beide Modi beherrscht. Huang Zhou trug in seinen Bildern, die er bis 1975 und ab 1977 malte, den politischen Prärogativen immer noch dadurch Rechnung, dass er häufig Fischer, Bauern und Szenen aus dem einfachen Volk darstellte.

Als ich die Düsseldorfer Ausstellung eröffnete und dabei Chu Ta (Thu Da) sowie andere Maler der Frühen Quing-Zeit erwähnte, um Hinweise auf von Huang Zhou besonders geschätzte Maler der Vergangenheit und deren Stil zu geben, war er überglücklich. Es waren wohl die einzigen Worte, die er von meiner kurzen Einführung verstand, aber er begriff sie als großes Kompliment, denn er ließ mir durch den Dolmetscher sagen, er schätze meinen Kommentar so, dass er mich heiraten könnte; ich entgegnete ihm, dass ich in diesem Fall seine Tochter vorziehen würde, was er mit einem verständnisvollen Lachen goutierte.

Huang Zhou war in den frühen achtziger Jahren durch seine Verkäufe in die USA wohlhabend geworden, gab sich jedoch mit einer schwarzen Lederjacke noch proletarisch. Er trug eine vorzügliche Privatsammlung alter chinesischer Kunst zusammen und baute dafür nach der politisch-wirtschaftlichen Wende das erste private Museum in der Volksrepublik China – ein Beweis dafür, wie schnell sich für ihn das Selbst- und Weltverständnis Chinas geändert hatte.

Klaus Fußmann

Zu derselben Zeit, in der China sich künstlerisch wieder liberaler gab, wurden in Deutschland weiter Grabenkämpfe um Richtungen der Malerei und Bildhauerei geführt. Nachdem mithilfe des CIA der abstrakte Expressionismus mit Erfolg aufs Tableau gehoben worden war, folgte die Propaganda für die Pop-Art. Die Zeitschrift »Art« wollte nun von einigen deutschen Künstlern wissen, wie sie die großformatigen Comics Roy Lichtensteins und Andy Warhols Serigraphie-Reproduktionen von Suppendosen beurteilten. Klaus Fußmann äußerte unverhohlen seine Skepsis; der Redaktion der Zeitschrift gefiel diese Stellungnahme offensichtlich nicht, doch wollte sie nicht selbst Position beziehen und fragte mehrere deutsche Museumsleute nach ihrer Stellungnahme zum Verdikt eines deutschen Malers der sichtbaren Welt. Erwartungsgemäß stimmten die meisten von ihnen in den Chor der Augenblicksenthusiasten und Pop-Apolo-

Im Garten von Manfred Sihle-Wissel, von l. n. r.: Klaus Fußmann, Manfred Sihle-Wissel, Heinz Spielmann, August 2005

geten ein, wozu ich mich nicht verstehen konnte; ich gab Klaus Fußmann und seiner Kritik recht.

Seine frühen Interieurs und Stillleben mit ihrer aus einer Verlassenheit der Räume und deren Schmutz aufsteigenden Melancholie hoben sich durch ihre Stimmung und ihre malerische Subtilität von der gängigen Tagesproduktion ab, ebenso seine verloren wirkenden Figuren und Bildnisse. Einer der Ersten, die diese Qualität erkannten, war Werner Haftmann, der grundlegende Bücher über die Kunst des 20. Jahrhunderts geschrieben und 1967 bis 1970 die Westberliner Nationalgalerie geleitet hatte. Er publizierte 1976 die erste Fußmann-Monographie. Im Rückblick auf die Jahre in dem sich auflösenden Berlin erinnerte sich der Maler 1991 an den Zustand der Stadt zwanzig Jahre zuvor: »Die graue, eingefleischte Tristesse ... In der Muskauer Straße sah ich ... ein demoliertes, offenes Haus, in dem Müll und alte Sofas herumlagen, genau wie vor zwanzig Jahren … In solche Häuser ging ich damals hinein, um die leeren Räume zu malen … Hinter den Tapeten muffelte der Frust und die Warterei auf bessere Zeiten …« Auch diese besseren Zeiten kommentierte der Maler mit skeptischer Erwartung und gab im Nachdruck seines Essays zu, dass es anders gekommen sei, als er es für Berlin nach der Wiedervereinigung erwartet hatte.

Inzwischen, seit den frühen siebziger Jahren, lebte er nicht mehr nur in Berlin, sondern von Frühjahr bis Herbst in Angeln unweit von Gelting nahe der Flensburger Förde. Neben seinem reetgedeckten Haus hatte er sich ein modernes Atelier gebaut, dessen Hauptfenster auf einen sich weitgehend selbst überlassenen Wald führt, aus dem die Rehe unbesorgt hervorkommen. Rund um das Haus hat Barbara Fußmann einen Garten angelegt, dessen Blüten auf den Wechsel der Jahreszeiten ebenso verweisen wie die hinter einer Hecke beginnenden Felder, die, gepflügt und bestellt, sich das Jahr über ebenfalls verändern, vom Märzbraun des Bodens und Hellgrün der ersten Saat zum Goldgelb des blühenden Rapses oder zum Braungelb des reifen Weizens, bevor nach der Ernte wieder alles von einem blaugrauen Himmel überdeckt wird. Die Melancholie der Vergänglichkeit erlebte und malte Klaus Fußmann in der Landschaft anders als in aufgegebenen Zimmern, im Blick auf die Landschaft und die für kurze Zeit aufleuchtenden Blumen anders als in dem verregneten Grunewald, an der nahen Ostsee mit ihrem wechselnden Licht anders als in den leeren Räumen Berlins. Die Reisen, die er in alle Welt unternahm, machten ihm nach der Rückkehr die Eigenart seines selbst gewählten ländlichen Lebensraums umso bewusster. Er sah sich in ihm auch als ein Nachfolger der Künstler, die im äußersten deutschen Norden dessen Landschaft zum künstlerischen Begriff gemacht hatten, allen voran Nolde auf einer nordfriesischen Warft und Heckel in dem nur knapp 15 Kilometer entfernten, aus einer Handvoll Häusern bestehenden, am Steilufer der Ostsee liegenden Osterholz.

Der Maler und seine Frau besuchten mich einige Monate nach meinem Gottorfer Amtsantritt ohne Anmeldung im Museum. Er stellte die Frage, ob ich an einer Retrospektive interessiert sei, die auch das ZDF in Mainz übernehmen wolle. Nichts war mir lieber als dies. Da es mir unerwünscht – weil langweilig – dünkte, wenn alle Museen dasselbe oder Ähnliches zeigen sollten, ergab sich als Alternative, in einem Landesmuseum das Naheliegende zu präsentieren und zu sammeln. Klaus Fußmann und seine Bilder entsprachen in idealer Weise dieser Museumsaufgabe als Medium der Identifikation von Künstlern und Region.

Wir waren uns vor dem unerwarteten Besuch noch nie begegnet. So war der uns alle um einen Kopf überragende Maler für mich eine Überraschung. In wenigen Minuten einigten wir uns über die Ausstellung, ihren Katalog und die sonstigen Modalitäten. So blieb es bei allen weiteren gemeinsamen Unternehmungen.

Unter den Künstlern, die mir begegneten, blieb Klaus Fußmann einer der unkompliziertesten und verlässlichsten. Generös tat er das Seine, in Gottorf eine respektable Sammlung seiner Arbeiten entstehen zu lassen, schenkte dem Museum etwa von allen druckgraphischen Blättern ein Exemplar, oft sogar in mehreren Varianten. Genauso verlässlich wie gegenüber dem Museum erwies und erweist er sich gegenüber seinen Schülern, selbst noch Jahre nach deren Studium. Es geschieht nicht selten, dass er auf ihren Ausstellungen stillschweigend ihre Bilder kauft oder dass er sie zu Aufenthalten in sein Haus einlädt. Er eröffnet ihre Ausstellungen und schreibt über sie in Katalogen. Dem Wort ist er ähnlich gewachsen wie dem Bild. Seine von gründlicher Kenntnis zeugenden, gescheiten Texte haben verhindert, dass gegenüber seiner dem Zeitgeist widerstrebenden Malerei und seiner unzweideutigen Kritik von Moden und Parolen die herrschende Kunstszene in Häme ausbrach, selbst dann nicht, wenn er, alles andere als intellektuell, über den Garten, dessen Blüten und die das Grundstück begrenzende Hecke schreibt, die er in nächster Nähe von Haus und Atelier vor Augen hat: »Manchmal nimmt man die Natur ganz neu wahr. Ich erinnere mich an einige warme Sommertage, an denen ich meinte, die Weißdornhecke in Gelting singen zu sehen. An so einem Tag ist ihr Gesang wie das schrille Zirpen der Grillen ringsumher: rauschend und endlos. Auf tausend Blättern funkelt das Mittagslicht, und mein Blick verfängt sich in dem Verwirrenden aus Blättern, Trieben und kleinen gekrümmten Ästen. Ich weiß natürlich, dass ich die rasselnden Geräusche der Heuschrecken auf die Erscheinung übertrage, doch entsprechen sie genau dem Vielerlei des zu Sehenden. Die Hecke singt.« Für den Maler wird, wie könnte es anders sein, alles Erlebte zum Bild. Die Blumenbeete und der Gemüsegarten, Felder, Bäume, der Himmel darüber.

Die Bilder haben im Laufe der Jahre an abstrakter Kraft gewonnen; sie wurden zu einem pastosen Relief. Zu der materiellen Schönheit des Gesehenen trat die stoffliche Schönheit der Farbe; sie gewann neben ihrer optischen eine haptische Qualität. Diese Veränderung ist auch in Klaus Fußmanns Druckgraphik wahrzunehmen. Er entwickelte eine zuvor nicht bekannte Form des Linolschnitts, wohl wissend, dass Picasso einige Jahrzehnte zuvor diesem Medium eine neue Modalität abgewonnen hatte, indem er eine Auflage mit Veränderungen der »verlorenen Platte« druckte. Fußmann schneidet selten für jeden Linolschnitt nur eine Platte; er reibt auf jeder verschiedene Partien mit einer anderen Farbe ein. Er benutzt statt der üblichen Druckfarben Tempera, die er stark aufträgt. Der Abzug nimmt diese Farbschichten auf, erhält dadurch ein leichtes Relief, wird stofflich-sinnlich, auch deshalb, weil die Begrenzungen der geschnittenen Flächen durch überquellende Farben etwas unscharf werden.

Von den Linolschnitten führte ein direkter, wenn auch nicht leicht betretbarer Weg zur Keramik. Es dauerte einige Zeit, bis Klaus Fußmann eine Töpferin fand, die ihm ihre Werkstatt und ihre Kenntnisse hilfreich zur Verfügung stellte.

Malerkeramik besitzt einen eigenen Charakter, sie steht der europäischen Tradition nahe, die wir aus dem Porzellan- und Fayence-Dekor sowie aus der Volkskunst kennen. Die Arbeit mit den Materialien Ton und Glasur (oder Engobe), das Malen auf räumlich geformten Flächen hat Matisse und Nolde, Picasso und Chagall gereizt, Nolde und Léger auch das Bemalen von Reliefs aus Ton. Es ist wohl die Korrespondenz von räumlicher Form und Fläche, die Maler an der Keramik fasziniert, vielleicht auch die Notwendigkeit, die Zahl der Farben der Glasurskala anzupassen. Die einfachen Formen seiner Vasen, Kannen, Krüge und Teller bestimmt Fußmann selbst; er möchte, dass sie einem Ambiente dienen, das so unprätentiös ist wie das eigene und wie die einfache, vorzügliche Küche Barbara Fußmanns.

Vor allem den Morgen und die Mittagszeit nutzt der Maler für seine Arbeit. Am Nachmittag und Abend kommen oft Gäste, die sich um den Esstisch zu Gesprächen treffen. Klaus Fußmann überrascht sie immer wieder damit, wie genau er über viele Bereiche informiert ist und sich ein Urteil bilden kann.

An einem der nordischen Sommerabende, die selbst spät noch einen Rest von Tageslicht bewahren, saßen wir vor dem Haus noch lange beisammen und sprachen über Literatur. Klaus Fußmann erzählte, dass er als junger, noch wenig bekannter Maler dem Schriftsteller Arno Schmidt wegen eines Portraits geschrieben habe. »Das Bild stand bereits vor mir: der Schriftsteller, vom Winde umweht, steil auf niedersächsischer, blassgrüner Wintersaat stehend, den Betrachter aus harten Brillengläsern anstarrend. Natürlich blieb der, noch am Morgen verfasste, extra auch noch im schmissigen Arno-Schmidt-Stil gehaltene Brief (und damit das Falscheste, was man machen konnte) unbeantwortet. Anrufen war ebenfalls zwecklos. Nur die Idee zu seinem Portrait blieb in mir zurück, ganze zweiundzwanzig Jahre lang, und eine als Clown verkleidete Muse, die ihm aus der Lende springt, wurde noch hinzugefügt.« Da wir gerade durch die Hamburger Lichtwark-Gesellschaft eine neue, bibliophile, Literatur und Druckgraphik verbindende Buchreihe edierten, lag es nahe, darin einen Bericht Fußmanns über seine vergebliche Bemühung um Arno Schmidt aufzunehmen. Unter den Radierungen dieses kleinen, 1993 erschienenen Bandes, befindet sich ein weiteres Bildnis des Dichters, dieses Mal ohne die ihm entspringende Muse.

Die generöse Offerte des Künstlers, dem Gottorfer Museum nach einer Zahl von Jahren alle neuen Blätter seines sich entfaltenden druckgraphischen Werks zu schenken, legte es nahe, mit der Übergabe eines weiteren Konvoluts und der Publikation eines zugehörigen Teils des Werkverzeichnisses jeweils eine Ausstellung zu verbinden – ein Beispiel dafür, wie Kontinuität und Innovation zusammen eine kulturelle Entwicklung fördern können. In dieser Kontinuität gelang auch die Realisation eines enormen Deckenbildes im Spiegelsaal des Museums für Kunst und Gewerbe. Diesen Spiegelsaal, der ehemals zu dem (der Hamburger Musikhochschule übergebenen) Palais der jüdischen Familie Budge gehört hatte, konnten wir 1975 in letzter Minute retten, als die Bagger schon zu seinem Abriss bereitstanden. Ein gutes Jahrzehnt nach der Rettungsaktion konnte der Saal 1987 mit den unter das Museumsdach geretteten Travéen und Stuckteilen durch mäzenatische Hilfe wieder errichtet werden. Sein Plafond, unter dem bis 1933 viele Feste gefeiert worden waren und unter dem Caruso gesungen haben soll, war ohne Deckenbild geblieben.

Seit Längerem dachten die sich engagierende Hamburger Lichtwark-Gesellschaft und Wilhelm Hornbostel, der Direktor des Museums, daran, die leere weiße Fläche zu beleben. Als wir Klaus Fußmann fragten, ob er dazu bereit sei, sagte er zu und schlug dafür den Blick auf einen nordischen Himmel mit seinem wechselnden Licht vor, wie er ihn ständig von seinem Atelierfenster aus sah. Er machte keine historisierenden Anleihen, sondern malte vom Dunklen zum Hellen übergehende Wolken, einen »Wolkenzug« in einem kühlen Licht. Der Saal mit seinem Stuck und seinen Vergoldungen legt sich wie ein Rahmen um den etwa 4 auf 12 Meter großen Plafond. Wieder fanden wir, wie es in Hamburg oft geschieht, mäzenatische Hilfe; zur Förderung des Projekts konnten wir unseren Helfern eine Mappe mit vier Farbradierungen des Künstlers anbieten. Der mit so viel Unterstützung gerettete, wiederaufgebaute und um das große Bild bereicherte Saal erinnert an eine jüdische Familie, der Hamburg viel verdankte und die aus der Stadt vertrieben wurde.

Klaus Fußmann fand in Hamburg, wo auch eine Reihe seiner wichtigsten Sammler leben, sowie über Berlin und Schleswig-Holstein hinaus Rückhalt. Er darf sich zu den gegenwärtig besten Landschaftsmalern rechnen, sofern er unter ihnen nicht überhaupt die erste Stelle einnimmt. Durch seine der Wirklichkeit verbundenen Bilder wurde er zum Antipoden von intellektualisierenden oder sich durch eine moralisierende Attitude hervortuenden Malern. Er findet bei vielen Künstlern uneingeschränkte Anerkennung, die, wie er, in ihren Bildern die sichtbare Welt vor Augen stellen; solche Künstler finden sich im deutschen Norden in größerer Zahl. Das Phänomen einer »Kunst nach Sicht« ist im Norden nicht neu; der Süden und Westen Deutschlands gaben seit Beginn des 20. Jahrhunderts der Abstraktion den Vorzug (was nicht ohne Ausnahmen gilt). Doch wäre es unzutreffend, in Fußmann einen der »Realisten« zu sehen, die, wie es in der Kunstgeschichte wiederholt geschah, einen blutleer werdenden Manierismus durch die Hinwendung zur sichtbaren Wirklichkeit vergessen machten. Er stellt keine bloße Antithese zur bisherigen Entwicklung der Moderne auf, sondern gewinnt den Realitätsgehalt seiner Bilder gleichsam aus der Erfahrung vorangegangener Phasen der Malerei, insbesondere aus dem sogenannten Informel. Seine pastose, die Schönheit der Farbe feiernde Malerei, sein bei aller gegenständlichen Erkennbarkeit abstrakter Darstellungsmodus, sein kalligraphischer Duktus stellen eine Synthese zwischen gegenständlicher und gegenstandsfreier Kunst dar. Er führt Erfahrungen der jüngeren Tradition vor einen neuen Horizont und gewinnt für die »verlorene Malerei« (wie eines seiner Bücher lautet) wieder Zukunft.

Da Klaus Fußmann alle verfügbare Zeit zum Malen oder für seine Druckgraphik nutzt, sind in seinem Atelier stets neue Bilder zu entdecken. Um sie vorstellen zu können, hat er eine Wand frei gehalten, in die er, neben zahlreiche kleine Farbspritzer, einen stabilen Nagel einschlug. Auf ihn hängt er die Bilder, um sie seinen Besuchern zu zeigen. Ihre Fragen beantwortet er sachlich und ohne Pathos, auf gewinnende Weise; er berät sie uneigennützig, wenn sie sich wegen der Auswahl einer Arbeit nicht schlüssig sind, sodass jeder sich gut aufgehoben sieht. Dass dies nicht selbstverständlich ist, bewies der Besuch einer Gruppe von Museumsfreunden bei Walter Stöhrer.

Walter Stöhrer

Solange Deutschland durch eine Grenze geteilt war, zog es die Berliner bevorzugt nach Schleswig-Holstein in die Nähe der Ostsee, unter ihnen eine Reihe von Künstlern. Karl Schmidt-Rottluff verbrachte die Sommer in Sierksdorf. Nur durch einige Kilometer von Klaus Fußmanns Anwesen getrennt, ließen sich die Maler Max Neumann und Walter Stöhrer nieder, Neumann allerdings nur für wenige Jahre. Walter Stöhrer fand einen alten Gasthof mitten in Angeln, dessen alten Festsaal er als Atelier nutzte; hier malte er seine großformatigen Bilder.

Er hatte vor seiner Berufung an die Berliner Hochschule der Künste in Schwaben gelebt und zuvor an der Karlsruher Akademie zu den Schülern Grieshabers gehört; er übernahm als Attitude manches Gebaren seines ehemaligen Lehrers. Seine Bilder sind mit vehementen Schwüngen gemalt, die Figurationen umschreiben. Die Gemälde seiner beiden letzten Lebensjahre (und ebenso seine Radierungen) sind einander sehr ähnlich. Stöhrer sagte dazu, eigentlich male er immer dasselbe Bild. Dies gilt für den skripturalen Duktus und teilweise auch für das Kolorit. Zudem stellte er gern eine Verbindung zwischen seinen Bildern und literarischen Aussagen von (oft wenig bekannten) Schriftstellern her, nicht nur in seinen vorwiegend als Radierungen ausgeführten Illustrationen.

Außer der Malerei kannte Walter Stöhrer eine weitere Leidenschaft: Er liebte Rennräder und hatte mehrere davon parat, sogar in seinem Atelier. Zwischen rasenden Fahrten und Malen bestand für ihn eine direkte Beziehung. Beides beherrschte er selbst dann noch, wenn er dem Whisky nicht zu knapp zugesprochen hatte.

Wenn ein Künstler von einiger Bedeutung nach Schleswig-Holstein als Wahlheimat zog, wo er ungestört arbeiten konnte, sah er sich vom Landesmuseum bald aufgenommen. Das Land hatte nach dem Zweiten Weltkrieg durchaus von den Flüchtlingen profitiert, die hier abseits der zerstörten Städte ein neues Zuhause gewonnen hatten. Die Befruchtung durch hinzuziehende Künstler bereicherte ebenfalls die ländliche, enge und häufig provinzielle Kultur. Die Arbeiten der neu gewonnenen Künstler wurden deshalb gern im Landesmuseum ausgestellt und für dessen Sammlung erworben. Dabei fanden wir Hilfe und Verständnis durch Mäzene der Wirtschaft. Sie wollten auch eines der großformatigen Gemälde Walter Stöhrers für das Museum erwerben und kamen deshalb direkt aus ihren Büros zu einer vereinbarten Nachmittagsstunde ins Atelier.

Als wir eintrafen, warnte uns Stöhrers Lebensgefährtin, die er kurz vor seinem von ihm als unabwendbar erkannten Tod heiratete, er habe getrunken. Die Folge davon lernten wir bald kennen. Stöhrer wusste, dass die Herren in den dunklen Anzügen ein Bild kaufen wollten, und hielt es für richtig, sie die Überlegenheit des Künstlers spüren zu lassen. Als alle Platz gefunden hatten, bestieg er eines seiner Rennräder und fuhr in großen Schwüngen zwischen allen Stühlen und Besuchern hindurch. Er stieg nur ab, um ein Bild nach dem anderen vorzustellen. Dabei artikulierte er gegenüber den geduldig ausharrenden Förderern Sottisen, die Beschimpfungen nahekamen, und forderte, als es um den Kauf eines gemeinsam ausgewählten Gemäldes ging, einen viel höheren als den sonst von ihm erzielten Preis. Natürlich kam es, da kein Ende der Vorstellung abzusehen war, an diesem Nachmittag zu keinem Ankauf, jedoch – was zur Ehre unserer nur kurze Zeit irritierten Freunde gesagt sein muss – erfolgte er einige Zeit später. Der Nachmittag in Angeln klang mit einem Besuch bei Klaus Fußmann aus, der seinen Gästen weitaus freundlicher als sein Kollege neue Bilder vorstellte.

Künstler im Jüdischen Museum

Weil die Rendsburger Synagoge und die unmittelbar anschließende Talmud-Schule in einer geschlossenen Häuserzeile lagen (und liegen), wurde sie von der SA 1938 nicht in Brand gesetzt. Sie wurde als Fischräucherei benutzt, war also entweiht. 1985/86 wurde der Synagogenraum restauriert und, da er nicht mehr für den Gottesdienst benutzt werden durfte, unter Rückgewinn seines ursprünglichen Zustands für Ausstellungen des örtlichen Kunstkreises hergerichtet. Die ehemalige Schule sollte für Wohnungen genutzt werden. Die Bauarbeiten am Schulgebäude hatten gerade begonnen, als ich im Sommer 1986 von der Landesregierung den Auftrag erhielt, in der Synagoge ein jüdisches Museum einzurichten. Ein Sammlungsbestand für dieses Museum existierte nicht. Es erschien kaum sinnvoll, angesichts der wenigen verfügbaren Mittel und der internationalen, finanzkräftigen Konkurrenz eine Sammlung von Judaica aufzubauen; zumindest war dies nicht in kurzer Zeit möglich. Nur im Laufe der Jahre kam eine kleine Gruppe davon zusammen. Noch weniger erschien es mir als erstrebenswert, ein Museum mit »Wandzeitungen« oder den spärlichen Zeugnissen ehemals jüdischen Lebens einzurichten, wie es sich einige beflissene, in Museumsfragen unerfahrene Historiker vorstellten. Ich sah jedoch eine Notwendigkeit darin, im neuen Museum den Verlust zu dokumentieren, den Deutschland durch die Verfolgung und die Emigration jüdischer Künstler erlitten hatte. Unter den Künstlern, die von den Nationalsozialisten als »entartet« verfolgt worden waren, hatten manche jüdische Themen dargestellt, darunter auch für die deutsche Kultur bedeutende jüdische Persönlichkeiten. Mit diesen Zielen sollte sich, wie ich überzeugt war, in kurzer Zeit ein Museum neuen Charakters verwirklichen lassen.

Das Echo auf dieses Konzept erwies sich über Deutschland hinaus als ungemein positiv. Insbesondere die Erben von Malern und Bildhauern schenkten dem Museum über alle Erwartungen hinaus wichtige Werke, andere ließen sich auf dem Kunstmarkt günstig erwerben, da zu jener Zeit niemand sonst ein vergleichbares Thema aufgriff. Innerhalb weniger Monate konnten etwa Themen der hebräischen Bibel mit Blättern von Corinth, Rohlfs, Scharff und Kokoschka, von Grieshaber, Janssen und Wunderlich, oder Portraits von Ernst Bloch, Maximilian Harden, Heinrich Heine, Max Liebermann, Erwin Panofsky, Arnold Schönberg einen Platz in der ständigen Sammlung finden; ebenso Bildnisse jüdischer Politiker, von Eduard Bernstein (dem sozialdemokratischen Fraktionsvorsitzenden im Reichstag der Weimarer Republik) bis zu Golda Meir, Teddy Kollek und Moshe Dayan. Um Platz für die so schnell gewonnene Sammlung zu schaffen, wurden die Räume der ehemaligen Schule nicht für Wohnungen, sondern für das bereits Ende 1986 eröffnete Museum hergerichtet, An den Maßen der kleinen Räume wurde anschaulich, wie bescheiden die Ansprüche der ehemaligen jüdischen Gemeinde Rendsburg gewesen waren.

Dem Zuspruch aus aller Welt begegneten Kollegen aus der Provinz, aber auch die um ihre eigene künstlerische Reputation besorgten und u. a. als Gebrauchsgraphiker beschäftigten Mitglieder des Museumsbeirats mit Feindseligkeit, die umso größer wurde, je erfolgreicher die positive Resonanz sich auswirkte. Zwar stand die Vorsitzende des Beirats im Museum ergriffen vor der Bronzebüste von Eduard Bernstein, ihres Großvaters – den seine Partei, die SPD, wie sie sagte, schlecht behandelt habe –, aber sie schlug sich doch auf die Seite der Kritiker. Ich kümmerte mich nicht um diese Bosheiten, sondern tat, was ich für richtig hielt. Inzwischen wurde das Rendsburger Konzept in die Erwerbungs- und Ausstellungspolitik des Berliner Jüdischen Museums einbezogen, selbst mit Faksimile-Kopien von Blättern aus dem Rendsburger Bestand. Eine Rechtfertigung des Konzepts sah ich nicht zuletzt darin, dass einige der Künstler der Vergessenheit entrissen werden konnten und einige dies sogar kurz vor ihrem Tod erfuhren.

Rudi Lesser

Wenige Monate nach der ersten Präsentation von Werken der neuen Sammlung fragte mich 1987 ein Kollege des Landesarchivs, der eine Ausstellung unter dem Titel »Geflüchtet unter das dänische Strohdach« vorbereitete, ob ich einen Maler Rudi Lesser kenne; er sei zuletzt in Berlin gemeldet gewesen. Die Frage war leicht zu beantworten, denn Lesser war noch im Berliner Telefonbuch eingetragen. Ich nahm Kontakt mit ihm auf. Er antwortete auf meinen Brief bald mit einer zittrig geschriebenen Einladung; dabei lag seine 1974 entstandene Radierung »Die Posaunen von Jericho«.

Bald konnte ich ihn in Berlin besuchen. Er lebte in einer Wohnung in Kreuzberg. Nie begegnete ich einem Künstler in so ärmlichen Verhältnissen: Ein tiefer, dunkler, nur von einem auf einen Hinterhof führenden Fenster an der Schmalseite beleuchteter Raum, in dessen Tiefe sich wohl ein Bett befand, nahe dem Fenster ein Holztisch, auf einem Teller ein wenig unfrisches Obst, de Maler in einer befleckten dunklen Jacke – so traf ich ihn an, um seine Geschichte zu hören.

Er war, 1901 geboren, als Kommunist und Jude 1933 gleich von der SA verprügelt worden. 1934 floh er über Belgien nach England, wurde jedoch nicht aufgenommen. Über Ostende kam er nach Amsterdam, wo ihm sein restliches Geld gestohlen wurde. In Dänemark fand er eine Bleibe, bis die Deutschen einrückten; er entkam nach Schweden und lebte seit 1956 wieder in Berlin. Er konnte mir einige Radierungen zeigen, die zwischen 1927 und 1983 entstanden waren und von denen ich je ein Exemplar kaufen konnte. Als ich ihm 1988 das gerade erschienene Museums-Jahrbuch als Beleg schickte, kam es zurück. Es hatte den Maler nicht mehr zu Lebzeiten erreicht.

Berthold Goldschmidt

Die offizielle Eröffnung des Jüdischen Museums Rendsburg fand am 6. November 1988 statt, fast auf den Tag genau fünfzig Jahre nach dem Pogrom, das als »Reichskristall-Nacht« berüchtigt wurde. Das Museum erinnert seitdem in jedem Jahr mit den »Novembertagen« an die Verbrechen. Vor den Eröffnungsreden wurde als Uraufführung ein Streichquartett von Berthold Goldschmidt aufgeführt. Goldschmidt hatte es noch in Berlin begonnen und nach seiner Emigration in London vollendet. Nach den Reden sagte ich ihm spontan (und, wie ich gleich dachte, etwas unbedacht), sein Quartett erschiene mir wie ein Zeugnis bester deutscher Kammermusik-Tradition. Goldschmidt war über das Attribut »deutsch« keineswegs empört, vielmehr beglückt; er schenkte dem Museum nicht nur die handschriftliche Partitur der Komposition, sondern nahm auch gleich den Auftrag zu einer weiteren Kammermusik-Komposition an. Als Thema wählte er Ha-Es-Ha, die Initialen von Hamburg und Schleswig-Holstein.

Von seinem Leben erfuhr ich während der gemeinsamen Autofahrten zwischen Hamburg und Rendsburg nicht viel; er berichtete lediglich, dass er sich mit Kompositionen für Filmmusik durchgeschlagen habe, jedoch erwähnte er nicht seinen gemeinsam mit Dryck Cooke unternommenen Versuch, aus Fragmenten von Mahlers 10. Sinfonie eine spielbare Fassung zu erstellen (eine Version, die heute noch gespielt wird). Er war Assistent von Erich Kleiber gewesen, der seine »Passacaglia für Orchester« dirigierte. Goldschmidt beherrschte meisterhaft die Celesta, die er u. a. bei einer Aufführung von Schönbergs »Gurre-Liedern« oder der Uraufführung von Weberns »Passacaglia« gespielt hatte. Vor 1933 hatte er unter den jungen deutschen Komponisten als eine der großen Hoffnungen gegolten; er war ein Schüler Franz Schrekers. In hohem Alter rehabilitiert, spürte man noch den Zorn darüber, dass und wie die Vertreter der Zwölftonmusik ihn geschmäht hatten.

Dass dieses Verdikt auch fünfzig Jahre später noch als gültig angesehen wurde, erfuhr ich bei Vorschlägen für die Vergabe eines großen internationalen Kunstpreises. Meinen Vorschlag für die Sparte Musik, Goldschmidt den Preis zu verleihen, dem ich selbst nicht viele Chancen einräumte, kommentierte Rolf Liebermann abwertend damit, dass über ihn die Zeit hinweggegangen sei. Ich habe Goldschmidt von dieser erneuten Häme nichts berichtet; wenige Wochen nach der erwähnten Sitzung wurde in Berlin Goldschmidts bereits 1932 in Mannheim gefeierte Oper »Der gewaltige Hahnrei« mit riesigem Beifall erneut aufgeführt und als »Entdeckung« verkündet.

Josef Hebroni

Die Begegnungen mit Rudi Lesser und Berthold Goldschmidt verdeutlichten mir, wie wenig ein Museum von der erfahrenen Wirklichkeit eines Künstlers letzten Endes einfangen und vermitteln kann. Es kann nur helfen, ihr Gedächtnis mit ihren Werken zu bewahren.

Lediglich zwei verfolgten jüdischen Künstlern, denen wir im Rendsburger Museum einen Platz gaben, habe ich noch begegnen können. Bei den anderen konnten wir nur den Spuren nachgehen, wenn wir etwas von ihnen erfuhren, wie von Josef Hebroni. Als im Sommer 1987 Frau Maud Christiansen, eine mir unbekannte Flensburger Dame, eines Tages bei mir anrief und ihren Besuch ankündigte, resultierte daraus die Entdeckung eines Vergessenen. Frau Christiansen brachte zwei Statuetten mit, eine Terracotta von Moissey Kogan und eine Bronze von Josef Hebroni. Von der Kogan-Statuette war ich fasziniert, hatte ich doch versucht, für die von Max Sauerlandt erworbenen und dann beschlagnahmten Arbeiten des Museums für Kunst und Gewerbe einen Ersatz zu finden.

Ich hatte mich auch in Paris nach Figuren Kogans umgeschaut, denn der Bildhauer hatte zum Kreis der Künstler des Montparnasse-Quartiers gehört. Neben der Kirche von Saint-Germain-des-Prés befand sich die Galerie Zac, die in ihrem kleinen Schaufenster Kogan-Bronzen ausstellte; sie war geschlossen, ihr Inhaber nicht erreichbar. Als ich über einen französischen Agenten den Namen des Inhabers erfuhr und beim nächsten Paris-Besuch Erfolg zu haben hoffte, war die Galerie geschlossen; der Inhaber war gestorben, über seine Erbschaft ließ sich nichts herausfinden. Bis heute ist nichts aufgetaucht, was aus dieser Erbschaft stammen könnte.

Die Arbeiten Kogans, die wir für das Jüdische Museum erwerben konnten, fanden wir in Deutschland. Nun stand eine seiner späten Terracotten vor mir. Ich erfuhr, dass Frau Christiansen sie über ihre verstorbene Schwester Madeleine erhalten hatte; sie hatte Hebroni in seinen Berliner Jahren gekannt und war in Paris nach dessen Scheidung von seiner Frau seine Lebensgefährtin gewesen. Hebroni habe neben Kogan sein Atelierzimmer gehabt. Beide hätten sich während der deutschen Besatzung mit gefälschten Papieren in der Villa Brune versteckt; Hebroni suchte und fand, wie spätere Nachforschungen ergaben, ein anderes Versteck in einer verwaisten Stadtwohnung. Er habe dort lautlos und hungernd bis zur Befreiung gelebt, während Kogan trotz aller Warnungen für einen Moment auf die Straße gegangen und entdeckt worden sei. Es war bereits bekannt, dass er von der französischen Polizei – wohl in der berüchtigten Aktion des 16. Juli 1942 – festgenommen, in ein Zwischenlager verschickt und in Auschwitz ermordet wurde. Ob das Verhältnis Hebronis und

Kogans über eine gegenseitige kollegiale Wertschätzung und Freundschaft hinausging – ob die beiden Bildhauer, wie Frau Christiansen andeutete, auch über ihre »arischen« Lebensgefährtinnen miteinander in Verbindung standen –, ließ sich nach den etwas kryptischen Hinweisen nicht klären.

Kogans letzte Lebensjahre sind noch in Dunkel gehüllt. Über Hebronis Leben und Schicksal war Verlässlicheres herauszufinden. Er war in Jerusalem geboren, hatte in Berlin bei Louis Tuaillon studiert und hatte dort vor 1933 erste Erfolge. Er war ein guter Portraitist, hatte u. a. Bildnisse von Albert Einstein, Max Liebermann und das bereits erwähnte von Eduard Bernstein modelliert. Er emigrierte nach Paris, wo er sich als Bildhauer recht jämmerlich durchschlug. Zu seinen späteren Portraits gehört der Bildniskopf des ehemaligen israelischen Botschafters in Frankreich und späteren Außenministers Abba Eban; wir ließen das Portrait nach dem Gipsmodell in Bronze gießen. Hebroni habe 1963 beschlossen, so hieß es, in Flensburg, der Heimatstadt seiner Frau, einen neuen Anfang zu machen. Er starb jedoch nicht lange nach seiner Übersiedlung.

Nur einige Wochen nach dem Besuch von Frau Christiansen trafen wir uns in Paris erneut, und zwar in den Zimmern seiner ehemaligen Wohnung der Villa Brune, einem recht bürgerlich adretten, über einen begrünten Innenhof zu erreichenden Hinterhaus unweit vom Gare Montparnasse. In einem leeren Zimmer, das angeblich Kogans letzter Lebensraum gewesen sei, lagen zwischen Zeitungen die Figuren, Köpfe und Statuetten, die Hebroni nicht mit nach Flensburg genommen hatte. Ich ließ einen Teil für das Flensburger Museum zurück, lud den in aller Eile für Rendsburg ausgewählten Teil – lauter Gipse und einige Zeichnungen – in mein Auto und fuhr zurück. Die Zöllner an den Grenzen, denen ich die Geschenke für das Museum zeigen wollte, warfen nur einen lässigen Blick durch die Scheiben und winkten mich durch, wohl zu bequem, um sich in der Nacht noch Mühe um Geschenke für ein Museum zu machen. Bald standen und hingen die Arbeiten Kogans und Hebronis wieder nebeneinander. Josef Hebroni ruht auf dem jüdischen Friedhof in Flensburg, neben ihm, mit besonderer Genehmigung der jüdischen Gemeinde, seine deutsche Frau.

Wilhelm Loth

Durch die Ankäufe für das Jüdische Museum Rendsburg ergaben sich hier und da weitere Verbindungen, u. a. durch Ankäufe von Werken Ludwig Meidners. Unter den Künstlern des Expressionismus, die als »entartet« galten und als Juden ab 1933 besonders gefährdet waren, galt Meidner als einer der prominentesten Maler. Er war durch seine Mitwirkung an der Zeitschrift »Die Aktion« 1903 bis 1905 bekannt geworden, war mit Amedeo Modigliani befreundet gewesen und hatte ab 1912 »Apokalyptische Landschaften« mit brennenden Städten gemalt, die er Jahrzehnte später als Vorahnungen des Zweiten Weltkriegs deutete. Er war auch durch seine pathetisch-expressionistische Prosa hervorgetreten. Meidner bekannte sich zum Judentum, stellte sich selbst oft als Propheten dar. Als er 1939 erkannte, dass er in Deutschland nicht mehr sicher war, emigrierte er nach London, fand dort jedoch kein Echo. 1953 kehrte er nach Deutschland zurück. Er lebte seitdem in Darmstadt, wo er auch starb und wo sein künstlerischer Nachlass verwaltet wurde. Die Sorge darum übernahm im Auftrag der Stadt die Frau des Bildhauers Wilhelm Loth. Mit ihrer Hilfe und mit Unterstützung der Axel-Springer-Stiftung konnte ich daraus einen stattlichen Querschnitt mit Werken Meidners für das Rendsburger Museum erwerben.

Natürlich kam es bei der Auswahl der Arbeiten auch zu Gesprächen mit Wilhelm Loth. Er war mir als einer der Initiatoren des ersten Darmstädter Gesprächs über »Wandlungen des Menschenbildes in unserer Zeit« ein Begriff; in den Vorträgen und bei der Diskussion war es zu einer viel beachteten Kontroverse zwischen Hans Sedlmayr und Willi Baumeister gekommen. Als ich Loth rund fünfunddreißig Jahre später erstmals begegnete, hatte er gerade seine Lehrtätigkeit an der Karlsruher Akademie beendet; an ihr hatten ihn gemeinsame Überzeugungen freundschaftlich mit Grieshaber verbunden. Trotz der Karlsruher Tätigkeit war Darmstadt sein Lebensmittelpunkt geblieben, hier hatte er studiert. 1938 hatte Käthe Kollwitz ihm geraten, Bildhauer zu werden. Zu seinen Lehrern hatte an der Frankfurter Städelschule Toni Stadler gehört. Sein bildnerisches Werk lernte ich jedoch erst jetzt näher kennen.

Loth war ein sich nur zurückhaltend, in knappen Sätzen äußernder, seine immer klaren Worte abwägender Mann, umsichtig und tolerant, jedoch unbeirrbar. Er war davon überzeugt, dass die menschliche Gestalt das Wesen der Bildhauerei ausmacht, stand jedoch einer tradierten Figurenkunst fern. Sein Darstellungsmodus war abstrakt im ursprünglichen Sinn. Sein Thema war das durch das Bewusstsein ihrer Körperlichkeit bestimmte Selbstverständnis der modernen Frau. Er stellte es in Figurationen dar, die mancher Betrachter und sicher jeder Bewunderer klassischer Gestalten als provokant empfand. Andererseits irritierte die Apologeten nicht-figürlicher Bildhauerei, dass die Gegenständlichkeit seiner abstrahierten Gestalten immer erkennbar blieb. So saß Loth gleichsam zwischen allen Stühlen, doch fand er immer wieder Mitstreiter, am längsten in meinem älteren Münchner Kollegen J. A. Schmoll gen. Eisenwerth.

Loth sah seine Torsi mit ihren oft geometrisch-stereometrischen Umrissen als eine zeichenhafte Deutung der optimistischen, sinnlich-freien jungen Frauen an, die keine Konventionen kannten. Für ihn stellte sich in diesen Frauen die Zukunft der Gesellschaft an der Schwelle zum neuen Jahrtausend dar, an der er 1993 starb. Als ich ihm begegnete, war er – was ich nicht wusste und er auch nicht andeutete – an einem Prostataleiden erkrankt. Diese Erkrankung und das nach außen hin nicht spürbare Nachlassen der Kräfte dürfte auch der Grund dafür gewesen ein, dass er sich verstärkt der Zeichnung und Malerei zuwandte, photographierte oder mit Kunststoff als farbigem Material der Bildhauerei experimentierte. Auf diese Weise erweiterte er während seiner letzten Lebensjahre die Ausdrucksmöglichkeiten seiner Kunst. Sein wichtigstes Atelier war eine Karlsruher Werkhalle, wo nach seinem Tod sein Erbe für etliche Jahre einen Platz finden konnte, getragen von einer durch die Badische Landesbank alimentierten Stiftung.

Das Entscheidende über seine Bildhauerei erfuhr ich, als zur Verleihung des Jerg-Ratgeb-Preises eine Ausstellung mit einem Katalog vorbereitet wurde. Als ich Loth für diese Ehrung vorschlug, gab es über ihn noch keine größere Publikation; erst gegen Ende seines Lebens und nach seinem Tod erschienen sie.

Loth war ein vorzüglicher Erklärer seiner Intentionen, und dies umso glaubhafter, als ihm jedes Wortgeklingel und alle rhetorischen Floskeln fremd waren. Er sprach manchmal etwas stockend, mit leicht rauer Stimme, machte Pausen, fasste danach schnell und bestimmt eine Aussage zusammen, hörte nachdenklich zu und antwortete wie in einem Selbstgespräch. Er überzeugte dadurch, dass er kein Marktredner war. Er sah sich wohl auch selbst mehr als Beobachter denn als Akteur. Seine Figuren können als Fazit seiner Urteilsbildung über die ihrer selbst gewisse Frau gelten, nicht als deren Abbild, sondern als deren programmatisch vorgetragenes Gleichnis.

Unter den letzten Anerkennungen, die der Bildhauer erfuhr, befanden sich zwei Ausstellungen, eine in Reutlingen zur Verleihung des Ratgeb-Preises und eine mit seinen Zeichnungen in Karlsruhe. Wilhelm Loth starb – zu früh – in der Zuversicht, dass er durch die rechtzeitige Organisation der Stiftung sein Haus bestellt hatte.

Günter Kunert und Reiner Kunze

Aus heutiger Perspektive könnte man den Wechsel einiger bedeutender Schriftsteller aus der DDR in die Bundesrepublik als eine erste Stufe der deutschen Wiedervereinigung bezeichnen. Ihre Überschreitung der Grenze erfolgte allerdings nicht aus freien Stücken. Sarah Kirsch (die ihren Vornamen bewusst in Anlehnung an die Zwangsbenennungen von Jüdinnen durch die Nationalsozialisten gewählt hatte) und Günter Kunert wurden 1977 wegen ihres Protestes gegen die Ausbürgerung von Wolf Biermann selbst ausgebürgert; beide lebten seit 1979 bzw. 1981 in Schleswig-Holstein. Reiner Kunze stellte 1977 den Antrag auf Ausbürgerung, als ihm eine mehrjährige Haftstrafe drohte; er wählte einen kleinen Ort bei Passau als neuen Wohnsitz.

Natürlich ergab es sich, dass wir Sarah Kirsch und Günter Kunert zu Lesungen auf Schloss Gottorf einluden. Da Kunert selbst als Maler und Zeichner ausgebildet ist, sich auch mit plastischen Arbeiten beschäftigte, lag es nahe, dass er nicht nur seine Essays und Gedichte las, sondern auch Kunst kommentierte, kritisch gegenüber aktuellen Fehlentwicklungen, affirmativ gegenüber Malern und Bildhauer, die er schätzte. Er schrieb Texte für bibliophile Publikationen mit Illustrationen von Klaus Fußmann und Friedel Anderson sowie ein Gedicht zu seinem Portrait von Manfred Sihle-Wissel. Selbstkritisch, ja sarkastisch bis zynisch gegenüber sich selbst, sprach er von sich, seinen Wohnort einbeziehend, als »Kassandra von Kaisborstel«. Wie sarkastisch er sich äußern konnte, belegt ein kurzer Text, den er mir in einer Festschrift zueignete:

»Es war einmal ein sehr, sehr reiches Land mit vielen, vielen reichen Leuten darin, die so viele Reichtümer besaßen, dass sie nur noch an Abfall Vergnügen fanden, den sie in den Gassen vom Pflaster auflasen. Der eine Reiche umgab sich mit lauter verrosteten Nägeln und Schrauben, ein anderer stellte alte Filzpantoffeln in seine Vitrine, ein Dritter jagte leeren Suppendosen hinterher, und ein Vierter beschmierte sein Louis-Seize-Mobiliar mit Brotaufstrich ... Insgeheim aber waren sie unsicher, wem von ihnen wohl der ansehnlichste Dreck gehören mochte, und deshalb beobachteten sie einander eifersüchtig. Jedem von ihnen war ein Bildschirm zu eigen, den sie oftmals konsultierten und fragten: ›Spielmann, Spielmann im Holsteiner Land – wer hat den schönsten Müll an der Hand?‹ Freilich erwarteten sie gar keine Antwort, weil diese möglicherweise einen Zustand hervorgerufen hätte, durch den sie arm dran gewesen wären ... Darum beantworteten sich die Reichen ihre Frage sicherheitshalber selber, und wenn sie nicht für den Kunstmarkt gestorben sind, dann sammeln sie noch heute künftige Altlasten.«

Kunert bezog sich mit diesem »Märchen« auf eine Gottorfer Diskussion, an der auch ein ehemaliger Leiter der Kasseler Documenta teilgenommen hatte. Ich hatte darin eine sehr kritische Position vertreten, indem ich, mit Anspielung auf die Anpflanzung von Bäumen in Kassel durch Joseph Beuys, zweimal hintereinander die schlichte Frage stellte: »Was unterscheidet das Pflanzen von Bäumen vom Pflanzen von Bäumen?« Kunert hatte sich an diesem Frage-Sakrileg ebenso delektiert wie Siegfried Lenz, der sich 1997 in seiner Laudatio zu einem mir verliehenen Preis für Museumsarbeit daran erinnerte: »Ist er gereizt genug, dann wendet er sich etwa mit einer vielsagenden Bitte an den Partner. Zum Beispiel bittet er, erklärt zu bekommen, worin der wesentliche Unterschied liegt, wenn anstelle eines anonymen tüchtigen Landschaftsgärtners ein vielgenannter Künstler hunderttausend Bäume pflanzt. Kommt man ihm dann mit Glaubenssätzen oder mit dem sogenannten erweiterten Kunstbegriff, dann kann es passieren, dass er seine Bitte mit unheilvoller Präzision wiederholt – was zuweilen schon ausreicht, um ein Matt zu erreichen ...«

Zwei Jahre später ermöglichte es die Kunststiftung der Landesbank Schleswig-Holstein, Günter Kunert und Reiner Kunze zu einem Literaturgespräch einzuladen. Reiner Kunze hatte ich kurz nach seinem Wechsel in die Bundesrepublik bei einer Hamburger Lesung kennengelernt; seine künstlerischen Überzeugungen ließen mich den Versuch unternehmen, ihn zu einem gemeinsamen Besuch Oskar Kokoschkas zu bewegen. Leider konnte ich ihn dazu nicht gewinnen, er war zu bescheiden. Ein wenig hatte ich auch gehofft, dass Kokoschka, der sich mit ihm zweifellos blendend verständigt hätte, ihn zeichnen würde. Doch entstand im Atelier von Manfred Sihle-Wissel ein Portrait in den Tagen des Gesprächs mit Günter Kunert; es befindet sich jetzt in dessen privater holsteinischen Walhalla mit den Köpfen von Sarah Kirsch, Günter Kunert, Walter Kempowski und Siegfried Lenz sowie in der Stiftung des Schriftstellers.

Das Gespräch im April 1999 war angeregt durch die Kölner Diskussion des Jahres 1955 zwischen Gottfried Benn und Reinhold Schneider unter der Überschrift »Soll die Dichtung das Leben bessern?«. In diesem Gespräch hatte Benn dem sich in der Diskussion meldenden Heinrich Böll den Rat gegeben, auf sein leidvolles Tun zu verzichten, wenn ihn das Schreiben so quäle, wie er bekannte. Die Diskussion in Cismar hätte durchaus ähnlich kontrovers verlaufen können wie die Kölner, nicht nur wegen meiner in der Einladung gegebenen Anregung, die Berechtigung von Benns »monologischer Kunst« nach mehr als vier Jahrzehnten wieder zu eruieren. Als ich Kunert und Kunze um Vorschläge für das Thema des Gesprächs bat, hätten sie nicht unterschiedlicher sein können. Kunert formulierte »Die Intellektuellen als Gefahr für die Menschheit«, Kunze »Macht und Ohnmacht der Literatur«.

In der Einladung konnte man beide Versionen lesen. Nach der Einführung der in Cismar lebenden Lyrikerin Doris Runge erwies sich bald, dass eine Kontroverse zwischen Günter Kunert und Reiner Kunze nicht entstehen konnte, weil beide mit der »Weltverbesserung« der Literatur, also ihrer Politisierung, die gleichen Erfahrungen gemacht hatten. Das Gespräch wurde über weite Strecken hin zu einer Dokumentation der Verfolgung und der Schikanen, denen beide in der DDR ausgesetzt gewesen waren. Kunert kommentierte diese Gemeinsamkeit so: »Wir können hier vielleicht im Chor singen.«

In Kunerts danach geschriebenen Texten, vor allem in seiner Lyrik, gab er eine andere Antwort; er schrieb seine zunehmend sarkastischer werdenden

Verse für und über sich selbst als ein wacher, pessimistisch der Welt zusehender Zeitgenosse. Zu seinem 80. Geburtstag zeigten wir in einer Ausstellung den Zeichner Günter Kunert mit Blättern, die den gänzlich unoptimistischen Texten der »Kassandra von Kaisborstel« ein optisches Pendant gaben.

Statt eines Epilogs:
Fälscher, Geheimdienste und Friseure

Immer mehr Berufsgruppen rechnen sich zu den Künstlern, etwa Architekten und Gebrauchsgraphiker, auch wenn sie nicht mehr als eine gerade Linie oder einen leeren Abstand zwischen Schriftblöcken mit einem Computer zu Papier bringen. Andere möchten zumindest als kreative Artisten bewundert werden – zu ihnen gehören neben Friseuren auch Fälscher und Geheimdienstagenten. Man kann es als ein über Landesgrenzen hinaus aktiver Museumsmann kaum vermeiden, ihnen ins Gehege zu kommen.

Museumsdirektoren und -kustoden sind nicht davor gefeit, eine Fälschung für ein authentisches Original zu halten. Wie viele davon umhergereicht werden und sich über die ganze Welt verbreiten, konnte ich durch einen Einblick in Kokoschkas Archivmaterial feststellen. Jedes Mal, wenn der Maler wegen eines ihm zugeschriebenen, aber nicht von ihm stammenden Bildes gefragt wurde, antwortete er und bewahrte die Photographie mit der Korrespondenz auf. Darauf gestützt konnte ich bereits 1982/83 insgesamt 490 nicht authentische Gemälde und Zeichnungen veröffentlichen und ihren Weg verfolgen. Eine der Fälschungen tauchte in gewissem Abstand in Europa und den USA sowie im Besitz einer berühmten australischen Sängerin auf, allen Aufklärung zum Trotz, eine andere gelangte in den Besitz eines deutschen Landesbischofs.

Aber selbst Skepsis und Kontrolle können Museumsleute nicht vor Fälschungen bewahren. Als junger Kustos wurde mir für das Museum eine Zeichnung mit einem Selbstbildnis-Portrait Schmidt-Rottluffs zu einem günstigen Preis angeboten. Es für diesen Preis zu erwerben stellte ein nur geringes Risiko dar, doch fragte ich sicherheitshalber den Künstler, und er antwortete, das mit Kohle und Rötel gezeichnete Blatt habe er um 1923 gezeichnet. Andere Kollegen erbaten es für Ausstellungen, nur einer äußerte die Vermutung, es handele sich um eine Fälschung. Heute glaube ich, dass er recht hatte und dass selbst der Maler getäuscht wurde. Ähnlich soll es auch anderen Künstlern ergangen sein, doch argumentieren Besitzer von Fälschungen gern, ein Maler irre sich, wenn er ein Bild zurückweise.

Noch häufiger irren sich Kunsthistoriker in Hinsicht auf alte Kunst. Als Beispiel möchte ich die Diskussion um den Marmor-Tondo einer Madonna anführen. Er war von dem Baltimore Museum of Art verkauft worden, wurde aber dann von einigen der besten Kenner der Quattrocento-Plastik als Werk von Agostino di Duccio, dem Meister der Skulptur am Tempio Malatestiano in Rimini, identifiziert. Nach dem Ankauf des Tondos durch das Museum für Kunst und Gewerbe wollten einige als Kenner der italienischen Frührenaissance-Skulptur nicht hervorgetretene Hamburger Kollegen die Authentizität anzweifeln, obwohl inzwischen das angesehene Münchner Doerner-Institut festgestellt hatte, dass die Reste der farbigen Fassung mindestens im 18. Jahrhunderts bereits vorhanden gewesen seien. Als wir im Frühjahr 1969 nach Italien fuhren, machten wir einen Umweg über das im Apennin liegende Örtchen Pontremoli, um ein anderes Duccio zugeschriebenes Relief zu sehen; die kleine Stadt besaß damals, im Frühjahr 1969, noch keinen Autobahnanschluss. Mit Grandezza leiteten uns die Carabinieri zu der Kirche, in der sich an einem Seitenaltar ein Madonnen-Relief befand, das der angesehene italienische Kunsthistoriker Venturi schon vor dem Ersten Weltkrieg als Werk von Agostino di Duccio veröffentlicht hatte. Um brauchbare neue Aufnahmen der Details machen zu können, musste ich auf den Altartisch klettern.

Im darauffolgenden Sommer fand eine öffentliche Diskussion um die Authentizität des Madonnen-Reliefs statt. Horst W. Janson, der eine sehr geschätzte Donatello-Monographie geschrieben hatte und eine Koryphäe der Quattrocento-Plastik war, belegte mit vielen Vergleichen, warum das Relief von Agostino di Duccio stamme. Ein Hamburger Professor hielt dagegen, das könne nicht sein, denn die Hand sei flacher als der Kopf ausgeführt; die Madonna schaue an dem Kind vorbei, und überhaupt, so ergänzte sein Ordinarius-Kollege streng wissenschaftlich, sähe sie aus wie Liz Taylor. Mit der für einen jungen Kustos gebotenen Höflichkeit projizierte ich in die Debatte hinein meine Aufnahmen aus Pontremoli mit der Bitte um eine Meinungsäußerung des Hamburger Professors. Verwirrt fragte er, was das sei. Ich entgegnete ihm, eine Madonna, deren Hand gleichfalls flacher ausgeführt sei als der Kopf und die am Kind vorbeischaue. Wie er das ihm unbekannte Werk beurteile. Nach zögerndem Stocken und irritiert bekannte er, auch dieses Relief hielte er für eine Fälschung. Ich erklärte ihm das Rätsel: Das Relief befände sich, umgeben von einem Gemälde des späteren 16. Jahrhunderts, auf einem Altar in Pontremoli und sei 1912 von Venturi als Agostino di Duccio publiziert worden. Die Studenten, die sich um ein Plebiszit gebracht sahen, deklamierten unisono »unfair«, doch damit fand die Diskussion ihr Ende, worauf wir vergnügt anstoßen konnten.

Auch andere Debatten um »echt« oder »falsch« endeten zu meinem Vergnügen. So betrat in den frühen achtziger Jahren ein Herr im Nadelstreifenanzug, von einer Parfümwolke umgeben, mein Büro, um mir mit verständnisvollem Timbre mitzuteilen, dass ich mich wohl geirrt habe, als ich ein Blumenstillleben als eine Kokoschka-Fälschung publizierte. Es stellte sich heraus, dass er der Verkäufer dieses auch nicht entfernt einem authentischen Kokoschka-Stillleben gleichenden Gemäldes war. Ebenso wenig glich die Beschriftung auf der Rückseite der Leinwand Kokoschkas Schrift. Generös bot der Mann von Welt mir an, sich erkenntlich zu zeigen, wenn ich meinen Irrtum eingestehe, andernfalls werde ich es mit dem Staatsanwalt zu tun bekommen. Nachdem er auf meine Antwort hin dasselbe, wenig variiert, mehrmals kundgetan hatte, komplimentierte ich ihn mit Verweis auf seine und meine knappe Zeit durch die Tür.

Während der nächsten Monate stellte sich heraus, dass der Verkäufer des falschen Stilllebens auch andere Gemälde und Gouachen besaß, die ganz unterschiedliche Malweisen aufwiesen und nur durch gefälschte Unterschriften miteinander verbunden waren. Über alle diese falschen Zuschreibungen hatte ich mit Kokoschka ausführlich sprechen können.

Meinen Nadelstreifenanzug-Besucher traf ich in einem Münchner Gerichtsraum wieder; er war vom Käufer des falschen Blumenstilllebens verklagt und ich als Zeuge geladen worden. Zur Entourage des Verkäufers gehörte ein Anwalt, der sich in einer Kunsthandelszeitschrift wiederholt zu Kunstrechtsfragen geäußert hatte. Während der Verhandlung trug er Versionen zur Entstehung der Bilder vor, deren Ungereimtheiten sich mit den präzisierten Daten leicht enthüllen ließen; ich edierte gerade mit Olda Kokoschka Briefe ihres Mannes und wusste mithin auf den Tag genau, wann er wo gewesen war. Das Gericht hatte eine nicht ganz perfekte Ersatz-Stenographin; ich trug diesem Umstand Rechnung und diktierte langsam rücksichtsvoll: »Es wurde versucht, Komma, einige der nicht authentischen Gemälde durch gleichfalls nicht au-then-ti-sche Gou-a-chen zu belegen. Sie wurden zunächst als Landschaften von Au-teu-il bezeichnet. Als sich herausstellte, dass Kokoschka nie in Auteuil gewesen war, sprach man von Donaulandschaften. In Wirklichkeit ist das Elbsandsteingebirge dargestellt.« Inzwischen holte, wie ich aus dem Augenwinkel wahrnahm, der gegnerische Anwalt in schwarze Passepartouts gefasste Großdias dieser Gouachen aus der Tasche, die Kokoschka bereits leihweise zugeschickt worden waren, die er refusiert und über die ich mit ihm gesprochen hatte. Also fuhr ich fort: »Es handelt sich um Gouachen, deren Ektachrom-Aufnahmen Herr Rechtsanwalt X gerade aus seiner Aktentasche holt – Punkt.« Von einer Fortsetzung des Prozesses ist mir nichts bekannt.

Unter den weitaus gefährlicher-versiert gefälschten Pseudo-Kokoschkas befand sich etwa zur gleichen Zeit eine Gruppe von Blumenaquarellen. Eines kannte ich aus dem Archiv des Künstlers, zwei weitere mit identisch gleichem Motiv lernte ich an einem Tag kennen, einmal durch die Anfrage eines Kölner Auktionshauses sowie durch ein Blatt, das mir ein Besucher während der Sprechstunde des Museums vorstellte. Inzwischen war mir die Machart dieser gefälschten Aquarelle bekannt. Dort, wo Kokoschka mehrere Farben nebeneinandersetzte, hatte der Fälscher eine (meist hellgrüne) Partie gemalt und andere Farben akzentuierend darüber hinzugefügt. Auch besaß die Unterschrift einige bogenförmige Partien, die es in Kokoschkas Unterschrift so nicht gab. Im Laufe der Zeit konnte ich eine größere Gruppe gefälschter Blumenaquarelle mit diesen Merkmalen festmachen; die Korrespondenz dazu bewahrte ich systematisch auf. Die Quelle der Fälschungen war mir allerdings nicht bekannt, bis die Düsseldorfer Kriminalpolizei meine Beurteilung in einer anderen Angelegenheit erbat. So konnte ich noch mehr gefälschte Aquarelle kennenlernen und den Beamten Kopien meiner Korrespondenz übergeben; dadurch ließ sich der Kreis der Hehler bestens nachweisen. Der Hersteller der Aquarelle soll der durch andere Fälschungen einschlägig ausgewiesene Edgar Mrugalla gewesen sein. Von der Düsseldorfer Kriminalpolizei erhielt ich jahrelang zum Dank für meine Hilfe auf einer Karte mit einem grünen Tannenbaum Wünsche zu einem frohen Fest und für ein gutes neues Jahr.

Die Preissteigerungen für Werke des deutschen Expressionismus lockten viele Fälscher zu neuen Anstrengungen. So kursierten in den frühen neunziger Jahren Fälschungen von Bildern der »Brücke«, darunter einige mit Gutachten einer Berliner Kollegin, von der kolportiert wurde, sie fahre einen Porsche. Eines Tages – wir hatten für Gottorf gerade mehrere Stiftungen gewonnen, vor allem Gemälde und Blätter des deutschen Expressionismus – besuchte mich ein Mann, der eine Reihe von Gemälden aus seinem Auto holte. Das Besprechungszimmer, in das er sie stellte, roch bald nach frischer Ölfarbe. Er zeigte mir u. a. einige der als »Schmidt-Rottluff« ausgegebenen Bilder mit den mir bereits bekannten Gutachten meiner Berliner Kollegin. Dazu erzählte er folgende Geschichte: Diese Arbeiten stammten aus der Erbschaft eines als förderndes Mitglieds der »Brücke« tätig gewesenen polnischen Grafen. Ich konnte ihm sagen, dass ich noch nie von ihm gehört habe, aber dass man ja immer noch hinzulerne. Dadurch sicher geworden, informierte er mich darüber, dass er bereits zu DDR-Zeiten Bilder aus dessen früherem Besitz an westdeutsche Sammler vermittelt habe. Ob er, so fragte ich mich im Stillen, ein Devisenbeschaffer von Schalck-Golodkowski gewesen war?

Um das Nötige tun zu können, schickte ich ihn für eine halbe Stunde in die Sammlung, und rief den zuständigen, äußerst tüchtigen Kriminalkommissar für betrügerische Fälschungen an. Er riet mir, von allen Bildern Polaroidaufnahmen zu machen und deren Maße sowie das Kennzeichen des Autos zu notieren; ich riet ihm davon ab, meinen »Brücke«-Spezialisten auf der Rückfahrt in die Umgebung von Berlin aufzuhalten, und schlug vor, ihn etwas später mit einer Razzia zu beehren.

Mein Besucher kam inzwischen aus dem Museum mit dessen großem Bestand an Werken von Georg Tappert zurück und erklärte strahlend: »Se ham ja viele Tapperts, aber so einen Tappert, wie ick ihn hab, ham Se nich.« Ich bestätigte das: »Da haben Sie recht.« Die Polizei-Razzia, die am Tag darauf erfolgte, brachte etwa 140 gefälschte Bilder zutage. Erst während des Prozesses, der in

Verden an der Aller stattfand, erfuhr mein alter Bekannter, wie wir ihn ohne ein falsches Wort hereingelegt hatten. Doch bekam ich selbst einige Tage darauf einen Polizeibescheid. Auf der Rückfahrt von Verden nach Hamburg war ich aus lauter Vergnügen an einer Baustelle zu schnell gefahren.

Geheimdienste fälschen wohl vor allem Pässe und Dokumente, doch gelegentlich umfasst ihr Metier auch das Geschäft mit Kunstfälschungen, wovon wir in den sechziger Jahren ein anschauliches Exempel kennenlernten. Vor einer Reise, die meine Frau und ich um 1966 nach Paris unternahmen, bat mich mein damaliger Archäologie-Kollege, bei dieser Gelegenheit Comte de P. zu besuchen; er sei angeblich früher der Chef des französischen Geheimdienstes in Syrien gewesen, habe dort eine Sammlung von Antiken zusammengetragen und ihm mehrfach Angebote von Objekten für das Museum unterbreitet; ich solle mir seine Sammlung daraufhin einmal anschauen. Mein Argument, ich sei kein Archäologe, ließ er nicht gelten; ich könne, was uns habenswert erschiene, unverbindlich zur Ansicht mitbringen. Zum vereinbarten Termin klingelten wir an der Tür eines eleganten Mietshauses unweit des Étoile und wurden vom Hausherrn gleich in den Salon geführt, eine Art von Fin-de-Siècle-Abart der Ali-Baba-Höhle. Er war mit einigen Tischen und einem einsamen Sofa zwar nur sparsam möbliert; auf den meist kreisrunden Tischen waren über kobaltblauen Decken Goldobjekte zuhauf gestapelt, alle mit feinem rötlichen Staub überzogen, der sie vereinheitlichte, obwohl sich ihre angebliche Herkunft vom Hellenistisch-Römischen über Byzanz bis zum Islam erstreckte.

Es gehörte nicht viel zu der Erkenntnis, dass es sich um ein Pasticcio von Fälschungen handelte. Um es angemessen würdigen zu können, suchten wir einen Sitzplatz mit Blick auf die Schätze, also das Sofa, doch war es als Ruheplatz nicht geeignet, denn auf ihm waren offensichtlich falsche Luristan-Bronzen aufgereiht. Uns blieb mithin nichts übrig, als, aufrecht die Tische umkreisend, angeblich nach etwas Geeignetem für das Museum zu suchen, nicht ohne die Einschränkung zu geben, dass es nur einen kleinen Ankaufsetat besitze. Nach einer Unterbrechung durch ein Essen wies uns der Gastgeber auf einen kleinen rechteckigen, seitwärts stehenden Tisch mit angeblich frühbyzantinischen, goldenen, ebenfalls rot gepuderten Buchdeckelbeschlägen hin; einer sei gerade von Peter Metz für die Berliner Museen erworben worden. Wenn es außer dem roten Universalpuder noch eines weiteren Beweises für Fälschungen bedurft hätte, wäre der Hinweis auf einen Ankauf durch Peter Metz hierfür sehr zweckdienlich gewesen, denn die deutsche Museumswelt amüsierte sich seit einiger Zeit über dessen Ankäufe von Fälschungen für seine Abteilungen, die Berliner Skulpturen-Sammlung und ihren frühchristlich-byzantinischen Annex. Besonders stolz war er auf die fast lebensgroße, angeblich aus einem Ardennen-Kloster stammende Holzfigur eines gotischen Mönchs, der gerade eine Nonne zu verführen im Begriff ist; sie wurde in Dahlem als »Luxuria«, die Unkeuschheit, und als Werk eines »Francoflämischen Meisters, um 1320/30«, ausgestellt – woran möglicherweise nur nicht stimmte, dass die Lüsternheit um ein gutes halbes Jahrtausend zu früh datiert war.

Übrigens waren während der Teilung Berlins im Konkurrieren um Museumsglanz Fälschungen auf beiden Seiten der Mauer zu entdecken, so im Obergeschoss des Ostberliner Bode-Museums. Als Geschenk des chinesischen Volkes befand sich hier ein aus lauter Imitationen bestehender Querschnitt durch chinesische Keramik von ca. 3000 Jahren. Man konnte in den sechziger Jahren ähnliche Replikate auch aus dickleibigen volkschinesischen Katalogen wohlfeil bestellen, etwa ein T'ang-Pferd für wenig mehr als 100 DM. Wie viel der damals dokumentierten Beherrschung von Kunst und Handwerk mag für die Restaurierung der sogenannten – ungebrannten – Terracotta-Armee aus luftgetrockneter Erde heute zu deren Auferstehung dienlich sein?

Was die uns offerierten Buchdeckel anbelangt: Wegen des exorbitanten Preises konnten wir auf sie leicht verzichten, mussten jedoch des Anscheins halber weitersuchen. Schließlich entdeckte ich eine kleine römische Schmucknadel und ein Paar Ohrringe, die mir unverdächtiger erschienen. Als wir sie zur Ansicht mitnahmen und ich sie meinem sich hämisch delektierenden Kollegen zeigten, meinte er, wir hätten wohl die einzigen nicht gefälschten Stücke in der gräflichen Ansammlung gefunden, doch zeigte sich bei genauerer Untersuchung, dass nur der Schmuckkopf der Nadel alt, die Nadel selbst ergänzt war und die Ohrringe von Beduinen stammten. Das von ihm initiierte Debakel aufzulösen, überließ ich nunmehr – mit der Häme auf meiner Seite – meinem Kollegen.

Fälscher, Geheimdienste, Diplomaten teilten sich insbesondere mit Produktionen aus Osteuropa wiederholt das Geschäft. Diese Quellen aber blieben lange unentdeckt, so die Herkunft angeblicher Kokoschka-Aquarelle, unter denen sich besonders viele Variationen seines Aquarells »Doris mit Katze« aus der Zeit seiner Londoner Jahre befanden. Dass die Fälschungen nach einer Farbabbildung in Hans Maria Winglers Werkverzeichnis von 1956 hergestellt waren, ließ sich leicht belegen, doch wer hatte sie wo gemalt? Die Spuren verwiesen immer wieder nach Stockholm, doch konnten wir, als wir mit Kokoschka darüber sprachen, das Rätsel erst lösen, als in Stockholm auch gefälschtes englisches Silber auftauchte. Es stammte von polnischen Diplomaten, die in ihrem Gepäck die Werke der tüchtigen polnischen Restauratoren ins neutrale Ausland schaffen und damit ihren klammen sozialistischen Staat mit Devisen versorgen konnten.

Geheimdienstaktivtäten dienen nicht nur der Unterhaltung, sie können auch nützlich sein, etwa dann, wenn die Abhörstellen Telefonleitungen anzapfen. Davon konnte man im immer problematischen ost-westlichen Kulturaustausch effektiven Gebrauch machen.

Im ersten Kulturabkommen, das die Bundesrepublik 1979/80 mit der ČSSR schloss, sollte in Prag eine Ausstellung deutschen Jugendstils stattfinden, mithin eine politisch nicht belastete Ausstellung. Als ich den Auftrag zu deren Realisierung erhielt, legte ich Wert darauf, dass der Anteil aller deutschen Regionen sichtbar würde und dass möglichst viele (west-)deutsche Museen mit Leihgaben beteiligt sein sollten. Nachdem alles in Prag besprochen war, die Auswahl der Leihgaben feststand und Text wie Bilder für den Katalogdruck bereitlagen, stockte das Unternehmen, offenbar weil die DDR bei ihrem sozialistischen Bruderland gegen eine Ausstellung der Bundesrepublik intervenierte. Die Renitenz war unschwer zu erkennen. Also rief ich unseren alerten Prager Kulturattaché über die offene Leitung an; er wies mich darauf hin, dass das Gespräch abgehört werde. Ich versicherte ihm, gerade deshalb riefe ich ihn auf der ungeschützten Leitung an, und teilte ihm mit, dass die ČSSR offenbar mauere, dass ich jedoch bald eine Pressekonferenz einberufen würde, um zu erklären, dass für die Ausstellung alles perfekt organisiert sei. Wenn sie nicht stattfände, sei es die Schuld der Tschechen, »ausschließlich die Schuld der Tschechen«. Es dauerte nicht lange, bis ich einen Anruf aus Prag erhielt und eine mir unbekannte, nicht mehr junge Frauenstimme erklärte: »Ausstellung kann im Okktobbrr stattfinden.« Um die Probe aufs Geheimdienst-Exempel zu machen, parkte ich, als es so weit war, neben der Ausstellungshalle des Waldstein-Palais meinen großen Citroën mit einer Hamburger Nummer im absoluten Halteverbot vor der Polnischen Botschaft und direkt vor einem Polizeiauto. Die Insassen haben eine Woche lang gut auf meinen West-Pkw aufgepasst.

Die erfolgreiche Ausstellung führte zur Entwicklung eines Nachfolgeplans. Da das ZDF Kokoschkas letztes Drama über den tschechischen Nationalhelden der Reformation, Comenius, verfilmt hatte, konnte unsere Botschaft zu einer Vorführung des Films und zu einer Ausstellung seiner dazu gezeichneten Szenenentwürfe und Portraits einladen. Die tschechische Seite musste damit einverstanden sein, zumal sie den Film nicht kannte und nicht erkannte, dass er mit allen Diktaturen abrechnet. Frau Kokoschka sagte ihre Teilnahme zu; sie war, nicht nur ihres Namens wegen, persona grata, denn sie hatte der tschechischen Nationalgalerie aus der Erbschaft ihrer Eltern eine Bronzestatuette des in der Tschechoslowakei hochgeschätzten Bildhauers Jan Stursa geschenkt. Neben den offiziellen Vertretern der Prager Kultur lud unsere Botschaft auch die ihr bekannten Dissidenten ein; sie durften die Einladung annehmen und freuten sich, dass ihnen für einen Abend ein Fenster geöffnet wurde. An diesem Abend erfuhren wir nicht nur, mit welchem Zynismus die Abgesandten der Ministerien ihr Regime kommentierten, sondern auch, mit welchen Schwejkiaden sich die Dissidenten schadlos hielten. Einer von ihnen stellte sich als Graphologe vor und demonstrierte mir, wie Comenius seinen Namen geschrieben habe, und er könne mir auch zeigen, »wie unser verehrter Präsident Husák schreibt – nicht ganz so bedeutend«.

Erfahrung macht klug, gerade auch Erfahrung im Umgang mit Geheimdiensten, und sie kam mir erneut zugute, als Gorbatschow zur 1000-Jahr-Feier der Taufe der Rus mit der orthodoxen Kirche zu einem Modus Vivendi kommen wollte. Die 1000-jährige Geschichte zeigte die Entfaltung der orthodoxen Kunst von frühen Zeugnissen aus Kiew bis zu Anklängen an Ikonen in den allerdings nur auf unseren drängenden Wunsch hin einbezogenen Bildern von Kandinsky und Malewitsch. Die beteiligten Museen hatten Gorbatschow und der von ihm beauftragte Valentin Falin offenbar damit gewonnen, dass sie ihnen neue Vitrinen versprachen. Sie hatten dafür kein Geld, denn, wie Falin einige Jahre später bei einem Vortrag in Schleswig erklärte, die Sowjetunion war seit 1980 pleite. Nun änderten sich für alle unerwartet die Konditionen. Der deutsche Mittelsmann, der mit den Russen einen Vertrag geschlossen hatte, machte kurz vor der Vereinbarung mit dem Gottorfer Museum Bankrott. So standen die Russen ohne Vertragspartner da, und ich, als neu eintretender Partner, mochte nicht eine Million DM für Vitrinen zusätzlich bezahlen (die Verpflichtung dazu war in raffinierte, kaum verständliche Floskeln verpackt). Gottorf erschien den Russen nicht nur als idealer Partner, weil sowohl der Zar Peter III. als auch seine Gemahlin Katharina II. aus dem Gottorfer Haus stammten. Und Gottorf war in der kurzen, noch verfügbaren Zeit der einzige Partner, der sich für eine Kooperation anbot. Wie konnte ich die zusätzlich zu den Beträgen für die Ausstellungsvorbereitung, Photographien, Versicherung und Transport geforderte Million einsparen? Dies gelang mithilfe des russischen Geheimdienstes.

Unseren Moskauer Verbindungsmann konnte ich telefonisch wegen Überlastung der Leitungen nur nachts ab 23.30 Uhr erreichen. Doch wenn ich in der Zeit davor mit meiner Schwiegermutter telefonierte, hörte ich ein seltsam schnarrendes Geräusch, sodass ich ihr schon riet, vorsichtig zu sein, weil der Verfassungsschutz mithören könnte. Um sicherzugehen, fragte ich den mir bekannten Leiter des Hamburger Verfassungsschutzes, ob er Herrn K. (meinen Verbindungsmann in Moskau) kenne; er antwortete, dass er dazu nichts sagen könne. Wie denn die Geräusche klängen. Ich ahmte das Schnarren nach, und er erläuterte mir: »Das sind die andern, wenn wir das machen, hören Sie nichts.«

Also wusste ich, welche Chance sich bot. Beim nächsten nächtlichen Telefonat erklärte ich meinem Verbindungsmann – mehrfach, damit alles gut aufs Band kam –, ich würde die Ausstellung russischer Kunst wegen der erhöhten Geldforderungen nicht zeigen, sondern stattdessen eine Präsentation von finnischem Glas übernehmen (eine kleine Schau, die wir tatsächlich für eine Dependance vorbereiteten). Das stotternd vorgebrachte Stöhnen meines Gesprächspartners beendete ich mit dem Ende des Telefonats, wohl wissend, dass Gorbatschow die Ausstellung »auf den Plan gesetzt« hatte und dass meine Weigerung nicht erwartet wurde. Die Russen hatten sich für teure, von einer Firma im sauerländischen Gummersbach hergestellte Vitrinen entschieden. Ich bot großzügig an, mit dieser Firma treuhänderisch zu verhandeln und die Vitrinen aus dem für Versicherung und Transport zugesagten Betrag zu bezahlen. Die lästigen Gespräche zwischen Moskau und Gummersbach waren mit der Einsparung von einer Million DM generös honoriert.

Das Wirtschaftserbe der kommunistischen Partei und ihrer okkulten Praktiken trat, wie allgemein bekannt, die russische Mafia an. Dieser Erbnachfolge verdankte das Museum eine erfolgreiche Ausstellung mit frühen Gemälden von Marc Chagall und seinen Wandbildern für das jüdische Theater in Moskau. Die Offerte dazu erreichte mich über einen deutschen Mittelsmann und die Lufthansa. Dass die Lufthansa die Ausstellung durch eine Kooperation mit der Mafia vermitteln konnte, erfuhr ich erst etwa ein halbes Jahr nach dem Ausstellungsende durch einen Artikel des »Focus«.

Nun ergaben sich zwischen den »Tausend Jahren russischer Kunst« und den frühen Bildern Chagalls Parallelen, denn der neue deutsche Mittelsmann war, ähnlich wie der andere zuvor, nicht in der Lage, die finanziellen Vorbedingungen zu erfüllen. Diese Lücke musste gefüllt werden, was mit mäzenatischer Hilfe an einem Abend gelang. Doch alle Trümpfe mochte ich nicht aus der Hand geben. Noch vor den Informationen, die ich viel später dem »Focus« entnahm, erschienen mir die Vertreter der Leihgeber, die sich von einem Tag auf den anderen ansagten, als recht finster und dubios. Da ich den von ihnen eigenmächtig angesetzten Termin wegen einer anderen Verpflichtung nicht wahrnehmen konnte, waren die düsteren Herren indigniert, als sie nur mit einem wenig informierten Vertreter reden konnten und mehr oder minder unverrichteter Dinge wieder zurückfliegen mussten. Sie schickten einen für das Museum wenig erfreulichen Vertragsentwurf, den ich in dieser Form nicht unterzeichnen wollte, selbst dann noch nicht, als die plombierten Lastwagen mit ihrer kostbaren Fracht bereits auf dem Schlosshof standen. Erst als die Verträge geändert waren, konnte der Aufbau der Ausstellung beginnen. Wir erfüllten alle Bedingungen, doch konnte ich auf die Garantiesumme unserer Mäzene verzichten und darüber hinaus aus dem Erlös für das Museum einige Cranach-Gemälde erwerben. Unsere Mäzene freute der Erfolg; sie spendeten ihre eingesparten Summen für die Aufstellung der Fragmente einer riesigen aus dem Schlossteich geborgenen Herkules-Figur und für die Rekonstruktion der frühbarocken Orgel in der Schlosskapelle.

Nicht ganz so diskret wie Geheimdienste agieren Friseure, zumindest möchten sie, dass ihre Kunst in der Öffentlichkeit bewundert werden kann – unter der selbstverständlich vorausgesetzten Kondition, dass ihre Kunden an dieser Bewunderung partizipieren wollen. Da ich die damit verbundenen Prozeduren lästig finde, hilft mir oft mein elektrischer Rasierapparat, sie um einige Wochen oder gar bis zu einem ersten freien Urlaubstag aufzuschieben. Friseure können darüber in eine verzweifelte Entschlusslosigkeit verfallen, wie ein Barbier auf Rhodos, der mich etwas radebrechend fragte, ob mein Haarschnitt »Stil« sei oder nicht. Ein Hamburger Friseur sprach mich direkter auf die Wirkung des ihm sich bietenden Wildwuchses an. Er schaute mit rätselnder Miene auf die ihm ungewohnte Haarlandschaft, und es entspann sich folgendes zu einem gültigen Schluss führende Salongespräch: »Was für einen Beruf haben Sie eigentlich?« – »Ich bin an einem Museum.« – »Mein Schwager ist auch an einem Museum.« – »An welchem, und was tut er da?« – »Er ist Aufseher in der Kunsthalle.« – »Ich bin an einem anderen Museum und in einer anderen Abteilung.« – »… und kommen Sie da nicht mit Menschen zusammen?« – »Doch.« – »Und?« – »Ich muss mir mit Charme darüber hinweghelfen.« – »Ts, ts, ts, wo's auf den Kopf doch immer so ankommt.«

Lieber Heinz,

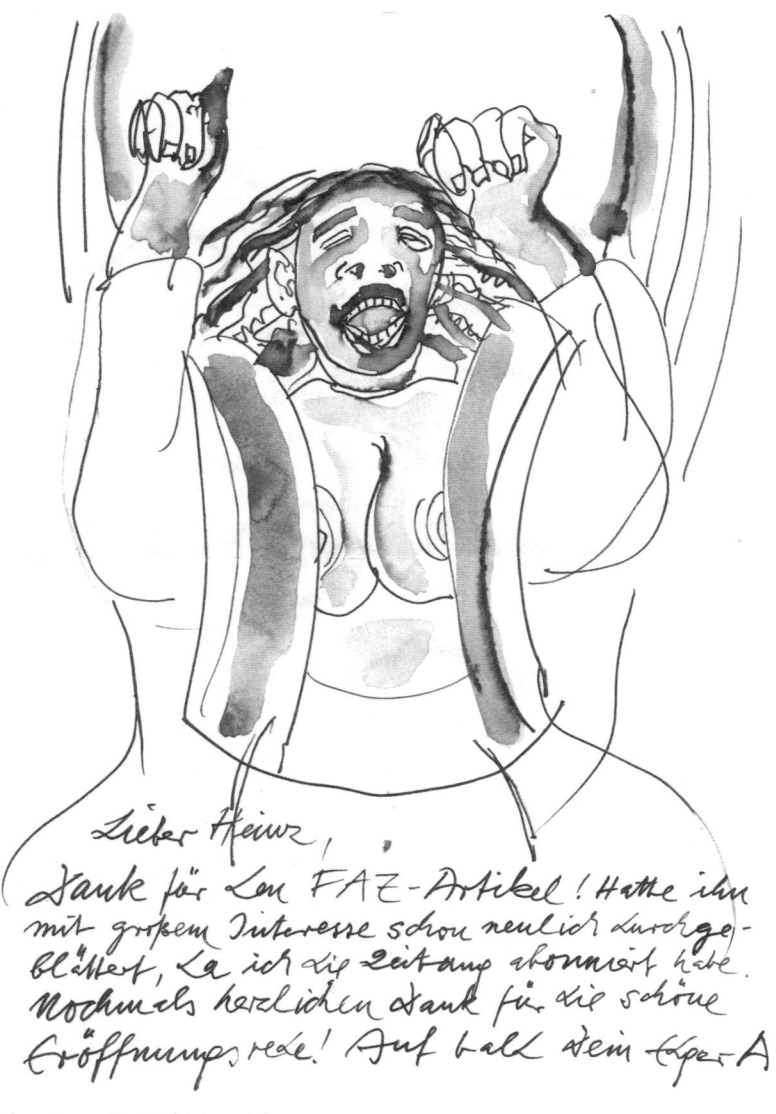

Dank für den FAZ-Artikel! Hatte ihn mit großem Interesse schon neulich durchgeblättert, da ich die Zeitung abonniert habe. Nochmals herzlichen Dank für die schöne Eröffnungsrede! Auf bald dein Edgar A

Edgar Augustin, Frühjahr 1986

Kurzbiographien
und Hinweise auf ausgewählte Literatur des Verfassers
zu den Künstlern

Augustin, Edgar
(Recklinghausen 1936 – Hamburg 1996)
Bildhauer und Maler. Nach einer Goldschmiede-Lehre Studium der Bildhauerei bei Karl Ehlers in Münster und Gustav Seitz in Hamburg. 1967/68 Stipendiat der Villa Massimo, Rom. Seit 1968 eigenes Atelier in Hamburg. Seit 1969 Museumsankäufe, mehrere Auszeichnungen und Ausstellungen.

- Lit.: Beiträge zu Ausstellungskatalogen und Museumspublikationen (Hamburg 1970, 1972, 1993/94, 2000, 2006, Lübeck, Oldenburg und Kassel 1972/73, Schleswig 1987, 1986/87, 1999). – G. Busch, H. Spielmann, Edgar Augustin, Hamburg 1977. – H. Spielmann, Aspekte der Wirklichkeit, Edgar Augustin, in: Die Kunst, 1987.

Batterham, Richard
(Geb. 1936)
Nach dem Keramik-Studium an der Bryanston School Arbeit in der Werkstatt von Bernard Leach, St. Ives, Cornwall; Freundschaft mit Hamada Atsuya, einem Sohn von Hamada Shoji. 1959 eigene Werkstatt in Durweston, Dorset, in der er weitgehend allein arbeitet. Nach dem Bau eines Zweikammerofens errichtete er dort einen Vierkammerofen. Er konzentriert sich auf Gebrauchskeramik von höchstem Standard.

- Lit.: Beiträge zu Ausstellungskatalogen und Museumspublikationen (Hamburg 1985, 1986 und Landshut 2008).

Baumeister, Willi
(Stuttgart 1889 – Stuttgart 1955)
Nach einer Lehre als Dekorationsmaler Studium an der Stuttgarter Akademie in der Klasse von Adolf Hölzel. Nach dem Ende des Ersten Weltkriegs Mitglied der »Novembergruppe« und der Stuttgarter Üecht-Gruppe. Wandbilder und

figurativ-konstruktivistische Bilder. 1927 Berufung als Lehrer an die Frankfurter Städelschule, 1933 aus diesem Amt entlassen. Hinwendung zu Themen frühen Lebens und früher Kulturen (Eidos-Bilder, Gilgamesch-Illustrationen). 1946 Berufung an die Stuttgarter Akademie. Seit etwa 1949 als führender deutscher Künstler »gegenstandsloser« Malerei anerkannt.

- Lit.: Beiträge zu Ausstellungskatalogen und Museumspublikationen (Hamburg 1964, 1967, 2005 sowie Lübeck 1972 und Schleswig 1994). – Werkverzeichnisse der Druckgraphik, Hamburg 1967–69 sowie, zusammen mit Felicitas Baumeister, Stuttgart 2005. – Grafiće Práce Wililhio Baumeistera, Knizni Kultura, Prag 1965. Hrsg.: Baumeister, Zimmer- und Wandgeister, Hamburg 1967.

Beuys, Joseph
(Krefeld 1921 – Düsseldorf 1986)
Während des Zweiten Weltkriegs schwer verletzt. 1946 – 1953 Studium der Monumentalbildhauerei an der Kunstakademie Düsseldorf, zuletzt bei Ewald Mataré. Einfluss der Anthroposophie. Seit etwa 1960 zunehmende »Erweiterung des Kunstbegriffs« auf soziale und politische Aspekte hin. 1961 Berufung an die Düsseldorfer Akademie und Hinwendung zur Aktionskunst (Installationen, Fluxus, Gespräche, Reden). 1972 Kündigung seines Lehrauftrags durch das Wissenschaftsministerium von Nordrhein-Westfalen, nachdem er etwa 400 Studenten in seine Klasse aufgenommen hatte. Seit 1969 wachsender wirtschaftlicher Erfolg im internationalen Kunsthandel.

- Lit.: Das pervertierte Kunsturteil – ein Fall Beuys, Göttingen 1979.

Bill, Max
(Winterthur 1908 – Berlin 1994)
Nach einer Silberschmiede-Lehre 1927/28 Studium am Bauhaus, Dessau. Seit 1929 als Architekt, Bildhauer, Maler, Designer und Kunsttheoretiker tätig. 1936 Unterstützung deutscher Flüchtlinge. 1951 Mitbegründer der Ulmer Hochschule für Gestaltung, 1953–56 deren Rektor. 1957 Rückkehr nach Zürich. 1967 und 1974 Lehrstuhl für Umweltgestaltung an der Hochschule für Bildende Künste Hamburg. 1961–68 im Zürcher Gemeinderat, 1967–71 im Schweizer Nationalrat.

- Lit.: Beiträge zu Museumspublikationen (Schleswig 1990, 1996).

Bontjes van Beek, Jan
(Vejle/Jütland 1899 – Berlin 1969)
1907 mit der Familie in Deutschland naturalisiert. Nach Mitwirkung am Matrosenaufstand 1918 seit 1919 in Worpswede und Fischerhude. Nach einer Töpferlehre 1923 Studium der Keramik am Seger-Institut, Berlin. 1935 Erfolg bei Ausstellung seiner Arbeiten im Leipziger Grassi-Museum. 1936 gemeinsame Ausstellung mit Henry Moore. 1938 Goldmedaille der Mailänder Triennale; er beschäftigt jüdische Töpfer in seiner Berliner Werkstatt. 1942 zusammen mit seiner Tochter Cato durch die Gestapo verhaftet, 1943 wird die zur »Roten Kapelle« gerechnete Tochter hingerichtet, die Berliner Werkstatt durch Bomben zerstört. Seit 1950 Entwürfe für die Keramik-Industrie. Seit 1947 Direktor der Kunsthochschule Berlin-Weißensee, seit 1953 Direktor der Meisterschule für das Kunsthandwerk in Berlin Charlottenburg. 1960–1966 Leiter der Keramik-Klasse an der Hamburger Hochschule für Bildende Künste.

■ Lit.: Ausstellungskataloge und Museumspublikationen (Hamburg 1962, 1964, 1965, 1970, 1972, 2000; Krefeld o.J.; Schleswig 1988). Interview über Bontjes van Beek, Berlin 2010.

Coper, Hans
(Chemnitz 1920 – Frome, Somerset 1981)
Nach Beginn des Ingenieurstudiums in Dresden 1939 Emigration nach England. Während des Krieges in einem nicht kämpfenden Truppenteil. 1946 erste keramische Arbeiten im Atelier von Lucie Rie und seit 1950 (meist gemeinsam mit ihr) Ausstellungen. 1958 Werkstatt in Hertfortshire, 1969 Werkstatt in Frome, Somerset. Erkrankung an Multipler Sklerose.

■ Lit.: Ausstellungskatalog und Museumspublikationen (Hamburg, 1972, 1974 und Rendsburg 1988).

Cumella, Antoni
(Granollers, Prov. Barcelona 1913 – Granollers 1985)
Beginnt mit zwölf Jahren in der Werkstatt des Stiefvaters mit der Ausbildung zum Töpfer. 1932 Freundschaft mit Josep Jujol, dem ehemaligen Mitarbeiter von Antonio Gaudí, 1935 enge Freundschaft mit dem Bildhauer Manolo Huguet.

1936 Goldmedaille der Mailänder Triennale und Teilnahme am Bürgerkrieg auf republikanischer Seite. 1951 abermals Goldmedaille der Mailänder Triennale. 1954/55 Professor für Keramik an der Gewerbeschule Barcelona. Seit 1955 rege Ausstellungstätigkeit, vor allem in Deutschland und der Schweiz. Eine eigene Manufaktur für Baukeramik sicherte ihm die freie künstlerische Tätigkeit.
▪ Lit.: Beiträge zu Ausstellungskatalogen und Museumspublikationen (Hamburg 1971, 1972, 1985; Zaragossa 1981; Granollers 1982; Paris 1983; Madrid 1986).

Duckworth, Ruth
(Hamburg 1919 – Chicago 2009)
Als Halbjüdin nach 1933 in Deutschland Studienverbot. Emigration nach England, Studium der Bildhauerei in Liverpool und London; sie wurde durch Lucie Rie angeregt, professionell Keramik zu studieren. Anerkennung ihrer plastisch bestimmten Keramik entgegen der Dominanz der durch Bernard Leach bestimmten Studio Pottery. 1964 als Leiterin der Keramik-Klasse an die Universität Chicago berufen. In Illinois zahlreiche Aufträge für monumentale Wandgestaltungen; weiterhin Arbeit an Objekten kleineren Formats.
▪ Lit.: Beiträge zu Ausstellungskatalogen und Museumspublikationen (Hamburg 1976, 1978; Rendsburg 1988, 1994).

Eisch, Erwin
(Geb. 1927 in Frauenau bei Zwiesel)
Sohn eines Glasgraveurs, als Glasbläser Autodidakt. 1952 zusammen mit dem Vater und den Brüdern Bau und Betrieb einer Glashütte, die sich bald vergrößert. 1964 erste Ausstellung in den USA, seitdem wachsendes Echo in Europa. 1970 Bau einer Kapelle unter Verwendung eines Volkswagens zur Erinnerung an den verunglückten Freund Helmut Koller.
▪ Lit.: Ausstellungskatalog und Museumspublikationen (Hamburg 1971, 1974).

Ernst, Max

(Brühl 1891 – Paris 1976)
Seit 1909 autodidaktische Hinwendung zur Malerei, 1911 Freundschaft mit August Macke. 1913 Beteiligung an der Ausstellung Rheinische Expressionisten. 1914 Freundschaft mit Hans Arp. 1917 auf der Zürcher Dada-Ausstellung vertreten. 1919 Mitbegründer der Kölner Dada-Gruppe. Ab 1922 in Paris, 1924 Mitglied der französischen Surrealisten-Gruppe um André Breton. 1939 in Frankreich interniert. 1941 über Spanien und Portugal Flucht in die USA. 1946 mit seiner Frau Dorothea Tanning Übersiedlung nach Sedona in der Wüste von Arizona. 1951 umfassende Retrospektive im schwer beschädigten Barockschloss von Brühl. 1953 Rückkehr nach Paris, 1955 Umzug nach Huismes, seit 1963 längere Aufenthalte in Seillans (Provence). 1967 Brunnen für die Stadt Amboise.

▪ Lit.: Museumspublikationen und Kataloge (Hamburg 1969, 1970). Notizen über Max Ernst und Herkules Seghers, in: Das Kunstwerk, 1960, 8/VIII.

Fußmann, Klaus

(Geb. 1938 in Velbert)
Nach dem Studium der Malerei an der Folkwang-Schule Essen und der Hochschule der Künste Berlin seit 1969 durch Werner Haftmann, den ehemaligen Direktor der Berliner National-Galerie, gefördert und mehrfach ausgezeichnet, 1974 Leiter einer Malklasse an der Hochschule der Künste Berlin. Zunächst auf Interieurs, Stillleben und Figurenbilder konzentriert; seit 1976 verstärkt Hinwendung zu Landschaftsbildern, angeregt durch Sommeraufenthalte in Gelting an der Flensburger Förde und viele Reisen in Europa, Nordamerika, Indien und Kleinasien sowie zu den Galapagos-Inseln. 1996 erste Ausstellung eines lebenden Malers im Bonner Bundeskanzleramt.

▪ Lit.: Museumspublikationen und Kataloge (Schleswig 1987, 1988, 1990, 1992, 1996, 1997, 1999; Hamburg 1991, 2005, 2008; Krefeld 2009; Düsseldorf 2011; Hagen 2013). Wiedergewonnene Malerei, in: Kunst und Antiquitäten 4/1987.

83 Saillans
15. I. 1970

Lieber Herr Heinz Spielmann,

vielen dank für die guten Nachrichten, die Neujahrsgrüße, Ihre Pläne u. Vorschläge. Gerne möchte ich Ihrem Museum bald einen Besuch abstatten. Im Frühling?

Sie werden wahrscheinlich nicht nach Stuttgart kommen, von wegen dem dichten Nebel. Sollten Sie es trotzdem fertigbringen, so würde das für mich eine große Freude sein.

Viele herzliche Grüße an Sie, Frau Spielmann und Frau Professor Möbler.

Ihr
max Ernst.

P.S. Ab kommenden Samstag sind wir in Paris.
Rue de Lille 19.

m. E.

Max Ernst, 15. Januar 1970

Giacometti, Alberto

(Borgonovo bei Stampa 1901 – Chur 1966)
Aus einer talentierten Künstlerfamilie stammend, mit der er ein Leben lang enge Verbindung hält. Vater und Onkel sind Maler, ein Bruder Architekt, ein Bruder Bildhauer. Zunächst Maler; in seinem späteren Werk nimmt die Malerei erneut breiten Raum ein. 1922–27 Studium der Bildhauerei in Paris bei Émile-Antoine Bourdelle. Seit 1928 im Kreis der Surrealisten, den er 1934 verlässt. 1941–45 in der Schweiz. 1945 Rückkehr nach Paris, wo er sein altes Atelier bezieht. 1948 internationales Echo auf seine Ausstellung in der Galerie Pierre Matisse, New York. Befreundet mit Picasso, Sartre, Beckett und Giono.

Goldschmidt, Berthold

(Hamburg 1903 – London 1996)
Seit 1922 Kompositionsschüler von Franz Schreker in Berlin. 1932 Uraufführung seiner Oper »Der gewaltige Hahnrei« in Mannheim. 1935 Emigration nach England. Ergänzt zusammen mit Dryck Cooke Gustav Mahlers unvollendete 10. Symphonie, lebt von Aufträgen für Filmmusik. 1988 Uraufführung seines vor 1933 in Berlin begonnenen, in London vollendeten dritten Streichquartetts bei der Eröffnung des Jüdischen Museums Rendsburg. 1993 Auszeichnung mit dem deutschen Kritikerpreis. 1994 sehr erfolgreiche Wiederaufführung seiner Oper von 1932 in Berlin.
- Lit.: Ausstellungskatalog und Museumspublikation (Rendsburg 1988, 1990).

Graevenitz, Gerhard von

(Schilda, Mark Brandenburg 1934 – Habkern, Traubachtal [Schweiz] 1983)
Nach Wirtschaftswissenschaftsstudium Kunststudium in München. Seit 1959 »Monochrome Reliefs«. 1959/60 Herausgeber der Zeitschrift »nota«. 1962 erste Computergraphik. Seit den späteren 1960er Jahren kinetische Objekte.
- Lit.: Museumspublikationen und Katalog (Hamburg 1970, 1972, 1973).

Grieshaber, HAP (Helmut Andreas Paul)
(Rot an der Rot 1909 – Ehningen/Achalm 1981)
Nach Schriftsetzerlehre sowie Studium der Kalligraphie und Typographie in Stuttgart. 1931–33 in Ägypten und Griechenland. 1933–1940 Berufsverbot. Seit ca. 1950 als führender lebender deutscher Holzschneider anerkannt. 1955–60 als Nachfolger Erich Heckels Lehrer an der Akademie Karlsruhe. Herausgeber und wichtigster Künstler der Zeitschrift »Engel der Geschichte«. Gesellschaftspolitisches Engagement. Initiator des Jerg-Ratgeb-Preises.
- Lit.: Beiträge zu Ausstellungskatalogen und Museumspublikationen (Hamburg 1970, 1972; Recklinghausen 1968; Schleswig 1988, 1992, 1999, 1999). Beitrag zur Grieshaber-Festschrift, Düsseldorf 1978.

Haese, Günter
(Geb. 1924 in Kiel)
Nach autodidaktischen Anfängen und Besuch einer Kunstschule in Plön Kunststudium an der Akademie Düsseldorf (Meisterschüler von Ewald Mataré). Seit 1962 entstehen seine kinetischen Objekte, die erstmals 1964 im Museum Ulm, bald darauf im Museum of Modern Art New York ausgestellt werden. Einem 1966 auf der Biennale Venedig verliehenen Preis folgen viele weitere Auszeichnungen. Entstehung der ersten Großskulptur.

Hamada, Shoji
(Misonokuchi, Präfektur Kanagawa [Japan] 1894 – Mashiko 1978)
Nach dem Keramik-Studium in Kyoto bei Kawai Kanjiro und Itaya Hazan Freundschaft mit Bernard Leach. 1920 mit Leach nach St. Ives, Cornwall, und Mitwirkung beim Aufbau von dessen Werkstatt. 1923 Bau einer Werkstatt im kleinen Volkskunstkeramik-Ort Mashiko, der durch ihn zu einem weltberühmten Keramik-Zentrum wird. Als Hauptvertreter der Mingei-Keramik 1955 zum »Lebenden Nationalschatz« ernannt. Manche seiner Schüler und Mitarbeiter wurden bekannte Töpfer.
- Lit.: Ausstellungskatalog und Beitrag zu Museumspublikationen (Hamburg 1968, 1985).

Hebroni, Joseph
(Jerusalem 1889 – Flensburg 1963)
Erste Ausbildung in der Handwerksabteilung der Alliance Israélite Universelle Jerusalem. Seit 1910/11 Bildhauer-Unterricht in Berlin, bis 1919 Studium der Bildhauerei in Berlin bei Louis Tuaillon. Danach Atelier in Berlin. Förderung durch Max Liebermann. 1933 Emigration nach Paris, Briefkontakt mit Albert Einstein (den er portraitiert). Versteckt überlebt er die Zeit der deutschen Besatzung Frankreichs. 1963 Übersiedlung nach Flensburg, der Heimatstadt seiner langjährigen Lebensgefährtin und Frau Magdila Christiansen.
- Lit.: Museumspublikationen Schleswig 1988, Rendsburg 1988.

Heckel, Erich
(Döbeln 1883 – Radolfzell, Bodensee 1970)
Während des Architekturstudiums in Dresden (u. a. bei Fritz Schumacher) 1905 zusammen mit Fritz Bleyl, E. L. Kirchner und Karl Schmidt-Rottluff Gründung der bis 1912/13 bestehenden Künstlergemeinschaft »Brücke«, deren Ausstellungen er weitgehend organisiert. Mit den Freunden und Freundinnen während der Sommer 1909–11 an den Moritzburger Seen bei Dresden. Im Herbst 1911 Heirat mit der Tänzerin Milda Frieda Georgi (Sidi Riha) und Umzug nach Berlin. Während des Ersten Weltkriegs Sanitätssoldat. Seit 1913 Sommeraufenthalt in Osterholz an der Flensburger Förde. Seit 1919 Beziehungen zum Kreis um Stefan George, die sich in seinen 1922 im Angermuseum Erfurt gemalten Wandbildern spiegeln. 1937 als »entartet« verfolgt. 1944 Zerstörung des Berliner Ateliers durch Bomben, seitdem in Hemmenhofen am Bodensee. 1949–55 Professor an der Akademie der Bildenden Künste Karlsruhe.
- Lit.: Ausstellungskataloge und Museumspublikationen (Hamburg 1967, 1970, 1971, 1972, 2004; Schleswig 1992, 1996, 1999; Halle 2005; Wien 2007).

Huang, Zhou
(Provinz Hebei [China] 1925 – Beijing 1997)
Sein Talent im Alter von zwölf Jahren erkannt. Schüler von Zhao Wangyun. Soldat auf Seiten von Mao Tse-tung. 1953–63 Reisen nach Xingjiang und Tibet.

Vertreter der realistischen Malerei (in der Tradition des 17./18. Jh.). In der »Kulturrevolution« verfolgt. 1977 rehabilitiert. In den späten 1980er Jahren Gründung eines eigenen Museums mit alter chinesischer Kunst und eigenen Werken in Beijing.
- Lit.: Beitrag in: Katalog, Düsseldorf 1987.

Janssen, Horst
(Hamburg 1929 – Hamburg 1995)
In Oldenburg aufgewachsen. 1946–51 Zeichenstudium an der Hamburger Landeskunstschule bei Alfred Mahlau. Überregional und bald auch international während der 1960er Jahre bekannt, vor allem durch eine 1965 in der Kestner-Gesellschaft Hannover gezeigte Ausstellung sowie durch Ausstellungen in Basel, London, Zürich, Oslo, Göteborg, New York, Turin, Barcelona, Chicago, Nowosibirsk. Zahlreiche Preise und Auszeichnungen, 1968 Großer Preis der Biennale Venedig und 1978 Schiller-Preis der Stadt Mannheim. 1982 »Retrospektive auf Verdacht« im Museum für Kunst und Gewerbe Hamburg. Seit 1986 umfangreiche Schenkungen von Druckgraphik an das Schleswig-Holsteinische Landesmuseum Schloss Gottorf. 2000 Gründung des Horst-Janssen-Museums in Oldenburg.
- Lit.: Horst Janssen, Farbradierungen, Hamburg 1997; Ausstellungskataloge und Museumspublikationen (Hamburg 1970, 1982; Schleswig 1988, 1990, 1992; Oldenburg/Regensburg 2009/10; Stade 2011).

Kato, Tokuro
(Seto, Präfektur Aichi [Japan] 1898 – Seto 1985)
Bereits mit acht Jahren auf alten Ofenplätzen Sammlung von Scherben. Mit 16 Jahren Übernahme von Ofen und Werkstatt seiner Familie und Untersuchung von Haupttypen der Keramik von Seto. Insbesondere Untersuchung der Keramik der Blütezeit japanischer Keramik aus der Momoyama-Zeit (17. Jh.). 1933/34 Arbeitsbeginn an einem Wörterbuch zur Keramik, das 1972 in einem Band erscheint. Als er in der Nähe eines Ofens der Kamakura-Zeit (13. Jh.) ein eigenes Gefäß vergräbt und sein Freund Fujio Koyama es findet, um es als Werk

freitag 13.10.89

8°° mein lieber Spielmann
zum **19.** Nov. zelebriere ich 'ne Matinee
diesmal + ausnahmsweise als Jouroisille-Empfang
— Jouroisille PLUS. Plus heißt: 100 "Insider"
, handverlesen aus den Provinzen + Metropolen.
Den Wanddecor werd ich dir noch nicht
verraten. Also — da werd ich lesen —
Vortrag halten = kurz + bündig. Ich lege dir
den Sudel-Entwurf bei plus Hinkepott-II-Auszug.
2 →

Horst Janssen, 13. Oktober 1989

des 13. Jh. und als wertvollen Nationalschatz zu bezeichnen, gibt sich Kato als der Hersteller zu erkennen. Es folgt der größte japanische Keramikskandal des 20. Jh. Trotz hoher Einschätzung wird Kato Tokuro nie mit dem Ehrentitel »Lebender Nationalschatz« ausgezeichnet.

Kempe, Fritz
(Greifswald 1909 – Hamburg 1988)
Ausbildung zum Photographen durch seinen Vater. 1929 Gründung eines eigenen Photoateliers in Greifswald. Nach dem Zweiten Weltkrieg zum Leiter der Hamburger Staatlichen Landesbildstelle berufen, entfaltete er eine rege Ausstellungstätigkeit, z. T. in Kooperation mit dem Museum für Kunst und Gewerbe; er förderte zahlreiche junge Talente und baut die Sammlung zur Geschichte der Photographie aus. Daneben entsteht eine von Kempe aufgenommene Photodokumentation »Hamburger und ihre Gäste«. Zum 150-jährigen Bestehen der Photographie erwirbt das Schleswig-Holsteinische Landesmuseum Schloss Gottorf seine private Sammlung von künstlerischer Photographie.
- Lit.: Ausstellungs- und Bestandskataloge (Hamburg 1974, Schleswig 1989).

Knäpper, Gerd
(1943 – 2012)
Aus Wuppertal stammend, gelangte er über England und die USA nach Japan, wo er bei mehreren Töpfern hospitierte, u. a. bei Shimaoka Tatzuso. 1968 eigene Werkstatt in Mashiko, 1971 erster Preis bei einem nationalen japanischen Wettbewerb. Um 1967 Gründung einer eigenen Werkstatt in Daigo, Japan.
- Lit.: Museumspublikationen und Katalog.

Kokoschka, Oskar
(Pöchlarn 1886 – Montreux 1980)
Noch während seines Studiums an der Wiener Kunstgewerbeschule als malerisch-literarische Doppelbegabung berühmt. Seine frühen Portraits, Dramen und Zeichnungen gelten als Hauptwerke des Expressionismus. 1910 mitbeteiligt

an der Zeitschrift »Der Sturm«. 1912–14 tragische Beziehung zu Alma Mahler, begleitet von bedeutenden künstlerischen Werken in Malerei, Zeichnung und Dichtung. 1916/26 im Ersten Weltkrieg zweimalige schwere Verwundung, 1919–23 Professor an der Dresdner Akademie. 1924–34 Reisen durch Europa, Nordafrika und den Nahen Osten, 1935–38 in Prag, 1938–47 in England, Vorsitzender des Freien Deutschen Kulturbundes. Seit 1953 in Villeneuve am Genfer See, Gründung der Schule des Sehens in Salzburg. Neben Bildnissen, Landschaften und Städtebildern im Spätwerk zahlreiche Illustrationen und Bühnen-Entwürfe.

▪ Lit.: Oskar Kokoschka, Leben und Werk, Köln 2003; Ausstellungskataloge und Museumspublikationen (Hamburg 1965, 1967, 1970, 1972, 1974, 1975, 1980, 1984, 1986, 2005, 2010. Schleswig 1986, 1988, 1990, 1991, 1992, 1993, 1994, 1996, 1999. Bielefeld 1995; Apolda 2003; Aschaffenburg 2007; Altenburg 2010; Halle 2010; Dresden 2011; Stade 2012. Madrid 1975; Kamakura/Kyoto 1978; Wien 1986, 1998, 2008; Prag 1995). Vier Faksimile-Editionen von Skizzenbüchern (1970–2001). Die Fächer für Alma Mahler (1969 und 1985). Hrsg.: Das schriftliche Werk, 4 Bd. (1973–76); Briefe, 4 Bd., zusammen mit Olda Kokoschka (1984–88).

Kuhn, Beate

(Geb. 1927 in Düsseldorf)
Nach Keramik-Studium in Wiesbaden und Darmstadt 1953–57 gemeinsame Werkstatt mit Karl Scheid in Lottstetten/Südbaden. und Entwürfe für die Firma Rosenthal, Selb. 1957 Werkstatt in Büdingen-Düdelsheim in der Nachbarschaft von Ursula und Karl Scheid. Seit 1955 zahlreiche Preise und Auszeichnungen. Seit 1968 Teilnahme an den Ausstellungen der London-Gruppe.

▪ Lit.: Ausstellungskataloge und Katalogbeiträge (Hamburg/Rotterdam 1983, Schleswig 1992).

Kunert, Günter

(Geb. 1929 in Berlin)
Wegen seiner jüdischen Abstammung 1936 Verbot des Schulbesuchs. 1943 Lehrling in einem Bekleidungsgeschäft und als »wehrunwürdig« erklärt. 1946 Studium der Graphik an der Hochschule für Angewandte Kunst in Berlin-Weißensee. Seit 1948 Publikation von Gedichten sowie von Beiträgen für Film,

Rundfunk und Fernsehen. Seit 1962 zahlreiche Preise und Auszeichnungen. 1972–73 Visiting Professor bzw. Writer in Residence an den Universitäten Austin/Texas und Warwick, Großbritannien. Wegen seines Protestes gegen die Ausbürgerung von Wolf Biermann aus der DDR selbst ausgebürgert. Zahlreiche Ehrungen und Preise. Er lebt seit 1979 in Kaisborstel, Holstein.

- Lit.: Literarisches Gespräch mit Günter Kunert und Reiner Kunze, Cismar 1998.

Günter Kunert, Augenspielereien 1946 bis 2010 (Konzept: G. Kunert und H. Spielmann), Hamburg 2010.

Kunze, Reiner
(Geb. 1933 in Oelsnitz/Erzgebirge)
Nach dem Studium von Philosophie und Journalistik in Leipzig seit 1953 Veröffentlichung seiner ersten Gedichte. Nach politischen Auseinandersetzungen Arbeit als Hilfsschlosser im Schwermaschinenbau. Durch seine tschechische Frau Kontakt mit tschechischen Künstlern und Übersetzungen aus dem Tschechischen. 1968 Austritt aus der SED und Veröffentlichung des Prosabandes »Die wunderbaren Jahre« in Frankfurt/Main. Zunehmende Verfolgung in der DDR. 1977 Ausbürgerung aus der DDR und Übersiedlung in die Bundesrepublik. Seit 1968 zahlreiche Ehrungen und Preise.

- Lit.: Literarisches Gespräch mit Günter Kunert und Reiner Kunze, Cismar 1998.

Leach, Bernard
(Hong Kong 1888 – 1979)
1903–08 Kunststudium in England. 1910 in Kontakt mit jungen japanischen Künstlern. 1912 Studium der Raku-Keramik bei Ogata Kenzan VI., nach dessen Tod als Kenzan VII. sein Nachfolger. Nach einem Aufenthalt in China 1916 Rückkehr nach Japan. Zusammen mit Yanagi Soetsu aktiv in der japanischen Mingei-(Volkskunst)-Bewegung, der er Ideen von William Morris vermittelt. 1918 in Korea. 1919 Begegnung mit Hamada Shoji, mit dem zusammen er 1920 nach England reist und in St. Ives eine Werkstatt gründet; sie wird zum Ausgangspunkt der englischen Studio-Pottery-Bewegung. 1940 Publikation des international erfolgreichen Buches »A Potter's Book«. Mitglied der Bahai'i-

Sekte. 1953 erneute Reise nach Japan, 1960 Publikation von »A Potter in Japan«.
Wachsendes internationales Echo.
- Lit.: Ausstellungskatalog, Hamburg 1968. Vorwort zur deutschen Ausgabe:
»Das Töpferbuch«, 1971.

Lenz, Siegfried
(Geb. 1926 in Lyck, Ostpreußen)
Nach Kriegsteilnahme und Desertion Studium von Philosophie, Anglistik und Literaturwissenschaft an der Hamburger Universität. Durch Willy Haas gefördert, bis 1951 Volontär und Redakteur der Zeitung »Die Welt«. 1951 erster Roman »Es waren Habichte in der Luft«. Regelmäßiger Gast der Gruppe 47. Weltweiter Erfolg mit dem Roman »Deutschstunde«. Seit 1953 zahlreiche Preise und Ehrungen, u. a. Ehrenbürger von Hamburg, Schleswig-Holstein und Polen.
- Lit.: Ausstellungskatalog, Schleswig 1986.

Lesser, Rudi
(Berlin 1901 – Berlin 1988)
Graphik-Studium in Berlin bei Hans Meid und in Königsberg bei Hans Richter. Nach Zerstörung seines Berliner Ateliers durch die SA Flucht über Belgien und Amsterdam nach Dänemark, später nach Schweden. 1946–56 in den USA. 1956 Rückkehr nach Berlin, wo er unter ärmlichen Verhältnissen in Kreuzberg lebte.
- Lit.: Museumspublikation und Katalogbeiträge (Rendsburg 1988, Schleswig 1990).

Loth, Wilhelm
(Darmstadt 1920 – Darmstadt 1993)
Auf Rat von Käthe Kollwitz Studium der Bildhauerei, während des Krieges neben dem Militärdienst an der Frankfurter Städelschule bei Toni Stadler. Initiator des ersten Darmstädter Gesprächs »Das Menschenbild in unserer Zeit«. 1958–86 Professor für Bildhauerei an der Akademie Karlsruhe. 1989 Vorsitzender des Deutschen Künstlerbundes. Vor seinem Tod wird sein künstlerisches

Erbe der von der Badischen Landesbank geförderten Wilhelm Loth Stiftung übertragen.

▪ Lit.: Beiträge zu Museumspublikationen (Schleswig 1988, 1994).

Mack, Ulrich

(Geb. 1934 in Glasehausen / Eichsfeld, Thüringen)
Nach dem Zeichenstudium an der Hamburger Landeskunstschule bei Alfred Mahlau und nach Arbeit als Holzfäller und Bergarbeiter Bildreportagen für die Zeitschriften »Quick«, »Twen« und »Stern«. 1964 Auszeichnung mit dem World Press Award. 1975–96 Professor an der Fachhochschule Dortmund. Seit 1977 mehrere Jahre Sommerakademie in der Abbaye du Gard bei Amiens. 1978–81 Aufenthalte auf der Insel Pellworm, 1984 auf der Insel Harkers Island (USA). 1988 Gastprofessor und 1997–2002 Artist in Residence der Boston University.

▪ Lit.: Ausstellungskatalog Ulrich Mack, Aktion und Kontemplation, fünf Jahrzehnte Photographie, Hamburg 2000. Beitrag zu »Inselmenschen«, Kiel 1995.

Mies van der Rohe, Ludwig

(Aachen 1886 – Chicago 1969)
Sohn eines Steinmetzmeisters. Nach Fachschulbesuchen in Aachen Maurerlehrling und Mitarbeit im väterlichen Betrieb. Seit 1905 im Büro von Bruno Paul in Berlin, seit 1908 im Büro von Peter Behrens, gleichzeitig mit Walter Gropius. Beeinflusst durch die Bauten von Karl Friedrich Schinkel und die Entwürfe von Frank Lloyd Wright. Nach Teilnahme am Ersten Weltkrieg Büro in Berlin. 1921 Wettbewerbsentwurf für ein Hochhaus als vollständig verglastem Stahlskelettbau. Als Vizepräsident des Deutschen Werkbunds übernimmt er die Leitung der Stuttgarter Ausstellung »Die Wohnung« und von deren Hauptprojekt, der Weißenhofsiedlung. Deren Erfolg führt 1929 zum Auftrag für den Bau des berühmten Deutschen Pavillons auf der Weltausstellung Barcelona. 1931 kurze Zeit Leitung des Dessauer Bauhauses, das er nach dessen Schließung durch die Nationalsozialisten in Berlin fortzuführen sucht. Da er nach 1933 bei den Nationalsozialisten für seine Architektur-Konzeption kein Gehör findet, nimmt er 1936/37 Berufungen an die Harvard University und an das Armour

Institute in Chicago an, wo er ein Architekturbüro führt und große Aufträge erhält. 1947 Retrospektive im Museum of Modern Art, New York. 1967 Errichtung der von ihm geplanten Neuen Nationalgalerie in Berlin.

Miwa, Ryusaku
(Geb. 1940 in Hagi)
Sohn des »Lebenden Nationalschatzes« Miwa Yusetsu. Studium am Keramik-Department der Universität Tokio. Neben Teekeramik in der Tradition von Hagi Schaffung von Objekten mit dem Serientitel »Himiko« und figürlichen Environments, die in ihrer Material-Imitation den Verfall spiegeln und die das Böse als weiblich, das Gute als männlich verkörpern. Ausstellungen dieser Werkgruppen seit 1990.

Moll, Gerda
(Geb. 1940 in Hamburg)
Nach Lehr- und Gesellenzeit in Hamburg Arbeit in der Heidelberger Werkstatt der Goldschmiedin und Emailkünstlerin Käthe Ruggenbrod. 1965 eigene Werkstatt in Hamburg neben der Werkstatt ihres Mannes Wilfried Moll. Außer Korpussilber vor allem Ausführung von strengem Schmuck mit vorwiegend sphärisch-geometrischen Elementen. 1974 Staatspreis der Freien und Hansestadt Hamburg, 1983 Preis der Handwerkskammer Hamburg.
- Lit.: Beiträge in: Kunst und Handwerk, 9/1979. Moll, Silver + Gold, Stuttgart 2011.

Moll, Wilfried
(Geb. 1940 in Hamburg)
Nach der Lehrzeit in Hamburg Gesellenjahre in Kopenhagen. 1962–65 Studium der Goldschmiedekunst an der Nürnberger Akademie bei Andreas Moritz. 1965 eigene Werkstatt in Hamburg neben derjenigen seiner Frau Gerda Moll. Schwerpunkt auf der Herstellung von Korpussilber und Bestecken. Seit 1971 viele Auszeichnungen in Deutschland und Dänemark. Seit 1982 mehrere Besteck-Entwürfe für die Flensburger Firma Robbe & Berking und Erwerbungen

dieser Bestecke durch führende Museen (u. a. Museum of Modern Art, New York). Workshops in Deutschland, Japan und Thailand.
- Lit.: siehe Gerda Moll.

Moore, Henry
(Castleford, Yorkshire 1998 – Much Hadham, Herfordshire 1986)
Als Sohn eines Bergmanns beschließt er im Alter von elf Jahren, Bildhauer zu werden. Nach der Teilnahme am Ersten Weltkrieg 1919 erster Student der Bildhauerei an der Leeds School of Art. 1924 mit einem Reisestipendium in Italien, stark beeindruckt von den Werken Michelangelos. Nach der Rückkehr Unterricht am Royal College of Art. 1931 erster Museumsankauf von Werken Moores durch Max Sauerlandt für das Hamburger Museum für Kunst und Gewerbe. Im Zweiten Weltkrieg zeichnet er als »War Artist« die berühmten Shelter Drawings. Nach Zerstörung seiner Wohnung in Hampstead Niederlassung in dem Dorf Perry Green, wo er rund um die zunächst kleine Werkstatt ein größeres Areal erwirbt, auf dem heute die Henry Moore-Stiftung seine Werke zeigt. Seit den 1950er Jahren wachsende internationale Anerkennung. 1972 Große Retrospektive im Forte di Belvedere, Florenz.
- Lit.: Museumspublikationen (Hamburg 1972, 1976). Zusammen mit Henry Moore Bild- und Textband über den Künstler, Hannover 1976.

Moritz, Andreas
(Halle / Saale 1901 – Würzburg 1983)
Nach Lehre als Werkzeugmacher und nach dem Maschinenbaustudium in Karlsruhe 1922 Beginn des Studiums der Goldschmiedekunst an den Werkstätten der Stadt Halle auf Burg Giebichenstein unter Paul Thiersch; Einfluss der Anthroposophie. Seit 1925 Fortführung des Studiums in Berlin. 1952–69 Professor für Goldschmiedekunst an der Nürnberger Akademie. 1977 Stiftung seines Lebenswerks an das Germanische Nationalmuseum Nürnberg.

Nakamura, Kimpei

(Geb. 1935 in Kanazawa, Ishikara [Japan])

Sohn eines Teeschalen-Töpfers. Nach dem ohne Abschluss abgebrochenen Besuch des Kanagawa College of Art Studium der Kochkunst und von Kochgefäßen. 1966–68 Keramik-Wände (Sony-Gebäude und Hokuriku-Rundfunkhalle). 1985 in Sèvres, Frankreich. Beeinflusst durch Keramik-Tendenzen in den USA. Haus und Werkstatt in Tokio. Bezeichnet sich als Tokyo Ware Potter und seine Arbeit als »Meta Ceramics«.

Pfab, Jörn

(Hamburg 1925 – Hamburg 1986)

Nach Steinmetzlehre, Gesellenprüfung und Kriegsgefangenschaft 1946–52 Studium der Bildhauerei an der Hamburger Landeskunstschule bei Edwin Scharff. Seit 1962 vor allem Skulpturen aus Chrom-Nickel-Molybdänstahl. Zahlreiche Großskulpturen im öffentlichen Raum Norddeutschlands. Seit 1952 mehrere Preise und Auszeichnungen. Mehrere Jahre lang Teilnahme an Ausstellungen des japanischen Metallbildhauer-Verbandes in Tokio.

- Lit.: Ausstellungskataloge, Beiträge zu Museumspublikationen (Hamburg 1971, 1973, 1977, 1989, 1996; Schleswig 1988; Kiel 2013).

Portanier, Gilbert

(Geb. 1926 in Cannes)

1945 zunächst Studium der Architektur und Malerei an der École des Beaux-Art, Paris. Autodidaktische Fortentwicklung seiner Malerei. 1947 in Brüssel. 1948 zusammen mit Francine Del Pierre Hinwendung zur Keramik. Werkstatt in Valauris. 1953 auf Einladung von Erich Meyer, dem Direktor des Hamburger Museums für Kunst und Gewerbe, Ausstellung in Hamburg, zusammen mit Keramik von Picasso und Léger. Mehrere Auszeichnungen. 1985 Retrospektive im Museum für Kunst und Gewerbe Hamburg.

- Lit.: Ausstellungskataloge (Hamburg 1985, 1979, 1989, 1990).

Rie, Lucie
(Wien 1902 – London 1995)
Keramik-Studium an der Wiener Kunstgewerbeschule bei Michael Powolny. 1936/37 erste internationale Auszeichnungen. 1938 Emigration nach England. 1939 Einrichtung einer Werkstatt in London. Nach Unterbrechung durch den Zweiten Weltkrieg 1945 Wiederbeginn ihrer keramischen Arbeit. 1946 Einzug von Hans Coper in ihr Atelier. Seit 1950 zahlreiche Ausstellungen, fast ausnahmslos gemeinsam mit Hans Coper. 1968 ernannt zum Officer of the British Empire. 2009 Aufstellung ihrer Werkstatt im Victoria and Albert Museum London.
▪ Lit.: Katalog und Beiträge zu Museumspublikationen (Hamburg 1972, 1980; Rendsburg 1988).

Ruwoldt, Hans Martin
(Hamburg 1891 – Hamburg 1969)
Nach einer Bildhauer-Lehre in Rostock 1911–14 Studium der Bildhauerei an der Hamburger Kunstgewerbe-Schule bei Richard Luksch. Seit 1922 eigenes Atelier in Hamburg und zahlreiche Bildhaueraufträge für Bauten von Fritz Schumacher. 1926 Eintritt in die Hamburgische Sezession. Neben Kleinplastik und Druckgraphik Bildwerke im Hamburger Stadtgebiet, viele davon 1943/44 durch Bomben zerstört. 1938 unter Zwang Ausführung eines Reliefs am Hamburger Ehrenmal an der Stelle des beseitigten Reliefs von Ernst Barlach. 1952 Mitglied der Freien Akademie der Künste in Hamburg. 1955–59 Leiter der Bildhauerklasse an der Hochschule für Bildende Künste in Hamburg als Nachfolger von Edwin Scharff.
▪ Lit.: Bestandskatalog und Werkverzeichnis der Graphik (Hamburg 1969), Museumspublikationen (Hamburg 1970, Schleswig 1988).

Scheid, Karl
(Geb. 1929 in Lengfeld, Kreis Dieburg)
Nach dem Studium der Keramik an der Werkkunstschule Darmstadt Mitarbeit in der Crowdan Pottery von Harry und May Davis. 1953–56 eigene Werkstatt in Lottstetten, zusammen mit Beate Kuhn. 1955 erste Auszeichnungen, u. a.

Silbermedaille des Concorso Internazionale Faenza, gefolgt von zahlreichen nationalen und internationalen Auszeichnungen. 1956 Werkstatt in Düdelsheim bei Büdingen. 1959 Heirat mit Ursula Duntze. Seitdem gemeinsame Arbeit, Ausstellungen und Auszeichnungen mit Ursula Scheid. Workshops in den USA, Kanada und Australien.

▪ Lit.: Ausstellungskataloge und Beiträge zu Katalogen (Hamburg 1962, 1979; Reinbek 1986, 1988). Ursula und Karl Scheid, Keramik, Hamburg 1980.

Scheid, Sebastian
(Geb. 1962 in Hanau)
Nach der Ausbildung durch die Eltern Ursula und Karl Scheid Werkstattpraktiken und Lehrzeit in England sowie bei Ruth Duckworth in Chicago und bei Shimaoka Tatsuzo in Mashiko. Seit 1987 Werkstatt in Büdingen-Düdelsheim. Seit 1985 Ausstellungen in Deutschland, in europäischen Ländern und Japan.

▪ Lit.: Katalogbeitrag, Schleswig 1993.

Scheid, Ursula
(Freiburg 1932 – Büdingen 2008)
Nach Keramik-Studium an der Werkkunstschule Darmstadt und Gesellenprüfung seit 1959 gemeinsame Werkstatt mit ihrem Mann Karl Scheid. Neben der Arbeit an Unikaten 1979–92 auch Entwurfsarbeit für die Firma Rosenthal, Selb. Seit 1985 Workshops in den USA, Kanada und Australien. Zahlreiche Auszeichnungen und Preise, oft zusammen mit Karl Scheid.

▪ Lit.: siehe Karl Scheid.

Schmidt-Rottluff, Karl
(Rottluff bei Chemnitz 1884 – Berlin 1976)
1905 während des Architekturstudiums Mitbegründer der Künstlergemeinschaft »Brücke«, der er bis zu ihrer Auflösung im Jahre 1913 angehört. 1908–14 Aufenthalte in Dangast (Emsland) und Hohwacht (Holstein). 1915–18 als Soldat in Litauen und Russland in einer vom Dichter Richard Dehmel komman-

dierten Abteilung. Mitwirkung an den expressionistischen Zeitschriften »Rote Erde« und »Kündung«. Aufenthalte in Pommern bzw. 1932 am Lebasee (Hinterpommern). 1937 Beschlagnahmung seiner Arbeiten in deutschen Museen als »entartet«. 1947 Professor an der Hochschule für Bildende Künste, Berlin. 1964 Initiative zur Gründung des 1967 eröffneten Brücke-Museums.

■ Lit.: Katalogbeiträge und Museumspublikationen (Hamburg 1963, 1970; Schleswig 1990, 1994, 1995; Halle 2005; Wien 2007). Festschrift Gerlinger 2006, Halle o. J.

Schumacher, Emil
(Hagen / Westf. 1912 – San José, Ibiza 1999)
Nach dem Studium an der Kunstgewerbeschule Dortmund seit 1945 als freier Maler in Hagen tätig. Seit 1948 zahlreiche nationale und internationale Ausstellungen. 1958–60 an der Hochschule der Bildenden Künste Hamburg, 1966–77 an der Akademie der Bildenden Künste Karlsruhe Professor und Leiter von Malklassen. 1987 Ehrenbürger der Stadt Hagen. Vor seinem Tod Initiative zur Gründung der Emil Schumacher Stiftung. 2009 Eröffnung des Emil Schumacher Museums in Hagen.

■ Lit.: Beiträge zu Museumspublikationen (Schleswig 1988, 1996, 1999).

Seitz, Gustav
(Mannheim-Neckarau 1906 – Hamburg 1969)
Nach Ausbildung zum Steinmetzen und Zeichenunterricht Studium der Bildhauerei an der Landeskunstschule Mannheim und in Berlin bei Georg Schreyögg, Ludwig Giess, Wilhelm Gerstel und Hugo Lederer. 1940–45 Soldat. 1946–50 Professor an der Berliner Akademie der Künste der DDR, 1949 von der Lehrtätigkeit an der Westberliner Hochschule für Bildende Künste suspendiert. 1960 Nachfolger von Edwin Scharff an der Hamburger Hochschule für Bildende Künste. Seine Bronzetür »Porta d'Amore« nach seinem Tod von seinem ehemaligen Schüler Edgar Augustin am Museum für Kunst und Gewerbe aufgestellt.

■ Lit.: Ausstellungskataloge und Museumspublikationen (Hamburg 1970, 1972, 1974; Schleswig 1988).

Shimaoka, Tatsuso

(Tokio 1919 – Mashiko [Japan] 2007)
Nach dem Keramik-Studium am Tokyo Institute of Technology und Kriegsdienst 1946 in der Werkstatt von Hamada Shoji. Nach dessen Tod als führender Töpfer der Mingei-Bewegung anerkannt. Lehrtätigkeit in den USA und Kanada. Für seinen künstlerisch erfindungsreichen Gebrauch der tradierten Kordel-Ornamentik 1969 Ernennung zum »Lebenden Nationalschatz«.
- Lit.: Ausstellungskataloge und Museumspublikationen (Hamburg o.J.; München 1983). Keramik-Magazin 4/1996, 1/2008.

Sihle-Wissel, Manfred

(Geb. 1934 in Reval [Tallin], Estland)
1945 Flucht nach Hamburg. 1954–59 Studium der Bildhauerei an der Hamburger Landeskunstschule bei Edwin Scharff und Hans Martin Ruwoldt. Zunächst Atelier in Hamburg, seit 1981 in Brammer/Holstein. Zahlreiche Reisen in Europa und vor allem in den Nahen Osten. Seit 1972 mehrere Auszeichnungen und Preise. Seit 1978 jährliche Teilnahme an den Ausstellungen des japanischen Metallbildhauer-Verbandes in Tokio. Seit den 1980er Jahren neben Stelen und Arbeiten im öffentlichen Raum zahlreiche Portraits.
- Lit.: Monographie, Hamburg 1977. Kataloge und Katalogbeiträge sowie Museumspublikationen (Schleswig 1997, 1988, 1999; Hamburg 2000, 2008, 2009).

Sperschneider, Ragna

(Halle/Saale 1928 – Santa Cruz, Teneriffa 2003)
1946 Studium in der Email- und Metallklasse an der Kunstschule Burg Giebichenstein, Halle. 1948 und 1950 Gesellenprüfungen als Emailleurin und Gürtlerin. 1950/51 Fortsetzung des Studiums an den Hochschulen für Bildende Künste, in Berlin bei Hans Uhlmann, in Hamburg bei Wolfgang Tümpel. 1954 Silbermedaille der X. Triennale Mailand, bis 1961 gefolgt von weiteren Auszeichnungen. Aufträge für Arbeiten im öffentlichen Raum.
- Lit.: Ragna Sperschneider, Email- und Metallarbeit, Hamburg 1970. Katalogbeiträge und Beiträge zu Museumspublikationen (Hamburg 1963, 1970, 1984; Schleswig 1996; Halle 2008).

Stöhrer, Walter
(Stuttgart 1937 – Scholderup 2000)
1957–59 Studium der Malerei an der Akademie der Bildenden Künste Karlsruhe bei HAP Grieshaber. 1959 Übersiedlung nach Berlin. Seit 1962 viele Auszeichnungen, 1999 Jerg-Ratgeb-Preis. 1984 Mitglied der Akademie der Künste, Berlin. Seit 1986 Professur an der Hochschule der Künste Berlin. Zweites Atelier in Scholderup bei Schleswig (Angeln).
- Lit.: Museumspublikation, Schleswig 1999.

Székessy, Karin
(Geb. 1938 in Essen)
1957–59 Studium der Photographie in München. 1960–66 Reportagephotographie für die Zeitschrift »Kristall«. Ab 1963 Zusammenarbeit mit Paul Wunderlich, den sie 1971 heiratet. Neben Coverphotos für Kriminalromane Edition von Bildbänden, u. a. zum Werk von Paul Wunderlich und zu Hunden (unter dem Titel »Bell' Ami«).
- Lit.: Ausstellungskataloge und Beiträge zu Museumspublikationen (Schleswig 1988, 1989, 1996; Hamburg 1989).

Tatsumura, Ken (Kosho, Heizo)
(Kyoto 1905 – Kyoto 1982 [?])
Der in Literaturwissenschaft promovierte Entwerfer stammt aus einer Familie mit Besitz einer bekannten Seidenweberei von Kyoto. Beschäftigung mit der Rekonstruktion sassanidischer Seiden im Schatzhaus Shosoin sowie von Seidenbildern in der Tradition von Kyoto. In den 1970er Jahren Entwurf von Wandteppichen in verschiedenen Techniken und in der Verbindung japanischer Bildtradition mit europäischen Einflüssen.

Tsujimura, Shiro (Shin)
(Geb. 1947 in Gosei, Präfektur Nara [Japan])
1970 Bau von Haus und Öfen in einem Waldgebiet unweit seines Heimatortes und autodidaktische Ausbildung zum Töpfer. Entwicklung eines individuellvitalen Stils, den er mit hohem Risiko und vielen Fehlbränden verwirklicht. Seit 1977 zahlreiche Ausstellungen, darunter mehrere in Frankfurt/Main.

Tümpel, Wolfgang
(Bielefeld 1903 – Herdecke 1978)
Nach einer Goldschmiede-Lehre und dem Besuch der Kunstgewerbeschule in Bielefeld 1924/25 Studium am Bauhaus Weimar. 1925 Fortsetzung des Studiums an den Werkstätten der Stadt Halle auf Burg Giebichenstein. 1926 Gesellenprüfung und eigene Werkstatt in Halle. 1933 Werkstatt in Bielefeld. 1951–68 Professor an der Hochschule für Bildende Künste, Hamburg.
- Lit.: Ausstellungskatalog, Hamburg 1964.

Vermeersch, José
(Bissegem, Flandern 1922 – Lendelede 1997)
1941–43 Studium an den Kgl. Akademien Kortrijk und Antwerpen. 1943 verborgen im Widerstand gegen die deutsche Besatzung. 1945/46 Studium an der Kgl. Akademie Antwerpen bei Constant Permeke. Seit 1961 Wohnsitz und Atelier in Lendelede bei Kortrijk. 1963 Hinwendung von der Malerei zur keramischen Bildhauerei. 1989 Verlust eines großen Teils seines Lebenswerks durch Erdbeben während einer Ausstellung in San Francisco.
- Lit.: Ausstellungskataloge (Köln 1980, Hamburg/Rotterdam 1983). José Vermeersch, Brüssel/Amsterdam 1985. Keramik-Magazin 5/2005.

Wimmer, Hans

(Pfarrkirchen 1907 – München 1992)
1928–35 Studium der Bildhauerei an der Münchner Akademie bei Bernhard Bleeker. 1937 Begegnungen mit Maillol und Despiau. 1939 Stipendium an der Villa Massimo, Rom. Seit 1936 lebenslange Freundschaft mit Gerhard Marcks. 1943 als Soldat in Russland. Nach dem Zweiten Weltkrieg mehrere Auszeichnungen und Ehrungen, zunächst in Deutschland, nach 1957 auch im Ausland. Seit 1949 Professor an der Nürnberger Akademie. Viele Bronzen im öffentlichen Raum. 1987 Gründung der Hans-Wimmer-Sammlung in Passau, 1984–86 lebensgroße Biga für Schloss Gottorf, dort 1992 Aufstellung seines Ateliers und der Modellgipse.

▪ Lit.: Zeichnungen aus der spanischen Hofreitschule, Hamburg 1974. Ausstellungskataloge, Katalogbeiträge und Museumspublikationen (Hamburg 1982, 1984; Passau 1987, 1992; Schleswig 1989, 1993, 1996, 1999).

Wunderlich, Paul

(Eberswalde 1927 – St. Pierre de Vassels, Südfrankreich 2010)
Am Ende des Zweiten Weltkriegs Flucht nach Eutin. Besuch der Schlosskunstschule Schleswig-Holstein. 1947–51 Studium an der Hamburger Landeskunstschule, dort seit 1951 Dozent, seit 1963 Professor für Malerei und Graphik. 1960 Beschlagnahmung seines Zyklus »qui s'explique« als »unzüchtig« durch die Staatsanwaltschaft. Seit 1962 internationale Auszeichnungen und Ausstellungen. 1968 Aufgabe seiner Professur und des Beamtenstatus. 1971 Heirat mit der Photographin Karin Székessy. Seit den 1980er Jahren intensive Arbeit an Bildwerken, Objekten und Schmuck neben Malerei und Lithographie. 2007 Eröffnung des Paul-Wunderlich-Hauses in Eberswalde. 2008 Ehrenbürger der Stadt Eberswalde mit ständiger Sammlung und jährlichen Ausstellungen.

▪ Lit.: Paul Wunderlich, Skulpturen und Objekte I und II, Offenbach 1888 und 2000. Schmuck, 2002. Ausstellungskataloge und Katalogbeiträge (Schleswig 1986, 1987; Cismar 1987; Eberswalde 2007, 2010).

Hans Wimmer, September 1974

Yoshikawa, Masamichi
(Geb. 1946 in Chigasaki, Präfektur Kangawa [Japan])
1966–68 Design-Studium am Design-Institute Tokyo, seit 1969 im alten Töpferort Tokoname (bei Nagoya), Hinwendung zur Keramik. Seit 1972 Ausstellungen in Japan und bald darauf auch im Ausland. Zusammen mit seiner Frau Yoshikawa Shikoku 1975 Einrichtung einer ersten Werkstatt in Tokoname, nach 2004 einer neuen in der Nähe von Tokoname. Neben plastisch-kubischen und frei gedrehten Gefäßen Keramikwände für den Flughafen und für ein Krankenhaus in der Präfektur Aishi.
- Lit.: Keramik-Magazin 5/2005.

Namenregister

Kursiv gesetzte Seitenzahlen beziehen sich auf die Kurzbiographien

Ackermann, Max, Maler 31
Adenauer, Konrad, Bundeskanzler 100, 102f., 124
Agha Khan, Imam, Oberhaupt der Hodschas 141
Agranat, Shimon, Gerichtspräsident 108
Ahlers-Hestermann, Friedrich, Maler 301
Aicher, Otl, Gebrauchsgraphiker 64
Aicher-Scholl, Sophie, Stiftungspräsidentin 63
Aischylos, Dramatiker 101
Ai-wei-wei, Aktionskünstler 255
Amenophis IV., Pharao 218
Anderson, Friedel, Maler 327
Araki, Nobuyoshi, Photograph 298
Aristophanes, Dramatiker 102
Armitage, Kenneth 43
Armstrong, Neil, Astronaut 208
Arp, Carl, Maler 152
Arp, Hans (Jean), Bildhauer und Lyriker 152f., *347*
Arp, Michael, Maler 152
Artigas, Llorens, Töpfer 165
Augustin, Edgar, Bildhauer 73, 208f., 224ff., 235, 342, *343*, *364*
Augustin, Julian, Filmarchitekt 225, 232
Aurelius, Marcus, Kaiser 216
Ausborn, Gerhard, Maler 153

Bach, Johann Friedemann, Komponist 74
Bach, Johann Sebastian, Komponist 123
Bach, Wilhelm Friedemann, Komponist 69

Bacon, Francis, Maler 225
Baer, Bernhard, Typograph und Verleger 174
Barabas, Stanislav, Filmregisseur 118f.
Barlach, Ernst, Bildhauer 203, *362*
Batterham, Richard, Töpfer 169, *343*
Baudelaire, Charles, Lyriker 45
Baumeister, Christa 27, 52
Baumeister, Felicitas 27, 35, 52, *344*
Baumeister, Margarete 52
Baumeister, Willi, Maler 24ff., 41, 51, 55, 59f., 78, 140, 160, 201, 249, 259, 325, *343*
Beauclair, Gotthard de, Typograph und Verleger 94, 101, 104f.
Beauvoir, Simone de, Schriftstellerin 50
Beckett, Samuel, Schriftsteller 51, *349*
Beckmann, Max, Maler 208
Beethoven, Ludwig van, Komponist 218
Behrens, Peter, Architekt 48, *358*
Bendixen, Klaus, Maler 49
Bendixen, Peter, Kultusminister 288
Benediktos I., Patriarch 108
Bengtson, Hertha, Keramik-Entwerferin 280
Benjamin, Walter, Schriftsteller 140
Benn, Gottfried, Arzt und Schriftsteller 33, 54, 199, 329
Bense, Max, Professor für Philosophie 54ff., 63f., 270
Bense, Ria 54, 64
Berggruen, Heinz, Kunsthändler und Sammler 149
Bernstein, Eduard, Politiker 107, 320, 324

Beuys, Josef, Zeichner und Objektmacher 59, 145, 250 ff., 328, *344*
Biermann, Wolf, Liedermacher 327, *356*
Biermann-Ratjen, Hans-Harder, Kultursenator 147
Bill, Jakob, Prähistoriker und Maler 66
Bill, Max, Architekt, Maler und Bildhauer 54, 62 ff., *344*
Biró, Attila, Maler 59
Bleeker, Bernhard, Bildhauer 218, *368*
Bloch, Ernst, Philosoph 206, 319
Bode, Arnold, Ausstellungsmacher 280
Bode, Wilhelm von, Museumsdirektor 9
Böll, Heinrich, Schriftsteller 58, 329
Bollmann, Paul, Maler 160
Bologna, Giovanni da, Bildhauer 215
Bonnard, Pierre, Maler 139
Bontjes van Beek, Cato, Widerstandskämpferin *345*
Bontjes van Beek, Jan, Töpfer 67 ff., 161, 175, 195, 207, *345*
Bontjes van Beek, Rahel geb. Weisbach 68
Bosch, Hieronymus, Maler 129
Bott, Gerhard, Museumsdirektor 139
Boucher, Jeanne, Galeristin 201
Brahms, Johannes, Komponist 238
Brancusi, Constantin, Bildhauer 219
Brandt, Willy, Regierender Bürgermeister und Bundeskanzler 127, 279
Brangwyn, Frank, Maler und Radierer 167
Braque, Georges, Maler 19
Brecht, Bertolt, Schriftsteller 210
Breker, Arno, Bildhauer 201
Breschnew, Leonid, Generalsekretär der KPdSU 119
Breton, André, Kunsttheoretiker 151
Breuer, Fritz (Werner), Kulturfilmregisseur 14, 17, 37, 58
Breuer, Fritz, Chirurg und Kunstsammler 14, 16 f., 37, 40

Breuer, Marcel, Entwerfer 47, 78
Breuer, Maria 16 f., 37, 39
Breughel d. Ä., Pieter, Maler 240 ff.
Brinckmann, Justus, Museumsdirektor 78, 162, 168, 256
Brockstedt, Hans, Galerist 257 f.
Brunelleschi, Brunellesco, Architekt 48
Budge, Kaufmanns- und Mäzenatenfamilie 315
Büchner, Georg, Schriftsteller 144
Buhre, Traugott, Schauspieler 118
Buonarroti, Michelangelo, Bildhauer, Maler und Architekt 45, 175, 231, *360*
Burckhardt, Carl Jacob, Diplomat 200
Busch, Günter, Musemsdirektor 31, 209, 218, *343*
Busch, Wilhelm, Zeichner 31
Busoni, Frederico, Komponist 123
Busse, Hal, Malerin 49
Buttlar, Herbert Freiherr von, Hochschulpräsident 74

Calder, Alexander, Bildhauer 293
Canetti, Elias, Schriftsteller 97
Caravaggio, Michelangelo da, Maler 266
Cardew, Michael, Töpfer 169
Carossa, Hans, Schriftsteller 58
Cartier-Bresson, Henri, Photograph 49
Caruso, Enrico, Sänger 315
Casals, Pablo, Cellist 101
Celan, Paul, Lyriker 57
Cézanne, Paul, Maler 25
Chadwick, Lynn, Bildhauer 43
Chagall, Marc, Maler 19, 139, 161, 314, 340
Chamberlain, Arthur Neville, Premierminister 101
Charag-Zuntz, Hanna, Töpferin 68, 175
Christiansen, Madeleine (Magdila) 323, *351*

Christiansen, Maud (Mucki) 322f.
Christie, Agatha, Schriftstellerin 95f., 100
Chu Ta (Thu Da), Maler 309
Cicognani, Sergio, Mosaikkünstler 114
Cimiotti, Emil, Bildhauer 57
Clément, Claus, Verleger und Kunstsammler 260, 264
Cocteau, Jean, Filmregisseur, Schriftsteller und Zeichner 151
Comenius (Komensky), Jan Amos, Reformator 338
Cooke, Dryck, Komponist 322
Coper, Hans, Bildhauer und Töpfer 170ff., 345, 362
Corday, Charlotte, Tyrannenmörderin 123
Corinth, Lovis, Maler 319
Costantini, Egidio, Glaskünstler 155
Courbet, Gustave, Maler 45
Courths-Mahler, Hedwig, Schriftstellerin 58
Cranach, Lucas, Maler 340
Cumella i Serret, Antoni, Töpfer 162ff., 345
Cumella-Serel, Agnes 162, 164
Curtius, Ludwig, Archäologe 216
Czeschka, Carl Otto, Zeichner und Entwerfer 89

Daelen, Barbara 127
Dahrendorf, Frank, Staatsrat und Senator 252
Dahrendorf, Ralf, Soziologe 252
Dalí, Salvador, Maler 159, 165, 280
Dante Alighieri, Dichter 218
Davis, Harry, Töpfer 167, 362
Dayan, Moshe, Verteidigungsminister 107f., 320
Debré, Michel, Premierminister und Bürgermeister 157
Del Pierre, Francine, Töpferin 178, 361

Delacroix, Eugène, Maler 88, 209
Delvaux, Paul, Maler 242
Descartes, René, Philosoph 54
Despiau, Charles, Bildhauer 200, 209
Dessau, Paul, Komponist 210
Dewald, Gabi, Kuratorin 192
Dietrich, Marlene, Schauspielerin 99
Dimitrow, Else, Wirtin 61
Dionys, Carmen, Bildhauerin 240
Dix, Otto, Maler 78, 200, 250
Döcker, Richard, Architekt 46
Dönhoff, Marion Gräfin, Journalistin 238
Domberger, Luitpold (Poldi), Drucker 34f.
Doráti, Antal, Dirigent 226
Dubuffet, Jean, Maler 257, 266
Duccio, Agostino di, Bildhauer 331f.
Duckworth, Ruth, geb. Windmüller, Bildhauerin und Töpferin 69, 170ff., 198, 346, 363
Dürer, Albrecht, Maler 141f., 144, 175, 218

Eban, Abba, Diplomat und Außenminister 324
Ebertz, Gerd, Schneider 141
Ebüzziya Siesbye, Alev, Töpferin 280
Echnaton, *siehe* Amenophis IV.
Ehlers, Karl, Bildhauer 225, 343
Einstein, Albert, Physiker 351
Eisch, Erwin, Glaskünstler 306f., 346
Eisler, Hans, Komponist 210
Elisabeth II., britische Königin 104
Ensor, James, Maler 240, 242, 266
Enzensberger, Hans Magnus, Schriftsteller 57
Epstein, Jakob, Bildhauer 41f.
Erhard, Ludwig, Wirtschaftsminister und Bundeskanzler 103
Ernst, Max, Maler 19, 86, 146ff., 250, 259, 293, 347, 348

Euripides, Dramatiker 101, 115
Everding, August, Intendant 130

Falin, Valentin, Botschafter und Leiter einer Presseagentur 338
Fauser, Arthur, Maler 138
Feldgen, Hermann, Public Relations Manager und Ausstellungsorganisator 154
Fichte, Johann Gottlieb, Philosoph 56
Fischer, Harry, Kunsthändler 171
Fischer, Klaus Jürgen, Maler und Kunstschriftsteller 60
Fleckhaus, Willy, Redakteur 293
Fleer, Fritz, Bildhauer 113
Flieser, Jeane, Malerin 84
Franco, Francisco, General und Diktator 159, 163
Fujiwara, Kei, Töpfer 189
Fujiwara, Yu, Töpfer 189
Fürst, Margot 137, 144
Fürst, Max, Tischler 137
Furtwängler, Elisabeth 91, 127
Furtwängler, Wilhelm, Dirigent und Komponist 91, 100, 214, 220
Fußmann, Barbara, Sängerin 233, 312, 314
Fußmann, Klaus, Maler 161, 238, 268, 310ff., 327, *347*

Gamzu, Chaim, Museumsdirektor 107f.
Ganslmayr, Georg, Kunstsammler und Mäzen 105
Gaudi, Antoni (Antonio), Architekt 162f., *345*
Gaulle, Charles de, General und Staatspräsident 155
Gavarni, Paul, Zeichner und Lithograph 266
Genet, Jean, Schriftsteller 49f., 58
George, Heinrich, Schauspieler 129
George, Stefan, Schriftsteller *351*
Gerlinger, Hermann, Kunstsammler *364*
Giacometti, Alberto, Bildhauer 48ff., *349*
Giacometti, Augusto, Maler 50
Giacometti, Giovanni, Maler 50
Gilot, Françoise 293
Gimond, Marcel, Bildhauer 209
Giono, Jean, Schriftsteller 57, 199, *349*
Goebbels, Josef, NS-Propagandaminister 156, 252
Göring, Hermann, Flieger und NS-Luftwaffenmarschall 200
Goethe, Johann Wolfgang, Schriftsteller 58, 131
Goldschmidt, Berthold, Komponist 321f., *349*
Gomperz, Lucie, *siehe* Rie, Lucie
Gonzales, Julio, Bildhauer 209
Gorbatschow, Michail Sergejewitsch, Politiker 245, 338f.
Goya, Francesco, Maler 213
Graevenitz, Gerhard von, Kinetik-Künstler 246f., *349*
Grass, Günter, Schriftsteller 283
Grieshaber, Helmut Andreas Paul, Holzschneider 30, 78, 135ff., 206, 214, 254, 280, 288, 317, *350, 366*
Grieshaber, Ricarda, Schriftstellerin und Malerin 136, 145, 259, 319
Gris, Juan, Maler 46
Grohmann, Will, Kunsthistoriker 28, 30
Gropius, Manon 99
Gropius, Walter, Architekt 62, 98f., 161, 301, *358*
Gross, Johannes, Journalist 267f.
Grünewald, Matthias, Maler 112
Grützke, Johannes, Maler 238
Gundlach, F. C., Photograph 298
Gunzenhauser, Alfred, Kunstsammler und Museumsgründer 200

Gurlitt, Hildebrand, Museumsdirektor und Sammler 78
Gutenberg, Johannes, Drucker 143
Gutschow, Konstanty, Architekt 203

Haese, Günter, Maler, Bildhauer und Objekt-Künstler 246 ff., *350*
Häussler, Willy, Textilfabrikant 140, 142
Haftmann, Werner, Kunsthistoriker und Museumsdirektor 51, 53, 108, 311
Hagenbeck, Evelyn, Fotografin und Galeristin 141, 204
Haines, Dennis, Archäologe 93, 95
Haizmann, Richard, Bildhauer 65, 78, 85
Halby-Tempel, Per 160
Hamada, Shoji, Töpfer 75, 165, 167 f., 178, 181, 187, 190, *343, 350, 356, 365*
Hamsun, Knut, Schriftsteller 94, 121, 200, 240, 283
Handler, Hans, Oberst der Wiener Hofreitschule 213
Hansen, Karl Gustav, Goldschmied 305
Harden, Maximilian, Schriftsteller 320
Hartung, Karl, Bildhauer 202, 206
Haubrich, Josef, Rechtsanwalt und Kunstsammler 13, 24
Haydn, Josef, Komponist 226
Hebroni, Josef 322 ff., *351*
Heckel, Erich, Maler 76 ff., 136, 227, *350f.*
Heckel, Sidi, Tänzerin 79, 81, *351*
Hegel, Georg Friedrich Wilhelm, Philosoph 54, 56, 179
Heiliger, Bernhard, Bildhauer 206
Heine, Heinrich, Lyriker 320
Heinrich der Löwe, Herzog 113, 215
Heise, Almut, Malerin 238
Heise, Carl Georg, Museumsdirektor 67, 76, 215
Heißenbüttel, Helmut, Schriftsteller 57, 145, 252

Henninger, Manfred, Maler 49
Hentzen, Alfred, Museumsdirektor 138, 207, 225
Hepworth, Barbara, Bildhauerin 43
Herberts, Kurt, Lackfabrikant 25
Herdan-Zuckmayer, Alice, Schriftstellerin 129 f.
Herder, Johann Gottfried, Theologe und Sprachtheoretiker 227
Hertz, Michael, Kunsthändler 148 f.
Hesse-Frielinghaus, Hertha, Museumsdirektorin 13, 15
Heuss, Theodor, Bundespräsident 55
Heydorn, Volker Detlef, Maler 87
Hideyoshi, Toyotomi, Militärdiktator 185
Hilbert, David, Mathematiker 55
Hildebrandt, Hans, Kunsthistoriker 14, 31, 156
Hitler, Adolf, Reichskanzler und Diktator 9, 12, 46, 69, 87, 100 f., 156, 167, 200, 203, 217, 279
Hockney, David, Maler 268
Hodin, Josef P., Kunstschriftsteller 38
Hölzel, Adolf, Maler 33, 160, *343*
Höpker, Thomas, Photograph 293
Hofer, Carl, Maler 30
Hoffmann, Herbert, Archäologe 173
Hoflehner, Rudolf, Maler 144
Hohlt, Albrecht, Töpfer 71
Hohmeier, Jürgen, Journalist 159
Hokusai, Katsushika, Maler und Holzschneider 266
Holthusen, Agnes 43
Holtzmann, Thomas, Schauspieler 118, 283
Horn, Rolf, Sammler und Stifter 223
Hornbostel, Wilhelm, Museumsdirektor 85, 315
Horstmann, Edgar, Architekt und Kunstsammler 38, 86

Huang Zhou (Chou), Maler 309f., *351*
Huber, Hans, Arzt 153
Hürlimann, Martin, Publizist 86
Hüseler, Konrad, Museumsleiter 82
Hugo, Francois, Goldschmied 156
Huguet, Manolo, *siehe* Manolo
Husák, Gustáv, Staatspräsident 338
Husserl, Edmund, Philosoph 56, 286
Huxley, Julian, Biologe 40

Ibsen, Henrik, Dramatiker 121f.
Ichino, Töpferfamilien in Tamba 185
Iliazd (eigentlich: Ilya Zdanewitsch), Typograph 150, 158
Ishihara, Etsuro, Galerist 298f.
Israels, Josef, Maler 68

Jakobsen, Birgit, Photographin 259f.
Janson, Horst W., Kunsthistoriker 331
Janssen, Horst, Zeichner 73, 87, 207, 254, 256ff., 270ff., 292f., 319, *352, 353*
Jouhandeau, Marcel, Schriftsteller 93
Juana la Loca, Kaiserin 129
Juhl, Ernst, Photograph 291
Jujol, Josep, Architekt 163, *345*
Jünger, Ernst, Schriftsteller 145, 219, 259, 265f.
Jürgen-Fischer, *siehe* Fischer, Klaus Jürgen
Jürgens, Curd, Schauspieler 119, 129, 284

Kamoda, Shoji, Töpfer 187
Kanbei, Hanaya, Photograph 296
Kandinsky, Wassily, Maler 338
Kant, Immanuel, Philosoph 250, 308
Kantor, Tadeusz, Maler 210
Kantorowicz, Alfred, Schriftsteller 143
Karl V., Kaiser 129
Katharina II., Zarin 339
Kato, Tokuro, Töpfer 186f., *352*
Kaufmann, Karl, Gauleiter 203

Kempe, Fritz, Photograph 291ff., *354*
Kempowski, Walter, Schriftsteller 238f., 329
Kenzan, Ogata, Maler und Töpfer 167f., 182, *356*
Kestenberg, Leo, Musiker und Kulturpolitiker 123
Keswick, William, Kunstsammler 40
Khalil-el-Ansi, Sheik Mustafa, Oberaufseher der Omar-Moschee 108
Kierkegaard, Sören, Philosoph 54, 56, 58
Kirchberger, Günter C., Maler 59
Kirchner, Ernst Ludwig, Maler 77, 79, 81, 227, 266, *351*
Kirsch, Sarah, Lyrikerin 238, 327, 329
Klaus, Josef, Landeshauptmann und Bundeskanzler 91
Klee, Paul, Maler 249, 257, 266, 270
Kleiber, Erich, Dirigent 322
Kleist, Heinrich von, Schriftsteller 104
Klose, Hans-Ulrich, Bürgermeister und Bundestagsabgeordneter 187, 253
Knäpper, Gerd, Töpfer 183, *354*
Knappertsbusch, Hans, Dirigent 220
Knaus, Albrecht, Verleger 285
Köllmann, Erich, Museumsdirektor 71, 300
Kogan, Moissey, Bildhauer 78, 85, 323f.
Kokoschka, Bohuslav, Maler und Schriftsteller 124
Kokoschka, Olda 86, 88ff., 93, 101, 105, 108, 114, 116f., 119ff., 124, 126ff., 132ff., 167, 172, 212, 238f., 284, 288, 333, 338
Kokoschka, Oskar, Maler und Dichter 5, 19f., 32, 49, 78, 81, 85ff., 155, 167, 172, 174, 200, 210f., 214f., 218, 228, 235, 245, 250, 254, 257, 259, 266, 270, 280ff., 284ff., 293, 319, 329f., 332f., 336, 338, *354f.*
Kollek, Teddy, Bürgermeister 108, 320

Kollwitz, Käthe, Graphikerin und Bildhauerin 325, *357*
Koraizaemon, Saka, Töpfer 185
Kreisky, Bruno, Bundeskanzler 129, 179
Kressel, Diether, Maler 285
Kues, Nikolaus von, Kardinal 231
Kuhl, Uta, Kunsthistorikerin 219
Kuhn, Beate, Töpferin und Bildhauerin 198, *355, 362*
Kunert, Günter, Schriftsteller 238f., 327ff., *355f.*
Kunze, Reiner, Lyriker 220, 238f., 327ff., *356*
Kütemeier, Klaus, Bildhauer 226
Kuyken-Schneider, Dorris, Museumskuratorin 170, 241, 243

Lahmann-Rosenlew, Alice 122, 133
Lamb, Carl, Kunsthistoriker und Kulturfilmregisseur 146
Lang, Erwin, Maler 172
Lang, Lilith, Tänzerin 172
Lardera, Berto, Bildhauer 228
Lasker-Schüler, Else, Schriftstellerin 285
Lauterwasser, Siegfried, Photograph 26
Lavater, Johann Caspar, Philosoph 256
Leach, Bernard, Töpfer 75, 161, 166ff., 175f., 181, 194, *343, 346, 350, 356*
Leach, David, Töpfer 43
Leach, Janet, Töpferin 43
Léger, Fernand, Maler 161, 314, *361*
Lehmbruck, Wilhelm, Bildhauer 213
Leibniz, Gottfried Wilhelm, Philosoph 55
Lenz, Liselotte, Zeichnerin 285f.
Lenz, Siegfried, Schriftsteller 121f., 238, 265, 282ff., 328f., *357*
Leonardo da Vinci, *siehe* Vinci, Leonardo da
Leonhard, Kurt, Kunstschriftsteller 27, 30

Le Parc, Julio, Kinetik-Künstler 157
Lesser, Rudi, Maler 320, 322, 357
Lessing, Gotthold Ephraim, Schriftsteller 234
Lichtenstein, Roy, Maler 310
Lichtwark, Alfred, Museumsdirektor 77, 87, 147ff., 228, 250f., 258, 291, 315
Liebermann, Max, Maler 77, 107, 213, 252, 320, 324
Liebermann, Rolf, Komponist und Opernintendant 238
Lindig, Otto, Töpfer 70, 161
Lion, Ferdinand, Literaturhistoriker 57
Loevi, Adolf, Kunsthändler 99
Loos, Adolf, Architekt 33
Loren, Sophia, Schauspielerin 105
Loth, Wilhelm, Bildhauer 325ff., *357f.*
Luther, Martin, Theologe und Reformator 55

Mack, Ulrich, Photograph 292ff., *358*
Macke, August, Maler 151, *347*
Magritte, René, Maler 242
Mahlau, Alfred, Maler und Graphiker 257f., 266, 270, 292, *352, 358*
Mahler, Alma 96ff., 133, *355*
Mahler, Anna, Bildhauerin 97
Mahler, Gustav, Komponist 107, 322, *349*
Maillol, Aristide, Bildhauer 200, 209
Maldonado, Tomás, Maler 64
Malewitsch, Kasimir, Maler 338
Mallowan, Lucien, Archäologe 95
Man, Felix H., Photoreporter 294
Manet, Edouard, Maler 213
Mann, Golo, Historiker 132
Mann, Heinrich, Schriftsteller 210
Mann, Thomas, Schriftsteller 151, 207
Manolo, Huguet, Bildhauer 164, *345*
Mao Tse-tung, Parteivorsitzender und Diktator 309, *351*

Marc, Franz, Maler   181
Marcks, Gerhard, Bildhauer   38, 161, 205, 215, 219, *368*
Margarete II., dänische Königin   222
Marini, Marino, Bildhauer   17
Marshall, William, Töpfer   169
Martin, Kurt, Generaldirektor   142
Martini, Fritz, Germanist   53, 57
Marx, Karl, Philosoph   54
Mataré, Ewald, Bildhauer   *344, 350*
Matisse, Henri, Maler   50, 161
Matisse, Pierre, Kunsthändler   48, 50
Matthaei, Leni, Spitzenklöpplerin   145
Mavignier, Almir, Maler   218, 249
Maximilian II., König von Bayern   149
May, Karl, Schriftsteller   81
Mayer, Hans, Literaturhistoriker   206
Meidner, Ludwig, Maler   325
Meier, Erich, Museumsdirektor   178, 258
Meier-Graefe, Julius, Kunstschriftsteller   261
Meir, Golda, Ministerpräsidentin   105ff., 320
Meistermann, Georg, Maler   28
Melichar, Alois, Komponist und Kunstkritiker   58
Menuhin, Yehudi, Violonist   101
Metz, Peter, Museumsdirektor   335f.
Meyer, Erich, Museumsdirektor   67, 76, 207, *360*
Michaux, Henri, Schriftsteller   57
Michelangelo, *siehe* Buonarroti, Michelangelo
Mies van der Rohe, Ludwig, Architekt   28, 46ff., 201, 303, *358*
Milhaud, Darius, Komponist   124
Miro, Juan, Maler   19, 161, 165
Mitchinson, David, Stiftungspräsident   43
Miwa, Ryusaku, Töpfer und Bildhauer   192, *359*

Modigliani, Amedeo, Maler   325
Möller, Lise Lotte, Museumsdirektorin   149
Mönch, Erich, Lithograph   34
Moll, Gerda, Goldschmiedin   303ff., *359*
Moll, Wilfried, Goldschmied   302ff., *359*
Mondrian, Piet, Maler   12, 229
Moore, Henry, Bildhauer   10, 17, 19, 37ff., 65, 68, 176, 200, 202, 214, *345, 360*
Moore, Irina   39
Morandini, Marcello, Designer   217, 280
Moritz, Andreas Goldschmied   302f., *359f.*
Morris, William, Entwerfer und Kunsttheoretiker   168, *356*
Mozart, Wolfgang Amadeus, Komponist   74, 100, 218
Mrugalla, Edgar, Fälscher   334
Müller, Hans Jürgen, Galerist   61f.
Munch, Edvard, Maler   77
Mussolini, Benito, Diktator   216f.

Nakajima, Hiroshi   192
Nakajima, Tokuhiro, Museumskurator   296
Nakamura, Kimpei, Töpfer   191f., *361*
Narui, Tsuneo (Tsuyan), Töpfer   169, 185
Nay, Ernst Wilhelm, Maler   51ff.
Nesch, Rolf, Maler und Graphiker   202, 250
Neumann, Max, Maler   317
Nicholson, Ben, Maler   174
Niebuhr, Karsten, Forschungsreisender   238
Nietzsche, Friedrich, Philosoph   53, 55, 179
Nolde, Emil, Maler   9, 77, 161, 314
Notke, Bernt, Maler und Bildhauer   113

Oelze, Richard, Maler   207
Oistrach, David, Violinspieler   220
Opela, Evelyn, Schauspielerin   118
Orff, Carl, Komponist   140

Osthaus, Karl Ernst, Sammler und Museumsleiter 13, 48, 162

Palladio, Andrea, Architekt 59
Panofsky, Erwin, Kunsthistoriker 54, 320
Paolozzi, Eduardo, Bildhauer 210
Pascal, René, Philosoph 54, 56
Paul VI., Papst 114
Paul, Jean, Schriftsteller 80
Paulus, Apostel 58
Peiner, Werner, Maler 200
Permeke, Constant, Maler 240f., 367
Peter III., Zar 339
Petersen, Carlfritz, Industrieller und Keramiksammler 69f., 75
Pfab, Fotini, Zahnärztin 229
Pfab, Jörn, Bildhauer 87, 228ff., 232, 361
Pfahler, Georg Karl, Maler 57, 60f.
Pfeiffer, Erich, Hausmeister 67, 256
Picasso, Pablo, Maler 17, 19, 129, 149, 155, 161f., 177f., 209, 259, 293, 314, 349, 361
Pisanello, Antonio, Maler 266
Pius XII., Papst 56
Pleydell-Bouverie, Katharine, Töpferin 169
Plischke, Ernst, Architekt 171
Ponge, Francis, Schriftsteller 57f.
Ponti, Carletto 105
Ponti, Carlo, Filmregisseur 105
Popinga, Anneliese, Sekretärin 102
Portanier, Gilbert, Töpfer und Maler 177ff., 361
Pound, Ezra, Lyriker 94f., 200
Powolny, Michael, Töpfer 170, 172, 362
Prager, Gerhard, Programmdirektor 118
Pretzel, geb. Ernst, Loni 146
Pretzel, Lothar, Volkskundler und Kunstschriftsteller 146
Prinz, Günter, Redakteur 293
Purrmann, Hans, Maler 30

Querner, Ursula, Bildhauerin 87, 205

Radziwill, Franz, Maler 200
Ramiez, George und Suzanne, Töpfer 178
Rasch, Heinz, Architekt 28, 201
Ratgeb, Jerg, Maler 21f., 137, 144, 326, 350, 366
Rau, Johannes, Ministerpräsident und Bundespräsident 23
Read, Herbert, Kunsthistoriker 41
Reemtsma, Philipp F., Fabrikant und Mäzen 258
Regàs, Josep, Volkskunst-Töpfer 162
Reinold, Wilhelm, Kaufmann und Kunstsammler 93
Rembrandt van Rijn, Maler 9, 117, 175, 227
Renger-Patzsch, Albert, Photograph 293
Renoir, Auguste, Maler und Bildhauer 41
Reuss, Gusso, Töpfer 195
Richter, Luisa, Malerin 37
Rie, Lucie, Töpferin 75, 170ff., 345, 362
Riha, Sidi, *siehe* Heckel, Sidi
Rjepin, Ilja, Maler 245
Röder, Ernst, Sammler und Mäzen 275
Rodin, Auguste, Bildhauer 41, 219
Rohlfs, Christian, Maler 14f., 152, 319
Rommel, Manfred, Oberbürgermeister 56
Rosenlew, Alice, *siehe* Lahmann-Rosenlew, Alice
Rosenthal, Philip, Fabrikant 179, 279ff.
Rothschild, Henry, Galerist 167, 171, 174, 176, 198
Rubens, Peter Paul, Maler 59, 94
Rüdlinger, Arnold, Kunsthistoriker 51, 53
Rühmann, Heinz, Schauspieler 119, 284
Runge, Doris, Lyrikerin 238, 329
Russell, Bertrand, Philosoph 54
Ruwe, Gerd, Bildhauer 200
Ruwoldt, Annemarie 202f., 205

Ruwoldt, Hans Martin, Bildhauer 199 ff., 232, *362, 365*

Sachs, Hans, Schumacher und Dramatiker 144
Sachs, Hans, Staatsanwalt 144
Salazar de Oliveira, Antonio, Diktator 163
Saldern, Axel von, Museumsdirektor 109
Sandig, Armin, Maler und Akademiepräsident 54
Sarpaneva, Timo, Designer 280
Sartre, Jean-Paul, Schriftsteller 50, *349*
Saucet, Jean, Kunstschriftsteller 277
Sauerlandt, Max, Museumsdirektor 9, 11, 24, 37, 41ff., 67, 76ff., 83, 85, 160, 202, 323, *360*
Scharff, Edwin, Bildhauer 24, 200, 205f., 228, 232, 319, *362, 364f.*
Scheid, Karl, Töpfer 167, 195ff., 264, 280, *355, 362*
Scheid, Sebastian, Töpfer 195ff., *363*
Scheid, Ursula, Töpferin 195ff., 280, *355, 363*
Schelling, Dietrich Wilhelm, Philosoph 56
Schiefler, Gustav, Landgerichtsdirektor und Kunstsammler 77, 79, 81
Schiefler, Luise 76f.
Schiller, Friedrich, Schriftsteller 25, 38
Schinkel, Karl Friedrich, Architekt 47f., *358*
Schlemmer, Oskar, Maler 25
Schmalenbach, Fritz, Museumsdirektor 215
Schmalenbach, Werner, Museumsdirektor 108
Schmidt, Arno, Schriftsteller 58, 315
Schmidt, Georg, Museumsdirektor 52
Schmidt, Helmut, Bundeskanzler 65, 119, 127, 131, 238f.

Schmidt, Hannelore, Botanikerin 127
Schmidt-Rottluff, Karl, Maler 13, 76ff., 107, 227, 317, 331, 334, *351, 363*
Schmitthenner, Paul, Architekt 46, 63
Schmoll, gen. Eisenwerth, J. A., Kunsthistoriker 326
Schneider, Reinhold, Schriftsteller 329
Schönberg, Arnold, Komponist 123, 320, 322
Schopenhauer, Arthur, Philosoph 27
Schott, Margarete, Töpferin 198
Schreker, Franz, Komponist 322, *349*
Schuh, Oskar Fritz, Theaterintendant und Regisseur 116
Schultz-Dieckmann, Walter, Kunstbeauftragter 103
Schulz, Lily, Emailkünstlerin 300
Schulze, Wolfgang, Maler 59
Schumacher, Emil, Maler 14ff., 144, 225, 293, *364*
Schumacher, Ernst, Maler 18
Schumacher, Fritz, Architekt *351, 362*
Schumacher, Ulrich, Museumsdirektor 236
Schumacher, Ursula 15, 17f.
Schwitters, Kurt, Maler und Lyriker 60, 147
Sedlmayr, Hans, Kunsthistoriker 25, 28, 30, 325
Seger, Hermann, Chemiker 68, 195
Seghers, Anna, Schriftstellerin 207
Seghers, Herkules, Maler und Radierer 264, *347*
Seitz, Gustav, Bildhauer 73, 205ff., 224ff., *343, 364*
Seitz, Luise 209
Sendak, Maurice, Kinderbuchautor und Illustrator 106, 139
Seurat, Georges, Maler 45
Shaw, George Bernard, Dramatiker 67

Shimaoka, Tatsuso, Töpfer 183 ff., 189 f., 198, *354*, *363*, *365*
Sieber, Friedrich, Maler 60
Siemssen, Peter, Galerist und Keramik-Sammler 178, 184
Signac, Paul, Maler 256
Sihle-Wissel, Helga, Art-Direktor 233
Sihle-Wissel, Manfred, Bildhauer 201 f., 204, 232 ff., 311, 328 f., *365*
Simon, Sven, Photograph 131
Soulages, Pierre, Maler 18
Speer, Albert, Architekt und NS-Rüstungsminister 201
Sperschneider, Hans, Maler 228, 300
Sperschneider, Ragna, Goldschmiedin 299 ff., *365*
Spielmann, Angelika, Kunsterzieherin und Photographin 37, 40, 45, 62, 125, 128, 134, 154, 180 f.
Spielmann, Claudia, Malerin und Kostümbildnerin 74, 81, 106, 128
Springer, Axel, Verleger 103 f.
Staal, Henk, Leiter der Produktentwicklung der Firmen Rosenthal und Thomas 280
Stadler, Toni, Bildhauer 325, *357*
Stam, Mart, Architekt 10
Steinbrück, Peer, Ministerpräsident und Finanzminister 23
Steinert, Otto, Photograph 291
Stepun, Fedor, Politiker und Philosophieprofessor 17
Sternberg, Josef von, Filmregisseur 99, 130
Sternelle, Kurt, Kunsthistoriker 9
Stieglitz, Alfred, Photograph 291
Stöhrer, Walter, Maler 317 ff., *366*
Stursa, Jan, Bildhauer 338
Székessy, Karin, Photographin 273, 276, 294 f., *366*
Szymanski, Rolf, Bildhauer 144

Tanning, Dorothea, Malerin 155, *347*
Tapiés, Antoni, Maler 165
Tappert, Georg, Maler 334
Tatsumura, Ken, Textil-Entwerfer 307 f., *366*
Tattko, Georg, Töpfer 169
Taylor, Liz, Schauspielerin 332
Tempel, Ernst Wilhelm Leberecht, Astronom 149 f., 160
Tempel, Rolf 160
Thiemann, Hans, Keramiksammler 71, 162
Thiersch, Paul, Direktor 302
Thorvaldsen, Bertel, Bildhauer 222
Thost, Eberhard, Präsident der Justus Brinckmann Gesellschaft 78, 81
Tischbein, Johann Heinrich Wilhelm, Maler 271
Toulouse-Lautrec, Henri de, Maler 256
Trebitsch, Gyula, Filmproduzent 117 ff., 214, 284
Trökes, Heinz, Maler 28
Tsujimura, Shiro (Shin), Töpfer 190 ff., *367*
Tuaillon, Louis, Bildhauer 324, *351*
Tümpel, Wolfgang, Goldschmied 301 f., *365*, *367*
Turgenjew, Iwan, Schriftsteller 264
Twombly, Cy, Maler 61
Tzara, Tristan, Aktionskünstler und Dichter 147

Ugarow, Boris, Maler und Präsident der Sowjetischen Akademie 245
Uhlmann, Hans, Bildhauer 206, 300, *365*
Ungewiss, Alfred, Industrieller 70
Urano, Shigekichi, Töpfer 167
Ustinov, Peter, Schauspieler, Schriftsteller und Zeichner 101
Utamaro, Kitagawa, Maler und Holzschneider 124

Vasarely, Victor, Maler 280
Vasegaard, Gertrud, Töpferin 172
Vedova, Emilio, Maler 60
Velázquez, Diego, Maler 213
Velde, Henri van de, Maler, Architekt und Entwerfer 257
Verdi, Giuseppe, Komponist 93
Verhoeven, Paul, Schauspieler 119
Vermeersch, José, Bildhauer 240 ff., *367*
Vinci, Leonardo da, Maler 157, 215 f.
Vogel, Bernhard, Ministerpräsident 129
Vogel, Hans Jörg, Maler und Restaurator 96
Vordemberge-Gildewart, Friedrich, Maler 63
Vuillard, Édouard, Maler 256

Waldberg, Patrick, Kunstschriftsteller 147
Walden, Herwarth, Galerist und Verleger 129
Walser, Martin, Schriftsteller 58
Warhol, Andy, Maler 267, 310
Wasmuth, Johannes, Kunstmanager 103
Webern, Anton, Komponist 123, 322
Weigel, Gerald, Töpfer 198
Weigel, Gotlind, Töpferin 198
Weill, Lucie, Galeristin 151
Weisbach, Wilhelm, Kunsthistoriker 68
Weizsäcker, Richard von, Bundespräsident 222
Wentzel, Hans, Kunsthistoriker 54

Whitehead, Alfred North, Philosoph 54
Wield, Friedrich, Bildhauer 204
Wiener, Norbert, Kybernetiker 57 f.
Wiesenthal, Grete, Tänzerin 172
Wiinblad, Björn, Maler und Designer 281
Wimmer, Hans, Bildhauer 128, 135, 209 ff., 224, 230, 254, *368*
Wimmer, Peter 222 f.
Wingler, Hans Maria, Kunsthistoriker 337
Winter, Fritz, Maler 28
Wirkkala, Tapio, Designer 280
Witsch, Josef Caspar, Verleger 38
Wittgenstein, Ludwig, Philosoph 54, 56, 59
Wölber, Hans-Otto, Landesbischof 113 f.
Wolff, Gustav Heinrich, Bildhauer 41 f., 78, 85, 202
Wölfflin, Heinrich, Kunsthistoriker 24
Wols, *siehe* Schulze, Wolfgang
Wunderlich, Paul, Maler 54, 267, 270 ff., 280, 288, 294 f., 319, *366*, *368*

Yanagi, Soetsu, Kunsttheoretiker 168, *356*
Yoshida, Ruiko, Photographin 298
Yoshikawa, Masamichi, Töpfer 192 f., *370*
Yoshikawa, Shikoku, Töpfer 192, 194

Zeuxis, Maler 45
Zuckmayer, Carl, Dramatiker und Lyriker 125, 128 ff.

Abbildungsverzeichnis

Seite 134, 183, 211 © Angelika Spielmann
Seite 273 © Karin Székessy
Für Willi Baumeister: © Willi Baumeister Stiftung
Für Horst Janssen: © VG Bild-Kunst, Bonn 2014
Für Oskar Kokoschka: © Fondation Oskar Kokoschka / VG Bild-Kunst, Bonn 2014
Für Karl Schmidt-Rotluff: © VG Bild-Kunst, Bonn 2014

Alle weiteren Rechte liegen bei den Künstlern selbst oder beim Verfasser.

Digitalisierung der Photographien: Angelika Spielmann

Der Verlag hat sich bemüht, die Urheber der Bilder ordnungsgemäß zu kontaktieren. Sollten nicht alle Rechteinhaber ermittelt worden sein, bleiben deren Ansprüche jedoch gewahrt.